Crète

Cofondateurs : Philippe GLOAGUEN et Michel DUVAL

Directeur de collection et auteur
Philippe GLOAGUEN

Rédacteurs en chef adjoints
Amanda KERAVEL
et Benoît LUCCHINI

Directrice de la coordination
Florence CHARMETANT

Directrice administrative
Bénédicte GLOAGUEN

Directeur du développement
Gavin's CLEMENTE-RUIZ

Direction éditoriale
Catherine JULHE

Rédaction
Isabelle AL SUBAIHI
Mathilde de BOISGROLLIER
Thierry BROUARD
Marie BURIN des ROZIERS
Véronique de CHARDON
Fiona DEBRABANDER
Anne-Caroline DUMAS
Géraldine LEMAUF-BEAUVOIS
Olivier PAGE
Alain PALLIER
Anne POINSOT
André PONCELET

Conseiller à la rédaction
Pierre JOSSE

Administration
Carole BORDES
Éléonore FRIESS

2017/18

hachette

TABLE DES MATIÈRES

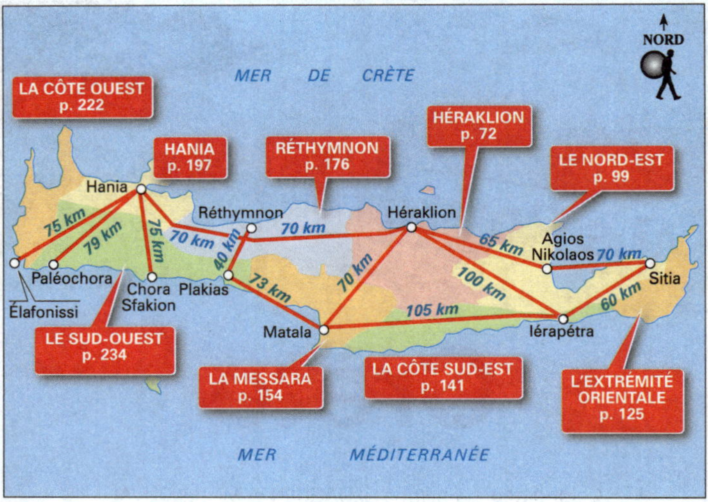

Nous avons divisé la Grèce en plusieurs titres. En effet, la grande majorité d'entre vous ne parcourt pas tout le pays. La Grèce est tellement riche culturellement qu'elle nécessite trois guides à elle seule. En un seul volume, nos ouvrages atteindraient 1 500, voire 2 000 pages. Ils seraient alors intransportables et coûteraient... trois fois plus cher ! Nous souhaitons conserver un format pratique à un prix économique, tout en vous fournissant le maximum d'informations sur des régions qui méritent d'être développées. Voilà !

La rédaction

PRÉAMBULE

ARRIVER – QUITTER 35

☎ **112 :** c'est le numéro d'urgence commun à la France et à tous les pays de l'UE, à composer en cas d'accident, agression ou détresse. Il permet de se faire localiser et aider en français, tout en améliorant les délais d'intervention des services de secours.

Recommandation à ceux qui souhaient profiter des réductions et avantages proposés dans le *Routard* par les hôteliers et les restaurateurs.

À l'hôtel, pensez à les demander au moment de la réservation ou, si vous n'avez pas réservé, **à l'arrivée.** Ils ne sont valables que pour les réservations en direct et ne sont pas cumulables avec d'autres offres promotionnelles (notamment sur Internet). Au restaurant, parlez-en **au moment** de la commande et surtout **avant** que l'addition soit établie. Poser votre *Routard* sur la table ne suffit pas : le personnel de salle n'est pas toujours au courant et une fois le ticket de caisse imprimé, il est souvent difficile de modifier le total. En cas de doute, montrez la notice relative à l'établissement dans le *Routard* de l'année et, bien sûr, ne manquez pas de nous faire part de toute difficulté rencontrée.

Important : dernière minute

Sauf rares exceptions, le *Routard* bénéficie d'une parution annuelle à dates fixes. Entre deux dates, des événements fortuits (formalités, taux de change, catastrophes naturelles, conditions d'accès aux sites, fermetures inopinées, etc.) peuvent modifier vos projets de voyage. Pour éviter les déconvenues, nous vous recommandons de consulter la rubrique « Guide » par pays de notre site • *routard.com* • et plus particulièrement les dernières ***Actus voyageurs.***

Taverne près de Chora Sfakion

LA RÉDACTION DU ROUTARD

(sans oublier nos 50 enquêteurs, aussi sur le terrain)

Thierry, Anne-Caroline, Éléonore, Olivier, Pierre, Benoît, Alain, Fiona, Gavin's, André, Véronique, Bénédicte, Jean-Sébastien, Mathilde, Amanda, Isabelle, Géraldine, Marie, Carole, Philippe, Florence, Anne.

La saga du *Routard* : en 1971, deux étudiants, Philippe et Michel, avaient une furieuse envie de découvrir le monde. De retour du Népal germe l'idée d'un guide différent qui regrouperait tuyaux malins et itinéraires sympas, destiné aux jeunes fauchés en quête de liberté. 1973. Après 19 refus d'éditeurs et la faillite de leur première maison d'édition, l'aventure commence vraiment avec Hachette. Aujourd'hui, le *Routard*, c'est plus d'une cinquantaine d'enquêteurs impliqués et sincères. Ils parcourent le monde toute l'année dans l'anonymat et s'acharnent à restituer leurs coups de cœur avec passion.

Merci à tous les Routards qui partagent nos convictions : liberté et indépendance d'esprit ; découverte et partage ; sincérité, tolérance et respect des autres.

NOS SPÉCIALISTES CRÈTE

Alain Pallier : il a longtemps été lecteur du *Routard,* qui l'accompagnait toujours pendant ses vacances d'enseignant. Après un premier contact, à la suite d'un courrier de lecteur, la direction l'a sollicité pour quitter le chemin de l'enseignement. Il a alors trouvé son bonheur sur les routes buissonnières en devenant rédacteur, responsable de titres. Avec, comme terres de prédilection, le pourtour méditerranéen et l'Afrique.

Cédric Fischer : grandir entouré de voyageurs, ça donne la bougeotte ! Mais peu importe la destination. Pour lui, le voyage, c'est d'abord les rencontres... surtout hors piste autour d'une spécialité locale (capital !) et d'un bon cru (tout aussi vital !). L'appel de la route, ce fut en stop dès le lycée et à la fac d'histoire, puis avec le *Routard* depuis 2000.

Éric Milet : né à Saint-Nazaire, il a passé son enfance à regarder s'éloigner les bateaux. Premier voyage à 15 ans. Seul. Depuis, il n'a pas cessé. Voyager, c'est comme une petite vie dans la vie : on naît, on vit, on meurt… et on renaît (ouf !). Juste l'envie de voir, de toucher, de sentir. Envie de raconter, aussi, qu'on arrive du bout du monde ou du fond de son jardin.

GRAND MERCI À NOS AMI(E)S SUR PLACE ET EN FRANCE

Pour cette nouvelle édition, nous remercions particulièrement :

- **Denise, Pascal, Fabrice, Georges, Virginie, Christine** et **Vassilis,** ainsi que **Jean-Philippe** pour leur connaissance des petits détails qui font la différence.

Pictogrammes du Routard

Établissements

- Hôtel, auberge, chambre d'hôtes
- Camping
- Restaurant
- Boulangerie, sandwicherie
- Glacier
- Café, salon de thé
- Café, bar
- Bar musical
- Club, boîte de nuit
- Salle de spectacle
- Office de tourisme
- Poste
- Boutique, magasin, marché
- Accès Internet
- Hôpital, urgences

Sites

- Plage
- Site de plongée
- Piste cyclable, parcours à vélo

Transports

- Aéroport
- Gare ferroviaire
- Gare routière, arrêt de bus
- Station de métro
- Station de tramway
- Parking
- Taxi
- Taxi collectif
- Bateau
- Bateau fluvial

Attraits et équipements

- Présente un intérêt touristique
- Recommandé pour les enfants
- Adapté aux personnes handicapées
- Ordinateur à disposition
- Connexion wifi
- Inscrit au Patrimoine mondial de l'Unesco

Tout au long de ce guide, découvrez toutes les photos de la destination sur • *routard.com* • Attention au coût de connexion à l'étranger, assurez-vous d'être en wifi !

Le *Routard* est imprimé sur un papier issu de forêts gérées.

I.S.B.N. 978-2-01-279934-9

Cythère, Gythion
Le Pirée
LA CÔTE OUEST p. 222
Plage de Balos
Phalassarna
Rodopos
Kolymvari
Stavros
Hania (La Canée)
Akrotiri
Platanias
Kastelli
Platanos
Souda
HANIA p. 197
Kalyvès
Vamos
Kambos
Élos
Géorgioupolis
Omalos
Kandanos
Chryssoskalitissa
Gorges de Samaria
LEFKA ORI
Kournas
Imbros
Élafonissi
Chora Sfakion
Paléochora
Sougia
Agia Rouméli
Loutro
Myrthios
Plakias
Frangokastello
Damnoni
Panormos
Bali
Pérama
Réthymnon
RÉTHYMNON p. 176
Arkadi
Anogia
Arméni
Grotte de l'Ida
Psiloritis 2 456
Spili
Fourfouras
Kamarès
Zaros
Agia Galini
Vorri
Monastères de Prévéli
Agia Triada
Phaistos
Mirès
Île Paximadia
Matala
Kali Limenès
LA MESSARA p. 154
LE SUD-OUEST p. 234
Île Gavdopoula
Île de Gavdos
Karavé
MER MÉDITERRANÉE
les incontournables
0 10 20 km

Le Pirée, Milos
NORD
MER DE CRÈTE
Kassos, Karpathos, Rhodes
Agia Pélagia
Fodélé
Héraklion
Gournès
Liménas Chersonissou
Malia
Knossos
Gouvès
Tylissos
Archanès
Myrtia
HÉRAKLION p. 72
Dafnès
Psychro
Agia Varvara
Gortyne
Pyrgos
Tsoutsouros
Lendas
Plateau du Lassithi
Kritsa
Grotte de Dikti
2 148 Dikti
Néapoli
Plaka
Spinalonga
Élounda
Agios Nikolaos
Pachy Ammos
Gournia
Ano Viannos
Arvi
Kératokambos
Myrtos
Iérapétra
LA CÔTE SUD-EST p. 141
Île de Chryssi
LE NORD-EST p. 99
Îles Dionisiades
Mochlos
Toplou
Vaï
Palékastro
Sitia
Vallée des Morts
Zakros
Kato Zakros
Handras
Ziros
Makrygialos
Xérokambos
Agia Fotia
Goudouras
Île de Koufonissi
L'EXTRÉMITÉ ORIENTALE p. 125
Pour les cartes détaillées des régions, voir les chapitres concernés.

LA CRÈTE

La Crète rurale autour de Zaros

© Heeb Christian/hemis.fr

« Cette île n'est pas une île mais un continent cerné d'eau. »
Jacques Lacarrière, L'été grec

Aux confins de l'Europe et de l'Orient, face à l'Afrique, la Crète est mythique à plus d'un titre. Dans la mythologie grecque, Minos y est né, fruit des amours de Zeus et de la belle Europe, qui eurent la bonne idée de s'assoupir, à l'heure de la sieste, sous un sympathique platane à Gortyne...

Cette île sauvage et montagneuse offre des paysages parfois austères, hérissés de pics rocheux chauffés à blanc par le soleil et balayés par les vents chauds d'Afrique. La côte sud de la Crète n'est-elle pas baignée par la mer de Libye ? Cette aridité très orientale est atténuée par l'immense **manteau vert opaque des oliviers.** Ici, dans des vallons ou sur des collines perchées, des monastères orthodoxes et des chapelles toutes blanches traversent les âges, dans des sites intacts. Là, des **plages** se révèlent dans leur solitude de galets et de sable. Sans parler des gorges abruptes, parmi les plus belles d'Europe et des kyrielles de **cavernes** (près de 3 000 !).

Il suffit de sortir des centres touristiques et de « tailler » un peu la route pour retrouver bien vite les **petites vallées** oubliées et les **villages traditionnels** de montagne, avec leurs *kafenia* fréquentés par de vieux sages à moustache. Soignés au fameux « régime crétois », les anciens sirotent tranquillement le raki, nous redonnant le goût du temps qui passe lentement... Mettez-vous donc à l'heure crétoise, et partez à la découverte de cette île qui fut l'un des berceaux du monde occidental.

Le plateau du Lassithi

© Heeb Christian/hemis.fr

NOS COUPS DE CŒUR

1 Visiter le musée archéologique d'Héraklion, indispensable pour découvrir la civilisation minoenne.

Ce musée est incontestablement l'un des plus riches de toute la Grèce : récemment rouvert, il regroupe la quasi-totalité des découvertes majeures faites dans la grande île, notamment sur les sites de Knossos, Phaistos et Agia Triada et permet d'appréhender la riche civilisation minoenne, qui reste à bien des égards assez mystérieuse. *p. 87*

Bon à savoir : *si vous arrivez en Crète par Héraklion, on vous conseille de visiter le musée avant de vous rendre sur les sites minoens.*

© Robert Harding/hemis.fr

2 Flâner dans les quartiers historiques de Hania (La Canée), à la recherche du passé prestigieux de la cité vénitienne.

Comme sa sœur Réthymnon, Hania possède un patrimoine historique remarquable : son vieux port vénitien, ses églises catholiques et ses anciennes mosquées ne laissent personne indifférent, sans compter les petits hôtels de charme qui occupent de vénérables demeures historiques. *p. 215*

Bon à savoir : *si vous venez pour la journée, il est quasi impossible de trouver une place de parking à proximité de la vieille ville. Il faudra prévoir de vous garer légèrement à l'écart et marcher un peu.*

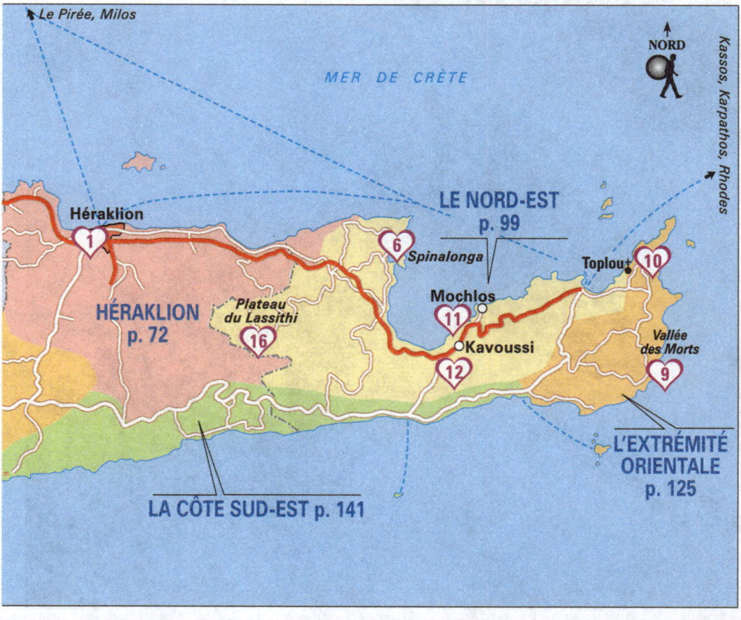

3 Piquer une tête dans le lagon rose et turquoise d'Élafonissi, tout au sud-ouest de l'île.

Élafonissi n'offre rien d'autre que sa plage, mais alors, quelle plage ! Un sable tirant sur le rose, des eaux chaudes, beaucoup d'espace qu'on appréciera encore plus si l'on s'éloigne vers la presqu'île, une fois franchi le gué. On comprend que les foules s'y pressent en été. *p. 231*

Bon à savoir : en été, venez tôt et pensez qu'Élafonissi est loin de tout (75 km de Hania). Mieux vaut prévoir son pique-nique, même s'il y a bien deux ou trois tavernes à proximité. De Paléochora, possibilité de s'y rendre en bateau en saison.

4 ***Faire une* randonnée dans le sud-ouest de l'île, en particulier dans les spectaculaires gorges de Samaria.**

Les gorges de Samaria, avec leurs 16 km, sont parmi les plus longues d'Europe. Elles ne présentent pas de difficulté particulière puisqu'on ne fait que descendre et que le chemin est large : prévoir environ 4h de marche en prenant son temps, sans compter les pauses. *p. 245*

Bon à savoir : *on peut, en partant tôt le matin, faire la rando et rentrer le soir même sur Hania via Chora Sfakion. Sinon, on dort le soir à Agia Rouméli d'où un petit ferry vous emmène soit vers Sougia ou Paléochora, soit vers Chora Sfakion.*

5 **Flâner le nez en l'air dans les rues anciennes et piétonnes de la vieille ville de Réthymnon et goûter à la nonchalance crétoise.**

La vieille ville de Réthymnon est un pur enchantement : éléments d'architecture vénitienne ou ottomane, petits musées, tavernes et restos cachés dans les étroites ruelles. Bref, un pouvoir d'attraction indéniable qui lui permet de rivaliser avec Hania (La Canée). *p. 186*

Bon à savoir : *Réthymnon est la seule grande ville de Crète à disposer d'une plage qui soit à deux pas de son centre touristique. Et il y a de la place, la plage s'étend sur 16 km en direction de l'est !*

6 **Visiter l'île de Spinalonga, à quelques kilomètres d'Agios Nikolaos.** C'est un site particulièrement émouvant, quand on songe au destin des hommes et des femmes qui y ont vécu et y sont morts : dans cette impressionnante forteresse vénitienne, réputée imprenable, on installa au début du XXe s un village de lépreux venus de toute la Crète et parfois même d'au-delà. La léproserie n'a fermé ses portes qu'à la fin des années 1950. *p. 110, 114*

Bon à savoir : *la traversée la plus rapide se fait à partir du village de Plaka, à une quinzaine de kilomètres au nord d'Agios Nikolaos ; et n'oubliez pas de lire* L'Île des oubliés *de Victoria Hislop.*

7 **Flâner sur le site minoen de Phaistos en laissant son regard se perdre sur la mer d'oliviers de la Messara.**

Si l'on peut être déçu par le site de Knossos et ses reconstitutions, rien de tel ici : Phaistos n'a pas été reconstruit et, du coup, l'imagination des visiteurs est laissée libre, c'est beaucoup mieux ainsi. Quant à la nature qui environne le site, elle est magnifique. *p. 161*

Bon à savoir : *en saison, préférer une visite au soleil couchant pour les belles couleurs que prennent les monts Astéroussia et le Psiloritis.*

8 **Passer une journée au petit village de Loutro, village crétois qui évoque les Cyclades. Profiter de sa plage et explorer les environs à pied.**

Loutro, avec ses maisons blanches, même si les constructions nouvelles commencent un peu à déparer, garde un indéniable cachet que peu de villages crétois peuvent se vanter de posséder. *p. 253*

Bon à savoir : *on accède à Loutro seulement par bateau (par un petit ferry à l'ancienne qui relie les ports de Paléochora et Chora Sfakion).*

9 Randonner dans la « vallée des Morts », *vers* Kato Zakros, et, dans la foulée, profiter des plages de l'extrémité orientale de l'île.

Cette randonnée, bien balisée, n'est absolument pas difficile et conviendra à tout public : on suit le lit d'un torrent asséché en été qui conduit au palais minoen de Kato Zakros et, de là, à la mer toute proche. *p. 132, 136*

***Bon à savoir :** avant la rando, se renseigner sur les possibilités de remonter en bus pour éviter de faire l'aller et le retour à pied.*

10 Dans le monastère de Toplou, détailler l'icône peinte par Ioannis Kornaros représentant les 61 prières de la bénédiction des eaux.

Situé à 18 km à l'est de Sitia, le monastère fortifié de Toplou, très photogénique, a joué un rôle important dans l'histoire de la Crète ; aujourd'hui, c'est le plus gros propriétaire terrien de l'est de l'île. *p. 126*

***Bon à savoir :** y aller de préférence en fin de journée pour échapper aux cars d'excursionnistes.*

11 Goûter à la douceur de vivre à Mochlos, petit port de pêcheurs entre Agios Nikolaos et Sitia.

Mochlos, fort heureusement, n'a pas connu un développement touristique rimant avec construction de grands immeubles ou alignement de boutiques attrape-touristes et a su rester, même si la fréquentation estivale est importante, un endroit où règne la convivialité. On s'y sent donc bien pour des vacances reposantes. *p. 116*

Bon à savoir : *pour traverser vers l'île de Mochlos, juste en face du village, inutile d'y aller à la nage, se renseigner sur place pour s'y rendre en bateau-taxi.*

12 Embrasser le plus vieil olivier d'Europe (3 250 ans) un peu au nord du village de Kavoussi (entre Agios Nikolaos et Sitia).

Si la Crète compte de nombreux centenaires, en raison, sans doute, du régime crétois qu'ils ont suivi sans le savoir, elle s'enorgueillit aussi de posséder sur son sol quelques incroyables oliviers qui, eux, sont carrément millénaires : en plus de celui de Kavoussi, un autre, dans l'ouest de l'île, aurait également atteint les 3 000 ans. *p. 116*

Bon à savoir : *mieux vaut avoir de grands bras ou y aller à plusieurs, l'olivier de Kavoussi fait 15 m de circonférence ! On y accède par une piste carrossable, mais rouler doucement pour ménager le véhicule.*

13 ***Pousser jusqu'au magnifique* lagon de la plage de Balos, sur la presqu'île de Gramvoussa, soit en voiture, soit en bateau depuis un petit port situé à l'ouest de Kastelli.**

Située dans un décor grandiose et sauvage, sur la façade ouest de Gramvoussa, près de sa pointe, Balos est une plage isolée, aux eaux d'un bleu turquoise, qui se mérite. *p. 226*

Bon à savoir : *en voiture, après avoir réglé un petit droit de passage, on roule très prudemment sur les 7,6 km de piste, pas très bonne, jusqu'au parking puis compter 25 mn de descente par un sentier. Bien sûr, l'avantage du bateau, c'est qu'on est débarqué directement sur la plage !*

14 **Découvrir le monastère d'Arkadi, au sud-est de Réthymnon, haut lieu de la lutte crétoise contre les Ottomans et admirer la façade Renaissance de son église.**

Le monastère n'est sans doute pas le plus intéressant de Crète (il a, par la force des choses, dû être reconstruit après sa destruction causée par l'explosion de 1866) mais on y vient aussi pour le souvenir historique qui lui est attaché. *p. 189*

Bon à savoir : *prévoir une tenue correcte (des paréos sont distribués pour ceux qui n'auraient rien prévu).*

15 **Si vous avez encore de l'appétit pour les monastères, descendre par une route spectaculaire jusqu'aux monastères de Prévéli, à 36 km au sud de Réthymnon.**

Face à la mer de Libye, les monastères de Prévéli occupent un site spectaculaire ; et pour les mécréants, peu sensibles aux objets sacrés et aux icônes, la plage de Palm Beach, sous les monastères, est un excellent prétexte pour faire le déplacement. *p. 270*

Bon à savoir : *des bateaux d'excursion au départ de Plakias ou d'Agia Galini permettent de rejoindre directement, et sans fatigue, la plage de Palm Beach.*

16 Faire le tour du plateau du Lassithi, tout proche d'Agios Nikolaos et pourtant resté à l'écart des grands circuits touristiques.

Le plateau du Lassithi est une microrégion où l'on a tendance à ne faire que passer, quand on ne l'ignore pas tout simplement pour filer directement vers l'est de l'île : c'est dommage, ne pas hésiter à s'y arrêter au moins une nuit pour mieux goûter l'authenticité de ses petits villages. *p. 99*

Bon à savoir : *ne pas confondre le département du Lassithi (qui couvre toute la partie est de l'île) et le plateau du même nom, qui couvre à peine 50 km², enserré par de hautes montagnes. Il faut avoir son véhicule, quasiment pas de bus pour s'y rendre.*

17 Écumer les sentiers de rando *autour du village de Zaros,* au pied du massif du Psiloritis.

Cette partie de la Messara, entre mer et montagne, moins touristique que la côte, est riche de villages qui permettent de partir à la découverte d'une Crète rurale restée authentique. *p. 156*

Bon à savoir : *avant la rando, n'oubliez pas de faire le plein d'eau minérale, c'est gratis à Zaros !*

© Degas Jean-Pierre/hemis.fr

18 **Marcher sur les traces des hippies à Matala, naguère étape fameuse sur la route de Katmandou, aujourd'hui petite station balnéaire très fréquentée.**

Certes, Matala a beaucoup changé depuis les années 1970, et l'ambiance n'y est plus la même, mais le village demeure une station balnéaire où il est n'est pas désagréable de séjourner pour rayonner ensuite dans toute la Messara et profiter des belles plages des environs. *p. 168*

***Bon à savoir :** pour visiter les grottes (payantes), mieux vaut y aller bien chaussé.*

19 **Passer quelques jours sur l'île de Gavdos, au beau milieu de la mer de Libye, restée à l'écart du développement touristique.**

Gavdos ne compte qu'une poignée d'habitants. Perdue au milieu de la mer de Libye, elle est battue par les vents et de petits cèdres constituent la plus grande partie de sa végétation. On y va pour remonter le temps et connaître une expérience touristique plus ou moins semblable à celle des années 1970-80… *p. 262*

***Bon à savoir :** les liaisons maritimes ne sont pas très fréquentes et peuvent être facilement perturbées en cas de mauvais temps ou de vent trop fort. Éviter d'être encore à Gavdos la veille de reprendre l'avion !*

20 **Visiter la forteresse de Frangokastello, comme posée sur le sable face à la mer, et profiter ensuite de la jolie plage de sable fin.**

Cette citadelle édifiée, comme il se doit, par les Vénitiens, est un peu nue, il faut bien le reconnaître, et semble presque incongrue dans un tel endroit si paisible, mais le site a un charme indéfinissable. Et puis, il y a cette belle plage de sable et les dunes à l'arrière-plan… *p. 263*

Bon à savoir : *la plage, avec son espèce de lagon peu profond, est vraiment idéale pour les familles avec des jeunes enfants.*

Lu sur routard.com

L'île aux trésors
(tiré du carnet de voyage d'Adèle Grisard)

« **Vous allez voir,** ça vaut le coup de se piquer les pieds ou de se griffer les jambes pour arriver là-haut ! » Nous sommes à ***Frati,*** petit hameau paisible, où un villageois nous propose d'entrer sur ses terres pour gravir la colline depuis laquelle les Vénitiens montaient jadis la garde contre les Turcs.

Accueillis par un troupeau de moutons cherchant à se protéger du soleil, nous devons grimper, comme des chèvres (!), au milieu de buissons, découvrant ici et là des plants de sauge, de romarin ou d'origan et même des oignons sauvages poussés entre deux cailloux. Arrivés au sommet, difficile de tenir debout à cause du vent. Mais quelle vue magnifique ! Devant nous, les ***gorges de Kourtaliotiko*** et, à l'horizon, la mer de Libye ; derrière nous, Frati et ses milliers d'oliviers à perte de vue.

Reprenant notre véhicule, nous descendons les gorges, nous arrêtant à la sortie du virage le plus étroit pour écouter le vent souffler entre ses parois vertigineuses. Car c'est bien de ce bruit impressionnant que vient le nom de Kourtaliotiko. Un peu plus loin, un panneau sous une arche indique l'accès à la ***petite église de Saint-Nicolas*** – environ 200 marches – au fond des gorges. C'est à cet endroit que naît la rivière qui va s'écouler jusqu'à la ***plage de palmiers de Prévéli.*** Dommage que nous ayons oublié nos jumelles car planent, juste au-dessus de nos têtes, plusieurs vautours. Nous découvrons enfin la ***côte rocheuse*** : les plages d'Amoudi et de Damnoni, puis celle de Plakias, l'une des stations balnéaires les plus réputées de l'île. Des criques et encore des criques ! À cause des courants, l'eau est moins chaude au Sud qu'au Nord...

Dans les terres, à ***Argiroupoli,*** nous découvrons tout d'abord une magnifique inscription sur le fronton d'un porche en pierre, puis une petite chapelle et ensuite, guère plus loin, une colonne ionique. Mais la plus belle surprise sera une splendide mosaïque romaine composée de 7 000 pièces de 6 couleurs. Ses motifs, très géométriques, laissent à penser qu'il pourrait s'agir du sol d'un bain public. Il faut reprendre la voiture pour trouver les fameux ***tombeaux d'Argiroupoli.*** Les uns sont cachés dans une petite église à laquelle on accède par un chemin caillouteux. À la lumière d'une lampe torche, nous y éclairons, sur la gauche, cinq sarcophages d'une même famille. Les autres se trouvent de l'autre côté de l'édifice religieux, creusés à même la roche. Gardé par un énorme platane vieux de 2 000 ans, l'endroit n'est finalement pas si austère qu'on aurait pu s'y attendre !

ITINÉRAIRES CONSEILLÉS

Si l'on a relativement peu de temps à consacrer à la Crète, mieux vaut se consacrer soit à l'Est soit à l'Ouest pour éviter de ne faire que du survol, vu la forme particulière de cette île et son relief tourmenté. En 10 jours (et 9 nuits), on a déjà le temps d'en voir une bonne partie sans trop courir. Pour les séjours d'une semaine, en fonction de vos centres d'intérêt, ou de votre envie ou non de faire de la route (car, à de rares exceptions votre moyenne kilométrique ne sera pas élevée), nous vous laissons choisir les journées à retrancher aux itinéraires ci-dessous.

10 jours dans l'est de l'île (au départ d'Héraklion)

Jour 1 : ne pas s'attarder à ***Héraklion (1)*** au-delà du temps nécessaire pour visiter le site minoen de Knossos, à 5 km du centre-ville, et le musée archéologique (il est d'ailleurs conseillé de commencer par ce dernier pour une meilleure entrée en matière).

Jour 2 : vous ne regretterez pas de faire un détour par la microrégion du ***plateau du Lassithi (2),*** peu touristique, en y passant la nuit.

Jour 3 : la station balnéaire d'***Agios Nikolaos (3)*** constitue un camp de base pour la visite de ***l'île de Spinalonga,*** l'ancienne île des lépreux.

Jour 4 : le village de ***Mochlos (4),*** d'où l'on peut aisément aller visiter ***Sitia,*** est parfait pour une étape tranquille.

Jour 5 : avec ses petits airs de bout du monde à l'extrémité orientale de l'île, ***Kato Zakros (5),*** village de bord de mer, est particulièrement apprécié des Français. En s'y rendant, passer par le ***monastère de Toplou.***

Jour 6 : se poser à ***Iérapétra (6),*** ville sans cachet particulier, mais qui permet d'accéder à l'***île de Chryssi,*** juste

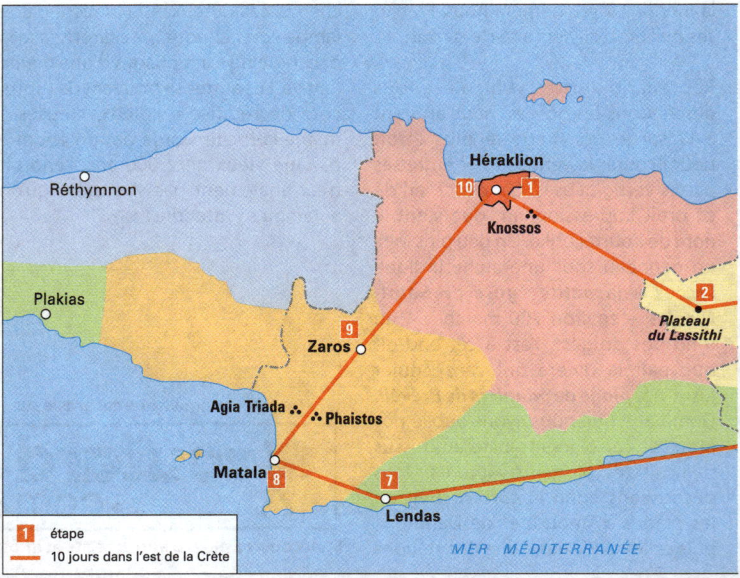

en face et sympa pour une journée à la plage.

Jour 7 : direction la Messara, en traversant les très jolis monts Astéroussia. Nuit à ***Lendas (7),*** tout au bout d'une magnifique route sinueuse.

Jour 8 : *Matala (8),* pour une journée consacrée au farniente et à la plage.

Jour 9 : toujours dans la Messara, étape à ***Zaros (9),*** au pied du Psiloritis et à proximité, les sites archéologiques de ***Phaistos*** et d'***Agia Triada,*** ou possibilité de randos en moyenne montagne.

Jour 10 : retour sur ***Héraklion (10)*** via ***Knossos*** si vous l'avez zappé le jour 1.

Reproduction de fresque du site archéologique de Knossos

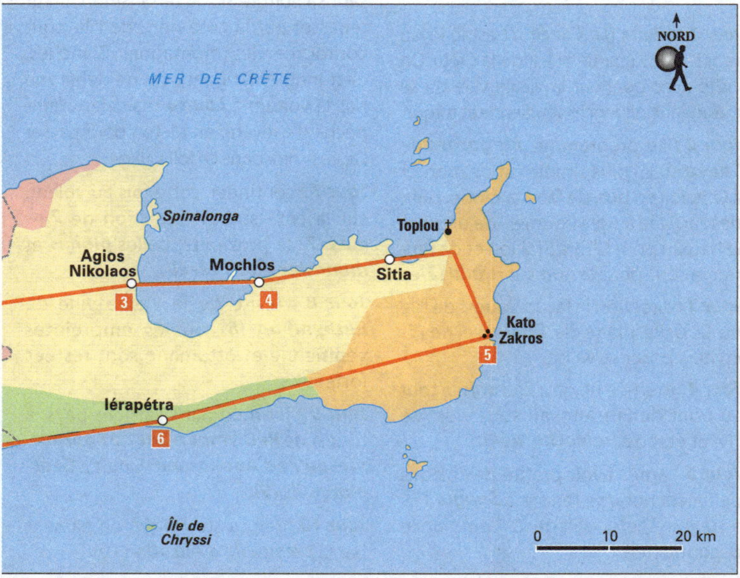

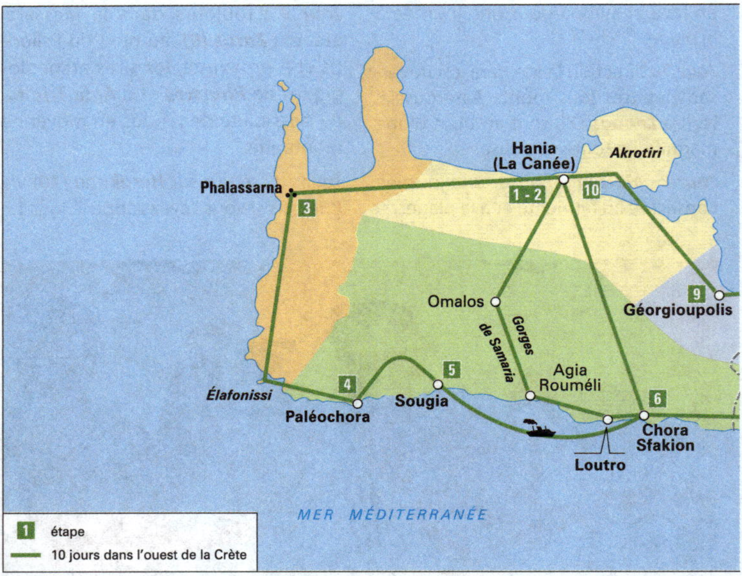

10 jours dans l'ouest de l'île (au départ de La Canée)

Jour 1 : Hania (La Canée ;1) est le joyau vénitien de la partie ouest de la Crète. On visite avec bonheur la vieille ville où se mélangent influences vénitienne et turque.

Jour 2 : au programme, ***les gorges de Samaria.*** Le plus simple est de monter à Omalos en bus, de faire la rando, puis, dès l'arrivée à Agia Rouméli, de prendre le bateau pour Chora Sfakion et de rentrer en bus pour la nuit sur ***Hania (2).***

Jour 3 : direction la façade ouest de l'île où la belle plage de ***Phalassarna (3)*** invite à poser sa valise.

Jour 4 : journée plage à ***Élafonissi,*** tout au bout de la route, au sud-ouest de l'île et étape à ***Paléochora (4).***

Jour 5 : après avoir profité des plages de Paléochora, se rendre à ***Sougia (5),*** agréable petit village à l'ambiance décontractée.

Jour 6 : un petit ferry local (réserver sa place la veille à Paléochora) permet d'aller de Sougia à ***Chora Sfakion (6)*** en passant sa voiture sur le ferry (sinon il faut repasser par la côte nord de l'île pour contourner les montagnes Blanches, c'est long et fatigant). On ne débarque pas la voiture à ***Loutro*** mais rien n'empêche d'y revenir en piéton pour passer l'après-midi dans ce joli village.

Jour 7 : continuer, cette fois au volant, sur la côte sud en direction de ***Plakias (7)*** (à proximité, belles ***plages*** et ***monastères de Prévéli***).

Jour 8 : visite de la vieille ville de ***Réthymnon (8)*** où les empreintes vénitienne et ottomane sont restées fortes.

Jour 9 : journée dans l'arrière-pays, à l'ouest de ***Réthymnon (lac de Kournas, presqu'île d'Apokoronas),*** nuit à ***Géorgioupolis (9).***

Jour 10 : retour sur ***Hania,*** en passant par la ***presqu'île d'Akrotiri (10).***

SI VOUS ÊTES...

Plutôt farniente et station balnéaire : vous trouverez de belles plages un peu partout dans l'île. Celles situées dans l'extrême ouest (Phalassarna, Élafonissi, Paléochora) ou à l'extrême est (Vaï) sont les plus attractives, comme de nombreuses autres plages de la côte sud ;

Plutôt sports : les gorges et canyons, du moins les plus réputés, se trouvent presque tous dans la partie ouest de l'île : les célèbres gorges de Samaria bien sûr, mais aussi celles d'Aradéna, le canyon d'Agia Irini ou encore les gorges d'Imbros, qui procurent elles aussi de belles sensations ;

Amateur de randonnées plus classiques : la côte sud-ouest (en gros entre Paléochora et Chora Sfakion), très sauvage, est un must. Les montagnes Blanches et le Psiloritis, toujours dans la partie ouest de la Crète, sont l'occasion de treks inoubliables ;

Passionné d'archéologie : les principaux sites minoens se concentrent dans la partie centrale de l'île (près d'Héraklion, Knossos, et, dans la Messara, au sud, Phaistos, Agia Triada) ou dans la partie est (Malia, Kato Zakros) ;

Adepte de vieilles pierres : mais plus récentes, les cités de Hania et de Réthymnon, marquées par les longues présences vénitienne et ottomane, vous plairont sans aucun doute.

Le port de Agios Nikolaos

© Gardel Bertrand/hemis.fr

LES QUESTIONS QU'ON SE POSE AVANT LE DÉPART

Infos détaillées dans le chapitre « Utile ».

➢ Quels sont les documents nécessaires ?

Passeport ou *carte nationale d'identité* (en cours de validité). Attention : l'autorisation de sortie du territoire pour mineurs, qui permettait à un enfant de circuler dans certains pays sans être accompagné de ses parents, supprimée en 2013, a été rétablie.

➢ Quelle est la meilleure saison ?

Les mois de mai et juin : il fait bon, mais la chaleur n'est pas trop écrasante, les paysages sont encore verts. Inconvénient : début mai, tout n'est pas encore forcément ouvert. Septembre est un bon choix également. En juillet-août, très bien aussi mais il fait très chaud et vous avez peu de chances d'être seul sur la plage.

➢ Quel budget prévoir ?

La Grèce en général – et la Crète en particulier – restent moins chères que la France, malgré les récentes augmentations de TVA et autres taxes. Les campings pratiquent en gros des prix similaires à ceux pratiqués en France, les chambres sont moins chères et, côté restaurants, la Crète reste globalement assez bon marché.

➢ Comment se déplacer ?

D'une extrémité de l'île à l'autre, les bus sont nombreux, et la plupart des villes et villages sont plutôt bien desservis.

➢ Y a-t-il des problèmes de sécurité ?

Non, aucun, la Grèce en général est un pays très sûr. Dans les villes, comme partout, rester vigilant.

➢ Quel est le décalage horaire ?

Une heure de plus toute l'année. Quand il est 12h en France, il est 13h en Crète.

➢ Quel est le temps de vol ?

Héraklion, en vol direct, est à environ 3h30 de Paris.

➢ Côté santé, quelles précautions ?

Bien penser à se munir de sa carte européenne d'assurance maladie. En cas de pépin sérieux, ne pas hésiter à se rapprocher d'une grande ville, voire d'Athènes. Le système de santé grec est dans une situation difficile.

➢ Peut-on y aller avec des enfants ?

Oui, bien sûr. Pensez toujours à protéger vos enfants du soleil. Repérez nos meilleurs sites grâce au symbole .

➢ Comment payer sur place ?

Malheureusement, l'usage des cartes de paiement n'est pas suffisamment répandu, même si les choses évoluent favorablement aujourd'hui. En fait, plus l'endroit est touristique, plus vous aurez de chances que les cartes soient acceptées, notamment dans les restaurants et tavernes. N'hésitez pas à insister pour payer par carte.

➢ Quelle(s) langue(s) parle-t-on ?

Le plus souvent en anglais, bien que pas mal de Grecs travaillant dans le tourisme se débrouillent en français. Mais rien que pour se repérer en ville ou sur les routes, savoir déchiffrer l'alphabet grec est vraiment très utile.

➢ Doit-on redouter les fortes chaleurs ?

Si vous aimez la fraîcheur, l'Irlande vous tend les bras ! En Crète, dès le printemps, l'été s'installe, plus ou moins vite selon les régions. À noter : il fait un peu moins chaud sur la côte nord, généralement ventées en été, qu'au sud de l'île, plus aride.

ARRIVER – QUITTER

ARRIVER EN CRÈTE

EN AVION

Les compagnies régulières

De France

▲ **AIR FRANCE**

Rens et résas au ☎ 36-54 (0,34 €/mn – tlj 6h30-22h), sur • airfrance.fr •, dans les agences Air France et dans ttes les agences de voyages. Fermées dim.

➢ Air France dessert Athènes (Spata) avec 4 vols/j. directs en été et jusqu'à 2 vols/j. en hiver au départ de Paris-Roissy-Charles-de-Gaulle, aérogare 2, hall F.

Air France propose des tarifs attractifs toute l'année. Pour consulter les meilleurs tarifs du moment, allez directement sur la page « Nos meilleures offres » sur *• airfrance.fr •*

Flying Blue, le programme de fidélisation gratuit d'Air France-KLM, permet de cumuler des miles et de profiter d'un large choix de primes. Cette carte de fidélité est valable sur l'ensemble des compagnies membres de *Skyteam.*

▲ **AEGEAN AIRLINES**

Rens et résas : ☎ 01-70-03-13-23. • fr.aegeanair.com •

➢ La compagnie grecque de référence, membre de Star Alliance, élue, depuis 2011, meilleure compagnie aérienne régionale en Europe, dessert Athènes 2 ou 3 fois/j. au départ de Roissy-Charles-de-Gaulle (T1). Également 1-6 vols directs/sem de Roissy-Charles-de-Gaulle pour Héraklion de début avr à fin oct, ainsi que des vols directs avr-oct pour Héraklion au départ de Lyon (2 à 3 vols/sem), Bordeaux, Marseille, Nantes et Toulouse (2 vols/sem) ainsi que Brest, Deauville et Metz (1 vol/sem).

▲ **KLM**

Rens et résas au ☎ 0892-70-26-08 (0,35 €/mn ; tlj) • klm.fr • Résas par tél, Internet, dans les agences Air France ou les agences de voyages.

KLM dessert Athènes avec 2 vols directs/j. en été et 1 vol/j. en hiver au départ de Roissy-Charles-de-Gaulle via Amsterdam-Schiphol. Des départs sont également possibles de Bordeaux, Lyon, Marseille, Rennes, Nantes, Nice, Montpellier, Clermont-Ferrand, Strasbourg et Toulouse via Amsterdam.

De Belgique

▲ **AEGEAN AIRLINES**

Rens et résas : ☎ (02) 75-34-710. • aegeanairlines.com •

➢ Propose 2 vols directs/j. Bruxelles-Athènes. Également, avr-oct, 1-4 vols directs/sem Bruxelles-Héraklion.

▲ **BRUSSELS AIRLINES**

Rens et résas : ☎ 0826-101-818 (0,15 €/mn depuis la France) ou ☎ (02) 070-35-11-11 (en Belgique). • brusselsairlines.com • Lun-ven 9h-19h, sam 9h-18h, dim 10h-16h.

➢ Propose 2 vols directs/j. Bruxelles-Athènes. Également, avr-oct 1 à 3 vols directs/sem Bruxelles-Héraklion.

De Suisse

▲ **AEGEAN AIRLINES**

Rens et résas : ☎ 044-286-99-48. • fr.aegeanair.com •

➢ Dessert Héraklion au départ de Genève avec 1 vol/sem de mi-juin à mi-oct ainsi qu'au départ de Zurich, avec 1-3 vols/sem avr-oct.

▲ **SWISS**

Rens : ☎ 0820-040-506 (depuis la France) ou ☎ 0848-852-000 (en Suisse). • swiss.com •

➢ Propose 1 vol/j. Genève-Athènes et 2-3 vols/j. Zurich-Athènes.

Également des vols saisonniers (avr-oct) pour Héraklion au départ de Genève et de Zurich, opéré par Edelweiss Air.

Les compagnies *low-cost*

Plus vous réserverez vos billets à l'avance, plus vous aurez des chances d'avoir des tarifs avantageux. Des frais de dossier ainsi que des frais pour le règlement par carte de paiement peuvent vous être facturés. En outre, les pénalités en cas de changement d'horaires sont assez importantes. Il faut aussi rappeler que plusieurs compagnies facturent maintenant les bagages en soute ou limitent leur poids. En cabine, également, le nombre de bagages est strictement limité (attention, même le plus petit sac à main est compté comme bagage à part entière). À bord, c'est service minimum, et tous les services sont payants (boissons, journaux...). Attention également au moment de la réservation sur Internet à décocher certaines options qui sont automatiquement sélectionnées (assurances...). Au final, même si les prix de base restent très attractifs, il convient de prendre en compte tous ces frais annexes pour calculer le plus justement son budget.

▲ **EASY JET**
• easyjet.fr •
➢ Dessert Athènes avec 1 vol/j. depuis Paris-Orly.

▲ **RYANAIR**
Infos et résas : ☎ 0892-562-150 (0,34 €/mn). • ryanair.com •
➢ Dessert La Canée (Hania) au départ de Marseille 1 à 2 fois/sem avr-oct.

LES ORGANISMES DE VOYAGES

En France

▲ **ALLIBERT TREKKING**
– Paris : 37, bd Beaumarchais, 75003. ☎ 01-44-59-35-35. • allibert-trekking.com • Ⓜ Chemin-Vert ou Bastille. Lun-ven 9h-19h, sam 10h-18h.
– Agences également à Chamonix, Chapareillan, Nice et Toulouse.
Née en 1975 d'une passion commune entre trois guides de montagne, Allibert propose aujourd'hui 1 100 voyages aux quatre coins du monde tout en restant une entreprise familiale. Découvrir de nouveaux itinéraires en respectant la nature et les cultures des régions traversées reste leur priorité. Pour chaque pays, différents niveaux de difficulté. Allibert est le premier tour-opérateur certifié Tourisme responsable.

▲ **COMPTOIR DES VOYAGES**
– Paris : 10, rue Saint-Victor, 75005. ☎ 01-53-10-30-15. • comptoir.fr • Ⓜ Cardinal-Lemoine. Lun-ven 9h30-18h30, sam 10h-18h30.
– Bordeaux : 26, cours du Chapeau-Rouge, 33800. ☎ 05-35-54-31-40.
– Lille : 76, rue Nationale, 59160. Ouverture prévue en avril 2017.
– Lyon : 10, quai Tilsitt, 69002. ☎ 04-72-44-13-40. Ⓜ Bellecour. Lun-sam 9h30-18h30.
– Marseille : 12, rue Breteuil, 13001. ☎ 04-84-25-21-80. Ⓜ Estrangin. Lun-sam 9h30-18h30.
– Toulouse : 43, rue Peyrolières, 31000. ☎ 05-62-30-15-00. Ⓜ Esquirol. Lun-sam 9h30-18h30.
Comptoir des Voyages s'impose comme une référence incontournable dans le voyage sur mesure, avec 80 destinations couvrant les 5 continents. Ses voyages s'adressent à tous ceux qui souhaitent vivre un pays de façon simple en s'y sentant accueillis. Les conseillers privilégient des hébergements typiques, des moyens de transport locaux et des expériences authentiques pour favoriser l'immersion dans la vie locale. Comptoir vous offre aussi la possibilité de rencontrer des francophones habitant dans le monde entier, des *greeters,* qui vous donneront, le temps d'un café, les clés de leur ville ou de leur pays. Comptoir des Voyages propose aussi une large gamme de services : échanges par visioconférence, devis web et carnet de voyage personnalisés, assistance téléphonique 24h/24 et 7 j./7 pendant votre voyage...

▲ **GRÈCE SUR MESURE**
• grece-sur-mesure.com •
Grèce sur Mesure est une agence locale de confiance dont les conseillers locaux, vous accompagnent dans la préparation de votre voyage sur mesure. Vous avez ainsi accès à un service personnalisé tout en

bénéficiant d'un prix accessible. Pour vous proposer un maximum de garanties, Grèce sur Mesure a noué un partenariat avec Destinations en direct, possédant un agrément français. Cette alliance vous permet notamment de régler votre voyage en ligne de façon sécurisée, et de bénéficier des garanties de la loi française en matière de protection du consommateur.

▲ HÉLIADES

– Paris : 9, rue de l'Échelle, 75001. Rens et résas : ☎ 0892-23-15-23 (prix appel + 0,34 €/mn). ● heliades.fr ● Ⓜ Pyramides. Ou dans les agences de voyages, lun-ven 9h-19h, sam 9h-18h.

Depuis plus de 40 ans, Héliades propose à ses clients des formules de voyages d'une diversité inégalée, à destinations de la Grèce et de ses îles, Chypre, le Cap vert et l'Italie avec l'assurance d'un savoir-faire reconnu et d'un accueil sur place de première qualité. Au Portugal, Héliades propose un riche éventail de séjours, circuits, croisières et toutes autres formules au départ de Paris et de nombreuses villes de province... pour toutes les envies et tous les budgets. Héliades c'est aussi la Sicile, São Tomé, la République Dominicaine, Malte, et Madère.

▲ HUWANS-CLUB AVENTURE

☎ 04-96-15-10-20. ● huwans-clubaventure.fr ●

– Lyon : 38, quai Arloing, 69009. ☎ 04-96-15-10-52. Ⓜ Bellecour ou Ampère. Lun et sam 10h-13h, 14h-18h ; mar-ven 9h-19h.

– Marseille : 4, rue Henri-et-Antoine-Maurras, 13016. Slt sur rdv.

– Paris : 18, rue Séguier, 75006. ☎ 01-44-32-09-30. Ⓜ Saint-Michel ou Odéon. Lun-sam 10h-19h.

Spécialiste du voyage d'aventure, ce tour-opérateur privilégie la randonnée en petits groupes, en famille ou entre amis pour parcourir le monde hors des sentiers battus. Leur site offre près de 1 000 voyages dans 90 pays différents, à pied, en pirogue ou à dos de chameau. Ces voyages sont encadrés par des guides locaux et professionnels.

▲ ÎLES DU MONDE

– Paris : 5 bis, rue de l'Asile-Popincourt, 75011. ☎ 01-55-42-74-10. ● ilesdumonde.com ●

Depuis plus de 20 ans, Îles du Monde vous fait découvrir sa collection de voyages singuliers et d'adresses rares dans les îles. Toutes différentes et toutes empreintes de magie, les îles sont des rencontres, et parfois des coups de foudre. Que vous rêviez d'une vie de Robinson sur une île grecque, d'une cachette secrète en Sicile ou d'une escapade à Madère, Îles du Monde personnalisera votre voyage à l'infini et au gré de vos envies.

▲ NOMADE AVENTURE

Rens et résas au ☎ 0825-701-702 (prix appel + 0,15 €/mn). ● nomade-aventure.com ●

– Paris : 40, rue de la Montagne-Sainte-Geneviève, 75005. Ⓜ Maubert-Mutualité. ☎ 01-46-33-71-71. Lun-sam 9h30-18h30.

– Lyon : 10, quai Tilsitt, 69002. Lun-sam 9h30-18h30.

– Marseille : 12, rue Breteuil, 13001. Lun-sam 9h30-18h30.

– Toulouse : 43, rue Peyrolières, 31000. Lun-sam 9h30-18h30.

Nomade Aventure propose des circuits inédits partout dans le monde à réaliser en famille, entre amis, avec ou sans guide. Également hors de groupes constitués, ils organisent des séjours libres en toute autonomie et sur mesure. Spécialiste de l'aventure avec plus de 600 itinéraires (de niveaux tranquille, dynamique, sportif ou sportif +) faits d'échanges et de rencontres avec des hébergements chez l'habitant, Nomade Aventure donne la priorité aux expériences authentiques à pied, à VTT, à cheval, à dos de chameau, en bateau ou en 4x4.

▲ PARTIRSEUL.COM

– Paris : 1, passage Saint-Michel. ☎ 01-71-56-99-14. ● partirseul.com ●

Partirseul.com est un concept de voyage original qui s'adresse à toute personne seule désirant voyager collectivement dans un cadre amical. Ces voyages, souvent thématiques, ne sont pas réservés qu'aux célibataires mais

îles du monde
VOYAGES RARES DANS LES ÎLES
www.ilesdumonde.com
VOYAGES SUR MESURE
Des îles empreintes de magie et de rencontres. Vie de Robinson, cachettes secrètes, îles privées, petites attentions et service personnalisé, notre passion pour les îles se décline à l'infini et au gré de vos envies...
5 bis rue de l'Asile Popincourt - 75011 Paris
T. 01 55 42 74 10
© Elounda SA

à tous ceux qui se retrouvent dans l'impossibilité d'être accompagnés. Des voyages en petits groupes, avec un guide depuis la France, à la découverte d'un pays de façon ludique, sportive ou plus traditionnelle. À noter, pas de supplément chambre individuelle. Programme sur Internet exclusivement.

▲ TERRES D'AVENTURE

Rens et résas au ☎ 0825-700-825 (0,15 €/mn + prix appel). ● terdav.com ●
– Paris : 30, rue Saint-Augustin, 75002. Ⓜ Opéra ou 4-Septembre. Lun-sam 9h30-19h. ☎ 01-70-82-90-00.
– Agences également à Bordeaux, Grenoble, Lille, Lyon, Marseille, Nantes, Rennes, Rouen, Strasbourg et Toulouse.

Depuis 1976, Terres d'Aventure, spécialiste du voyage à pied, propose aux voyageurs passionnés de marche et de rencontres des randonnées hors des sentiers battus à la découverte des grands espaces de notre planète. Voyages à pied, à cheval, en bateau, à raquettes... Sur tous les continents, des aventures en petits groupes ou en individuel encadrées par des professionnels expérimentés sont proposées. Les hébergements dépendent des sites explorés : camps d'altitude, bivouacs, refuges ou petits hôtels. Les voyages sont conçus par niveaux de difficulté : de la simple balade en plaine à l'expédition sportive en passant par la course en haute montagne.
En province, certaines de leurs agences sont de véritables *Cités des Voyageurs* dédiées au voyage : librairies spécialisées, boutiques d'accessoires de voyage, expositions-ventes d'artisanat et cocktails-conférences. Consultez le programme des manifestations sur leur site internet.

▲ TUI

Rens et résas au ☎ 0825-000-825 (prix d'appel + 0,20 €/mn), sur ● tui.fr ● ou dans les agences de voyages TUI présentes dans tte la France.

TUI, numéro 1 mondial du voyage, propose tous les circuits Nouvelles Frontières, ainsi que les clubs Marmara et un choix infini de vacances pour une expérience unique. TUI propose des offres et services personnalisés tout au long de vos vacances, avant, pendant et après le voyage.
Un circuit accompagné dans une destination de rêve, un séjour détente au soleil sur l'une des plus belles plages du monde, un voyage sur mesure façonné pour vous, ou encore des vacances dans un hôtel ou dans un club, les conseillers TUI peuvent créer avec vous le voyage idéal adapté à vos envies. Ambiance découverte, familiale, romantique, dynamique, zen, chic... TUI propose des voyages à deux, en famille, seul ou entre amis, parmi plus de 180 destinations à quelques heures de chez vous ou à l'autre bout du monde.

▲ VOYAGEURS EN GRÈCE

● voyageursdumonde.com ●
– Voyageurs en Grèce et en Croatie (Athènes, Crète, Croatie, îles grecques, Péloponnèse) : ☎ 01-42-86-17-20.
– Paris : La Cité des Voyageurs, 55, rue Sainte-Anne, 75002. ☎ 01-42-86-16-00. Ⓜ Opéra ou Pyramides. Lun-sam 9h30-19h. Avec une librairie spécialisée sur les voyages.
– Également des agences à Bordeaux, Grenoble, Lille, Lyon, Marseille, Montpellier, Nantes, Nice, Rennes, Rouen, Strasbourg et Toulouse.
– Également à Bruxelles et Genève.

Parce que chaque voyageur est différent, que chacun a ses rêves et ses idées pour les réaliser, Voyageurs du Monde conçoit, depuis plus de 30 ans, des projets sur mesure. Les séjours proposés sur 120 destinations sont élaborés par leurs 180 conseillers voyageurs. Spécialistes par pays et même par région, ils vous aideront à personnaliser les voyages présentés à travers une trentaine de brochures d'un nouveau type et sur le site internet où vous pourrez également découvrir leurs hébergements exclusifs et consulter votre espace personnalisé. Au cours de votre séjour, vous bénéficiez des services personnalisés Voyageurs du Monde, dont la possibilité de modifier à tout moment votre voyage, l'assistance d'un concierge local, la mise en place de rencontres et de visites privées et l'accès à votre carnet de voyage via une application iPhone et Androïd.
Voyageurs du Monde est membre de l'association ATR (Agir pour un

tourisme responsable) et bénéficie de la certification Tourisme responsable AFAQ AFNOR.

Comment aller à Roissy et à Orly ?

Toutes les infos sur notre site ● *routard.com* ● à l'adresse suivante : ● *bit.ly/aeroports-routard* ●

En Belgique

▲ AIRSTOP

☎ 070-233-188. ● airstop.be ● Lun-ven 9h-18h30, sam 10h-17h.
– Anvers : Jezusstraat, 16, 2000.
– Gand : Maria Hendrikaplein, 65, 9000.
– Louvain : Maria Theresiastraat, 5, 3000.

Airstop offre une large gamme de prestations, du vol sec au séjour tout compris à travers le monde.

▲ CONNECTIONS

Rens et résas : ☎ 070-233-313 ● connections.be ● Lun-ven 9h-19h, sam 10h-17h.

Fort d'une expérience de plus de 20 ans dans le domaine du voyage, Connections dispose d'un réseau de 30 *travel shops* dont 1 à Brussels Airport. Connections propose des vols dans le monde entier à des tarifs avantageux et des voyages destinés à tous ceux qui désirent découvrir la planète de façon autonome et de vivre des expériences uniques. Connections offre une gamme complète de produits : vols, hébergements, locations de voitures, autotours, vacances sportives, excursions...

▲ SERVICE VOYAGES ULB

● servicevoyages.be ● 25 agences dont 12 à Bruxelles.
– Bruxelles : campus ULB, av. Paul-Héger, 22, CP 166, 1000. ☎ 02-650-40-20.
– Bruxelles : pl. Saint-Lambert, 1200. ☎ 02-742-28-80.
– Bruxelles : chaussée d'Alsemberg, 815, 1180. ☎ 02-332-29-60.

Service Voyages ULB, c'est le voyage à l'université. Billets d'avion sur vols charters et sur compagnies régulières à des prix compétitifs.

▲ TERRES D'AVENTURE

– Bruxelles : chaussée de Charleroi, 23, 1060. ☎ 02-543-95-60. ● terdav.com ● Lun-sam 10h-19h.

Voir le texte dans la partie « En France ».

▲ TUI

● tui.be ●
– Nombreuses agences dans le pays, dont Bruxelles, Charleroi, Liège, Mons, Namur, Waterloo, Wavre. Également au Luxembourg.

Voir texte dans la partie « En France ».

▲ VOYAGEURS DU MONDE

– Bruxelles : chaussée de Charleroi, 23, 1060. ☎ 02-543-95-50. ● voyageursdumonde.com ●

Le spécialiste du voyage en individuel sur mesure. Voir le texte dans la partie « En France ».

En Suisse

▲ HUWANS-CLUB AVENTURE

– Genève : rue Prévost-Martin, 51, 1205. ● huwans-clubaventure.fr ●

Voir le texte dans la partie « En France ».

▲ STA TRAVEL

☎ 058-450-49-49. ● statravel.ch ●
– Fribourg : rue de Lausanne, 24, 1701. ☎ 058-450-49-80.
– Genève : Pierre Fatio, 19, 1204. ☎ 058-450-48-00.
– Genève : rue Vignier, 3, 1205. ☎ 058-450-48-30.
– Lausanne : bd de Grancy, 20, 1006. ☎ 058-450-48-70.
– Lausanne : à l'université, Anthropole, 1015. ☎ 058-450-49-20.

Agences spécialisées dans les voyages pour jeunes et étudiants. 150 bureaux STA et plus de 700 agents du même groupe répartis dans le monde entier sont là pour donner un coup de main *(Travel Help).*

STA propose des tarifs avantageux : vols secs *(Blue Ticket),* hôtels, écoles de langues, *work & travel,* circuits d'aventure, voitures de location, etc. Délivre la carte internationale d'étudiant et la carte *Jeune.*

▲ TERRES D'AVENTURE

– Genève : rue de la Rôtisserie, 19, 1204. ☎ 022-518-05-13. ● geneve@

terdav.com • Lun-ven 10h-19h et sam 9h30-18h30.
Voir le texte dans la partie « En France ».

▲ **TUI**
• tui.ch •
– Genève : rue Chantepoulet, 25, 1201. ☎ 022-716-15-70.
– Lausanne : bd de Grancy, 19, 1006. ☎ 021-616-88-91.
Voir le texte dans la partie « En France ».

▲ **VOYAGES ARTISANS AUX PIEDS NUS**
– Carouge : rue de Saint-Victor, 3, 1227. ☎ 022-301-01-50. • apnvoyages.ch • Lun-ven sur rdv.
Voyages APN propose des destinations hors des sentiers battus, particulièrement en Europe (Grèce, Italie et pays du Nord), avec un contact direct avec les prestataires, notamment dans le cadre des agritourismes. Certains programmes sont particulièrement adaptés aux familles. L'accent est mis sur le tourisme responsable et durable. Dans ce cadre, une sélection de destinations telles que la Bolivie ou le Bénin est proposée.

Au Québec

▲ **KARAVANIERS**
– Montréal : 4035, rue Saint-Ambroise, local 220N, H4C-2E1. ☎ (514) 281-0799. • karavaniers.com • Lun-ven 9h-18h, sam 10h-15h.
L'agence québécoise Karavaniers du Monde a pour but de rendre accessibles des expéditions aux quatre coins de la planète. Toujours soucieuse de respecter les populations locales et l'environnement, Karavaniers favorise la découverte d'une quarantaine de destinations à pied et en kayak de mer, en petits groupes accompagnés d'un guide francophone et d'un guide local, avec hébergement en auberge ou sous la tente.

EN TRAIN

➢ Au départ de ***Paris-gare de Lyon,*** 1 train de nuit pour Milan puis changement à Milan pour Ancône, Bari ou Brindisi. Traversée en bateau entre Ancône, Bari ou Brindisi et Patras, puis correspondance en bus de Patras à Athènes (jusqu'à nouvel ordre, plus de trains entre Patras et Athènes). Les compagnies maritimes assurant le transport des *InterRailers* entre l'Italie et la Grèce sont *Superfast Ferries* et *Minoan Lines,* au départ d'Ancône ou de Bari. On peut également envisager un Paris-Venise suivi d'une traversée Venise-Patras. Dans tous les cas, c'est long... Et ensuite, évidemment, il faut encore se rendre en Crète, mais au départ du Pirée seulement (pas de bateaux au départ de Patras). Il n'existe plus de liaison ferroviaire entre Patras et Athènes (Le Pirée), ce qui nécessite de prendre le bus.

Les pass internationaux

Avec les ***pass InterRail,*** les résidents européens peuvent voyager dans 30 pays d'Europe, dont la Grèce. Plusieurs formules et autant de tarifs en fonction de la destination et de l'âge.
À noter que le *pass InterRail* n'est pas valable dans votre pays de résidence (cependant, l'***InterRail Global Pass*** offre une réduction de 50 % de votre point de départ jusqu'au point frontière en France).
– Pour les grands voyageurs, l'***InterRail Global Pass,*** valable dans l'ensemble des 30 pays concernés, est intéressant si vous comptez parcourir plusieurs pays au cours du même périple. Il se présente sous 7 formules au choix. 4 formules flexibles : utilisables 5 j. sur une période de validité de 15 j. ou bien 7, 10, ou 15 j. sur une période de validité de 1 mois (200-463 € selon âge et formule). 3 formules « continues » : *pass* 15 j., 22 j. et 1 mois (338-626 € selon âge et formule). Ces formules existent aussi en version 1re classe !
Les voyageurs de plus de 60 ans bénéficient d'une réduction sur le tarif de l'*InterRail Global Pass* en 1re et 2de classes (tarif senior). Également des tarifs enfants 4-12 ans et jeunes 12-26 ans.
InterRail vous offre également la possibilité d'obtenir des réductions ou avantages à travers toute l'Europe avec ses partenaires bonus (musées, chemins de fer privés, hôtels, etc.).

Pour plus de renseignements, adressez-vous à la gare ou à la boutique SNCF la plus proche.

EN VOITURE

➢ ***Paris-Rome-Brindisi-Igoumenitsa ou Patras :*** route intéressante mais longue. Total : 2 096 km (jusqu'à Brindisi). Variante possible par Milan, Bologne puis la côte adriatique (1 805 km seulement). Partir de ***Bari*** ne fait gagner que 115 km par rapport au trajet Paris-Brindisi. On peut aussi s'arrêter prendre le ferry à ***Ancône*** (Paris-Ancône : 1 215 km), ce qui économise beaucoup de kilomètres et beaucoup de fatigue. Et, si vraiment vous n'aimez que modérément la voiture, pourquoi ne pas gagner ***Venise*** ? Une fois à Igoumenitsa ou Patras, il vous faut rejoindre Le Pirée d'où partent la plupart des ferries pour la Crète (quelques départs aussi du sud du Péloponnèse).
Il est également possible de passer par la Serbie, mais on ne le conseille pas : c'est très long, et les autorités serbes sont plutôt tatillonnes.

EN BATEAU

Remarque : si vous partez en voiture, n'oubliez pas de réserver, si possible 2 mois à l'avance.

▲ **CAP MER**
– Paris : 4, rue de Clichy, 75009. ☎ 01-42-80-94-87. • viamare.fr • navifrance.net • Ⓜ Saint-Lazare ou Trinité-d'Estienne-d'Orves.
Cette agence de voyages, regroupant les marques Viamare et Navifrance, est spécialisée dans les traversées maritimes et propose un éventail complet de ferries opérant entre l'Italie et la Grèce ainsi que vers la Crète. Représentation générale de *Superfast Ferries*, de *Blue Star Ferries, Minoan Lines* et *Anek Lines.*

▲ **EURO-MER & CIEL**
Central de résas France, ligne directe, la Grèce et ses îles : ☎ 04-67-65-95-14 ou 67-30 (standard). Résas on line pour les traversées (Grèce/Italie) et pour l'hébergement (hôtels ttes catégories) : • euromer.com • Contact direct pour les groupes : • groupes@euromer.net •
Spécialiste des traversées maritimes (ferries rapides ou classiques), Euro-Mer est le représentant d'*Anek Lines, Blue Star Ferries, Minoan Lines, Superfast Ferries, Grimaldi Lines* et *Ventouris Ferries.*
Le plus Euro-Mer : réductions pour les groupes, familles, étudiants, retraités... Également un tarif « passage pont » pour les camping-cars et caravanes voyageant en camping à bord.
Réservations possibles également en France auprès d'Euro-Mer pour les liaisons domestiques Le Pirée-Crète. 10 % de réduc si les billets sont pris en même temps que des billets Italie-Grèce et seulement pour les compagnies suivantes *(Blue Star Ferries, Anek Lines, Aegeon Pelagos).*
Un conseil : pour les îles comme pour la Grèce, s'y prendre tôt afin d'être certain d'avoir de la place et des tarifs attractifs : la période estivale est très chargée.

Depuis l'Italie

Au départ de Trieste

▲ **MINOAN LINES**
Représenté par *Cap Mer* et *Euro-Mer* *(voir coordonnées plus haut).*
➢ Liaison Trieste-Patras via Ancône et Igoumenitsa 3 fois/sem. Trajet : 33h30.

Au départ d'Ancône

▲ **ANEK LINES-SUPERFAST FERRIES**
Représenté en France par *Cap Mer* et *Euro-Mer* *(voir coordonnées plus haut).*
➢ Assure des départs pour Igoumenitsa et Patras (ces 2 ports d'arrivée sont aux mêmes tarifs). Durée : 23-24h. Correspondances en autocar de Patras à Athènes.

▲ **MINOAN LINES**
Représenté par *Cap Mer* et *Euro-Mer* *(voir coordonnées plus haut).*
➢ Ancône-Patras, 1 départ/j. en luxueux ferry. Durée : 24h.

Au départ de Bari

▲ SUPERFAST FERRIES

Représenté par *Cap Mer* et *Euro-Mer* *(voir coordonnées plus haut).*

➢ Bari-Igoumenitsa-Patras tlj (arrêt à Corfou certains jours). Durée : 15h30.

▲ VENTOURIS FERRIES

Représenté par *Euro-Mer* *(voir coordonnées plus haut).*

➢ Liaisons Bari-Corfou-Igoumenitsa.

Au départ de Brindisi

▲ GRIMALDI LINES

Représenté en France par *Euro-Mer* *(voir coordonnées plus haut).*

➢ Liaisons quotidiennes Brindisi-Corfou-Igoumenitsa 4 fois/sem.

Au départ de Venise

▲ ANEK LINES – SUPERFAST FERRIES

Représenté en France par *Cap Mer* et *Euro-Mer* *(voir coordonnées plus haut).*

➢ Liaison Venise-Corfou-Igoumenitsa-Patras, 4 fois/sem. Trajet : 32h.

En ferry de la Grèce continentale ou des Cyclades vers la Crète

Au départ du Pirée

La traversée Le Pirée-Crète n'est pas trop chère : par exemple, pour le port de La Canée (Hania), compter 38 € environ pour un billet passager sur le pont (tarif 2016). Prix variables selon les compagnies pour Le Pirée-Héraklion (de 38 à 46 €). Un peu plus cher pour avoir un siège (ajouter de 6 à 11 €) et à partir du double pour une place en cabine. Pour une voiture, prévoir environ de 81 à 86 € selon la compagnie. La plupart des bateaux partent vers 20h-21h et arrivent au petit matin mais, en été, certains font la traversée en journée (dans ce cas, retour dans la nuit). Résas possibles auprès d'*Euro-Mer* et *Cap Mer* *(voir coordonnées plus haut).*

➢ ***Pour Héraklion :*** départ régulier l'ap-m ou en soirée, arrivée le soir ou lendemain mat à 5h30 ou 6h. 2 compagnies : *Blue Star Ferries-Superfast Ferries,* associées avec *Anek Lines* et *Minoan Lines.* En été (juil-août), des départs en journée aussi. • *anek.gr* • *minoan.gr* •

➢ ***Pour Hania** (port de **Souda** à 6 km de Hania)* **:** ligne régulière directe (compagnie *Anek Lines*), 1 départ/j. vers 21h, arrivée le lendemain vers 6h. En très hte saison, il peut y avoir également, certains j., un 2e ferry qui assure la traversée de jour. • *anek.gr* •

➢ ***Pour Héraklion et Sitia :*** trajet 13h (escales dans les Cyclades, à Milos et Santorin), départ du Pirée 2 fois/sem (compagnie *Aegeon Pelagos Sea Lines,* une filiale d'*Anek Lines*). Le bateau continue sur Rhodes, via Kassos et Karpathos et fait ensuite le même trajet en sens inverse.

Au départ du Péloponnèse (Gythion)

➢ ***Pour Kastelli, à l'ouest de l'île :*** fin avr-fin oct, 1-2 fois/sem de Gythion ou de Kalamata, avec la compagnie *Lane.* • *lane-kithira.com* • Pour plus de détails, se reporter au chapitre Kastelli (« Arriver – Quitter »).

Au départ de certaines îles des Cyclades

➢ ***Pour Héraklion :*** en saison, de mi-juin à mi-oct, également un bateau rapide de la compagnie *Hellenic Seaways (Highspeed 7)* entre certaines des Cyclades (Santorin, Ios, Naxos, Paros et Mykonos) et Héraklion. La compagnie *Sea Jets* assure aussi des liaisons entre Héraklion et ces mêmes îles. Pour plus de détails, se reporter au chapitre Héraklion (« Arriver – Quitter »).

QUITTER LA CRÈTE

La plupart des touristes viennent en Crète et en repartent sans visiter d'autres régions de la Grèce. Cette possibilité existe toutefois, la proximité des Cyclades ou de certaines îles du Dodécanèse, en bateau ou en avion, permettant de compléter son voyage, si on en a le temps bien sûr !

EN AVION

➢ Des vols intérieurs permettent, au départ d'***Héraklion,*** de ***Hania*** et de ***Sitia,*** de se rendre en Grèce continentale ou dans les îles. Voir plus haut dans les chapitres Héraklion, Hania et Sitia.

La compagnie crétoise ***Sky Express*** *(● skyexpress.gr ●)* relie ***Héraklion*** à Volos, Corfou, Mytilène (Lesbos), Kos, Rhodes, Karpathos ; vols également de ***Sitia*** pour Alexandroupolis et Prévéza.

PAR VOIE MARITIME

➢ Départs d'***Héraklion*** et de ***Hania*** pour Le Pirée (voir plus haut). Les bateaux effectuent le trajet (direct) de jour en général.

Il est aussi possible de gagner certaines îles des Cyclades en saison au départ d'***Héraklion*** avec des catamarans des compagnies *Hellenic Seaways* et *Sea Jets* (voir plus haut ainsi que le chapitre Héraklion, « Arriver – Quitter »). Quelques liaisons également avec le Dodécanèse (Kassos, Karpathos et Rhodes) avec la compagnie *Aegeon Pelagos* (filiale d'*Anek*), au départ d'***Héraklion*** et de ***Sitia*** (le bateau effectue ensuite le même trajet en sens inverse et rejoint Le Pirée, via quelques Cyclades, comme Anafi, Santorin et Milos). Il existe encore une autre liaison avec le sud du Péloponnèse (ports de Gythion et Kalamata), via Cythère avec la compagnie *Lane,* au départ de ***Kastelli.***

CRÈTE UTILE

ABC de la Crète

- ***Superficie :*** 8 335 km² (quasi l'équivalent de la Corse).
- ***Population :*** 624 340 hab. (2011).
- ***Préfecture de région :*** Héraklion (174 000 hab.).
- ***Langue officielle :*** le grec moderne.
- ***Monnaie :*** l'euro (prononcé en grec evro).
- ***Régime politique (Grèce) :*** république unitaire.
- ***Chef de l'État grec :*** Prokopis Pavlopoulos depuis février 2015.
- ***Chef du gouvernement grec :*** Alexis Tsipras depuis janvier 2015.
- ***Religion :*** orthodoxe à 98 %.

AVANT LE DÉPART

Adresses utiles

En France

Office de tourisme hellénique : *3, av. de l'Opéra, 75001 Paris. ☎ 01-42-60-65-75. • visitgreece.gr • Ⓜ Palais-Royal-Musée-du-Louvre. Lun-jeu 10h-17h, ven 10h-16h.*

Ambassade de Grèce : *17, rue Auguste-Vacquerie, 75016 Paris. ☎ 01-47-23-72-28. • amb-grece.fr • Ⓜ Kléber ou Charles-de-Gaulle-Étoile.*

En Belgique

Ambassade de Grèce : *rue des Petits-Carmes, 10, Bruxelles 1000. ☎ 02-545-55-00. • mfa.gr/brussels/ •*

Consulat de Grèce : *rue des Petits-Carmes, 6, Bruxelles 1000. ☎ 02-545-55-10.*

En Suisse

Ambassade de Grèce : *Wellpoststrasse, 4, 3015 Bern. ☎ 031-356-14-14. • mfa.gr/switzerland/ •*

Consulat général de Grèce : *1, rue Pedro-Meylan, 1208 Genève. ☎ 022-735-73-90. • mfa.gr/geneva •*

Au Canada

Ambassade de Grèce : *80, Mc Laren St, Ottawa, Ontario, K2P-0K6. ☎ (613) 238-62-71. • mfa.gr/Canada/en •*

Consulat de Grèce : *1002, Sherbrooke, suite 2620, Montréal, Québec, H3A-3L6. ☎ (514) 875-21-19. • mfa.gr/Canada/fr • Lun-ven 9h-13h. Également 2 autres consulats, à Toronto et à Vancouver.*

Formalités

– *Passeport* ou *carte nationale d'identité* (en cours de validité). Attention : l'autorisation de sortie du territoire pour mineurs, qui permettait à un enfant de circuler dans certains pays sans être accompagné de ses parents, supprimée depuis 2013, a été rétablie en 2015.
– *Carte d'étudiant :* pour les ressortissants de l'Union européenne, elle donne droit à la gratuité dans de nombreux sites et musées.
– *Permis de conduire, carte verte.*

– *Chasse sous-marine :* les adeptes de ce sport doivent présenter un permis délivré par la police maritime locale.
– *Un conseil :* scannez tous vos papiers, y compris votre billet d'avion. Envoyez-les à votre adresse e-mail. En cas de perte ou de vol, vous pouvez récupérer vos « photocopies » de n'importe quel cybercafé.

Vaccinations, santé

– Aucun vaccin n'est obligatoire.
– *La carte européenne d'assurance maladie :* pour un séjour temporaire en Grèce, pensez à vous procurer la carte européenne d'assurance maladie. Il vous suffit d'appeler votre centre de Sécurité sociale (ou de vous connecter au site internet de votre centre) qui vous l'enverra sous 15 jours. Cette carte fonctionne avec tous les pays membres de l'Union européenne, ainsi qu'en Islande, au Liechtenstein, en Norvège et en Suisse. C'est une carte plastifiée bleue du même format que la carte Vitale. Elle est valable 2 ans, est gratuite et personnelle (chaque membre de la famille doit avoir la sienne, y compris les enfants). Attention, la carte n'est pas valable pour les soins délivrés dans les établissements privés.

Assurances voyage

■ ***Routard Assurance :*** *40-44, rue Washington, 75008 Paris.* ☎ *01-44-63-51-00.* • *avi-international.com* • Ⓜ *George-V.* Depuis 20 ans, *Routard Assurance,* en collaboration avec *AVI International,* spécialiste de l'assurance voyage, propose aux voyageurs un contrat d'assurance complet à la semaine qui inclut le rapatriement, l'hospitalisation, les frais médicaux, le retour anticipé et les bagages. Ce contrat se décline en différentes formules : individuel, senior, famille, light et annulation ; pour les séjours longs (2 mois à 1 an), consultez le site. L'inscription se fait en ligne et vous recevrez, dès la souscription, tous vos documents d'assurance par e-mail.

■ ***AVA :*** *25, rue de Maubeuge, 75009 Paris.* ☎ *01-53-20-44-20.* • *ava.fr* • Ⓜ *Cadet.* Un autre courtier fiable pour ceux qui souhaitent s'assurer en cas de décès-invalidité-accident lors d'un voyage à l'étranger, mais surtout pour bénéficier d'une assistance rapatriement, perte de bagages et annulation. Attention : franchises pour leurs contrats d'assurance voyage.

■ ***Pixel Assur :*** *18, rue des Plantes, BP 35, 78601 Maisons-Laffitte.* ☎ *01-39-62-28-63.* • *pixel-assur.com* • *RER A : Maisons-Laffitte.* Assurance de matériel photo et vidéo tous risques (casse, vol, immersion) dans le monde entier. Devis basé sur le prix d'achat de votre matériel. Avantage : garantie à l'année.

Carte internationale d'étudiant (carte ISIC)

Elle prouve le statut d'étudiant dans le monde entier et permet de bénéficier de tous les avantages, services et réductions dans les domaines du transport, de l'hébergement, de la culture, des loisirs, du shopping...
La carte ISIC permet aussi d'accéder à des avantages exclusifs (billets d'avion spécial étudiants, hôtels et auberges de jeunesse, assurances, cartes SIM internationales, location de voiture...).

Renseignements et inscriptions

– ***En France :*** • *isic.fr* • *13 € pour une année scolaire.*
– ***En Belgique :*** • *isic.be* •
– ***En Suisse :*** • *isic.ch* •
– ***Au Canada :*** • *isiccanada.com* •

ARGENT, BANQUES, CHANGE

Monnaie

L'euro (prononcé *evro*).

Banques

- Depuis juillet 2002, les ***ressortissants de la zone euro*** ne paient plus de commission pour les retraits aux distributeurs automatiques des banques. Bonne nouvelle ! La plupart des distributeurs des banques acceptent les cartes *Visa* et *MasterCard,* du moment que les logos ad hoc sont affichés. Évitez quand même de retirer de petites sommes si vous sortez des grandes villes, et particulièrement si vous allez dans le sud de l'île. Dans la partie sud-ouest, par exemple, aucun distributeur d'argent à partir de Paléochora, sauf à Chora Sfakion et Plakias ; et encore, ils ne fonctionnent pas toujours !
- *ATTENTION, les banques ne sont généralement ouvertes qu'en semaine de 8h ou 8h30 à 14h30 (14h ven). Elles sont fermées les w-e et j. fériés.* Il a été question de modifier ces horaires ; c'est l'occasion d'un bras de fer entre syndicats et gouvernement.

Change (pour nos lecteurs hors zone euro)

- Pour les ressortissants hors zone euro, les banques continuent à prélever une commission pour les retraits aux distributeurs.
- Nombreux bureaux de change dans les villes, ouverts pour la plupart tous les jours et assez tard le soir. Taux équivalent à celui des banques, mais commission parfois plus élevée. Comparez.
- Évitez de changer dans les *tourist offices.* Ils prennent une commission très élevée.

Cartes de paiement

Les règlements de factures ou d'achats par ce type de paiement sont possibles dans les hôtels et magasins touristiques des villes principales, mais rarement en dehors, à fortiori dans les villages (même touristiques). Et puis trop d'établissements annoncent qu'ils acceptent les cartes, pour prévenir au dernier moment que la machine est en panne. Alors, prévoyez d'avoir toujours sur vous de l'argent liquide et des chèques de voyage (même s'ils ne sont pas simples à changer) : c'est plus pratique et plus sûr. De plus, les commerçants ne vous accorderont aucune réduction si vous payez avec la carte : les banques grecques prélèvent 3-4 % de commission sur les transactions.

Quand vous partez à l'étranger, pensez à téléphoner à votre banque pour relever le plafond de retrait aux distributeurs et pour les paiements par carte, quitte à le faire rebaisser à votre retour. Avant de partir, notez donc bien le numéro d'opposition propre à votre banque (il figure souvent au dos des tickets de retrait, sur votre contrat ou à côté des distributeurs de billets), ainsi que le numéro à 16 chiffres de votre carte. Bien entendu, conservez ces informations en lieu sûr, et séparément de votre carte. Par ailleurs, l'assistance médicale se limite aux 90 premiers jours du voyage. Et pensez bien, avant le départ, à VÉRIFIER LA DATE D'EXPIRATION DE VOTRE CARTE DE PAIEMENT !

- En zone euro, pas de frais bancaires sur les paiements par carte. Les retraits sont soumis aux mêmes conditions tarifaires que ceux effectués en France (gratuits pour la plupart des cartes).
- Une carte perdue ou volée peut être rapidement remplacée. En appelant sa banque, un système d'opposition, d'avance d'argent et de remplacement de carte pourra être mis en place afin de poursuivre son séjour en toute quiétude.

En cas de perte, de vol ou de fraude, quelle que soit la carte que vous possédez, chaque banque gère elle-même le processus d'opposition et le numéro de téléphone correspondant.

- ***Carte Bleue Visa :*** *numéro d'urgence (Europ Assistance) au ☎ (00-33) 1-41-85-85-85 (24h/24).* • *visa.fr* •
- ***Carte MasterCard :*** *numéro d'urgence au ☎ (00-33) 1-45-16-65-65.* • *mastercardfrance.com* •
- ***Carte American Express :*** *numéro d'urgence au ☎ (00-33) 1-47-77-72-00.* • *americanexpress.fr* •

> Petite mesure de précaution : quand vous retirez de l'argent dans un distributeur, utilisez de préférence les distributeurs attenants à une agence bancaire. En cas de pépin avec votre carte (carte avalée, erreur de code secret...), vous aurez un interlocuteur dans l'agence, pendant les heures ouvrables du moins.

Western Union Money Transfer

En cas de besoin urgent d'argent liquide (perte ou vol de billets, chèques de voyage, carte de paiement), vous pouvez être dépanné en quelques minutes grâce au système ***Western Union Money Transfer.*** Pour cela, demandez à quelqu'un de vous déposer de l'argent en euros dans l'un des bureaux *Western Union.*
L'argent vous est transféré en moins de 15 mn. Se présenter dans une agence avec une pièce d'identité. La commission, assez élevée, est payée par l'expéditeur. Possibilité d'effectuer un transfert en ligne 24h/24 par carte de paiement (*Visa* ou *MasterCard* émise en France). • *westernunion.com* •

ACHATS

Pas énormément de choses à rapporter, à part de l'huile d'olive et... des souvenirs plein la tête !
- ***Huile d'olive :*** en bidon de 1, 2 ou 4 l (ça évite de casser les bouteilles dans l'avion !), mais on en trouve bien sûr en bouteille pour les puristes ou les esthètes. Beaucoup de productions artisanales dans pas mal de villages. Plusieurs critères déterminent la bonne qualité du produit : le prix élevé (pas moins de 8-10 € le litre, le cours est déterminé par la coopérative d'Héraklion), le taux d'acidité bien inférieur à 1 %, une huile de moins de 2 ans et... le goût ! Enfin, ne vous laissez pas amadouer par le design parfois racoleur et alléchant du conditionnement.
- ***Spécialités locales :*** miel, vins et herbes de montagne, dont le fameux *dictame,* une espèce d'origan très populaire. On en trouve, par exemple, dans la région de Thronos, au sud du monastère d'Arkadi (région de Réthymnon) et de manière générale sur les versants des trois principales chaînes de montagne (montagnes Blanches, Dikti et Psiloritis).
- ***Objets d'artisanat :*** tapis, sacs tissés à la main, poteries et céramiques, étoffes, nombreux objets en bois d'olivier et plein de babioles à rapporter.
- ***Le komboloï :*** peut-être le plus vieux gadget au monde. Sorte de chapelet que l'on égrène pour

GÉNIE EN HERBE

Mal au foie ? Aux intestins ? À la gorge ? Ou encore à la tête ? Presque pas besoin de trousse à pharmacie en Crète. Procurez-vous du dictame, une espèce d'origan vantée par Hippocrate lui-même. Cette herbe géniale possède pléthore de vertus médicinales. Elle serait également excellente contre le manque de sommeil, les nausées, l'hypertension, le cholestérol et serait recommandée pour réveiller... le désir amoureux. Et ça, c'est un vrai plus !

s'occuper les doigts. On peut l'acheter dans certains kiosques à journaux et dans de nombreux magasins pour touristes.
– Et bien entendu le ***raki,*** pour garder un peu de la chaleur crétoise... À consommer avec modération tout de même.

BUDGET

Comme le reste de la Grèce, la Crète peut coûter un peu cher... ou s'avérer bon marché. Tout dépend comment vous l'abordez et quand (au mois d'août, l'hébergement coûte plus cher). Sac au dos, en bus et en stop, en dormant sur les plages (attention, on ne le conseille pas : le camping sauvage est interdit, il arrive que les contrevenants se fassent déloger lors d'une opération « coup de poing » et finissent au poste), en se lavant dans les toilettes des tavernes, et en se contentant de *souvlakia* et de *gyros,* le voyage ne reviendra pas trop cher ! Vous pouvez aussi mixer votre mode de voyage : alterner les dodos sur les galets avec le confort des pensions, le stop (ou le bus pour les longs trajets) avec la location d'un scooter pour découvrir l'intérieur de l'île. Cette solution d'alternance, entre le voyage routard pur et dur et un petit confort, nous semble être un bon compromis. En effet, dans certains coins, il est inutile de perdre 4h à attendre un bus pour aller voir un monastère ou une plage éloignés de 20 km ! La location d'un scooter ou d'une voiture à quatre personnes pour 1 journée n'est pas si élevée. À vos calculettes !
Quoi qu'il en soit, on ne peut pas cacher que les prix en Grèce tendent petit à petit à rejoindre ceux pratiqués dans le reste de l'Europe. C'est le cas dans l'hôtellerie (seuls les campings, les auberges de jeunesse et les chambres chez l'habitant demeurent encore relativement bon marché). Toutefois, avec la crise, les tarifs des hôtels à prix moyens ou chic ont baissé, et une plus grande marge de négociation est possible... Pour l'alimentation, les prix au détail sont très variables ; les restos populaires restent encore abordables. Heureusement, les transports en commun sont encore relativement peu chers.

TRAPEZA

Ce mot signifie « table ». C'est aussi le comptoir des banques, ce qui tombe bien quand on constate les acrobaties périlleuses de bien des Grecs pour obtenir de l'argent ou un crédit.

Dans le cadre du troisième plan d'aide (été 2015), la Grèce a dû supprimer le taux réduit de TVA qui s'appliquait dans les îles : dès octobre 2015, 6 îles ont été touchées, le reste des îles (dont la Crète) devant adopter les nouveaux taux en 2016 et en 2017.

Les prix indiqués dans ce guide, relevés ou déclarés en 2016, pourront donc avoir évolué d'ici l'été 2017.

Hébergement

Nos indications tarifaires sont sur une base de deux personnes (sauf pour les auberges de jeunesse), sans le petit déj (sauf indication contraire). Attention, il faut les considérer avec souplesse et les apprécier en fonction du contexte. Par exemple, il faut souvent compter un supplément de prix au mois d'août dans certains coins très touristiques. Une chambre dans un village de campagne d'une zone peu touristique et la même chambre dans une ville hyper fréquentée auront un prix très différent, à qualité égale. De plus, nous vous indiquons ce qu'on appelle en Grèce le « prix de la porte », fixé par les autorités et indiqué (parfois) à la réception (il faut de bons yeux !),

mais les hôteliers ou propriétaires, pour peu que l'établissement ne soit pas très rempli, proposeront souvent un prix plus attractif. Ce qui explique que vous puissiez avoir l'impression qu'ils sont calculés à la tête du client... Les tarifs sont également réduits, bien souvent, si vous restez plusieurs nuits. Dans chaque chambre, il y a en principe une pancarte, derrière la porte, indiquant le prix maximum que l'on peut vous faire payer pour une nuit passée dans l'établissement. Il est conseillé de négocier, car les hôteliers ont coutume de faire fluctuer les prix selon la saison et le degré de fréquentation de leur établissement. On peut donc même vous octroyer une remise sans que vous la demandiez, mais il est toutefois plus prudent de la solliciter. On peut aussi vous imposer une surtaxe de 10 % parce que vous ne passez qu'une seule nuit dans l'établissement ! Lire aussi notre rubrique « Hébergement » plus loin.
– ***Très bon marché :*** concerne surtout les campings et les quelques auberges de jeunesse de l'île. En saison, selon le confort et la situation, compter de 15 à 25 € environ, voire un peu plus, pour deux personnes avec une tente et un véhicule, et autour de 10-12 € par personne en AJ.
– ***Bon marché :*** chambres standard chez l'habitant, le plus souvent avec salle de bains commune (parfois privée). Compter de 25 à 45 € la double.
– ***Prix moyens :*** pour une chambre double avec douche et w-c dans une pension, compter de 45 à 70 €.
– ***Chic :*** à partir de 70 € la double jusqu'à 100 €. Ce sont des hôtels tout confort.
– ***Très chic :*** à partir de 100 €.

Repas

Là encore, votre budget ne sera pas le même si vous dégustez du poisson grillé tous les soirs sur le port ou si vous recherchez un *gyros* ou une taverne populaire pour déguster des plats « à la casserole ». Mais, de manière générale, si l'on s'en tient aux établissements du genre de ceux que nous sélectionnons, le restaurant reste vraiment abordable. De plus, quand il fait chaud, et particulièrement le midi, on peut se contenter d'une copieuse salade grecque !
Attention, le poisson est vendu au kilo et il est cher. Compter entre 35 et 65 € le kilo pour le poisson à griller, voire davantage dans les endroits les plus touristiques. Celui qu'on fait frire est moins cher : de 10 à 15 € environ le kilo. En général, on va en cuisine choisir son poisson et se mettre d'accord sur le prix (demandez que l'on pèse la bête devant vous). Ainsi, pas de surprise, mais vous payez le poisson entier. À noter que, en Crète (comme dans le reste de la Grèce d'ailleurs), on compose le plus souvent son repas à la carte, mais quelques menus bon marché (et peu copieux) sont proposés dans les villes touristiques et autour des sites, incluant souvent un quart de vin.
– ***Très bon marché :*** si l'on fait ses courses au supermarché ou si l'on se nourrit dans les *gyros* ou les boutiques à *souvlakia* et *pitas.* Compter jusqu'à 5 € environ le repas par personne.
– ***Bon marché :*** de 5 à 10 €.
– ***Prix moyens :*** de 10 à 20 €.
– ***Chic :*** plus de 20 €.
Les restaurateurs facturent le pain (on vous demandera sans doute si vous en voulez). Compter un supplément de 0,50 à 2 € par personne.
Le service est compris, mais il est de coutume de laisser un petit quelque chose si vous êtes satisfait (du simple arrondi à 5 ou 10 %).

CLIMAT

L'île est assez venteuse, surtout la côte sud. Il fait donc souvent un peu moins chaud qu'en Grèce continentale. On a dit « un peu », c'est quand même le Bassin méditerranéen, et la Libye est à peine à 300 km ! D'ailleurs, le vent du sud *(notias)* est souvent chaud ! Il souffle surtout au printemps et à l'automne, fin octobre, début novembre, rendant la navigation difficile sur la côte sud. L'hiver est malgré

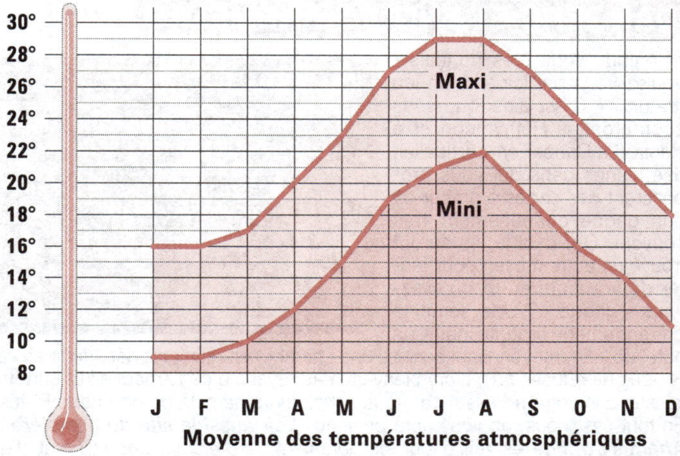

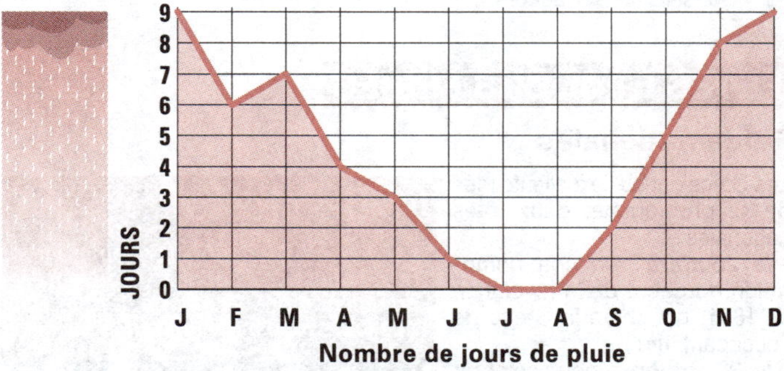

CRÈTE (Héraklion)

tout d'une grande douceur sur les côtes et assez froid à l'intérieur. Côté précipitations, les variations sont assez importantes : sur la côte sud-est, de Matala à Xérokambos, il ne tombe qu'entre 200 et 400 mm d'eau par an, ce qui fait de ce secteur une zone subdésertique. Sur la côte nord, de l'est de Réthymnon à Sitia, il tombe en revanche plus de 1 000 mm de précipitations annuelles.

– ***Meilleure période pour y aller :*** le tout début de l'automne et le printemps (mai ou juin de préférence, car le beau temps n'est jamais certain en avril) sont des périodes idéales sur les plans climatique et touristique. La première quinzaine de juillet n'est pas trop surpeuplée, mais la seconde quinzaine de juillet et surtout le mois d'août sont, bien entendu, un peu plus fréquentés. En plus des touristes étrangers, l'île est également envahie par les vacanciers grecs, qui prennent majoritairement leurs congés payés entre le 20 juillet et le 20 août. De plus, au mois d'août, le tarif des chambres peut augmenter parfois jusqu'à 50 % dans certains coins ! Mais c'est assez rare. D'autant que, ces dernières années, l'afflux de touristes est resté limité, et l'île était loin d'être bondée, même en plein été. De ce fait, les tarifs restent raisonnables. Le printemps (avant le 15 juin) et la fin de l'été (après le 15 septembre), voilà donc les périodes idéales pour venir en Crète. Vous aurez plus de chances de lier connaissance avec la population crétoise qui est, en général, chaleureuse et amicale.

DANGERS ET ENQUIQUINEMENTS

« Bonjour, vous êtes français ? Voulez-vous participer à un jeu gratuit ? » C'est ainsi que vous aborderont, à Réthymnon et à Hania (La Canée) en particulier, des jeunes gens qui vous proposeront des cartes à gratter où l'on gagne curieusement très souvent. Ou, d'ici là, ils auront trouvé un autre moyen pour tenter de vous attirer. Et qu'avez-vous « gagné » ? Une semaine prétendument gratuite dans un hôtel de luxe, moyennant l'achat d'une chambre en multipropriété *(time sharing).* Si vous ne refusez pas, alors bienvenue au royaume de l'arnaque ! Et surtout ne laissez pas votre adresse, car vous seriez alors harcelé de courriers. Refusez ! En tout cas, nous, on vous aura prévenu ! ***Voir aussi le site du ministère des Affaires étrangères,*** mis à jour régulièrement : ● *diplomatie.gouv.fr* ● et cliquez sur « Conseils aux voyageurs ».

KAMAKI

Il s'agit du harpon utilisé par Poséidon pour attraper les poissons. Par extension, on utilise ce terme pour évoquer la drague des Grecs vis-à-vis des femmes et tout particulièrement des touristes. Les phrases flatteuses adressées aux femmes, dans la rue ou ailleurs, sont souvent humoristiques, soutenues, mais rarement blessantes.

FÊTES ET JOURS FÉRIÉS

Fêtes nationales

Les Grecs ont eu l'excellente idée de se programmer deux fêtes nationales :
- ***le 25 mars :*** en commémoration du début de la révolution de 1821, qui libéra la Grèce de l'occupant turc ;
- ***le 28 octobre :*** pour célébrer le refus de l'ultimatum italien en 1940. Défilés religieux et militaires à peu près partout.

À retenir également : le ***1er mai,*** fête du Travail, et la ***fête « nationale » crétoise,*** début novembre, en souvenir des martyrs du monastère d'Arkadi en 1866.

PORTES CLOSES

Les Grecs prennent fréquemment du rab, question congés. Souvent les administrations ferment à 12h, la veille des jours fériés. Mieux vaut le savoir.

Fêtes religieuses

Première au hit-parade, la ***Semaine sainte,*** traditionnellement plus importante que Noël en Grèce.
- ***La Pâque orthodoxe*** *(to Paskha)* **:** elle peut se dérouler jusqu'à 4 semaines après la nôtre, et beaucoup de commerces sont fermés. En 2017, la Pâque orthodoxe tombe le 16 avril. Se renseigner si l'on veut visiter des musées ou des sites touristiques, car soit ils sont fermés, soit ils fonctionnent au ralenti du jeudi de la Semaine sainte au lundi de Pâques inclus. Attention aussi, les hôtels sont pris d'assaut et certains pratiquent des tarifs dignes du plein été. Les grands moments religieux de cette semaine sont le vendredi soir, la procession de l'*épitafios* (symbolisant le linceul du Christ) ; la messe du samedi soir qui se termine aux cris de *Christos Anesti* (Christ est ressuscité), suivie d'un repas commençant par la *mayiritsa,* une soupe d'abats d'agneau et d'œufs battus ; et enfin le repas dominical (agneau à la broche pour tout le monde).

– ***Le lundi de Pentecôte orthodoxe :*** 50 jours après Pâques, donc le 5 juin 2017. Ce jour-là, beaucoup de commerces sont fermés. Le jeudi de l'Ascension (25 mai 2017) est aussi l'occasion d'un pont.
– Le ***15 août*** constitue l'autre grande célébration religieuse. En Grèce, on parle de la ***Dormition*** (en grec *Kimissis*) de la Vierge et non de l'Assomption.
– Si vous êtes en Grèce en plein hiver, l'***Épiphanie*** (le 6 janvier) donne lieu à la cérémonie de la bénédiction des eaux qui voit de jeunes hommes plonger dans les eaux souvent frisquettes pour récupérer la croix que le pope y a lancée.

DE LA MESSE À L'IVRESSE

Les panigyria, ces fêtes locales en l'honneur d'un saint, sont le plus souvent annoncées par des affiches placardées sur des platanes ou sur les murs avec la photo et le nom du musicien qui animera la soirée. Ceux qui sont friands de ces festivités authentiques commenceront comme les copains, bien sagement, par une cérémonie religieuse. Ils finiront comme les copains, en général au petit matin, de manière beaucoup moins pieuse.

Fêtes locales

En se baladant de village en village, l'été, on est à peu près sûr de tomber un soir ou l'autre sur un *panigyri* (fête locale au singulier ; *panigyria* au pluriel), donné à date fixe en l'honneur du saint patron du patelin. Quelques exemples des *panigyria* crétois (liste non exhaustive, loin de là).
– ***En février :*** le Carnaval, en particulier à Réthymnon, à Agii Déka (près de Gortyne) et à Kastelli.
– ***25 mars :*** *Évangélismos* à Paléochora et Tzermiado.
– ***30 mai :*** *Agios Mélétos* à Chora Sfakion.
– ***24 juin :*** *Agios Ioannis* (Saint-Jean-Baptiste) à Réthymnon.
– ***7 juillet :*** *Agia Kyriaki* (Sainte-Dominique) à Vryssès.
– ***17 juillet :*** *Agia Marina* à Agia Pelagia.
– ***20 juillet :*** *Profitis Ilias* (le prophète Élie) à Messa Mouliana (près de Sitia), Arméni (près de Kalyvès) et Sougia.
– ***26 juillet :*** *Agia Paraskévi* à Krassi, Kalyvès et Phalassarna.
– ***27 juillet :*** *Agios Pandéléimon* à Arvi, Matala et Kalo Chorio (près d'Agios Nikolaos).
– ***6 août :*** *La Métamorphose du Sauveur* à Élounda et Ano Zakros.
– ***12 août :*** *Agios Mathaios* (Saint-Matthieu) à Kastelli.
– Le ***15 août*** est célébré dans de très nombreuses localités (Palékastro, Agia Galini, Anogia...) et dans pas mal de monastères.
– ***24 août :*** *Agios Eftykhios* à Épanochori.
– ***25 août :*** *Agios Titos* à Héraklion.
– ***29 août :*** *Agios Ioannis* (décollation de saint Jean-Baptiste) à Ziros et Tzermiado.
– ***31 août :*** *Agia Zoni* à Psychro (Lassithi).
– ***15 septembre :*** *Agios Nikitas* à Frangokastello.
– ***8 octobre :*** *Agia Pelagia* à... Agia Pelagia et à Lefkogia (près de Plakias).
L'étranger est toujours bien accueilli en pareille occasion. Couche-tôt, s'abstenir (car ils ne pourraient apprécier l'extraordinaire endurance des Grecs) ! Les dates peuvent éventuellement être décalées de 1 jour ou 2, pour profiter d'un week-end.

Festivals

Qui a dit qu'on venait bronzer idiot en Crète ? Les principales villes proposent un festival en été (Héraklion, Hania, Sitia...). Concerts (avec des pointures grecques), représentations théâtrales, spectacles de danse, etc. Quelques villages aussi proposent des week-ends ou des semaines à vocation culturelle : par exemple, Paléochora (août musical), Anogia (musique et danse fin juillet).

HÉBERGEMENT

Le camping

Un rappel : le camping sauvage est interdit. En Crète, les campings, généralement ouverts de Pâques à octobre, sont assez peu nombreux. On paie par personne et pour l'emplacement de la tente, et puis, si vous en avez une, pour la voiture (mais on peut souvent se garer gratuitement à l'extérieur, à ses risques et périls). Dans certains campings, à deux avec voiture et tente, on atteint, en haute saison, les 25 €. On n'est donc pas très loin des premiers prix des chambres chez l'habitant...

Les auberges de jeunesse

Disons-le tout de suite, il n'y en a que trois en Crète, à Héraklion, Réthymnon et Plakias, dépendant de la Fédération grecque des AJ (non reconnue internationalement, pas besoin de carte, donc). C'est peu !

Le logement chez l'habitant et les petites « pensions »

C'est évidemment meilleur marché que les hôtels, et bien plus authentique. Cela ne veut pas dire que l'accueil soit chaleureux partout, mais c'est en général assez sympa. Vous verrez souvent affiché en façade des panneaux « *Rooms for rent* » ou « *Rooms to let* », parfois sans nom particulier. Peu de différence entre le logement chez l'habitant et les petites pensions : c'est souvent l'aisance avec laquelle on vous reçoit et le niveau de confort et de capacité qui la font. Toutes les chambres doivent être déclarées à l'office de tourisme hellénique, et les prix doivent être affichés comme dans les hôtels. Trois catégories de chambres chez l'habitant : A, B et C. En principe, une chambre de catégorie A ne devrait pas coûter beaucoup plus cher qu'une chambre d'hôtel de catégorie C. Pensez à vous munir d'argent liquide, la plupart n'acceptant pas les cartes de paiement.

Studios et appartements

Une formule intéressante : la location d'un studio pour trois personnes ou d'un appartement pour quatre ou cinq personnes revient moins cher que deux chambres d'hôtel additionnées. L'intérêt est surtout de bénéficier d'une cuisine où l'on peut se faire à manger (ce qui permet des économies de restaurant non négligeables). Le studio est souvent constitué d'une chambre (pas forcément plus grande) avec un coin cuisine (une kitchenette avec frigo), tandis que l'appartement est plus vaste et souvent mieux équipé (mais pas toujours). On y bénéficie la plupart du temps de la clim (parfois en supplément) et quelquefois de la TV. Après, on en a pour tous les goûts, de l'immeuble vieillissant et mal entretenu à la résidence toute neuve.

Les hôtels et les pensions de charme

Les prix maximum, en règle générale, sont indiqués derrière la porte de la chambre. Mais quand l'hôtel n'a pas atteint son taux de remplissage, ou hors saison, le marchandage est fortement recommandé. On trouve de beaux petits hôtels de charme comme à Hania (La Canée) ou à Réthymnon dans d'anciennes et authentiques maisons vénitiennes ou ottomanes (ou les deux !), absolument magnifiques, pour un budget encore assez raisonnable.
On peut aussi passer par l'organisme suivant :

■ ***Alpha et Omega :*** *20, bd Joseph-Garnier, 06000 Nice.* ☎ *04-93-37-81-63.* • *alpha-omegaonline.com* •

Enfin, une initiative intéressante a vu le jour en 2003 : le premier réseau d'hébergements de charme en Grèce. Créé par une petite équipe franco-grecque, membre d'*Eurogites*, ***Guest Inn*** a pour but de faire connaître la Grèce profonde (les destinations considérées comme moins « touristiques » ont été privilégiées), avec un choix d'hébergements de petite capacité, sélectionnés pour leur caractère et la qualité de l'accueil. Fin 2016, le réseau était riche d'environ 300 adresses, dont une bonne soixantaine en Crète.

■ ***Guest Inn :*** *34, odos Kefallinias, 16561 Glyfada (banlieue sud d'Athènes).* ☎ *21-09-60-71-00.* • *guestinn.com* • Site de grande qualité, également une excellente source d'informations générales sur la Grèce.

HEURE LOCALE ET HORAIRES

Il y a 1h de décalage horaire entre la France et la Crète ; quand il est 12h à Paris, il est 13h à Héraklion.
– Les ***horaires des magasins*** ne sont pas toujours faciles à suivre. Dans les lieux fortement touristiques, en général, on ferme peu, car il y a toujours de l'affluence. En ville, les commerces suivent une savante alternance : en gros, les lundi, mercredi et samedi de 8h ou 9h à 17h, et les mardi, jeudi et vendredi de 9h à 21h.
– ***Les horaires des administrations ou des banques :*** la Grèce est depuis longtemps passée à la journée continue qui s'achève en fait en début d'après-midi. Passé 14h30, les guichets sont hermétiquement fermés, sauf à de rares exceptions (notamment les postes, dans les grandes villes, ouvertes jusqu'à 20h). Le gouvernement a annoncé son intention d'ouvrir les services publics en soirée, mais rien n'a bougé. Affaire à suivre...

LANGUE

En arrivant en Crète, vous aurez certainement le sentiment d'être doublement à l'étranger, tellement la langue est éloignée de la nôtre. Tout d'abord, il est difficile d'y reconnaître grand-chose à l'oreille (dans *L'Été grec,* Jacques Lacarrière, nourri de grec ancien, dit combien il s'est senti perdu, à l'écoute des premiers mots de grec moderne), mais en plus, vous avez sous les yeux un alphabet retors, si différent de notre alphabet latin ! Inutile de râler, cette langue, vieille de 3 000 ans et même un peu plus, est plus ancienne que la nôtre, et les Grecs, qui en sont fiers, ne sont pas près d'en changer. Leur langue a franchi tous les obstacles, en particulier les dominations étrangères, des Romains aux Turcs, sans en souffrir, apparemment.

MAIS QUI SONT CES « BARBARES » ?

Pour les Grecs de l'Antiquité, les peuples qui ne parlaient pas leur langue étaient nommés barbares. Par extension, on appela ainsi tous ces peuples ennemis du monde grec. Bien plus tard, la signification évolua encore, puisque les Berbères furent les habitants d'Afrique du Nord. Aujourd'hui, il s'agit uniquement de populations du Maghreb qui ne sont pas d'origine arabe.

Bien entendu, cette langue a évolué au cours des siècles. C'est ce que n'ont pas voulu comprendre les puristes qui ont entravé cette évolution, en imposant comme langue officielle, au moment de l'indépendance en 1830 (en Grèce continentale), la *katharévoussa* (du grec *katharos* = « pur »), autrement dit une langue « purifiée », en partie calquée sur le grec ancien et bien différente de la langue parlée par la population. Ce n'était sans doute pas sans arrière-pensées : les détenteurs du pouvoir économique et politique avaient tout intérêt à ce que cette langue de lettrés soit en vigueur, puisqu'elle excluait de la vie politique ceux qui ne la maîtrisaient pas, autrement dit le peuple.
Le mouvement en faveur de la langue démotique (du grec *dimotiki* = « populaire »), à la grammaire beaucoup plus facile, s'est développé tout au long du XIXe s. En 1903 et 1911, on s'est même battu entre partisans des deux langues, et la langue

démotique a eu ses martyrs. Le débat s'est vite déplacé autour d'une ligne de partage gauche/droite, les partisans de la *dimotiki* étant évidemment tous des communistes... Il a fallu attendre la chute de la dictature des colonels pour que la *katharévoussa* soit rangée au magasin des antiquités (quoique... les textes officiels, une certaine presse et de manière générale l'écrit peuvent encore plus ou moins l'employer) et que soit enfin reconnue une évidence : les langues, même vieilles de plus de 3 000 ans, évoluent.

Un exemple pour illustrer cette opposition *katharévoussa/dimotiki* : lorsque vous commandez du vin blanc en grec, vous demandez, en langue démotique, de l'*aspro krasi (aspros* = « blanc », rien à voir avec l'aspirine !), mais la bouteille portera la mention, en katharévoussa : *oinos leukos* (prononcer *inos lefkos* ; *oinos* a donné l'élément qui entre dans le mot œnologie et *leukos,* « blanc », se reconnaît dans « leucémie »).

POLITIQUE RÉTROGRADE

En 2007, le gouvernement a décidé de remplacer dans les lycées 1h de seconde langue (français ou allemand) par 1h de grec ancien. Mauvais présage.

L'alphabet grec

Le grec actuel a conservé l'alphabet ancien, dont certains signes ou groupes de signes ont pris, au cours des siècles, des valeurs différentes.

Majuscules	***Minuscules***	***Prononciation***
Α	α	*a* (ouvert)
Β	β (initial)	*v*
Γ	γ	*g* aspiré devant les sons *a, o, u* et les consonnes (cf. allemand *g* ou arabe *gh*) ; *y* devant les sons *i, e*
Δ	δ	*th* anglais doux *(they)*
Ε	ε	è (ouvert)
Ζ	ζ	*z*
Η	η	*i*
Θ	θ	*th* anglais dur *(think)*
Ι	ι	*i*
Κ	κ	*k*
Λ	λ	*l*
Μ	μ	*m*
Ν	ν	*n*
Ξ	ξ	*ks* (*gz* après *n*)
Ο	ο	*o* (ouvert)
Π	π	*p*
Ρ	ρ	*r* (roulé)
Σ	σ (ς)	*s* (*z* devant consonnes sonores)
Τ	τ	*t*
Υ	υ	*i*
Φ	φ	*f*
Χ	χ	*ch* allemand dur devant les consonnes et les sons *a, o, u* ; *ch* allemand doux devant les sons *i, e*
Ψ	ψ	*ps* (*bz* après *n, m*)
Ω	ω	*o* (fermé)

De même que le Français a bien du mal à prononcer certains sons grecs (le *gamma,* γ, et le *ch,* en particulier), le Grec n'a pas la partie facile avec le son *j,* inexistant dans sa langue. Amusez-vous un jour à faire dire à un Grec le prénom Georges : ça donnera « Zorz ».

Le *d* dur n'ayant pas de lettre correspondante, on a recours au groupement de deux lettres : *NT* (ντ), exemple : *NTONALNT* (Donald en majuscules). Même procédé pour le *b,* rendu par *MP,* exemple : *MPAR* (bar en majuscules). K correspond

au son *g* dur. Enfin, il y a pas mal d'autres subtilités de prononciation ou de transcription qui demanderaient de longues explications.
C'est bien plus simple pour les voyelles : trois d'entre elles (ι, η et υ) se prononcent *i,* de même que les groupes de voyelles οι et ει. Pas de son *u.*
Petite complication supplémentaire, le grec est une langue à déclinaisons. Ne vous étonnez donc pas si vous constatez un certain flottement, même autour des noms propres. Ainsi, on dira :

I Vorri inè makria ?	Vorri est loin ?
Pamé stous Vorrous.	Nous allons à Vorri.
To Moussio ton Vorron inè klisto.	Le musée de Vorri est fermé.

Enfin, même la ponctuation est en partie différente de la nôtre : le point d'interrogation se note par un « ; ».
Malgré ces petites difficultés qui font du grec moderne une langue pas très facile, on recommande plus que vivement au touriste intelligent (ça va, vous vous reconnaissez ?) d'essayer de retenir un maximum du minimum de vocabulaire grec vital. Primo, parce que les Grecs sont toujours heureux de se trouver face à quelqu'un qui baragouine leur langue, ne serait-ce que quelques mots ; secundo, parce que c'est aussi une marque de respect pour une langue millénaire à laquelle on doit beaucoup. Et qu'est-ce que quelques minutes, voire quelques (petites) heures, à lire et relire le lexique ci-après, à côté de quelques millénaires ? Si vous n'êtes pas encore convaincu, un dernier argument : la double signalisation des panneaux routiers (caractères grecs et latins) n'est pas effective partout et plus d'une fois, en pleine cambrousse ou au beau milieu d'une ville, il peut être utile de savoir déchiffrer une indication et ainsi éviter de se perdre.

ÉCRITURE EN CONTINU

Dans l'Antiquité, les mots étaient accolés les uns aux autres, sans séparation. La lecture en était fastidieuse et compliquée. À partir de l'an 1000, on eut l'idée lumineuse d'insérer un blanc entre chaque mot. Vive l'inventeur oublié du premier signe de ponctuation !

Vocabulaire

Les Grecs, méditerranéens par excellence, peuvent se contenter de gestes pour dire « oui » et « non ». Dans le premier cas, ils inclinent légèrement la tête sur le côté ; dans le second, ils lèvent la tête en arrière en faisant une sorte de moue.
Ce que nous indiquons ci-après n'est que le minimum vital et nous vous invitons évidemment à aller plus loin.
Pour vous aider à communiquer, n'oubliez pas notre ***Guide de conversation du routard*** en grec.
Et si vous voulez vraiment vous lancer dans l'apprentissage de la langue grecque, une adresse utile :

ÈFKHARISTO

Ce mot est sûrement le plus utilisé en grec. Signifiant « de bonne grâce » (donc « merci »), il fait référence aux trois Grâces de la mythologie. Ces filles de Zeus symbolisent la beauté et le bonheur de vivre.

■ ***Institut d'études néo-helléniques :*** *19 bis, rue Fontaine, 75009 Paris.* ☎ *01-48-74-09-56.* • *ienh.org* • Propose, entre autres, des cours d'initiation au grec moderne.

Mots et phrases de base

oui	*nè*
non	*ochi*

moi, je	*ego*
je suis	*imè*
vous êtes	*isté*
parlez-vous français ?	*milátè ghaliká ?*
je ne comprends pas le grec	*then katalavéno ta hellinika*
je suis français/française	*imé ghalos/ghalida*

Politesse

bonjour	*kalimèra*
bonsoir	*kalispèra*
bonne nuit	*kalinikhta*
au revoir	*adio*
s'il vous plaît	*parakalo*
merci	*èfkharisto*
pardon	*signomi*
d'accord	*daxi*
salut	*yássou* (*yássas* si on s'adresse à plusieurs interlocuteurs)
à bientôt	*sé ligo*
à la vôtre	*stin ya sas* (ou *ya mas*)

Le temps

maintenant	*tora*
aujourd'hui	*simèra*
demain	*avrio*
hier	*rhtès*
lundi	*theftèra*
mardi	*triti*
mercredi	*tètarti*
jeudi	*pempti*
vendredi	*paraskévi*
samedi	*sávato*
dimanche	*kiriaki*
quelle heure est-il ?	*ti ora inè ?*

L'espace

gauche	*aristèra*
droite	*théksia*
devant	*brosta*
derrière	*pisso*
au-dessus	*ano*
au-dessous	*kato*

En ville

hôtel	*hotel* ou *xènothokio*
chambre	*dhomatio*
rue	*odos*
bus	*léoforío*
bateau	*karavi, vapori, plio*
port	*limani*
poste	*tachidhromio*

À table

eau	*néro*
vin	*krassi*
café	*café*
lait	*ghála*

pain	*psomi*
bière	*bira*
poisson	*psari*
bon appétit	*kali oréxi*

Au restaurant, au café

j'ai faim	*thélo na fao*
j'ai soif	*thélo na pio*
combien ?	*pósso ?*
combien ça coûte ?	*posso kani ?*
l'addition	*to logariasmo*
glacé	*paghoméno*
chaud	*zèsto*

Adjectifs utiles (et quelques adverbes)

Les adjectifs se déclinent, nous les indiquons ici au neutre. Pour dire « c'est... », ajouter devant l'adjectif : « *iné...* ».

bon	*kalo*
bien	*kala*
mauvais	*kako*
grand	*mégalo*
petit	*micro*
plus	*pío*
beaucoup/très	*poli*

Questions de base

où ?	*pou ?*
pourquoi ?	*yiati ?*
comment vas-tu ?	*ti kanis ?*
avez-vous ?	*ékhété ?*
où se trouve ?	*pou ínè ?*

Quelques phrases utiles

Est-ce la route de Knossos ?	*Inè aftos o dhromos ya Knosso ?*
Quelle est la meilleure route pour... ?	*Pios inè o kalitéros dhromos ya... ?*
Où est la gare des bus interurbains ?	*Pou inè o stathmos ton iperastikon léoforion ?*
Quand part le bus pour Hania ?	*Poté fevghi to léoforio ya ta Hania ?*
Je cherche un médecin.	*Psachno éna yiatro.*
J'ai mal à la tête (à l'estomac...).	*Me ponaï to kéfali (to stomachi...).*
J'ai (il/elle a) de la fièvre.	*Ekho (ékhi) piréto.*
Avez-vous une chambre libre ?	*Mipos échété éna dhomatio éleftéro ?*
Nous avons réservé (nous voulons réserver) une chambre.	*Ékhoumé klissi (théloumé na klissoumé) ena dhomatio.*
Défense de fumer.	*Apaghorévété to kapnisma.*

Compter

1	*éna*	20	*ikosi*
2	*thio*	30	*trianda*
3	*tria*	40	*saranda*
4	*téssèra*	50	*pèninda*
5	*pendè*	60	*éksinda*
6	*èksi*	70	*èvthominda*
7	*èfta*	80	*oghthonda*
8	*okto*	90	*ènèninda*
9	*ènia*	100	*èkato*
10	*thèka*	1 000	*chilia*

LIVRES DE ROUTE

Les livres sélectionnés ci-dessous peuvent être trouvés (ou commandés) à l'adresse suivante :

■ ***Librairie hellénique Desmos :*** *14, rue Vandamme, 75014 Paris.* ☎ *01-43-20-84-04.* • *desmos-grece.com* • Ⓜ *Gaîté ou Edgar-Quinet. Mar-sam 12h-19h. Fermé en août.* Toute la littérature grecque, antique mais surtout moderne, à votre portée. Des cours de grec moderne sont également proposés.

– ***Alexis Zorba,*** de Nikos Kazantzakis (1946 ; Pocket n° 1456, réédition 2008 ; une nouvelle traduction est parue en 2015, chez l'éditeur Cambourakis qui a commencé à rééditer les livres de Kazantzakis). Un jeune intellectuel se met en tête d'exploiter une mine de lignite en Crète, en compagnie d'un Grec de Macédoine rencontré par hasard, Alexis Zorba, être dionysiaque, grand amateur de vin, de danse et de femmes, qui va lui donner une véritable leçon de vie.
– ***La Liberté ou la Mort,*** de Nikos Kazantzakis (Cambourakis, 2016). Publié en 1953 sous le titre de *Kapétan Mikhalis,* ce roman épique, consacré à la lutte des Crétois pour leur liberté pendant la grande révolte de 1866, exalte l'âme crétoise, le courage, l'intrépidité des chefs de guerre, à l'image de ce *kapétan* Mikhalis, dont on dit qu'il emprunte plus d'un trait au propre père de Kazantzakis. Ce père effrayant, pour féliciter son fils, ne savait que dire : « Aujourd'hui, tu n'as pas déshonoré la Crète. »
– ***Lettre au Greco,*** de Nikos Kazantzakis (1961 ; Pocket n° 2141, réédition 2000 ; nouvelle édition en 2016, chez Cambourakis, sous le titre *Rapport au Greco*). Autobiographie et testament spirituel du grand écrivain grec (publication posthume). L'âme grecque dans toutes ses profondeurs, ses passions et son rayonnement. Cela touche et réchauffe. Spiritualité dense et lumineuse. Tremplin vers l'universel. On en émerge avec un « supplément d'âme ». Splendide.
– ***Le Soleil de la mort,*** de Pandélis Prévélakis (Autrement, 2008). Ce roman, traduit par Jacques Lacarrière, est une histoire de vendetta à la crétoise, autour de deux personnages, un orphelin et une vieille paysanne, tante Roussaki, héritière d'une sagesse millénaire mise à mal par une coutume qui puise elle aussi ses racines dans un lointain passé.
– ***L'Île des oubliés,*** de Victoria Hislop (2002 ; Livre de Poche, 2003). Traduit de l'anglais. Une jeune Anglaise, dont la mère est née en Crète, découvre un secret de famille bien dissimulé, qui la ramène aux années sombres où l'île de Spinalonga était une léproserie de sinistre réputation... Un best-seller international, qui a connu un grand succès en Grèce sous la forme d'une série télévisée adaptée du roman.

Récits, essais, commentaires

– ***Cnossos, l'archéologie d'un rêve,*** d'Alexandre Farnoux (Gallimard, coll. « Découvertes », 1993). Un livre écrit par un de nos meilleurs archéologues, connaisseur comme pas deux du terrain crétois, qui retrace la découverte du site de Cnossos (Knossos). Farnoux ne fait pas partie des détracteurs d'Evans, le découvreur du site, et il expose avec clarté les grandes étapes de cette aventure. Comme toujours dans cette collection, riche iconographie.
Même s'ils ne concernent qu'en partie la Crète, les livres suivants sont indispensables pour qui s'intéresse à la Grèce :
– ***L'Été grec,*** de Jacques Lacarrière (Plon, coll. « Terre humaine », 1975 ; Pocket n° 3018, 2001 – inclut une postface : *Retours en Grèce,* 1976-1982). Du mont Athos à la Crète en passant par les plus reculées des Cyclades, c'est en vrai routard que Jacques Lacarrière, disparu en 2005, a arpenté la Grèce de 1947 à 1966. Nourri de culture classique, il était aussi un incomparable connaisseur de la Grèce contemporaine et de ses habitants. Une lecture incontournable.
– ***Le Colosse de Maroussi,*** d'Henry Miller (LGF, coll. « Biblio-poche » n° 3029, 1988 – édition originale 1941). Invité par le romancier Lawrence Durrell, Henry Miller

débarque en Grèce en 1939 : c'est aussitôt le coup de foudre et quelques mois de bonheur au contact de la Grèce millénaire en compagnie d'un formidable conteur, Katsimbalis, alias le « colosse de Maroussi ». Miller ne consacre que 80 pages à la Crète, mais quelles pages ! Parfois quasi délirantes, mais toujours inspirées !

MUSÉES ET SITES ARCHÉOLOGIQUES

– La plupart des sites et des musées sont gratuits pour les étudiants de l'Union européenne, sur présentation de la carte d'étudiant internationale, pour les jeunes de moins de 18 ans (souvent la carte nationale suffit) et pour les professeurs d'études classiques, d'archéologie et d'histoire de l'Union européenne, également sur justification de leur profession.

MOSAÏQUES

À l'origine, le terme signifiait « grotte des muses ». On ornait de céramiques multicolores ces endroits qui abritaient des statues vénérées par les Grecs. Aujourd'hui, ce mot ne rappelle que l'assemblage décoratif. Le terme « musée » a la même origine étymologique.

La carte professionnelle d'enseignant doit donner droit à des réductions. En principe, la carte d'étudiant nationale, quand on est ressortissant d'un pays membre de l'Union européenne, doit suffire. Réductions pour les plus de 65 ans (ressortissants de l'Union européenne). Attention, les fonctionnaires du ministère de la Culture qui vendent les billets ne sont pas toujours d'excellente composition et ne sont pas forcément bien disposés à vous accorder les réductions auxquelles vous avez en principe droit, surtout si la file d'attente aux guichets est impressionnante. Il semblerait aussi que tous les sites n'appliquent pas de manière uniforme ces réductions. Insistez pour faire valoir vos droits.
En 2016, le ministère de la Culture a décidé d'une augmentation radicale du prix des billets d'entrée, qui n'avaient pas bougé pendant des années : les tarifs ont le plus souvent doublé, voire triplé ! Selon l'importance du site, le billet (plein tarif) coûte de 2 à 15 €.
– Hors saison, on peut bénéficier de la gratuité pour tous les musées et sites :
- le premier dimanche des mois de novembre à mars inclus ;
- le 28 octobre (fête nationale, mais très peu de sites et musées, à l'exception de quelques structures privées, restent ouverts ces jours-là) ;
- le 6 mars (en mémoire de Mélina Mercouri) ;
- le 18 avril (journée nationale des Monuments) ;
- le 18 mai (journée internationale des Musées) ;
- le dernier week-end de septembre (Journées du patrimoine).

– Les horaires sont susceptibles de varier d'une année sur l'autre. Tout dépend des crédits que le ministère de la Culture affecte à la direction des musées. En principe, les grands sites et les musées devraient ouvrir jusqu'à 19h ou 20h en haute saison (les autres ferment à 15h toute l'année), mais ces dernières années, crise oblige, il a parfois fallu attendre début juin pour que les horaires d'été soient officiellement annoncés – et encore, ils ne ressemblaient pas partout à des horaires d'été... Difficile donc d'être toujours bien précis, vous nous pardonnerez. **Les horaires indiqués dans ce guide, sur la base de ceux existant en 2016, ne sont donc qu'indicatifs.**
– Les lève-tôt seront récompensés : Knossos, à l'ouverture, c'est mieux. Dès 10h, c'est l'enfer. Vous avez deviné pourquoi ?
– Méfiez-vous de la Pâque orthodoxe (en 2017, elle tombe le 16 avril) : le dimanche, tous les sites sont fermés. 50 jours plus tard, le 5 juin, c'est la Pentecôte et rebelote. Autres jours de fermeture : le 1er janvier, le 25 mars, le 1er mai, les 25 et 26 décembre. Le vendredi de Pâques, les sites ne sont généralement ouverts que le matin, en revanche c'est l'inverse le jeudi de Pâques (ouverture l'après-midi). Le 6 janvier, le jour des Cendres, les samedi et lundi de Pâques, le lundi de Pentecôte, le 15 août et le 28 octobre, sites et musées devraient en principe être ouverts, mais moins longtemps qu'un jour

ouvrable normal. Le plus prudent est de vérifier sur place, le ministère pouvant accorder à la dernière minute des journées ou des demi-journées de congé supplémentaires.

POLICE TOURISTIQUE

En arrivant à l'endroit de vos rêves, s'il n'y a pas d'office de tourisme municipal, adressez-vous tout de suite à la police touristique locale. Elle siège souvent dans les bureaux de la police, tout simplement. Qualité de l'accueil et efficacité très variables, il faut bien le dire... Un numéro utile : ☎ *1571.* Ce numéro fonctionne de 7h30 à 22h sur l'ensemble du pays, pendant la saison touristique, et donne des infos touristiques en cinq langues, dont le français. Il est également possible de déposer des plaintes concernant hôtels, restos, taxis, etc.

POSTE

La plupart des bureaux de poste ont un horaire facile à retenir, du lundi au vendredi de 7h30 à 14h. Il n'y a que dans les grandes villes qu'on peut espérer trouver des guichets ouverts après 14h (jusqu'à 19h30 ou 20h). Prix d'un timbre pour un pays de l'Union européenne : 0,80 € (tarif 2016). Quand les postes sont fermées, acheter les timbres en kiosque ou en boutique.

SE HÂTER LENTEMENT

Elle arbore le dieu Hermès, le messager des dieux. Donc le symbole de rapidité. La réalité est plus dure, et le courrier prend parfois plus de temps que prévu. N'oublions pas que Hermès est aussi le dieu des Voleurs... et des Menteurs.

ROUTES

Cartes routières

Les cartes grecques sont en général assez peu fiables. Pour faire mentir cette réputation, plusieurs éditeurs ont décidé de publier de bonnes cartes. Pour la Crète, chez *Terrain Editions,* il existe une carte au 1/200 000 et trois cartes *Western Crete, Central Crete* et *Eastern Crete* au 1/100 000, encore plus recommandables. On trouve ces cartes dans de nombreux points de vente en Grèce. La carte IGN au 1/150 000 (coll. « Marco Polo ») a de quoi surprendre (la transcription des noms grecs est faite pour des utilisateurs allemands).

La question de la sécurité

Les limitations de vitesse sont les suivantes : 50 km/h en agglomération, 90 km/h sur les routes, 120 km/h sur les autoroutes. Le taux d'alcoolémie maximum autorisé est de 0,50 g/l.

Inutile de cacher la triste vérité : la Grèce est un pays caractérisé par l'insécurité routière. Attention, la conduite à la crétoise a de quoi surprendre !

Les chiffres récents de la mortalité routière en Grèce montrent une évolution dans le bon sens, mais il reste du chemin à parcourir...

CHAPELET DE CHAPELLES

Vous remarquerez sur le bord des routes de très nombreuses chapelles miniatures ou petits oratoires avec une photo en mémoire des victimes d'accidents. Les Grecs (enfin, surtout les Grecques) se signent en passant devant. Rassurez-vous, tous ces ex-voto n'ont pas forcément été construits à la suite d'un accident mortel : on peut aussi en édifier un pour remercier le ciel... d'avoir évité le pire.

État des routes et indications routières

Les grandes routes sont en général en bon état, comme celle qui longe la côte nord (la *New Road*), de Hania à Sitia. Celles qui relient les villes du Nord au Sud ont pour la plupart été refaites ces dernières années. Seuls les villages de l'extrême Sud ne possèdent pas tous des routes asphaltées, particulièrement dans le sud-est de l'île. Parfois, elles le sont sur quelques kilomètres, puis se transforment en pistes caillouteuses. Pas mal de pistes secondaires permettent en principe de relier des villages entre eux en effectuant un raccourci, mais mieux vaut avoir une carte détaillée de la région. Les ports de la côte sud-ouest ne sont pas reliés entre eux, mais des ferries assurent les liaisons et permettent même d'embarquer son véhicule, moto ou voiture, à bord.
L'alphabet grec étant différent de l'alphabet latin, et comme parfois la traduction des panneaux routiers n'est pas faite, on vous conseille d'apprendre l'alphabet grec. Si habituellement on vous indique le chemin avec amabilité en grec, dans certains coins, les habitants sont lassés en fin de saison de répéter cent fois par jour la même chose à des gens qui ne comprennent pas ou peu et qui les remercient rarement. Munissez-vous d'une bonne carte où les deux inscriptions existent.

Carburant

On trouve de l'essence partout. Les pompes sont nombreuses. *Attention* tout de même, faites le plein le samedi si vous devez circuler le dimanche. Sur la *New Road* (la nationale qui relie les villes du Nord), les pompes sont ouvertes le dimanche, mais ailleurs, ce n'est pas toujours le cas. Dans le Sud-Ouest, peu de stations, soyez prévoyant ! Fin 2016, le litre de sans-plomb coûtait environ 1,40 €, et le litre de gasoil 30 centimes de moins. Les cartes de paiement ne sont pas acceptées partout, particulièrement dans les petits villages.

Bon à savoir également...

Habitués aux routes et autoroutes « européennes », les conducteurs étrangers n'osent pas rouler sur la bande d'arrêt d'urgence. En fait, ce n'en est pas une, elle permet de se rabattre dans le cas d'un dépassement. Et, dernier conseil, n'oubliez pas votre ceinture de sécurité sur la route, les amendes sont très, très lourdes ! Enfin, sachez que les Crétois ont une sacrée tendance à se garer n'importe où, n'importe comment et de préférence dans les virages... Un lecteur averti en vaut deux !

Distances entre les principales villes crétoises

Distances en km	HÉRAKLION	HANIA	RÉTHYMNON	IÉRAPÉTRA	AGIOS NIKOLAOS	SITIA	KASTELLI	OMALOS	PALÉOCHORA
MALIA	37	169	129	79	43	115	221	218	248
PALÉOCHORA	21	79	139	315	291	353	48	55	
OMALOS	181	39	109	297	261	333	81		55
KASTELLI	184	42	112	300	264	336		81	48
SITIA	135	284	224	60	70		336	333	353
AGIOS NIKOLAOS	65	212	152	36		70	264	261	291
IÉRAPÉTRA	100	246	188		36	60	300	297	315
RÉTHYMNON	70	70		188	152	224	112	109	139
HANIA	140		70	246	212	284	42	39	79

En cas d'accident

Attention, le constat à l'amiable n'existe que depuis peu (et la plupart des Grecs ignorent son existence) et, un pourcentage important de véhicules n'étant pas assurés, nous vous conseillons de vous renseigner auprès de votre assurance. Théoriquement il n'est pas nécessaire d'appeler la police *(☎ 100)* lorsqu'il n'y a pas de dommages corporels, mais c'est indispensable si votre adversaire n'est pas assuré ! Sachez qu'il leur faudra bien 30 mn pour arriver et qu'ils ne sont pas là pour décider de la responsabilité de chacun. Dans tous les cas, prendre le numéro d'immatriculation, le nom de l'assurance et le numéro de contrat (en haut du pare-brise avant) et les coordonnées de l'automobiliste. En règle générale, en cas de litige, les témoins sont très coopératifs et offrent spontanément leurs coordonnées.

Pour les scooters (sachez d'ailleurs que le permis de conduire est nécessaire pour en louer), en cas d'accident sans tiers (on se prend un arbre, on se retrouve dans le fossé), le pilote paie la casse au loueur (conserver la facture des réparations pour se faire rembourser en France).

SANTÉ

Le système de santé publique grec pourrait être de meilleure qualité. En cas de pépin, se rendre dans les centres médicaux prévus à cet effet *(IKA),* où les premiers soins vous seront dispensés gratuitement. En cas de problème sérieux, se diriger ou se faire conduire vers l'hôpital le plus proche. En dehors des villes, il existe dans les chefs-lieux de canton des centres de santé *(Kendro Hyghias/Health Center)* qui sont des petits dispensaires. Dans les gros villages, vous trouverez un *Agrotiko latrio,* c'est-à-dire un cabinet médical de campagne.

Cela dit, vous devrez supporter une participation pour les médicaments et les traitements supplémentaires et, si vous consultez chez un spécialiste, vous réglerez, comme le font les Grecs (bien penser à vous faire établir un reçu pour vous faire rembourser à votre retour). En cas de problème vraiment grave, il est souhaitable de rentrer illico presto à Athènes. Dans ce cas, il est souvent préférable de se rendre dans les hôpitaux privés (où le matériel est plus performant et l'hygiène mieux surveillée), voire de se faire rapatrier.

Numéros de téléphone utiles

- ***Secours d'urgence*** *(ambulances)* **:** *☎ 166 (numéro valable sur tout le territoire – informe aussi sur les pharmacies ouvertes la nuit). Le ☎ 106 permet d'entrer en communication avec les hôpitaux.*
- ***Pharmacies de garde :*** *☎ 107.*
- ***Cretan Medi-Help :*** *☎ 28-97-04-30-10 (24h/24). • cretanmedihelp.gr • Ouv mars-oct 8h30-22h. Réseau médical sur une partie de la Crète (la côte nord), le centre principal étant installé à Gouvès, à l'est d'Héraklion.*
- ***Police :*** *☎ 100.*
- ***Pompiers :*** *☎ 199.*

Et ne pas oublier le ***numéro d'urgence européen*** : ***☎ 112.*** C'est le numéro d'urgence commun à la France et à tous les pays de l'UE, à composer en cas d'accident, agression ou détresse. Il permet de se faire localiser et aider en français, tout en améliorant les délais d'intervention des services de secours.

SITES INTERNET

• routard.com • Le site de voyage n° 1 avec 750 000 membres et des millions d'internautes chaque mois. Partagez vos expériences avec la communauté de voyageurs : forums de discussions, avis, bons plans et photos. Pour s'inspirer et s'organiser, plus de 250 fiches pays actualisées avec les infos pratiques, les incontournables

et les dernières actualités, ainsi que des reportages terrains et des carnets de voyage. Enfin, vous trouverez tout pour vos vols, hébergements, activités et voitures pour réserver votre voyage au meilleur prix. Routard.com, votre voyage de A à Z !
Et puis voici quelques sites, souvent en anglais, pour préparer votre voyage :
• *visitgreece.gr* • Le site de l'office national de tourisme hellénique. En anglais.
• *interkriti.org* • Site généraliste en anglais assez bien fait, recensant de nombreux sites.
• *alpha-omegaonline.com* • Ce site proposant des hébergements (voir plus haut la rubrique « Hébergement ») est également une bonne source d'information. En français.
• *creteterrederencontres.info* • Le site de l'association *Crète, Terre de rencontres.* On peut y lire les bulletins trimestriels de l'association.
• *kazantzaki.free.fr* • Site très complet sur Kazantzakis, le grand écrivain crétois.
• *crete.decouverte.free.fr* • Excellent site, à consulter entre autres pour sa rubrique « Échos de Crète », très à jour.
• *west-crete.com* • Un site intéressant pour ses descriptions de randos. Une très belle base de photos également.
• *east-crete.com* • Bonne source d'information sur la partie est de l'île.
• *explorecrete.com* • De nombreux articles abordant l'île de façon originale. Infos sur les fêtes. Site en français (pour certaines pages du moins).
• *grecomania.net* • Le site d'un passionné de la Grèce et en particulier de la Crète.
• *sfakia-crete.com* • Un site très riche en liens sur toute la Crète.
• *minoancrete.com* • Site en anglais, réalisé par un Britannique, qui présente de manière très claire les nombreux sites minoens qu'il vous sera donné d'aller voir de plus près sur l'île. Une bonne entrée en matière.
• *climbincrete.com* • Plein d'infos sur les treks et l'escalade. De nombreuses gorges sont présentées. En anglais.
• *flowersofcrete.info* • Pour être incollable sur la flore de la grande île.

TÉLÉCOMMUNICATIONS

Toutes les cabines téléphoniques fonctionnent avec des télécartes que l'on peut acheter indifféremment dans les bureaux de l'OTE, à la poste et dans les kiosques ou les minimarchés.
– Il est possible de téléphoner depuis les nombreux kiosques à journaux, ainsi que dans les nombreuses boutiques qui ont des téléphones à compteur *(tiléfono me métriti).*
– Les téléphones portables : très bon réseau *(Telestet, Panafon, Cosmote...)* et, avec l'abonnement Europe, les portables français fonctionnent très bien.
– ***Grèce → France :*** 00 + 33 + numéro du correspondant sans le 0 initial.
– ***France → Grèce :*** 00 + 30 + numéro du correspondant, commençant par **2** (pour un fixe) et **6** (pour un portable). On compose donc un numéro à 14 chiffres. Même chose depuis la ***Belgique*** et la ***Suisse.*** Du ***Canada,*** remplacer le 00 par 011.
– ***Autres indicatifs :*** 32 (Belgique), 352 (Luxembourg), 41 (Suisse), 1 (Canada).

Le téléphone portable en voyage

Le routard peut utiliser son propre téléphone portable en Grèce avec l'option « Europe » ou « Monde ».
– ***Activer l'option « International » :*** pour les abonnés récents, elle est en général activée par défaut. En revanche, si vous avez souscrit à un contrat depuis plus de 3 ans, pensez à contacter votre opérateur pour souscrire à l'option (gratuite). Attention toutefois à le faire au moins 48h avant le départ. À partir de 2017, les opérateurs ne devraient plus avoir le droit de facturer un surcoût (les « frais d'itinérance ») à un voyageur de l'Union européenne pour l'utilisation temporaire

de son portable dans un autre pays de l'Union européenne. Appels entrants et sortants, SMS, navigation web, on devrait donc payer la même chose qu'à la maison. Attention, cette réglementation ne s'appliquera pas à nos lecteurs suisses et canadiens qui devront, eux, subir un surcoût, variable selon l'opérateur.

Bons plans pour utiliser son téléphone à l'étranger

– ***Se brancher sur les réseaux wifi*** est le meilleur moyen de se connecter au Web gratuitement. De plus en plus d'hôtels, restos et bars disposent d'un réseau, payant ou non.
– Une fois connecté grâce au wifi, à vous les joies de la ***téléphonie par Internet*** ! Le logiciel ***Skype,*** le plus répandu, vous permet d'appeler vos correspondants gratuitement s'ils sont eux aussi connectés, ou à coût très réduit si vous voulez les joindre sur leur téléphone. Autre application qui connaît un succès grandissant, ***Viber*** permet d'appeler et d'envoyer des SMS, des photos et des vidéos aux quatre coins de la planète, sans frais. Il suffit de télécharger – gratuitement – l'appli sur son smartphone, celle-ci se synchronise avec votre liste de contacts et détecte automatiquement ceux qui ont *Viber.* Même principe, ***WhatsApp Messenger*** est une messagerie pour smartphone qui permet de recevoir ou envoyer des messages, photos, notes vocales et vidéos. De plus en plus de fournisseurs de téléphonie mobile offrent des journées incluses dans votre forfait, avec appels téléphoniques, SMS, voire MMS et même connexion internet en 3G limitée pour communiquer de l'étranger vers la France. Il s'agit de l'offre *Origami Play* et *Origami Jet* chez Orange, des ***Forfaits Sensation 3Go, 8Go, 16Go*** ou encore du ***Pack Destination*** chez Free. Les destinations incluses dans votre forfait évoluant sans cesse, ne manquez pas de consulter le site de votre fournisseur.

TRANSPORTS INTÉRIEURS

– Pas de trains.
– ***Stop :*** les Crétois, assez méfiants de nature, éviteront souvent de prendre un routard seul, leurs compagnes auront beaucoup plus de chances... Faire attention tout de même si l'on est une routarde seule, comme partout.
– ***Bus :*** pratiquement partout. Seuls les petits villages du Sud et de l'Est ne sont pas desservis. Mais il faut accepter de voyager lentement, en faisant assez souvent des allers-retours de et pour le chef-lieu de département. Les stations de bus mettent en général à disposition des photocopies des horaires des liaisons à partir de leur gare. Et les stations des grandes villes distribuent une brochure avec tous les horaires pour toutes les villes. On les trouve aussi sur ● *e-ktel.com* ● Très pratique. Voir également « Arriver – Quitter » aux chapitres Héraklion, Réthymnon et Hania.
Voici quelques tarifs (relevés en 2016) qui vous permettront de vous faire une idée du coût des déplacements en bus (à comparer avec les tarifs des loueurs de voitures ou de motos) :
– Héraklion-Agios Nikolaos : 7,70 € ;

LA PAUME DE DISCORDE

Si l'on tend vers vous la paume de la main agressivement, les cinq doigts bien écartés, c'est que vous avez dû commettre quelque chose de suffisamment grave pour qu'on vous maudisse pendant quelques siècles. Ce geste (en grec mountza) est une des pires insultes qu'on puisse imaginer en Grèce. Alors, si vous faites du stop, tendez bien le pouce et refermez bien les autres doigts sur votre paume, on n'est jamais trop prudent...

– Héraklion-Réthymnon : 8,30 € ;
– Héraklion-Iérapétra : 12 € ;
– Héraklion-Sitia : 16 € ;
– Héraklion-Matala : 8,50 € ;
– Héraklion-Agia Galini : 8,70 € ;
– Héraklion-Hania : 15,10 € ;
– Réthymnon-Hania : 6,80 € ;
– Hania-Phalassarna ou Paléochora : 8,30 € ;
– Hania-Élafonissi : 11 € ;
– Hania-Omalos (accès aux gorges de Samaria) : 7,50 € ;
– Hania (ou Réthymnon)-Chora Sfakion : 8,30 €.

– ***Bateaux :*** les seules liaisons existantes relient les villes et villages de la côte sud-ouest, puisqu'il n'y a pas de routes directes. De Paléochora, liaisons pour Sougia, Agia Rouméli, Loutro et Chora Sfakion. On peut embarquer son véhicule à bord (compter, par voiture, le double d'un billet passager). Liaison également pour Gavdos (de Paléochora ou Chora Sfakion). Les prix passagers aller simple (relevés en 2016) ne sont pas trop élevés. Informations à vérifier sur le site de la compagnie • *anendyk.gr* • Réduction de 50 % pour les enfants. À titre d'exemples :
– Chora Sfakion-Loutro : 6 € ;
– Agia Rouméli-Chora Sfakion : 12,70 € ;
– Sougia-Agia Rouméli : 11 € ;
– Chora Sfakion-Sougia : 16,20 € ;
– Chora Sfakion-Paléochora : 20,70 € ;
– Chora Sfakion-Gavdos : 21,20 € ;

Location de voitures et de motos

La location d'un véhicule donne une grande autonomie et permet d'explorer plus facilement les petits villages de l'intérieur. On peut louer depuis la France, c'est meilleur marché. Dans tous les cas, bien se faire expliquer les différents tarifs avec ou sans assurance tous risques. Location dans toutes les villes et même dans certains villages. Les locations sont assez chères, mais vous pouvez facilement marchander en basse saison auprès des compagnies locales. Ne pas hésiter à comparer les prix, qui peuvent aller du simple au double. À moto, se méfier du vent, parfois assez violent sur les côtes (particulièrement vers Plakias et les monastères de Prévéli). À la journée, la fourchette de prix pour les plus petits modèles de voiture va de 30 à 50 € selon les loueurs, la période ou les endroits. Pour un deux-roues (minimum 125 cm³), compter 20 € à la journée (réductions sur plusieurs jours). Limite d'âge : 21 ans (souvent même 23 ans). Fournir une carte de paiement et un permis de conduire de plus de 2 ans.

■ ***BSP Auto :*** *☎ 01-43-46-20-74 (tlj).* • *bsp-auto.com* • Les prix proposés sont attractifs et comprennent le kilométrage illimité et les assurances. *BSP Auto* propose exclusivement les grandes compagnies de location sur place, assurant un très bon niveau de service. Les plus : vous ne payez votre location que 5 jours avant le départ. Remise spéciale de 5 % aux lecteurs de ce guide avec le code « ROUTARD17 ».

■ Plus spécialisé, ***See You Soon In Crete*** organise des excursions à moto et en 4x4 dans l'île (voir à Hania). Même formule pour l'est de la Crète à Mochlos (voir à Mochlos).

– Voir également les différents loueurs recommandés dans les « Adresses utiles » des villes d'Héraklion et La Canée (Hania). Les grandes compagnies internationales sont présentes également en Crète, par exemple ***Hertz.***

■ ***Hertz :*** *34, odos 25-Avgoustou. ☎ 28-10-30-07-44. À l'aéroport : ☎ 28-10-33-04-52.*

Il est préférable de réserver en France, avant le départ, des voitures disponibles aux aéroports crétois : c'est moins risqué. De toute façon, n'hésitez pas à téléphoner en cas de panne, les loueurs sont habitués à dépanner à toute heure du jour et de la nuit.

URGENCES

Urgences médicales

– ***Urgences :*** ☎ *112.* C'est le numéro d'urgence commun à la France et à tous les pays de l'UE, à composer en cas d'accident, agression ou détresse. Il permet de se faire localiser et aider en français, tout en améliorant les délais d'intervention des services de secours.

Perte/vol carte de paiement

– ***Carte Visa :*** *numéro d'urgence (Europe Assistance) : ☎ (00-33) 1-41-85-85-85 (24h/24). • visa.fr •*
– ***Carte MasterCard :*** *assistance médicale incluse ; numéro d'urgence : ☎ (00-33) 1-45-16-65-65. • mastercardfrance.com •*
– ***Carte American Express :*** *téléphonez en cas de pépin au ☎ (00-33) 1-47-77-72-00. • americanexpress.com •*

Perte/vol téléphone portable

Avant de partir, notez (ailleurs que dans votre téléphone portable!) votre numéro IMEI utile pour bloquer à distance l'accès à votre téléphone en cas de perte ou de vol. Comment avoir ce numéro ? Taper *#06# sur votre clavier Puis reportez-vous au site *• mobilevole-mobilebloque.fr •* Vous pouvez aussi suspendre aussitôt votre ligne pour éviter de douloureuses surprises au retour du voyage ! Voici les numéros des quatre opérateurs français, accessibles depuis la France et l'étranger :

– ***Orange :*** *depuis la France comme depuis l'étranger : 📱 + 33-6-07-62-64-64.*
– ***Free :*** *depuis la France : ☎ 3244 ; depuis l'étranger : ☎ + 33-1-78-56-95-60.*
– ***SFR :*** *depuis la France : ☎ 1023 ; depuis l'étranger : 📱 + 33-6-1000-1023.*
– ***Bouygues Télécom :*** *depuis la France comme depuis l'étranger : ☎ + 33-800-29-1000.*

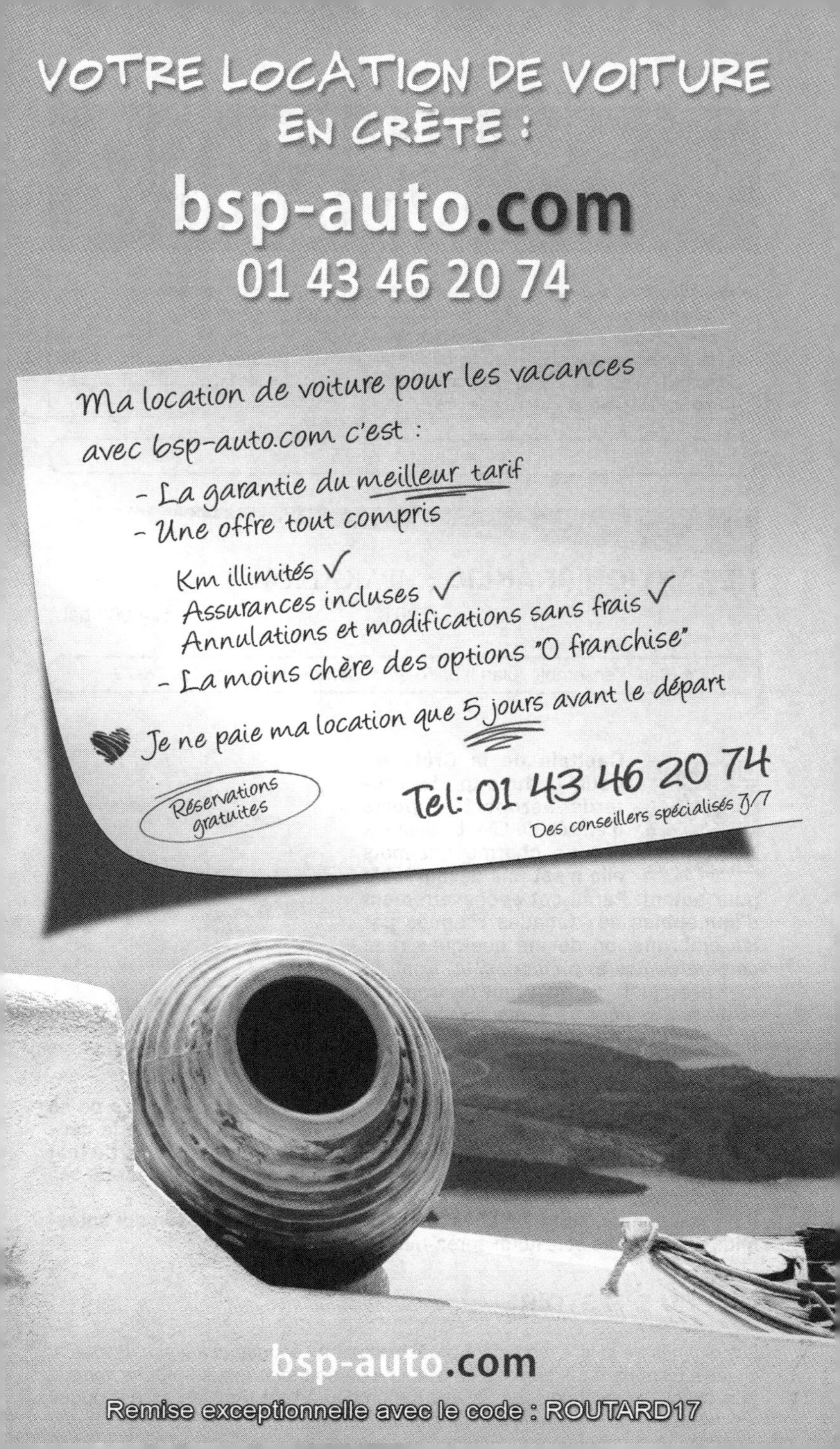
VOTRE LOCATION DE VOITURE
EN CRÈTE :
bsp-auto.com
01 43 46 20 74
Ma location de voiture pour les vacances
avec bsp-auto.com c'est :
- La garantie du meilleur tarif
- Une offre tout compris
Km illimités ✓
Assurances incluses ✓
Annulations et modifications sans frais ✓
- La moins chère des options "0 franchise"
Je ne paie ma location que 5 jours avant le départ
Réservations gratuites
Tel: 01 43 46 20 74
Des conseillers spécialisés 7j/7
bsp-auto.com
Remise exceptionnelle avec le code : ROUTARD17

LA RÉGION D'HÉRAKLION

• Carte *p. 74-75*

HÉRAKLION (IRAKLIO ; ΗΡΑΚΛΕΙΟ)

(72012) 174 000 hab.

• Plan d'ensemble (plan I) *p. 76-77* • Centre-ville (plan II) *p. 78-79*

Capitale de la Crète et, pour beaucoup de routards aéroportés, porte d'entrée de l'île. La ville n'a pas un charme fou mais elle n'est pas désagréable pour autant. Parmi cet enchevêtrement d'immeubles aux façades rongées par les embruns, on devine quelques rues commerçantes et piétonnes, un front de mer avec juste ce qu'il faut de troquets et de restos pour se sentir en vacances et, cerise sur le gâteau, un musée archéologique parmi les plus beaux qu'on connaisse. Très étudiante, Héraklion s'éveille surtout à la tombée de la nuit, quand la jeunesse décide de se retrouver autour d'un verre dans la kyrielle de bars qui émaille le centre piétonnier. Dernière chose : ne pas hésiter à « faire le mur », de nuit comme de jour, car la ville est aussi sinon plus vivante à l'extérieur de ses fortifications.
Pour vos achats, attention ! Les boutiques sont fermées le samedi après-midi, le dimanche et le lundi après-midi...

UN PEU D'HISTOIRE

Les origines de la ville remontent probablement à l'époque minoenne. Knossos, située à 5 km dans les terres, a eu besoin d'un port relativement proche, mais le port connu des archéologues était situé un peu à l'est (Amnissos). À l'époque

byzantine, sous le nom de *Kastro,* la modeste bourgade se développe doucement jusqu'à ce que les Arabes la choisissent comme capitale en 824. Plus tard, Byzantins et Vénitiens renforceront le rôle stratégique et commercial de la ville.
En mai 1648, lorsqu'ils installent le siège autour des murailles de *Candie* (le nom donné à la ville par les Vénitiens), les Turcs n'imaginent pas qu'ils entament un siège de 21 ans. Dès la chute de Constantinople, un siècle plus tôt, les Vénitiens s'étaient préparés à cette éventualité. Ils avaient confié à un de leurs ingénieurs, Michele Sanmicheli, la tâche d'entourer la ville d'imposants remparts. Pendant plus de 100 ans, les Crétois s'échinèrent à l'édifier, chaque homme âgé de 14 à 60 ans devant donner à Venise une semaine de son temps pour construire l'ouvrage.
Le siège dure, car les Turcs avaient d'autres chats à fouetter, notamment dans les Balkans. Cela dit, le siège de Candie va prendre une dimension européenne. Venise insiste auprès des monarchies catholiques pour qu'on lui file un coup de main pour se débarrasser des Turcs. L'Espagne s'y emploie. La France aussi. En 1660, Louis XIV envoie 4 000 hommes pour reprendre Candie, mais une fois arrivés à destination, ces derniers évitent soigneusement d'engager le combat. Ils se contenteront de canonner les Turcs, avant de repartir chargés d'or... Malgré le siège, les Vénitiens réussissent à faire passer des vivres et renforcent leurs troupes par la mer.
En 1666, le vizir Ahmet Koprülü, considéré comme le meilleur stratège ottoman, est dépêché sur place avec pas moins de 40 000 hommes pour débloquer la situation. Mais c'est finalement un traître qui aura le dernier mot. En passant à l'ennemi, ce dernier livre aux Turcs les points faibles du système de fortification. Les monarchies européennes auront beau envoyer du renfort, Candie finira par céder.
Des 15 000 habitants que la ville comptait avant le siège, il n'en reste plus qu'une cinquantaine. Elle se repeuplera petit à petit de Crétois. Le 25 août 1898, une révolte est réprimée avec brutalité à Héraklion. Ce sera le déclanchement du processus qui mènera à la libération de la Crète (voir la rubrique « Histoire » dans « Hommes, culture, environnement »). La ville reprend alors son nom de l'époque antique, en hommage au héros Héraklès.
En 1971, après quelques années de purgatoire, Héraklion redevient la capitale de la Crète, à la place de Hania (La Canée).

CHERCHEZ LES FEMMES

Au fil du temps, les chevaliers de Malte étaient devenus de fieffés corsaires en imposant leur loi sur la Méditerranée orientale. En 1645, ils arraisonnent un bateau turc avec à son bord une partie du harem du sultan, tout juste de retour de son pèlerinage à la Mecque ! Leur forfait accompli, ils se replient sur La Canée, alors vénitienne comme toute la Crète. Devant cet affront, le sultan lance ses troupes à l'assaut de l'île. Commence alors le siège d'Héraklion qui durera 21 ans. L'histoire ne dit pas s'il mit autant de temps à reconstituer son harem...

Arriver – Quitter

En avion

✈ ***Aéroport Nikos-Kazantzakis :*** *à 5 km du centre. Vols* Olympic Air, *☎ 28-10-39-71-29 (nº de l'aéroport) ou 801-801-01-01 (en Grèce). • olympicair.com • Vols* Aegean Airlines, *☎ 28-10-33-04-75 (tlj 5h30-22h). • aegeanair.com • Vols* Sky Express, *☎ 28-10-22-35-00. • skyexpress.gr •*
■ ***Informations touristiques :*** *côté « Départs », tlj 8h30-21h ; c'est le bureau de l'Autorité civile d'aviation.* Infos touristiques de base.
■ ***Distributeurs automatiques de billets :*** *situés côté « Départs » et à l'extérieur de l'aéroport.*
■ ***Téléphones :*** *situés essentiellement*

LA RÉGION D'HÉRAKLION

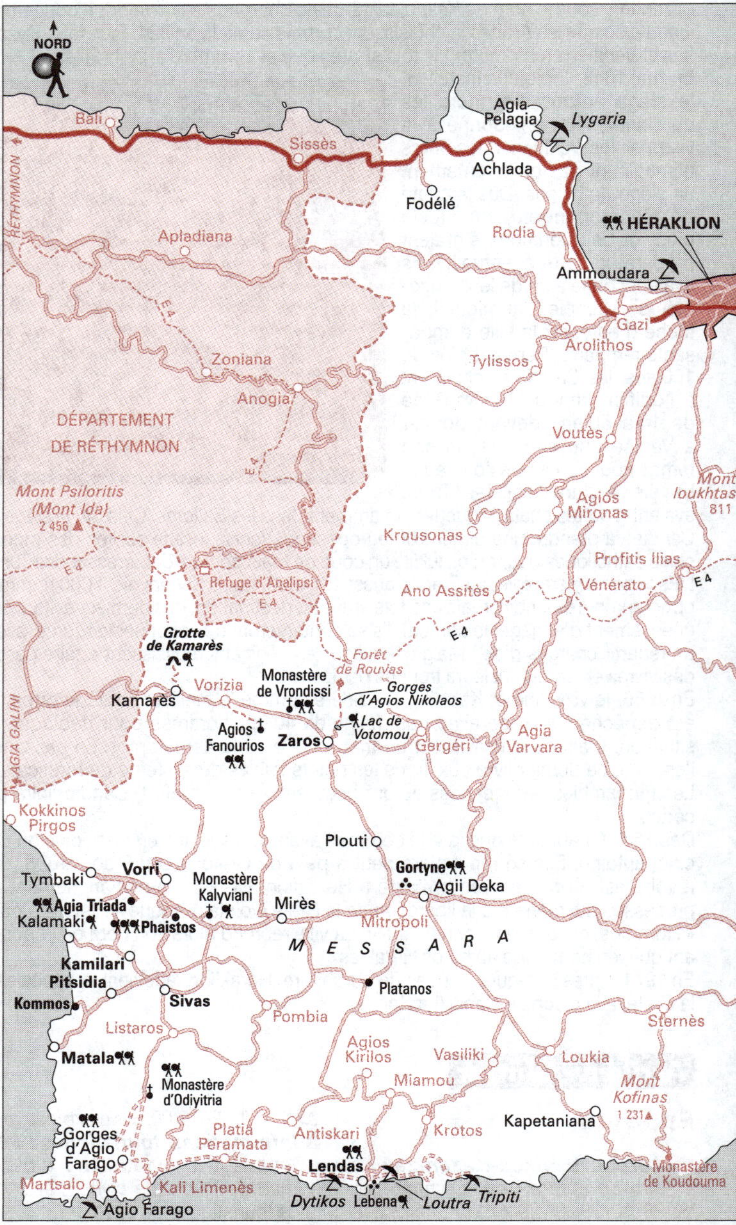

LE DÉPARTEMENT D'HÉRAKLION

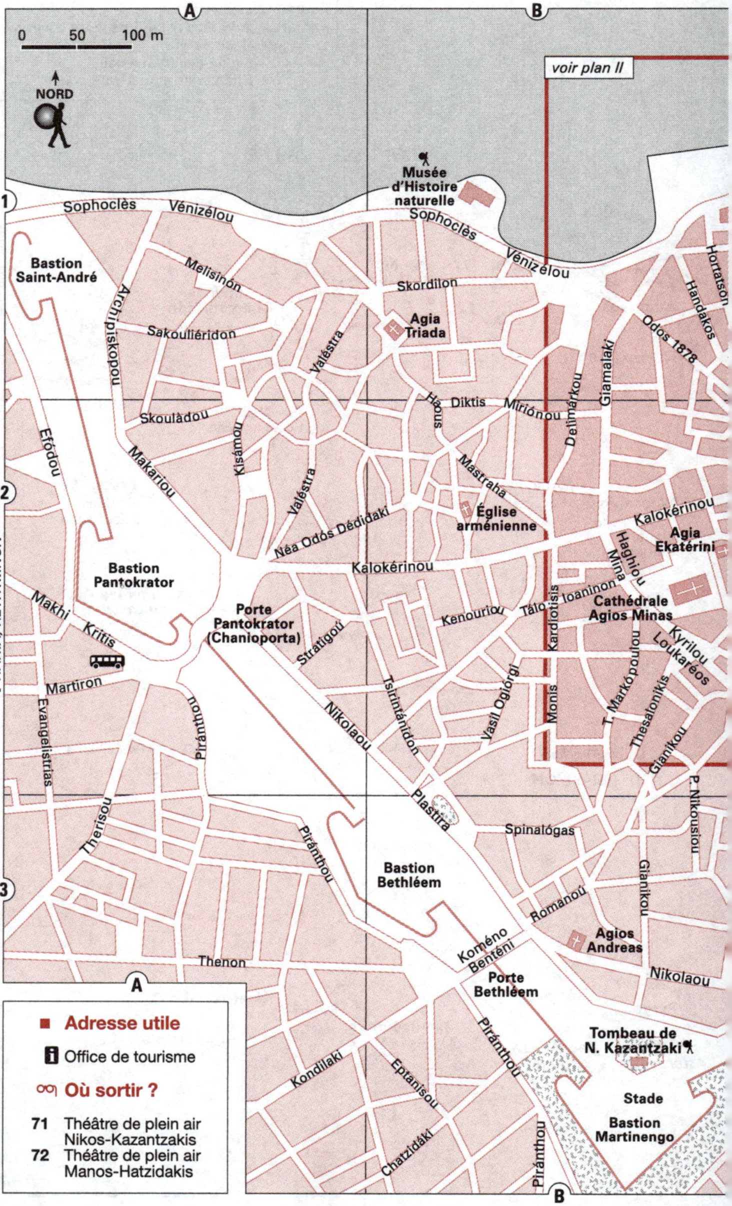
A
B
0 50 100 m
NORD
voir plan II
1
2
3
Musée d'Histoire naturelle
Sophoclès
Vénizélou
Bastion Saint-André
Melisinón
Skordilon
Agia Triada
Archipiskopou
Sakouliéridon
Valéstra
Hortatsón
Handakos
Odos 1878
Giamalaki
Delimárkou
Diktis
Haous
Miriónou
Skoulàdou
Kisámou
Makariou
Efódou
Mastraha
Église arménienne
Néa Odós Dédidaki
Kalokérinou
Agia Ekatérini
Haghiou Mina
Bastion Pantokrator
Porte Pantokrator (Chanioporta)
HANIA, RÉTHYMNON
Makhi Kritis
Martiron
Evangelistrias
Piránthou
Stratigou
Kenouriou
Tálo
Ioaninon
Kardiotisis
Cathédrale Agios Minas
Kyrilou Loukaréos
T. Markopoulou
Thesalonikis
Monis
Vasil Ogiorgi
Tsirintánidon
Nikolaou
Gianikou
P. Nikousiou
Plastira
Spinalógas
Therisou
Bastion Bethléem
Romanou
Agios Andreas
Koméno Benténi
Porte Bethléem
Thenon
Tombeau de N. Kazantzaki
Kondilaki
Eptanisou
Chatzidáki
Stade
Bastion Martinengo
Adresse utile
Office de tourisme
Où sortir ?
71 Théâtre de plein air Nikos-Kazantzakis
72 Théâtre de plein air Manos-Hatzidakis

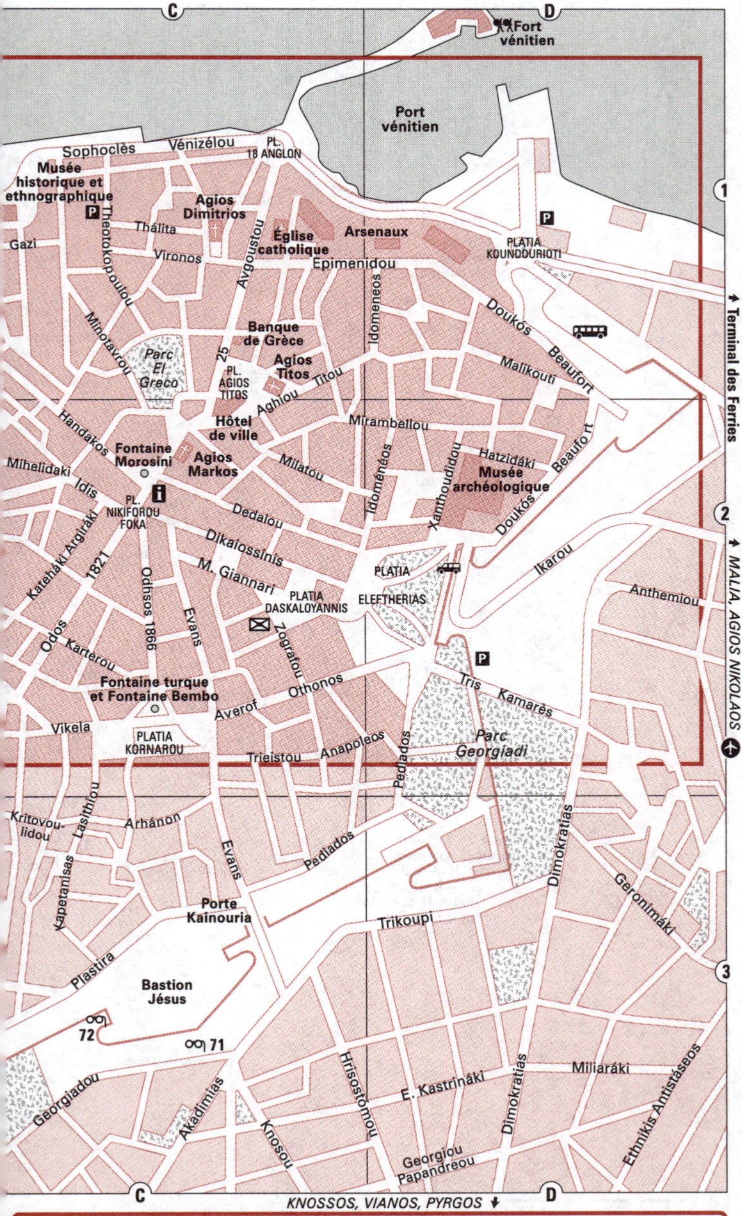

HÉRAKLION – Ensemble (Plan I)

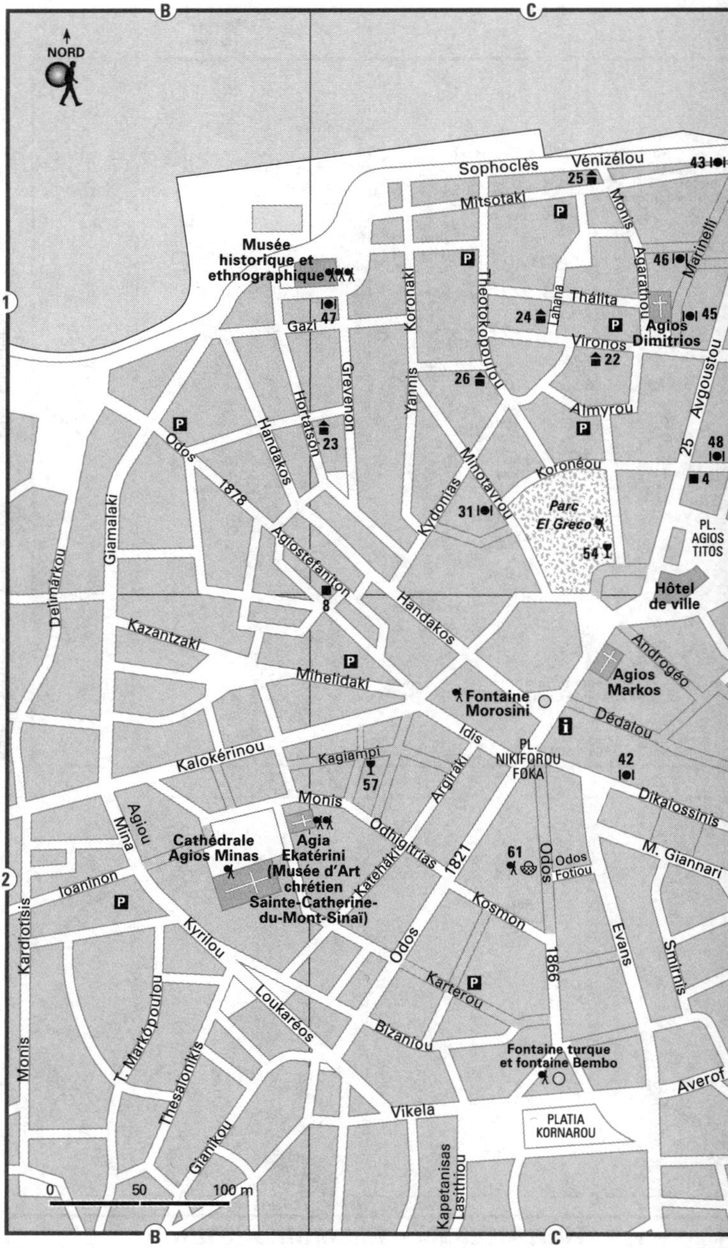
B
C
NORD
1
2
Sophoclès
Vénizélou
Mitsotaki
Monis
Marinelli
Agarathou
Thálita
Lahana
Vironos
Almyrou
Koronéou
Avgoustou
25
Theotokopoulou
Koronaki
Yannis
Minotavrou
Kydonias
Gazi
Grevenon
Hortatsón
Handakos
Odos
1878
Agiostefaniton
Giamalaki
Delimárkou
Kazantzaki
Mihelidaki
Kalokérinou
Kagiampi
Monis
Odhigitrias
Argiráki
Idis
Katehaki
Odos
1821
Kosmon
Karterou
Bizaniou
Vikela
Averof
Agiou
Mina
Ioaninon
Kardiotisis
Monis
Kyrilou
Loukaréos
T. Markópoulou
Thesalonikis
Gianikou
Kapetanisas
Lasithiou
Odos
1866
Odos
Fotiou
Evans
Smirnis
M. Giannari
Dikaiossinis
Dédalou
Androgéo
Musée historique et ethnographique
Agios Dimitrios
Parc El Greco
PL. AGIOS TITOS
Hôtel de ville
Agios Markos
Fontaine Morosini
PL. NIKIFOROU FOKA
Cathédrale Agios Minas
Agia Ekatérini (Musée d'Art chrétien Sainte-Catherine-du-Mont-Sinaï)
Fontaine turque et fontaine Bembo
PLATIA KORNAROU
43
25
46
45
24
22
26
23
47
48
4
31
54
8
42
57
61
0
50
100 m

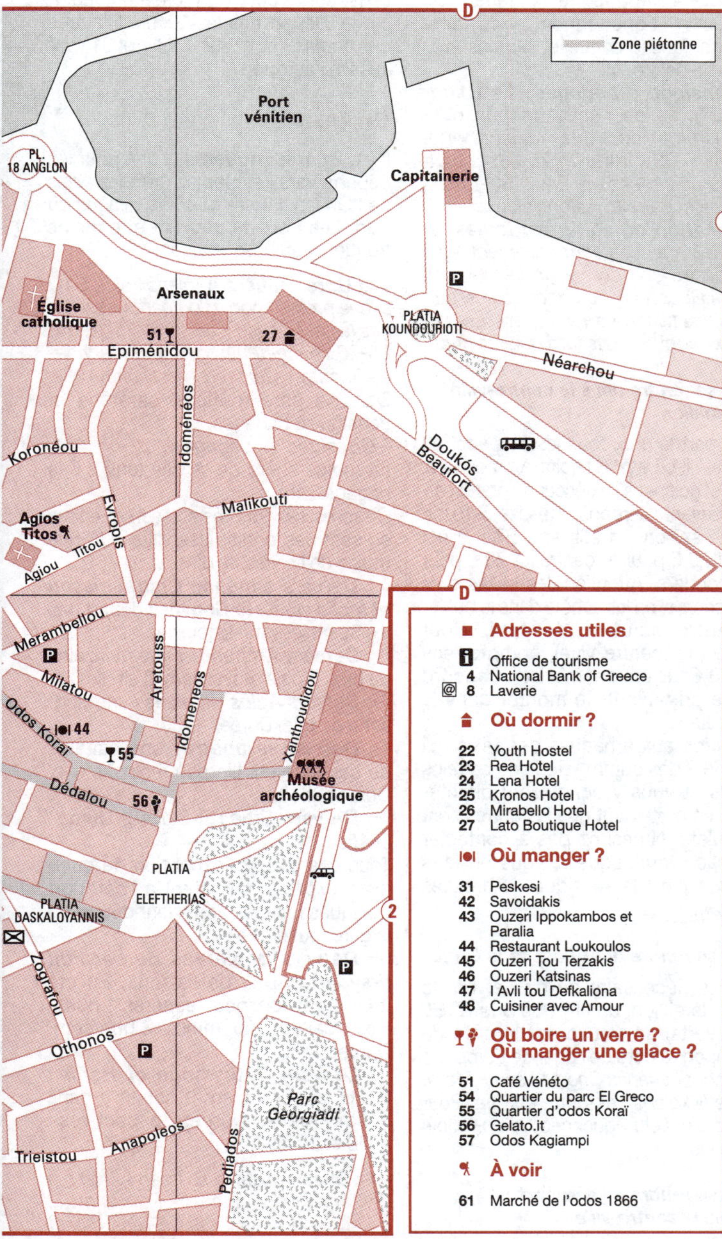

Adresses utiles

- Office de tourisme
- 4 National Bank of Greece
- 8 Laverie

Où dormir ?

- 22 Youth Hostel
- 23 Rea Hotel
- 24 Lena Hotel
- 25 Kronos Hotel
- 26 Mirabello Hotel
- 27 Lato Boutique Hotel

Où manger ?

- 31 Peskesi
- 42 Savoidakis
- 43 Ouzeri Ippokambos et Paralia
- 44 Restaurant Loukoulos
- 45 Ouzeri Tou Terzakis
- 46 Ouzeri Katsinas
- 47 I Avli tou Defkaliona
- 48 Cuisiner avec Amour

Où boire un verre ? Où manger une glace ?

- 51 Café Vénéto
- 54 Quartier du parc El Greco
- 55 Quartier d'odos Koraï
- 56 Gelato.it
- 57 Odos Kagiampi

À voir

- 61 Marché de l'odos 1866

HÉRAKLION – Centre-ville (Plan II)

du côté « Départs » à l'extérieur de l'aéroport. Fonctionnent avec carte téléphonique (grecque) et certains avec carte de paiement.

■ ***Consigne à bagages :*** ***Left Luggage,*** *près de l'arrêt de bus pour Héraklion, dans une maisonnette.* ☎ *28-10-39-73-49. Tlj 7h-23h ; août-oct, la nuit si besoin. Env 5,50-7,50 €/bagage et par 24h, selon volume.*

■ ***Location de voitures :*** *toutes les grandes agences sont représentées à l'aéroport, soit côté « Arrivées », soit côté « Départs », ou encore sur le parking faisant face à l'aéroport. En saison, ils sont ouverts tard dans la nuit.*

Pour se rendre dans le centre-ville d'Héraklion

➢ À part le ***nº 5,*** tous les ***bus*** vont au centre-ville. Le ***nº 6*** rejoint Ammoudara. Arrêt et guichet à l'extérieur du grand parking devant l'aéroport. Ttes les 5-10 mn en hte saison, 6h-23h env. Billet aller : env 1,20 € pour le centre ; 1,70 € pour Ammoudara. Attention, les billets sont plus chers si on les achète dans le bus.

➢ Autre solution, le ***taxi.*** Pour Héraklion (centre-ville), compter env 15-20 €. Bien se mettre d'accord sur le prix avant de monter dans le véhicule.

Attention aux arnaques des taxis qui touchent des commissions de certains hôtels et vous y conduisent directement en prétextant que les autres sont complets. N'hésitez pas à contacter la police touristique si vous en êtes victime (voir la rubrique « Adresses utiles »).

Pour se rendre dans l'est de la Crète

➢ Pas nécessaire de passer par la case Héraklion, un arrêt de ***bus KTEL*** (bus verts) se trouve sur le côté de l'aéroport, à côté de l'agence *Europcar*. Bus pour *Liménas Chersonissou, Malia, Agios Nikolaos, Iérapétra* et *Sitia*. Pour les horaires et fréquences, voir plus loin « En bus ».

Pour se rendre à l'aéroport depuis le centre-ville

➢ Pour s'y rendre, prendre le ***bus nº 6,*** platia Elefthérias *(plan II, D2).* On prend le bus, à côté de la station de taxis, sur le côté du musée archéologique. Départ ttes les 10 mn. D'autres bus comme les nos 12, 15, 17 et 31 vont aussi à l'aéroport.

En bus

Il y a ***2 gares routières*** : l'une pour les départs vers l'est (et les grandes villes de l'Ouest), l'autre pour les villages du Sud. Les départs peuvent être moins fréquents en basse saison.

🚌 ***Gare routière A*** *(plans I et II, D1) :* *située près du port, d'où partent les ferries (à l'est du vieux port).* ☎ *28-10-24-65-30. • ktelherlas.gr • bus-service-crete.com • Guichets ouv tlj 5h30-23h.* Dans la gare routière, cafétéria et consigne à bagages.

– *Consigne à bagages : tlj 6h-21h.* La moins chère de la ville (env 2 € le bagage/24h).

Ci-après, les horaires et les fréquences en sem des principales villes. Un peu moins de liaisons le dim.

➢ ***De/vers Liménas Chersonissou et Malia via Kato Gouvès :*** départ ttes les 30 mn env, tte la journée.

➢ ***De/vers Archanès :*** une quinzaine de bus. Moitié moins sam, 3 slt dim.

➢ ***De/vers Agios Nikolaos :*** une vingtaine de bus. Durée : 1h30.

➢ ***De/vers Iérapétra :*** une huitaine de bus lun-ven. Un peu moins le w-e. Durée : 2h30.

➢ ***De/vers Sitia :*** 5-6 bus/j. Durée : 3h15.

Tous ces bus, à l'exception de quelques express, s'arrêtent à l'aéroport quelques minutes après leur départ de la gare routière.

➢ ***De/vers le plateau du Lassithi (Psychro) :*** peu de liaisons. En été (mai-sept), on peut espérer 1 bus/j. Hors saison, au mieux 2 bus/sem. Durée : 1h30.

➢ ***De/vers Réthymnon et Hania :*** tlj, tte la journée env 1 départ/h dans chaque sens. Durées respectives : 1h30 et 2h30.

🚌 ***Gare routière B*** *(plan I, A2) :* *à l'extérieur de la porte Pantokrator, à l'ouest de la ville (les Grecs disent volontiers Chanioporta, la porte de Hania).* ☎ *28-10-25-59-65. • bus-service-crete.com • Guichets ouv tlj*

6h30-20h. Elle dessert les villes et les villages du Sud.

➢ ***De/vers Phaistos (Festos) et Mirès :*** 10-11 départs/j. Durée : 1h30.

➢ ***De/vers Agia Galini :*** 6 départs/j. lun-sam, 4 le dim. Durée : 2h.

➢ ***De/vers Matala :*** 4-5 départs/j. lun-sam, 3 le dim. Durée : 2h.

➢ ***De/vers Lendas via Mirès :*** 1 départ/j. lun-sam vers 13h ; retour à 6h30.

➢ ***De/vers Anogia :*** 3 départs/j. lun-ven. Un seul bus le dim.

En bateau

Capitainerie : *☎ 28-10-24-49-12.* Tous les billets de bateau peuvent s'acheter directement au port des ferries (bâtiment flambant neuf, climatisé ; restauration légère) ou dans n'importe quelle agence de l'odos 25-Avgoustou. Ils sont à prix fixe. L'agence vous donnera les horaires.

➢ ***De/vers Le Pirée :*** départ des ferries en soirée, arrivée au petit matin (compagnies *Anek-Blue Star Ferries, Minoan Lines*). Certains jours, en été, départ supplémentaire en journée. ***Agence Blue Star Ferries et Anek :*** *11, léoforos Demokratias. ☎ 28-10-34-71-80. • bluestarferries.com • anek.gr •* ***Agence Minoan Lines :*** *17, odos 25-Avgoustou. ☎ 28-10-22-96-02 (résas). • minoan.gr •*

À signaler également : le *Prévéli,* un ferry de la compagnie *Aegeon Pelagos* (filiale d'*Anek*), qui relie Le Pirée à Rhodes. En saison, il fait escale 2 fois/sem à Héraklion puis à Sitia (une seule fois en hiver). Un peu moins cher, mais bien plus lent (ferry de conception classique qui fait également escale au passage dans certaines îles des Cyclades). *• anek.gr •*

➢ ***De/vers les Cyclades :*** en hte saison (de mi-mai ou mi-juin à oct selon la compagnie), des bateaux rapides des compagnies *Hellenic Seaways (Highspeed7) et Seajets (Champion Jet 1 ou Terajet). • hellenicseaways.gr • seajets.gr •* En principe, départ le mat et retour le soir. Îles desservies, dans l'ordre : Santorin, Ios, Naxos, Paros et Mykonos, puis retour. Compter 2h de trajet pour Santorin, où l'on peut rester env 6h avt de reprendre le bateau pour Héraklion si l'on souhaite absolument faire l'A/R dans la journée. *Rens et résas :* ***Agence Paléologos,*** *54, odos 25-Avgoustou. ☎ 28-10-34-61-85.* Ces liaisons sont susceptibles de changer chaque année. Compter, par exemple, dans les 62 € l'aller pour Santorin et 75 € pour Paros.

Adresses utiles

Informations touristiques

Office de tourisme de la ville d'Héraklion *(plans I et II, C2) : pl. Nikiforou Foka, en face de la fontaine Morosini. ☎ 28-13-40-97-77 ou 80. • tourism@heraklion.gr • Lun-ven 8h30-14h30.* À l'image du renouveau de la ville, un centre de documentation interactif très bien fait. L'accueil dépend de la motivation du personnel.

Poste

Poste principale *(plans I et II, C2) : platia Daskaloyannis. Lun-ven 7h30-20h, sam 7h30-14h30.* Fait poste restante.

Banques, change

■ ***Change :*** *odos 25-Avgoustou.* La plupart des agences de voyages et de location font le change.

■ ***National Bank of Greece*** *(Banque nationale de la Grèce ; plan II, C1, **4**) : odos 25-Avgoustou (sur l'arrière de l'Hondos Center). D'autres distributeurs dans cette rue.*

Représentations diplomatiques

■ ***Agence consulaire de France*** *(plan I, B-C3) : Mme Sophie Tsandiraki, 22, odos Kritovoulidou. ☎ 28-11-10-21-85 ou 28-10-28-50-90. 69-37-28-49-65. Sur rdv.*

■ ***Agence consulaire de Belgique :*** *M. Yves Maebe, 10, odos Météoron (dans l'agence* Ibis El Greco*). ☎ 28-10-30-17-16.*

Santé

■ ***Urgences :*** *☎ 166.*

LA RÉGION D'HÉRAKLION

Hôpitaux : *ils sont deux à alterner le traitement des urgences.* ***Venizelio*** *au sud, route de Knossos, un peu avt le site (☎ 28-10-40-80-00) et l'hôpital universitaire* ***PA.GN.I*** *au sud-ouest (☎ 28-10-40-21-11).*

Divers

■ ***Travel Bookstore Road*** *(plan II, C2) : 29, odos Handakos.* Pour s'approvisionner en cartes routières et livres de voyage, la boutique.

■ ***Location de motos et de voitures :*** les grands loueurs ont tous un bureau à l'aéroport (voir cette rubrique). Ils en ont aussi un dans la rue 25-Avgoustou *(plan II, C1),* là où se trouvent les autres loueurs. Les agences sont ouvertes tard le soir ainsi que le dimanche. Comparez les prix et lisez bien les contrats.

■ ***Tourings Rent a Car*** *(plan II, C1) : 18, odos 25-Avgoustou. ☎ 28-10-28-07-11. • tourings.gr •* Loue tout type de véhicule à 4 roues. Peut venir vous chercher à l'aéroport. Très sympathique.

■ ***Motor-club*** *(plan II, C1) : 1, pl. 18-Anglon. ☎ 28-10-22-24-08. • motorclub.gr • En bas de 25-Avgoustou. Bureau à l'aéroport : ☎ 28-10-22-33-10.* Possibilité de rendre son véhicule dans d'autres villes. Très pratique et bon service.

■ ***Blue Sea Rentals*** *(plan II, C1) : 5-7, odos Kosma Zotou. ☎ 28-10-24-10-97. • bluesearentals.com • Dans une ruelle qui prend sur Monis Agarathou.* Loue voitures et 2-roues.

■ ***Laverie*** *(plan II, C1-2,* ***8****) :* ***Wash Salon,*** *12, odos Evgenikou, à l'angle d'odos Agiostefaniton. ☎ 28-10-28-08-58. Tlj sf dim 9h-21h (18h lun et mer, 15h sam).* La lessive et l'assouplissant sont fournis. Vous récupérez votre linge, sec et plié, environ 2h après l'avoir déposé.

Où dormir ?

Camping

Pas de camping à Héraklion même, le plus proche est à *Kato Gouvès,* à une quinzaine de kilomètres à l'est d'Héraklion. Accès possible en bus (ligne Héraklion-Malia).

⛺ |●| ***Creta Camping :*** *à* ***Kato Gouvès,*** *à 400 m à l'est du Cretaquarium (l'arrêt de bus pour Malia par la route côtière est à 2 mn à pied). ☎ 28-97-04-14-00. • cretacamping.com • Avr-oct. Compter env 21,50-24,50 € pour 2 avec tente et voiture. (wifi) (capricieux)* Fort bien situé à 20 m de la plage et très propre, un camping de taille moyenne (90 emplacements). Oliviers et auvents pour l'ombre. Le bon air de la mer y arrive, et vous vous endormirez au chant des cigales ou au ronronnement des avions, c'est selon. Épicerie, resto-self, laverie, aire de jeux pour les enfants. Location de tentes. Bon accueil de Valia.

Bon marché

⌂ ***Youth Hostel*** *(plan II, C1,* ***22****) : 5, odos Vironos. ☎ 28-10-28-62-81. • heraklioyouthhostel@yahoo.gr • Réception ouv 8h-1h ; après, c'est fermé : impossible de rentrer se coucher. Env 12,50 €/pers en dortoir, doubles 25-35 €, pas de clim mais des ventilos. (wifi)* Accueil plutôt de marbre, tout comme l'escalier qui conduit à l'étage, vers la poignée de petites chambres et minidortoirs (6 à 8 lits). Les salles de bains ont été refaites. Dans l'ensemble, c'est plutôt pas mal : cuisine commune, casiers, plancher en bois, lits métalliques, matelas convenables. En été, on peut même dormir sur la terrasse.

⌂ ***Rea Hotel*** *(plan II, C1,* ***23****) : 1, odos Kaliméraki, à l'angle de Hortatson. ☎ 28-10-22-36-38. • hotelrea.gr • Mars-fin nov. Selon saison, doubles 36-45 € avec sdb privée, 26-35 € pour une douche commune. (wifi)* Une quinzaine de chambres climatisées pour 2 à 4 personnes dans une maison située dans un quartier relativement calme pour une ville « Erasmus ». Rien d'exceptionnel, mais un accueil chaleureux et bienveillant qui confère à ce petit hôtel des airs de chambres d'hôtes. Le petit déj *(3 €)* est servi au sous-sol.

Prix moyens

Lena Hotel *(plan II, C1, **24**) : 10, odos Lahana. ☎ 28-10-22-32-80. • lena-hotel.gr • Descendre odos 25-Avgoustou vers le port, prendre à gauche odos Vironos, puis à droite odos Lahana. Tte l'année. Doubles 40-50 € sans ou avec sanitaires privés (tarifs incluant une réduc sur présentation de ce guide) ; petit déj 8 €/pers.* Pas très loin du port, dans un quartier calme. Un hôtel qui pourrait servir de décor à une pub pour l'entretien des carrelages. Malheureusement, les chambres donnant sur l'intérieur sont un peu sombres, alors autant bien choisir son nid. Toutes sont climatisées et ventilées par des brasseurs d'air. Les familles trouveront de quoi se loger avec leur progéniture à bon prix. Sert le petit déj (copieux par ailleurs). Bon accueil.

Kronos Hotel *(plan II, C1, **25**) : 2, odos Soph. Vénizélou et Agarathou. ☎ 28-10-28-22-40. • kronoshotel.gr • Tte l'année. Doubles avec sdb env 50-67 € selon saison et vue.* Bâtiment des années 1970 rénové, propre, fonctionnel et bien situé (proche de la mer ainsi que du centre). On apprécie l'ascenseur et le double vitrage (rue passante). Accueil correct.

Mirabello Hotel *(plan II, C1, **26**) : 20, odos Theotokopoulou. ☎ 28-10-28-50-52. • mirabello-hotel.gr • Avr-nov. Selon saison et confort, doubles 45-55 € (avec ou sans sdb).* Hôtel de type familial, très simple mais bien tenu. L'ascenseur lambine, la déco est assez désuète, les chambres ne sont pas bien grandes, mais sa position centrale et la compétence des proprios en font une halte appréciée pour une nuit.

De chic à très chic

Lato Boutique Hotel *(plan II, D1, **27**) : 15, odos Epiménidou. ☎ 28-10-22-81-03. • lato.gr • Tte l'année. Selon confort et vue, env 85-150 € mai-oct, petit déj inclus, et bien plus cher pour ceux qui voudraient s'offrir une suite avec jacuzzi, terrasse et chaises longues. Hammam en sus.* Hôtel de standing élégant qui surplombe le port d'Héraklion. Chambres équipées de tout le confort attendu, à la déco épurée et assez design. Pas bien grandes, tout de même. Grande terrasse lounge sur le toit, où est installé le restaurant en été. Fitness, minispa (sur résa). Bon accueil.

LA RÉGION D'HÉRAKLION

Où dormir dans les environs ?

Mourtzanakis Residence : *un peu à l'extérieur du village d'**Achlada,** à une vingtaine de km à l'ouest d'Héraklion. ☎ 28-10-81-20-96. • ecotourismgreece.com • Affiliés au réseau d'hébergements de charme* Guest Inn. *(• guestinn.com •) Pour 2, studios 89-99 € selon saison ; villas pour 3-4 pers 107-117 €. Petit déj 10 €, dîner 17 €.* Dans un petit village de l'intérieur, un petit ensemble de studios et villas, chacune sur 2 niveaux, avec tout le confort (2 chambres, salon, cuisine, etc.). Un bâtiment commun, avec salon-bibliothèque pour que les hôtes se rencontrent. Bon accueil de la famille Mourtzanakis, polyglotte (français parlé). Agia Pelagia (plages) n'est qu'à 4 km.

Où manger ?

Soyons clairs : la saison du poulpe, de la seiche, des calamars et des crevettes s'échelonne de fin septembre au mois de mai. En dehors de cette période, il est extrêmement rare de trouver du frais. Vous voilà prévenu !

Sur le pouce

On ne compte plus les ***bars*** et ***snacks*** aux abords de la fontaine Morosini, place Liontaria *(plan II, C2)*. Très touristique. On vient y boire un verre dans la chaude ambiance de l'été, à toute heure de la journée. Prix relativement élevés et plats sans fantaisie. Beaucoup de vendeurs de *gyros* et de boutiques à *bougatsa,* ce feuilleté à la crème saupoudré de cannelle, qui tient bien à l'estomac.

Savoidakis *(plan II, C2,* ***42****)* **:** *7, odos Dikaiossinis. À deux pas de la pl. Nikiforou Foka.* Une boulangerie qui a le mérite d'être ouverte tous les jours (jusqu'à 23h) avec un beau choix de pâtisseries orientales, mais aussi du pain aux olives, des chaussons aux épinards, des sandwichs, des viennoiseries et des glaces.

Derrière l'église Agios Titos, une autre excellente **boulangerie** (essayer les *kalitsounia,* le pain aux olives...).

Facile aussi de trouver un bon *gyros* dans le coin, ça se bouscule.

De bon marché à prix moyens

Ouzeri Ippokambos *(plan II, C1,* ***43****)* **:** *3, Soph. Vénizélou. ☎ 28-10-28-02-40. Près du port vénitien. Tlj sf dim. Plats env 6-13 € (compter 8-9 € pour une portion de poisson du jour). CB refusées.* Fréquenté surtout par des Grecs, ce resto ne paie pas de mine extérieurement, mais s'attabler ici est gage de satisfaction. Évidemment, la proximité de la rue n'en fait pas l'endroit idéal pour un repas en amoureux. Cela dit, Georgios et Despina ne ménagent pas leur peine pour satisfaire leurs clients. Le poisson du jour est bien frais, les risottos de la mer goûteux et le vin blanc de la maison agréablement fruité. Une valeur sûre.

Ouzeri Katsinas *(plan II, C1,* ***46****)* **:** *12, odos Marinelli (angle Zotou Kosma). ☎ 28-10-22-10-27. Sur la petite pl. Piraios. Tlj sf lun (tlj en été). Compter 10-15 €.* Apostolis a repris l'affaire qu'a montée son papa il y a plus de 30 ans. Un brin de déco, maman aux fourneaux et voilà le résultat : excellent *saganaki, biftekia* moelleux comme il se doit, *gavros* (friture de poisson) frais et servi dans la bonne humeur. En dessert, ne vous privez pas du *galaktoboureko*, un feuilleté au lait saupoudré de cannelle qu'on vous sert avec quelques raisins secs enrobés de miel.

I Avli tou Defkaliona *(plan II, C1,* ***47****)* **:** *8, odos Lysimachou Kalokairinou. ☎ 28-10-24-42-15. En bas d'odos Grevenon. Mai-oct le soir slt. Env 12-15 €.* Derrière le Musée historique, sur la petite place de la fontaine d'Idoménéos. Retiré et discret, ce restaurant, tenu par Maria et son gendre, sert une cuisine traditionnelle de qualité, copieuse et bon marché. Goûter par exemple aux savoureuses *lachanodolmadès* (feuilles de chou farcies) ou aux fromages locaux. Service rapide et efficace.

Cuisiner avec Amour *(enseigne en grec : Μαγειρεύοντας με Αγάπη, soit, phonétiquement : mayirévondas me agapi ; plan II, C1,* ***48****)* **:** *21, odos Koronéou. ☎ 28-10-33-51-19. Tlj 12h-minuit. Compter 10 €.* Un resto de poche (climatisé) qui sert une cuisine traditionnelle sans grande prétention mais d'un bon rapport qualité-prix. Accueil gentil.

Paralia *(plan II, C1,* ***43****)* **:** *5, Soph. Vénizélou. ☎ 28-10-28-24-75. À côté du précédent. Du 20 mars à fin oct, tlj sf mar. Compter 12-20 €.* La terrasse est plus grande que celle de son voisin *Ippokambos,* mais la configuration est la même. La mer d'un côté – à voir à travers une vitre qui protège du vent –, la rue bien passante de l'autre. Fruits de mer et poissons, grillés ou cuisinés, mais aussi quelques viandes. Accueil variable.

Ouzeri Tou Terzakis *(plan II, C1,* ***45****)* **:** *17, odos Marinelli. ☎ 28-10-22-14-44. Sur une petite place, face à l'église Agios Dimitrios. Tlj sf dim (tlj en été). Env 12-18 €.* À côté de la petite église, on y déguste d'excellents plats locaux (risottos, pâtes, boulettes de viande au citron, sardines en marinade, etc.) et un succulent *tigania krassaki* (porc au vin et aux légumes). Les tables s'égrènent dans une ruelle piétonne bien au calme même si l'adresse est devenue le lieu de rassemblement pour les groupes de Français en goguette.

Chic

Peskesi *(plan II, C1,* ***31****)* **:** *6-8, odos Kapetan Haralambi. ☎ 28-10-28-88-87. Tlj 10h-2h. Compter 20-30 €. Résa in-dis-pen-sable.* Un resto de cuisine bio qui vous fera faire le tour des spécialités crétoises. Pour en profiter pleinement, le mieux est de passer réserver avant sinon vous risquez de poireauter au bar avec les étourdis dans votre genre. Ici, tous les produits ont été sélectionnés avec attention et cuisinés avec cette pointe d'originalité qui a vite fait le succès de cette maison ouverte en 2014 seulement ! Idéal pour un dîner en amoureux.

Restaurant Loukoulos *(plan II, C2, **44**) : 5, odos Koraï. ☎ 28-10-22-44-35. Tlj jusqu'à 1h15. Env 15-30 €.* Un resto touristique, pour dîner (bougies sur les tables) plus que pour déjeuner (trop chaud !). Il s'agit d'une vieille maison bourgeoise, dans une ruelle piétonne du centre. Cuisine méditerranéenne (d'influence italienne principalement) et bons vins.

Où boire un verre ? Où manger une glace ?

Café Vénéto *(plan II, C-D1, **51**) : à l'angle d'odos Epiménidou et d'odos Idoménéos. Tte l'année 10h-1h. Cocktails env 8-9 €.* De la salle située au 1er étage, on domine le port et on peut suivre le ballet des bateaux et des ferries. Malgré des prix un peu plus élevés que la moyenne, ce n'est pas un attrape-touristes. Peut même être un peu vide certains soirs. Terrasse extérieure agréable mais ventée.

Odos Kagiampi *(plan II, C2, **57**) :* une étroite ruelle un peu vide en journée mais qui se remplit dès que l'heure de l'apéro du soir a sonné. Ambiance de *kafeneion* d'étudiants. Prix serrés. Beaucoup d'habitués viennent y tuer le temps au *tavli* et y refaire le monde...

Quartier d'odos Koraï *(plan II, C2, **55**) :* un dédale de ruelles piétonnes ombragées par des ficus géants dont certains transpercent les auvents. Agréable le midi avec sa multitude de cafés et de petits restos ; diablement branché le soir avec de la musique qui sort de tous les coins.

Ambiance tout autre 2 rues plus bas, d'**odos Merambellou** *(plan II, C2)* jusqu'à la belle place ombragée qu'on trouve au croisement d'odos Aretoussis. Les petits bars à raki et à *mezze* s'enchaînent jusqu'au café *Fix*, qui bénéficie du meilleur emplacement. Sans surprise, les prix s'en ressentent !

Quartier du parc El Greco *(plan II, C1, **54**) :* l'autre pôle de la nuit à Héraklion (ne pas hésiter à explorer les rues environnantes). Les bars s'étalent en bordure du parc dédié au peintre mort à Tolède.

Gelato.it *(plan II, C2, **56**) : 2, odos Idoménéos. Également au bas de 25-Avgoustou (plan II, C1). Mars-déc tlj 10h-minuit.* Une sélection de glaces italiennes comme le yaourt aux fruits des bois, le tiramisù, le melon, la pistache (excellente), le citron ou les délicieux marrons glacés.

Achats

Wine Vintage Studio *(hors plan I par D3) : 93, odos Dimokratias. ☎ 28-10-36-06-33. • winestudio@otenet.gr • Sur la route de Knossos, un peu à l'écart du centre, au pied d'un petit immeuble à côté de l'hôtel Galaxy. Lun-sam 10h-22h ; dim pause 15h-18h.* Avis aux amateurs ! Si on se dérange dans ce lieu design, c'est pour y trouver les meilleurs vins de Crète et de Grèce, avec les conseils avisés des vendeurs. Il y en a pour toutes les bourses avec des millésimes et des crus introuvables ailleurs. Une adresse à conserver bien au frais pour éviter de se faire refiler de la piquette dans les boutiques à touristes.

Marché de l'odos 1866 *(plan II, C2, **61**) : se reporter à la rubrique « À voir » ci-après.*

À voir

Le quartier de la fontaine Morosini *(plan II, C2) :* autour de cette jolie fontaine vénitienne récemment rénovée, la place Liontaria (place des lions), où se croisent touristes et Crétois, se concentre une bonne partie de l'activité des habitants

LA RÉGION D'HÉRAKLION

d'Héraklion. La fontaine date de 1628. Elle est en forme de pétale et ornée d'élégants bas-reliefs, mais les lions qui soutiennent la vasque proviennent d'un monument du XIVe s. Elle était autrefois couronnée par une statue géante de Poséidon. En redescendant odos 25-Avgoustou, d'autres témoins de la période vénitienne apparaissent. Sur la droite, l'*église Agios Markos* (Saint-Marc). Puis, toujours sur le même trottoir, la loggia du XVIIe s, détruite lors de la dernière guerre et entièrement reconstruite. L'originale a été dessinée par le célèbre architecte de la Renaissance, Palladio, sur le modèle de la loggia de Vicenza, en Vénétie. Marchands et notables vénitiens s'y réunissaient. Elle abrite aujourd'hui la salle du conseil municipal.

L'église byzantine Agios Titos *(plan II, C1)* **:** *en retrait d'odos 25-Avgoustou.* Elle date du XVIe s. Compagnon de voyage de Paul de Tarse, l'apôtre Tite (Titos chez les Grecs) fut, au Ier s de notre ère, le fondateur de l'Église en Crète et par conséquent son premier évêque. Détruite par un tremblement de terre en 1856, l'église fut rebâtie et transformée en mosquée pendant la période turque, ce qui lui donne un cachet particulier. Elle ne fut rendue au culte orthodoxe qu'en 1925.

Le parc El Greco *(plan II, C1)* **:** *non loin de la fontaine Morosini.* Endroit assez agréable, avec la statue du grand peintre et de nombreux cafés aux alentours.

Odos 1866 *(plan II, C2,* ***61****)* **:** *ouv lun, mer jusqu'à 14h30 ; mar, jeu, ven jusqu'à 14h30 puis de 17h à 20h (sam ouv en continu jusqu'à 17h).* L'ancien marché traditionnel se transforme petit à petit, mais il n'en reste pas moins coloré et animé, en particulier le matin (sauf dimanche). Chez les herboristes, n'oubliez pas d'acheter du *dictame,* plante aromatique cousine de l'origan, connue depuis la haute Antiquité qui possède, entre autres, des propriétés antiseptiques. On trouve aussi à acheter des éponges naturelles ainsi qu'un excellent miel crétois. En dehors de ces boutiques traditionnelles bigarrées, pas mal d'échoppes touristiques et quelques cafés plutôt sympas.

Jolie ***fontaine turque*** *(plan II, C2),* au bout d'odos 1866, place Kornarou. À côté, la ***fontaine Bembo,*** datant de la Renaissance italienne (1588). Bembo est celui qui dota Héraklion de l'eau courante. Est intégrée à la fontaine une statue sans tête datant de l'époque romaine. Dans les années 1830-1840, alors que la Crète était administrée, au sein de l'Empire ottoman, par les Égyptiens, des soldats éthiopiens en garnison à Héraklion ont peint en noir les mains et le torse de la statue.

Le fort vénitien *(plan I, D1)* **:** *sur le port.* ☎ *28-10-24-35-59. Ouv tlj 8h-15h. Entrée : 2 € ; réduc.* Ce fort, construit de 1523 à 1540 et encore souvent appelé par son nom turc *Koulès* (les Vénitiens, eux, le dénommaient *Rocca A Mare*), est à nouveau ouvert à la visite, après 5 ans de travaux : il se compose de vastes salles bien restaurées, de réserves à boulets, ainsi que d'expos sur l'histoire de la forteresse, de la ville et sur des recherches sous-marines (dont celles menées en 1976 par Cousteau sur le site de la *Thérèse,* un navire envoyé en 1669 par Louis XIV pour venir au secours des Vénitiens lors du siège de Candie et coulé peu de temps après son arrivée).

La jetée *(plan I, D1)* **:** *dans le prolongement du fort vénitien.* On en a rarement vu de si longue ! En fin d'après-midi, pêcheurs, joggers, rêveurs ou familles se pressent pour faire l'aller-retour. Compter 45 mn tout de même.

Les remparts vénitiens **:** ils font pratiquement le tour de la ville. Assez impressionnants, avec d'énormes bastions, au nombre de sept, qui permirent aux Vénitiens, au XVIIe s, de résister 21 ans au siège des Turcs ! En profiter pour visiter, sur le bastion Martinengo *(plan I, B3),* au sud de la ville, la *tombe de Nikos Kazantzakis.* Très sobre (une croix en bois et une inscription, en grec : « Je n'espère rien. Je ne crains rien. Je suis libre. »). C'est joli, gazonné, plein de bougainvillées, avec un beau panorama. Attention : le coin est aussi fréquenté en soirée par des chiens méchants !

La cathédrale Agios Minas *(plan II, B2)* **:** *odos Agios Minas.* Cathédrale datant de la fin du XIXe s, ornée de fresques colorées et naïves.

Le musée d'Art chrétien « Sainte Catherine-du-Mont-Sinaï » *(plan II, B-C2)* **:** *juste derrière la cathédrale Agios Minas. ☎ 28-10-33-63-16. Dans l'église byzantine Agia Ekatérini, XVIe s. Avr-oct : tlj 9h30 (9h dim)-19h30. Fermé à 13h30 en hiver. Entrée : 4 € ; réduc. Photos et caméscopes interdits.* Une des plus belles collections d'icônes de Grèce, avec quelques œuvres du maître Damaskinos, qui forma Le Greco. Damaskinos, artiste crétois né vers 1535, qui travaillait à Venise, a laissé une centaine d'icônes, qui rassemblent les techniques de peinture byzantine et de la Renaissance. Six d'entre elles, provenant du monastère de Vrondissi (environs de Zaros), sont visibles au centre de l'église et méritent vraiment le déplacement. Damaskinos était l'un des plus doués, mais Héraklion comptait dans les 200 peintres d'icônes vers 1600. Également des fresques du XIVe s, des manuscrits enluminés, des objets liturgiques, des chasubles, des portes en bois sculptées du XVIIe s et quelques œuvres lapidaires assez rares, car chez les orthodoxes, on n'a pas l'habitude de travailler la pierre.

Le Musée archéologique *(plan II, D2)* **:** *1, odos Xanthoudidou. ☎ 28-10-27-90-86. À côté de la pl. Elefthérias. En saison, tlj sf j. fériés 8h-20h. Nov-mars, ouv lun 11h-17h et mar-dim 8h-15h. Entrée : 10 € ; billet combiné avec Knossos 16 €, valable 3 j. ; réduc ; gratuit moins de 18 ans et étudiants de l'Union européenne. Photos autorisées mais flash interdit (sf précision contraire). Parking payant en contrebas. Pas d'audioguide en français (pour le moment), mais panneaux bien clairs, en anglais et en grec. Pas de guide disponible sur place. Pour une visite guidée, se rendre d'abord à Knossos et négocier avec eux la visite des 2 sites (Knossos et le musée).*

Passionnant, ce musée prestigieux a été entièrement rénové dans une présentation sobre qui a le mérite de bien mettre en valeur les pièces provenant de plusieurs sites, notamment Knossos, Malia, Phaistos, Zakros et Agia Triada. C'est le passage obligé avant toute escapade vers les sites archéologiques de l'île. Il compte désormais des salles vastes et lumineuses allant de la période néolithique (5000-2600 av. J.-C.) à la période gréco-romaine (jusqu'en 325 apr. J.-C.). Les objets exposés donnent une image complète de la civilisation crétoise. Les aspects sociaux, économiques et idéologiques sont mis en exergue en compagnie des pratiques religieuses, des rites funéraires, de l'organisation administrative, et les phases de la vie quotidienne.

Rez-de-chaussée

La première salle présente les découvertes des fouilles du Néolithique : céramiques et poteries, statuettes votives qui annoncent déjà l'émergence de la civilisation minoenne.

Avec la période prépalatiale (2600-2000 av. J.-C.), on entre dans l'âge du bronze. Dès lors, le champ créatif s'élargit avec la métallurgie, l'orfèvrerie et la taille de la pierre. Apparaît la figure du taureau, sous forme de vases à libations. Les plus anciens Minoens connaissent déjà une écriture sous la forme d'hiéroglyphes. Figurines de marbre proches de l'art cycladique et *idoles* levant les bras.

La période paléopalatiale (2000-1700 av. J.-C.) se caractérise par la construction des palais-labyrinthes à étage, à l'architecture très avancée, un système hydraulique de bains et de tout-à-l'égout remarquable : grande maquette en bois du palais de Knossos. Magnifiques céramiques polychromes avec motifs géométriques ou inspirés par la nature. Les bijoux en or, comme ces bracelets en feuilles d'olivier et ces pectoraux finement ciselés, témoignent de la maîtrise des orfèvres crétois.

L'âge d'or de la période néopalatiale (1700-1400) prendra fin avec une succession de catastrophes naturelles, dont l'éruption du volcan de Thira (Santorin).

Cette période (de même que la période postpalatiale – 1400-1100 av. J.-C.) a laissé de nombreux vestiges de première importance.

Vedette incontestée du musée, le ***disque de Phaistos,*** absolument unique en son genre, et qui arbore sur ses deux faces un « texte » fixé dans l'argile vers 1700 av. J.-C. et dont la signification n'a pas encore été déchiffrée. On y dénombre 45 pictogrammes agencés en 61 groupes : formes humaines, poissons, animaux, outils, végétaux... Les archéologues n'ayant retrouvé aucun des poinçons ayant permis de le réaliser, on pense qu'il s'agit d'un objet importé.

Nombreux vases dits de *style de Kamarès* avec décor de poulpes retrouvés dans la grotte éponyme dans les environs de Zaros.

Superbe scène de voltige avec taureau dans la ***fresque des Tavrokathapsion,*** une pratique minoenne qui participait d'un culte.

Voir aussi ces marmites de bronze pour la préparation des mets destinés aux festins et les grosses jarres destinées à stocker le vin ou les céréales ainsi que ce curieux ***zatrikio*** retrouvé à Knossos, un jeu de table en bois incrusté d'ivoire et de cristal de roche, couvert à la feuille d'or et d'argent et, pense-t-on, réservé aux rois (ancêtre du jeu d'échecs ?).

Ne pas manquer l'emblématique ***rhyton*** en stéatite noire en forme de tête de taureau (vous le reconnaîtrez, il figure sur nombre de cartes postales). Les rhytons disposent d'un trou dans le cou pour le remplissage, et le liquide se reverse dans un autre récipient, via les trous des narines, tout l'inverse de votre copain Henri qui, lui, garde tout pour lui.

Autre chef-d'œuvre, provenant de Knossos, la célébrissime ***Déesse aux serpents,*** une déesse de la fertilité en faïence aux seins nus avec un félin sur la tête et brandissant un serpent dans chaque main. Toujours dans cette salle, ne pas rater ***l'anneau de Minos,*** emblématique du travail des orfèvres minoens vers 1450 av. J.-C. À l'honneur encore dans la vaste salle consacrée aux rites funéraires, le ***sarcophage d'Agia Triada,*** un sarcophage en pierre, intégralement décoré de scènes rituelles, sorte de prélude à la mise en bière en quelque sorte.

Passé la salle des monnaies, que dire de ce superbe ***Acrobate,*** accomplissant le « saut de taureau », une touchante sculpture en ivoire, très aérienne et première représentation dans l'histoire de l'art, en trois dimensions, d'une figure humaine qui ne s'appuie pas au sol.

DOUBLE HACHE CRÉTOISE

On voit souvent apparaître ce symbole de la religion minoenne sur les vases, les sarcophages et les décorations murales. Elle est aussi présente chez les Hittites d'Anatolie, où elle porte le nom de labrys. D'où, peut-être, le mot « labyrinthe », signifiant alors « palais aux doubles haches ».

À l'étage

La salle des fresques donne une idée que ce que pouvait être la déco intérieure des palais avec, en partant de la droite, le ***Prince aux fleurs de lys,*** au fond rouge pompéien, la ***Déesse assise sur les rochers,*** provenant de l'île de Psira et les célèbres ***Dauphins,*** qui ornaient la chambre de la reine. Plus loin sur le mur opposé, deux ***Singes bleus cueillant des crocus,*** « empruntés » à l'iconographie égyptienne. On quitte ensuite la civilisation minoenne pour aborder la Grèce par les périodes géométriques, archaïques et classiques (1000-400 av. J.-C.).

Comme pièces notables, de superbes boucliers en bronze inspirés de motifs orientaux, des statuettes votives et un curieux petit coffre circulaire en terre cuite dans lequel une divinité est épiée par deux curieux postés sur le toit. La période hellénistique présente de somptueux bijoux (collections privées). Enfin, n'oubliez pas de jeter un coup d'œil à la salle du bas (salles 26 et 27) pour admirer la statuaire des périodes archaïques jusqu'à l'époque romaine. Certaines de ces œuvres n'ont pas encore été éditées (photos interdites).

Le Musée historique et ethnographique (plan II, B-C1) **:** *27, Sophoklès Vénizélou. ☎ 28-10-28-32-19. • historical-museum.gr • En bas d'odos Grevenon. Tlj sf dim et j. fériés 9h-17h (15h30 nov-mars). Entrée : 5 € ; réduc. Le billet donne droit à une réduc au musée agricole de Piskopiano (tt près de Liménas Chersonissou, ouv juin-oct). Audioguides (en français) : 3 €.*

Excellent musée, entièrement rénové, dont on conseille vivement la visite, ne serait-ce que pour admirer les deux seules œuvres visibles du Greco.

Rez-de-chaussée

– *Salle 1 :* de nombreuses cartes anciennes de la Crète, des plans de Candie et une remarquable maquette (au 1/500) représentant la ville en 1645. Nombreuses photos de la ville, comme celle de l'église d'Agios Titos surmontée d'un minaret (1900).

Le reste du rez-de-chaussée est consacré aux périodes byzantine et vénitienne.

– *Salle 4 :* découvertes intéressantes faites à *Gortyne* (basilique d'Agios Titos).

– *Salle 6 :* un hommage est rendu à la communauté juive (forte d'un millier d'âmes vers 1600). Épitaphes en hébreu.

1er étage

– *Salle 11 :* ne manquez pas cette salle consacrée au Greco, avec deux petits tableaux du grand peintre datant de 1569-1570 : *Vue du mont Sinaï et du monastère de Sainte-Catherine,* et *Le Baptême du Christ.*

– Dans les autres salles, nombreuses peintures sur bois, icônes portatives (dont celles récemment données au musée par le collectionneur Z. Portokalakis). Belle collection de pièces de monnaie. Remarquables petits bronzes, icônes, primitifs religieux, objets cultuels, pierres gravées, poterie médiévale, superbes croix en bois sculpté, couvertures d'évangiles en argent, etc. Armes et autres souvenirs des révolutions crétoises. Mais aussi des cartes anciennes de Crète et d'Europe...

2e étage

– Au bout d'un couloir consacré à la bataille de Crète (1941), *chambre et bibliothèque de Nikos Kazantzakis,* l'auteur d'*Alexis Zorba.* Nombreuses éditions anciennes de ses œuvres, manuscrits, corrections. Une curiosité : son premier prix de français décerné en 1898 par le collège français de Naxos. On voit aussi le bureau qu'il avait dans sa maison d'Égine et la bibliothèque de sa maison d'Antibes.

– Également une *salle* consacrée au politique *Emmanuel Tsoudéros,* dont l'unique intérêt est la carte de Grèce établie il y a plus de deux siècles par Rigas Féraios, un héros de l'hellénisme. D'un grand format, elle est constituée de petits morceaux assemblés.

3e étage

– *Exposition sur le folklore crétois :* instruments de musique, tissus, costumes traditionnels. Une reconstitution de l'intérieur d'une maison crétoise.

Le musée d'Histoire naturelle de Crète (plan I, B1) **:** *Sophoclès Vénizélou. ☎ 28-10-28-27-40. • nhmc.uoc.gr • En été, lun-ven 9h-21h, le w-e 10h-21h ; le reste de l'année, ferme à 15h en sem, 17h le w-e. Vérifier les horaires sur leur site internet. Entrée : 9 € ; réduc.*

Un musée mis en place par l'université de Crète (étudiants et professeurs s'y relaient) et installé dans un ancien bâtiment industriel en bord de mer. Sur 3 500 m², on est censé y découvrir tout ce qui fait l'écosystème crétois (faune, flore, géologie) ainsi que l'ensemble du pourtour méditerranéen, avec une volonté de présenter les choses de manière à la fois sérieuse et ludique. Au total, une petite vingtaine de vitrines assez mal éclairées avec des animaux empaillés, un simulateur de secousses sismiques et quelques vivariums sans grand intérêt. Bref, un peu cher pour ce que c'est. Vaut surtout pour la qualité de certaines expos temporaires, d'où l'intérêt de se renseigner avant d'y aller.

Festival

– ***Festival d'été :*** *juil-sept.* De nombreux concerts ou spectacles se déroulent soit au théâtre de plein air *Nikos-Kazantzakis (plan I, C3,* ***71****)*, soit au théâtre de plein air *Manos-Hatzidakis (plan I, C3,* ***72****)* ou encore au bastion Bethléem (cinéma en plein air, se renseigner à l'office municipal de tourisme). Pour le théâtre, billetterie sur place au théâtre fermé Kazantzakis *(tlj 9h-14h30, 16h30-21h30). ☎ 28-10-24-29-77 ou 28-10-39-92-11 ou 12. • heraklion.gr •* Programmation très riche de musique traditionnelle, spectacles de danse, opéra, expositions d'art, représentations théâtrales, etc.

DANS LES ENVIRONS D'HÉRAKLION

Où plonger ?

■ ***Stay Wet Diving Center :*** *à 17 km à l'ouest d'Héraklion, dans la baie de Mononaftis, près d'Agia Pelagia. ☎ 28-10-81-17-27. 📱 69-44-69-01-52. • staywet.gr • Une fois sorti vers Agia Pelagia, prendre la 2e à droite vers Mononaftis puis descendre tout en bas jusqu'à la crique. Sinon, un bus assure les transferts entre Fodélé et Malia.* Plongées de tout type (des baptêmes pour débutants aux plongées pour confirmés) dans une ambiance conviviale qui n'altère pas le sérieux de l'équipe francophone qui anime le centre ; et sécurité avant tout ! De plus, la baie de Mononaftis est l'une des rares sur l'île à être protégées des vents, alors profitez-en !

À voir

Cretaquarium : *à* ***Kato Gouvès,*** *à une quinzaine de km à l'est d'Héraklion. ☎ 28-10-33-77-88. • cretaquarium.gr • ♿ Tlj mai-sept 9h30-21h ; le reste de l'année 9h30-17h. De la gare A, bus pour Malia via Gouvès. Compter 30-40 mn de trajet depuis Héraklion. Entrée : 9 € (6 € oct-avr) ; réduc ; gratuit handicapés et enfants de moins de 4 ans. Audioguide en français (3 € pour 2h de visite).* Pas moins de 2 500 espèces marines, des plus petites aux plus imposantes. On a même aménagé des hublots à hauteur d'enfant et des caméras pour zoomer sur son poisson préféré. Au-delà des inévitables requins et des méga mérous, on a le droit à des langoustines au comportement grégaire, des poulpes langoureux, des hippocampes et au ballet fascinant des méduses. Également une partie sur les conséquences écologiques de l'ouverture du canal de Suez : 200 espèces tropicales, dites « lessepsiennes », ont ainsi pu coloniser la mer Méditerranée. Ne pas manquer non plus les images impressionnantes du film en boucle sur la chaîne alimentaire en milieu marin (en anglais seulement). Une visite loin des aquariums ennuyeux. Les enfants seront ravis.

Fodélé (Φοδελε) **:** *à 25 km à l'ouest d'Héraklion et à une*

L'ART DE L'AMBIGUÏTÉ

El Greco n'utilisait jamais son surnom d'artiste et signait toujours ses tableaux de son nom grec. Le plus grand des peintres espagnols était en effet... crétois. Domenico Théotokopoulos possédait un nom de famille bel et bien grec, alors que son prénom était italien. Et son lieu de naissance reste un mystère : est-il né à Fodélé, comme le soutiennent mordicus les habitants de ce village, ou à Candie (Héraklion) ? Ironie du sort : la Crète ne possède que deux tableaux de cet artiste « national ».

bonne cinquantaine de km à l'est de Réthymnon. La plage est bien plus grande que celles de Panormos ou de Bali, mais elle est assez bétonnée et plus ou moins propre... En revanche, le village, qui se trouve à 3 km dans les terres, est agréable (plusieurs tavernes) et abrite deux curiosités. À 1 km du village, une charmante église byzantine restaurée (fermée au public). Et un modeste ***musée El Greco,*** juste en face, consacré au célèbre peintre *(☎ 28-10-52-15-00 ; avr-oct, tlj 9h-19h ; entrée : 2 €).* On ne voit que des reproductions.

Les plages

On vous le dit tout de suite : de manière générale, elles ne sont pas folichonnes mais celles situées à l'est sont bien pour apprendre à reconnaître les avions vus du dessous car l'aéroport se trouve juste à côté. Notre préférence va à la petite plage située entre le *Cretaquarium* et les hôtels-clubs de Kato Gouvès.

La plage d'Amnissos : *à 8 km du centre, à l'est. Un peu après l'aéroport. Bus au n° 7 de la platia Eleftherias qui passe env ttes les 20-30 mn.* Les amateurs de vieilles choses y trouveront leur bonheur : chaussures, boîtes de conserve, bouteilles en plastique, morceaux de verre. Amnissos était, à l'époque minoenne, le port de Knossos. La ***plage de Tombrouk*** (où l'on se fait un plaisir d'aller en taxi, évidemment), un peu plus loin, est moins sale.

La plage de Vathianos Kambos : *à 5 km à l'est de celle d'Amnissos.* Pour ceux qui ont un véhicule. Un peu plus agréable.

La plage de Kato Gouvès : *un peu plus à l'est.* Face au *Creta Camping,* un petit ruban de sable et une mer tranquille (on a pied très loin).

La plage d'Ammoudara : *à 6 km à l'ouest d'Héraklion, là où sont la plupart des hôtels-clubs (ligne de bus n° 6).*

La plage de Lygaria : *à env 16 km à l'ouest d'Héraklion (à droite avt Agia Pelagia).* Petite plage fréquentée par les Grecs, familiale et surveillée. Bien abritée et propre, avec un centre de plongée *(Eurodiving Center).*

KNOSSOS (ΚΝΩΣΟΣ)

Situé à 5 km d'Héraklion, Knossos est le premier palais minoen que l'on découvrit et le seul partiellement reconstitué (enfin, quelques murs et colonnes seulement, et plutôt mal). Petit avertissement : même si cette période historique fascine, la visite peut s'avérer fort décevante car le site manque cruellement d'authenticité. Cela dit, il y a toujours quelque chose à apprendre, et on arrive toujours à se faufiler dans un groupe de francophones pour écouter ce qu'en dit leur guide...

QUELQUES MOTS SUR LE SITE

En 1900, un archéologue anglais, sir Arthur John Evans, découvrit Knossos et ce qu'il pensait être les ruines du palais du roi Minos. Cependant, pour certains archéologues, Evans affirma peut-être trop vite qu'il s'agissait du palais du souverain légendaire. De même, son excès d'enthousiasme à figer la chronologie historique ainsi que son empressement à reconstruire en partie le palais de manière parfois peu rigoureuse furent par la suite critiqués. Quoi qu'il en soit, il accomplit un énorme travail même si on déplore aujourd'hui la manière peu académique

dont ces reconstitutions ont été faites. L'esthétique d'ensemble est contestable, mal servie par des couleurs que le temps a délavées et par la présence des rajouts en béton armé...
Résultat, aujourd'hui, on doit « restaurer » la restauration ! Rajoutez à cela les interdictions faites à l'endroit des visiteurs pour que ces derniers « restent dans le rang » et l'omniprésence en haute saison des nombreux groupes et la visite du site se résume à quelques selfies sur fond de ruines tavelées de petits bons-hommes en chapeaux de soleil. Malgré quelques panneaux explicatifs, on n'y comprend pas grand-chose. Mieux vaut avoir étudié son sujet avant d'y aller (en allant voir la maquette du site au musée archéologique d'Héraklion, par exemple, ou en consultant le site pour une visite virtuelle, • *bsa.ac.uk* •). Voir également « Livres de route » dans « Crète utile ».

UN PEU D'HISTOIRE

Le palais actuel fut édifié vers 1650 av. J.-C. sur les ruines d'un palais plus ancien, remontant à 2000 av. J.-C. Le site était déjà occupé depuis le Néolithique, vers 6500 av. J.-C. Les connaissances sur ce palais, le plus grand des quatre palais minoens mis au jour, proviennent des tablettes retrouvées par Evans. Déchiffrées après la mort de ce dernier, elles ont essentiellement témoigné d'inventaires (de biens, de personnes, etc.), donnant une idée assez précise de l'organisation interne du palais (ainsi connaît-on le nom d'une centaine de scribes, mais aucun souverain n'est mentionné). Une nouvelle destruction est attestée vers 1450 av. J.-C., mais Knossos resta encore, semble-t-il, le centre névralgique du pouvoir mycénien en Crète, du moins jusqu'en 1370 av. J.-C., date à laquelle le palais est détruit pour de bon. Nombre d'hypothèses ont d'ailleurs été émises pour expliquer cette destruction.

UN PEU DE LÉGENDE !

Construit par Dédale, ce palais d'environ 22 000 m^2, à l'architecture complexe déployée sur plusieurs étages, évoquait un labyrinthe. L'histoire fut peut-être inventée pour éloigner les voisins trop curieux. Une autre explication du labyrinthe semble beaucoup plus simple : il est plus vraisemblable que la lignée royale de Minos ait développé les maisons réservées aux visiteurs seigneuriaux et que de nombreuses boutiques d'artisans aient été créées un peu partout. Il fallait donc une certaine habitude pour s'y reconnaître. La mythologie raconte la célèbre histoire du Minotaure, enfermé par Minos (voir la rubrique « Mythologie » dans « Hommes, culture, environnement »). Evans pensait avoir retrouvé des éléments de preuve qui lui permettaient d'affirmer que le palais de Knossos et le labyrinthe ne faisaient qu'un. Aujourd'hui, plus personne ne croit cela, et certaines interprétations laissent penser que ledit « palais » aurait pu être avant tout un lieu de culte. Le palais proprement dit n'est qu'une partie du site du « grand Knossos », qui s'étendait sur une superficie de 1 800 m sur 1 500 m. Selon Evans, Knossos aurait pu compter autour de 80 000 habitants, peut-être même 100 000 en comptabilisant les habitants du port. De 10 000 à 12 000 personnes auraient vécu dans les quartiers résidentiels entourant le palais. Le spécialiste français Paul Faure a jugé ces estimations ridicules : s'il y a eu 10 000 habitants à Knossos, ce serait bien le maximum, selon lui.

Comment y aller ?

➢ ***D'Héraklion :*** bus nº 2 à la gare routière A, près du port, ou devant l'hôtel *Capsis Astoria,* sur la pl. Eleftherias. Ttes les 20 mn env (30 mn le w-e). Compter 1,70 € le billet, qui doit être absolument acheté à l'avance au kiosque situé à proximité de l'arrêt.

Infos pratiques

– Rens : ☎ 28-10-23-19-40.
– Ouv avr-oct en principe 8h-19h. Ferme à 17h le reste de l'année (horaires 2016). Derniers billets 30 mn avt fermeture.
– Entrée : 15 € (oui, vous avez bien lu) ; gratuit, normalement, pour les moins de 18 ans et les étudiants de l'Union européenne (avoir sa carte). Billet combiné avec le Musée archéologique d'Héraklion : 16 € (valable 3 j.). Vu le peu d'indications sur le site, on peut être tenté de recourir aux services d'un des guides en anglais ou en français. Compter 10 € par personne à condition de former un groupe de 4-5 personnes *(40 mn d'attente max et 1h de visite).*
IMPORTANT : en été, allez-y dès l'ouverture si vous voulez échapper à la marée des groupes qui déferle sur le site.

La visite

Pour qui n'entend rien à l'archéologie, Knossos n'est pas très facile à lire, et seuls les édifices reconstitués possèdent un nom. Nous indiquons ci-après les plus marquants. On distingue quatre grands ensembles qu'on repère grâce à la cour centrale : l'entrée, les édifices à l'ouest de la cour centrale, les édifices à l'est (et en contrebas) de la cour centrale (ce sont les appartements royaux) et, un peu plus au nord, les dépendances.

À l'ouest

La ***statue d'Evans*** accueille tout d'abord les visiteurs. Devant s'étendent trois puits à offrandes (peut-être aussi d'anciens silos à blé, ou encore une décharge ?). Au nord-ouest, derrière les puits, le théâtre s'étage en pente douce et se prolonge par la Voie royale.

Prendre à droite de la statue (au sud du site), vers le couloir de la Procession. On aboutit au *propylon* sud, dont un mur remonté du vestibule arbore les copies de la ***fresque des Porteurs de vases.*** En continuant sur la passerelle, on parvient au ***corridor du Prince aux fleurs de lys*** (les fresques originales sont exposées au Musée archéologique d'Héraklion). On est arrivé à la cour centrale de 50 m sur 25 m.

À l'ouest de la cour (côté entrée), en contrebas, la ***crypte aux Piliers,*** indiquée « *west wing* », où avaient lieu les cérémonies cultuelles. Long couloir souterrain menant au corridor des magasins, indiqué « *west magazines* » (réserves de nourriture creusées dans le sol, grandes jarres).

Puis, toujours côté ouest, la ***salle du Trône,*** vestiges de fresques et grande vasque. À l'intérieur, une vitre empêche d'aller plus loin. On distingue les quelques marches conduisant à la ***salle lustrale*** (petit bassin éclairé par un puits de lumière). À l'étage, des copies de fresques.

Au nord

La ***véranda à colonnes*** (au niveau supérieur) avec *fresque du Taureau* (aujourd'hui au musée d'Héraklion). En face s'étendent le ***quartier domestique*** et les ***dépendances.*** Dans cette partie du palais, on notera l'ingénieux système d'écoulement des eaux (grandes pierres plates creusées de rigoles).

Derrière la véranda, on parvient à l'une des reconstitutions les plus réussies dans le palais : le ***bassin lustral*** probablement utilisé pour les cérémonies de purification, notamment des visiteurs du palais, car celui-ci était considéré comme sacré. Accès interdit.

À l'est

Depuis la place centrale, observer, sous le hangar au toit en pente, l'escalier qui descend autour d'un puits de lumière et dont les colonnes ont été refaites. C'est la partie la plus impressionnante. Elle mène à un dédale de couloirs et de salles. L'accès au grand escalier est fermé. On ne peut donc apercevoir que la cage d'escalier et les murs extérieurs de la ***salle de la Reine.*** Sa baignoire est toujours là... Dommage que l'on ne puisse pas la voir ! Sachez quand même que c'est ici qu'on découvrit la *fresque des Dauphins,* exposée au musée d'Héraklion.

En dessous (par l'escalier à gauche), on peut pénétrer dans le ***magasin des jarres à médaillons*** pour mieux voir la cage de l'escalier conduisant à la salle de la Reine. En descendant encore, d'autres jarres de taille monumentale.

Au sud

Pour finir, quelques vestiges de ***maisons*** particulières, dont celle avec un autel monté sur deux petites colonnes *(maison à la Tribune sacrée).*

DANS LES ENVIRONS DE KNOSSOS

Le musée Nikos-Kazantzakis : *à **Myrtia** (Μυρτια), à env 17 km d'Héraklion. ☎ 28-10-74-16-89. • kazantzaki.gr • 2 bus/j. au départ d'Héraklion. En voiture, au départ d'Héraklion, passer par Knossos. Peu après le village de Spilia, prendre à gauche direction Skalani, puis suivre Myrtia. Mars-oct, mer-dim 9h-17h ; hors saison, slt dim 10h-15h. Entrée : 3 € ; réduc ; gratuit pour les personnes handicapées et les moins de 15 ans accompagnés de leurs parents.* C'est une maison, en grande partie reconstruite, ayant appartenu au père du grand écrivain crétois. Il y vint quelquefois. On y trouve cependant peu de souvenirs personnels, car ils sont surtout exposés au Musée historique à Héraklion. Voir néanmoins, dans la première salle, le cours d'histoire de Louis Blanc (sur la Révolution française) copié en français de la main même de Kazantzakis (vitrine nº 1), lorsqu'il était élève de l'école Sainte-Croix à Naxos. Un guide chronologique (en français et très détaillé) est donné à l'entrée. Film sur sa vie (en plusieurs langues, dont le français). Pour les admirateurs de Kazantzakis, c'est avant tout l'un des nombreux jalons de son histoire et l'occasion d'une balade sympa dans la campagne. Kazantzakis était un routard avant la lettre, mais aussi un penseur et un homme de théâtre (l'importance de la scène dans sa carrière d'écrivain se comprend au nombre de costumes, décors, esquisses et photos conservés dans les vitrines).

La cave de Péza *(Minos Cretan Wines)* ***:*** *à 16 km env de Knossos, à la sortie du village de Péza, direction Kastelli. ☎ 28-10-74-12-13. • minoswines.gr • Lun-ven 10h-16h, sam 11h-15h.* La Crète est une importante région productrice de vins (non résinés) depuis les Minoens. Les vins *Minos* ont eu la bonne idée de faire à Péza, grand centre de production de vins blancs et de rouges secs, un petit coin musée, une salle de dégustation en plus de la salle de vente, agrémentée d'une vidéo intéressante sur le vin et l'olive *(dégustation seule 2 €/pers pour 3 vins, pour la projection vidéo : 3 €/pers).* Surtout un prétexte pour vous vendre du vin. Inutile d'insister, les chais ne se visitent pas.

Le clos Minos-Miliarakis : *à 10 km de la cave Minos (voir ci-avant), en direction de Kastelli, au lieu-dit Sambas. 📱 69-44-57-74-88 (Nikos). Sur rdv.* Visite du vignoble qui s'étend sur 2,5 ha, dans un environnement agréable (monastère et gorges à proximité). Dégustation payante *(5 vins : 3 €/pers).* Plus sympa qu'à la cave de Péza.

ARCHANÈS *(ΑΡΧΑΝΕΣ ; 4 540 hab.)*

Ville de moyenne montagne idéale pour une halte déjeuner après la visite du site de Knossos (à 10 km). Avec ses rues sinueuses qui partent à l'assaut de la colline, ce gros bourg ne manque pas de charme. Petits *kafeneia* et bonnes tavernes sur la place principale. Le mont Ioukthas, d'où l'on jouit d'une vue magnifique, n'est pas très loin (une route, qui se prend à 1,5 km d'Archanès, y monte). C'est aussi le cœur de l'un des vignobles les plus anciens de Crète dont la production remonte à l'Antiquité. Dans les environs, plusieurs caves se visitent et proposent des dégustations. Nombreux bus pour Archanès depuis Héraklion. Sinon, une petite route agréable y redescend (indication pour Silamos), par une gorge ombragée qui débouche sur des vignobles à perte de vue.
À savoir pour les curieux de musique crétoise, chaque vendredi soir ont lieu des soirées musicales en plein air (jardin de l'*atelier musical Labyrinthe,* la structure de l'Irlandais Ross Daly ; voir en fin de guide « Hommes, culture, environnement » la rubrique « Musique et danse ») à Houdetsi, petit village à 5 km au sud. Festival organisé à la mi-août.

Où dormir ?

Troullos Apartments : *5, Dimotikis, Ananeosis ; sur les hauteurs du village, en montant vers Katalagari (proche de l'église Agios Nikolaos). Mieux vaut appeler en arrivant au village pour qu'on vous explique. ☎ 28-10-75-31-53. 69-76-97-42-00. • troullos.gr • Membre du réseau d'hébergements de charme Guest Inn. (• guestinn.com •) Avr-oct. Compter 70-90 € pour 2-3 pers et 110 € pour 5 ; petit déj (crétois ; copieux) 12 €.* Une dizaine d'appartements traditionnels parfaitement équipés et pleins de cachet (chacun a le sien propre), disposés en hauteur autour d'une superbe cour fleurie. Mobilier en bois, pierres apparentes, lits en fer forgé (moustiquaires), faïences, mezzanines spacieuses, et grande fraîcheur. Parfait pour séjourner tout en côtoyant le quotidien de la vie d'un village typique. Accueil charmant.

Où dormir chic dans les environs ?

Katalagari Country Suites : Katalagari Pediados. *☎ 28-10-75-33-50. • katalagarisuites.com • À 2 km d'Archanès. Avr-oct. En saison, doubles env 80-180 €. 3 nuits min exigées.* À flanc de colline, dominant les champs de vignes, les oliviers et une nouvelle route en construction, cet hôtel offre une halte salvatrice. Les 14 appartements sont répartis dans de petits bâtiments d'architecture traditionnelle. Ils sont joliment décorés, spacieux et très confortables, avec kitchenette et balcon, ou jardin. Belle piscine entourée de gazon. Côté table, une cuisine de qualité avec huile d'olive et vin de la maison. Accueil prévenant.

À voir

Le Musée archéologique d'Archanès : *1, kalo Christianaki. ☎ 28-10-75-27-12. Dans le centre d'Archanès ; ne pas confondre avec le musée du Folklore crétois sur la route. Tlj sf mar 8h-15h. GRATUIT.* Rien de transcendant mais des explications intéressantes, vases à libations, sarcophages, etc. Archanès est un site important. On y a retrouvé un cimetière, au lieu-dit Fourni, qui se trouve être un des plus grands cimetières préhistoriques de l'Égée couvrant plus de 1 000 ans. Le visiter n'est malheureusement plus possible à cause du manque de personnel. Même chose pour le sanctuaire minoen au lieu-dit Anemospylia, où furent trouvés des squelettes qui laissent supposer qu'on a pu pratiquer des sacrifices humains. Autre découverte : un petit palais mis au jour en 1979, à Vathypétro (on peut y apercevoir un pressoir minoen), dit « le palais d'été du roi Minos », à 3 km au sud d'Archanès.

LIMÉNAS CHERSONISSOU
(ΛΙΜΕΝΑΣ ΧΕΡΣΟΝΗΣΟΥ) (70014) 3 000 hab.

Petite ville balnéaire très fréquentée, à une trentaine de kilomètres à l'est d'Héraklion, sur la route de Malia. Des hôtels, des restos, des hôtels, des restos, des quads et de la musique boum-boum... et un échantillon de plages de sable gris. Ici, vous passerez sans ambages de la civilisation minoenne à « l'âge des bronzés ». Si vous aimez la quiétude, allez voir ailleurs ! Cela dit, on y a quand même déniché des petits musées intéressants. Pour les amateurs, quelques églises byzantines : Agios Pandéléimon, à côté de Kastelli, Moni Gouverniotissas, près de Potamiès.

Où dormir ?

Miramare Hotel : *11, Filonidou Zotou. ☎ 28-97-02-27-25. • miramarehotelcrete.gr • 2 grands palmiers cachent l'enseigne. Doubles 40-60 € selon saison, petit déj et AC compris.* Dans un hôtel au look des années 1970, de petites chambres aux murs de crépi blanc, simples mais propres, avec petit balcon ou terrasse. Ambiance un peu plus familiale que l'ensemble de la station, on se retrouve volontiers au bord de la petite piscine ou au bar. Bon rapport qualité-prix. Accueil francophone d'Elena.

Où manger ?

Innombrables restos sur le bord de mer ou ***dans le village de Piskopiano,*** sur la colline au-dessus de Liménas Chersonissou.

À voir

Le Musée agricole de Piskopiano : *4, pl. du Musée agricole,* ***Piskopiano.*** *Se rendre à Piskopiano et suivre le fléchage. ☎ 28-97-02-33-03. • historical-museum.gr • Juin-oct, lun et mer-sam 10h-18h. Entrée : 4 € ; réduc ; gratuit moins de 12 ans.* Installé dans une *fabrika* (un pressoir) datant du XIXe s, ce petit musée fort intéressant est une annexe du Musée historique et ethnographique d'Héraklion. Sur 3 niveaux, vidéo à l'appui, il aborde les métiers traditionnels et la technique utilisés au quotidien par les ruraux. À ne pas manquer, le niveau 1, entièrement dédié au tissage, avec de remarquables œuvres qui ne sont pas sans rappeler les tissages berbères du Maroc.

Petit café et terrasse avec vue imprenable.

Le musée Lychnostatis : *à la sortie est de Liménas Chersonissou, après le camping (c'est fléché). ☎ 28-97-02-36-60. • lychnostatis.gr • Avr-oct, tlj sf sam 9h-14h. Entrée : 6 €, audioguide en français inclus ; réduc. Accueil francophone mais les visites guidées (à 10h30, 11h30 et 12h30), ne se font qu'en anglais, en allemand ou en néerlandais. Juil-fin oct, fête du Raisin mer à 11h (env 12 €/pers).* Musée en plein air consacré à la tradition populaire crétoise (reconstitution de lieux typiques

– moulin, bergerie, pressoir à vin, ateliers de tissage et de poterie, etc.) et à l'environnement crétois (verger, jardin de plantes aromatiques, par exemple). Également une salle avec des réalisations d'artistes locaux, une salle de classe des années 1950, la Maison de l'abeille. Films sur la Crète et sur le musée en français (toutes les heures).

MALIA (ΜΑΛΙΑ)

3 200 hab.

Une autre station balnéaire, à une quarantaine de kilomètres à l'est d'Héraklion. Malia (ou Mallia, la première graphie étant l'officielle) se compose en fait de deux parties. Le vieux village, avec une poignée de ruelles plutôt sympas. Et à gauche, entre la route et la mer, la nouvelle ville, kyrielle d'hôtels sans charme et de tavernes aguicheuses. La ville n'est pas tout à fait au bord de l'eau, mais à 1 km à l'intérieur des terres. En pleine saison, beaucoup de jeunes en quad, et une clientèle majoritairement britannique venue se lâcher... Hors saison, c'est plus calme. Les passionnés d'archéologie visiteront le site minoen, à 3 km plus à l'est, puis prendront un bain sur la superbe plage qui le jouxte, et fileront très vite. En revanche, les petits villages alentour sont plutôt accueillants. Malia est aussi réputée pour ses bananeraies.

Arriver – Quitter

En bus

➢ ***De/vers Héraklion :*** départs env ttes les 30 mn 6h30-1h (minuit d'Héraklion). Pour le site archéologique de Malia, demander l'arrêt n° 36 situé sur la nationale, à 250 m du site.

Où manger ? Où boire un verre ? Où dormir dans les environs ?

À Krassi

Taverna Karès : *dans le village de Krassi, une douzaine de km au-dessus de Malia, sur l'ancienne route du Lassithi. À la sortie du village, sur la gauche. ☎ 28-97-05-18-62. Avr-oct, tlj midi et soir ; hors saison, slt le w-e. Env 13-18 €.* Cuisine crétoise de qualité et finement aromatisée (fleurs de courgette, purée d'aubergine, lapin au vin, etc.). Repas exclusivement au feu de bois le samedi et le dimanche. Agréable cadre, terrasse joliment ombragée. Accueil francophone (la patronne a vécu en Belgique) et souriant, qui fait oublier un service parfois un peu long. Une de nos meilleures adresses.

Taverna Platanos : *dans le virage du village. Sous le platane multicentenaire et classé monument historique (avec ses 14,60 m de circonférence, ce serait le plus vieux d'Europe !).* Allez donc écluser un gorgeon avec les anciens qui campent sous l'ombre salvatrice de cet arbre vénérable !

À Sissi

Le village, blotti autour de son minuscule port naturel, est plutôt charmant. Nombreuses chambres chez l'habitant. On trouve de quoi dormir à prix raisonnables et des restos sympas.

Camping Sisi : *bien fléché, à env 800 m du village de Sissi, 72400. ☎ 28-41-07-12-47. • sisicamping.gr • Ouv de mai à mi-oct (tte l'année pour les camping-cars). Selon saison, compter 17,50-20,50 € pour 2, avec tente et véhicule. CB refusées.* Un camping un peu rustique mais bien au calme, dans une nature de garrigue, relativement ombragé. Cuisine bien

LA RÉGION D'HÉRAKLION

équipée, lave-linge, ravitaillement en pain. Sanitaires sommaires, mais une belle piscine du 1er mai au 15 octobre, bien entretenue, avec vue sur la mer. L'accès à la plage est à 10 mn à pied. Location de tentes. Ambiance conviviale, très internationale. De quoi boire un verre et grignoter.

Mike's Place : *du centre de Sissi, prendre la direction puis surveiller sur la gauche peu avt le port, c'est 30 m au-dessus de la route. ☎ 28-41-67-11-26. Avr-nov, tlj (le midi, même si cela semble vide, c'est ouvert : demander Michalis dans la supérette en contre-bas). Repas (copieux) 10-15 €.* Le cadre ne paie pas de mine, mais quelle cuisine ! Viande exceptionnelle, de sa propre ferme (ne pas manquer les saucisses de pays), légumes idem, plats au four et grillades savoureuses, pain maison, entrées et desserts offerts volontiers. Michalis, le patron, a été chef un peu partout dans le coin avant de se retirer du circuit touristique classique. Bonne adresse.

À voir

Le palais de Malia : *à 3 km à l'est de la ville. ☎ 28-97-03-15-97. En été, tlj 8h-15h (hors saison, fermé lun et horaires restreints). Entrée : 6 € ; réduc.*
Ce fut l'une des grandes villes de la civilisation minoenne. Selon la légende, Malia aurait été la propriété de Sarpédon, souverain de la région, fils de Zeus et d'Europe, et donc frère cadet de Minos, le maître de Knossos. Assez difficile à déchiffrer pour les non-spécialistes, mais on apprécie les efforts faits pour expliquer les mystères du site : une salle d'expo, peu après l'entrée du site, détaille les différentes étapes des fouilles, depuis les découvertes faites par Hatzidakis jusqu'aux travaux de l'École française d'archéologie qui continue toujours à dégager de nouvelles parties. Le site tout entier s'étend sur 150 ha, la plus grande partie de cette superficie correspondant à des quartiers d'habitation ou à des nécropoles. Une visite au chant des cigales, sur un site archéologique dont la situation en bord de mer rappelle ceux de Libye.
Le palais s'organise un peu comme celui de Knossos, avec sa cour centrale, ses sanctuaires, ses appartements royaux, ses dédales de courettes, de vestibules, de corridors, sous la forme générale d'un rectangle de 100 m sur 80 m. Il semble que, malgré une destruction vers 1700 av. J.-C., le nouveau palais qu'on a reconstruit a respecté dans ses grandes lignes le plan du palais d'origine, ce qui fait de Malia le plus éminent témoignage de la première génération des palais minoens, construits vers 2000 av. J.-C. De la cour centrale (50 m sur 22 m), on peut deviner la salle du Trône, un escalier monumental et, au centre de cette cour, une fosse probablement destinée aux sacrifices *(bothros)*. À l'instar des autres palais minoens, il possédait des salles d'apparat, des installations cultuelles et des zones de stockage. Mais le site s'étend sur une surface beaucoup plus grande. La partie couverte correspond à l'agora. Plus loin, Mu, le quartier artisanal : on y voit quelques petites reconstitutions, discrètes (rien à voir avec Knossos). On y fait toujours des fouilles (la campagne de 1988-1993 a permis de dégager le quartier Nu, datant de la période tardive, appelée postpalatiale).

LE NORD-EST DE LA CRÈTE

• Carte Le département du Lassithi *p. 100-101*

LE PLATEAU DU LASSITHI (ΟΡΟΠΕΔΙΟ ΛΑΣΙΘΙΟΥ)

(72052)

Au sud de Malia, entre le mont Séléna (1 599 m) et la chaîne du Dikti (2 148 m), il existe un monde à part. Un monde de vergers et de potagers, de petits villages et de vieilles légendes : le plateau du Lassithi. Pour les géologues, c'est un *polje*, autrement dit une dépression dans un terrain calcaire entouré de montagnes. Autrefois, il y avait sur ce morceau de terre pas moins de 10 000 petites éoliennes qui servaient à l'irrigation des cultures. Aujourd'hui, les couic-couic des éoliennes ont cédé aux teuf-teuf des motopompes, mais le plateau n'a pas perdu son charme pour autant. Deux mille personnes vivent ici à l'année. Un bel endroit pour se mettre au vert, tout au moins en été car en hiver, la neige peut s'installer pendant longtemps...
De Malia, on atteint sans problème le plateau en une quarantaine de minutes, via le petit village de Krassi et son vieux platane. Une fois là-haut, une route permet d'en faire le tour, soit dans le sens antihoraire, c'est-à-dire en commençant par la droite vers Kato Métochi, puis Plati, Psychro, Magoulas, Kaminaki, Agios Georgios, Agios Konstandinos et de là, soit redescendre vers Agios Nikolaos (plusieurs variantes), soit boucler par Tzermiado pour redescendre sur Malia. Dans le sens horaire, une fois arrivé sur le plateau, prendre à gauche vers Tzermiado. Pas grand-chose à faire là-haut à part

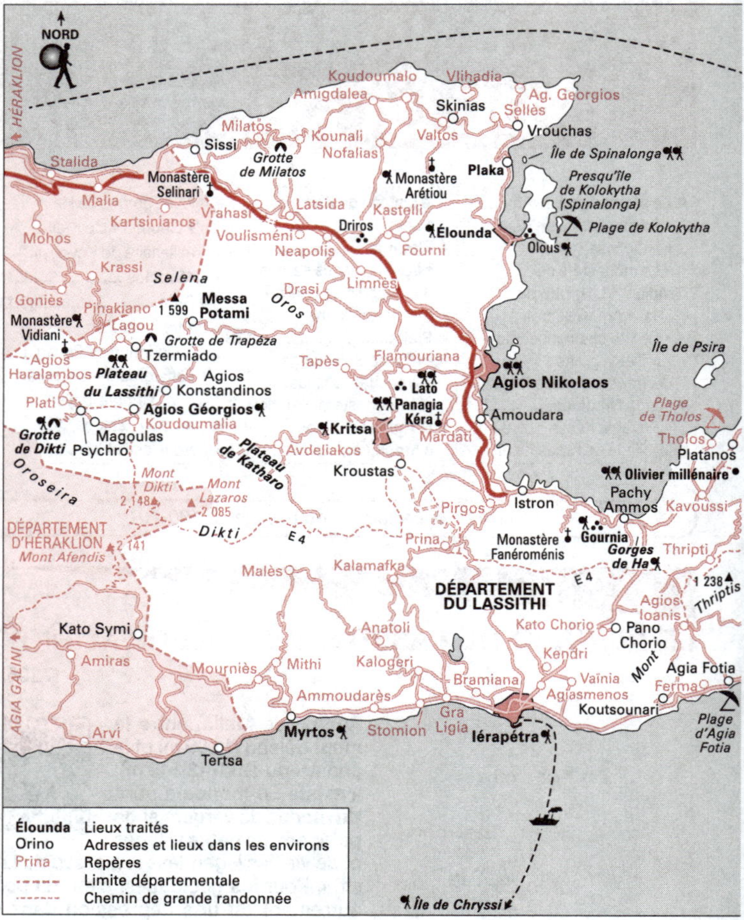

bouquiner ou randonner dans le massif du Dikti. Néanmoins, y passer une nuit permet de prendre le rythme du pays. Attention, les possibilités d'hébergement sont assez limitées, et certains hôtels ou maisons d'hôtes sont assez chers.
Dernière chose, on est à 850 m d'altitude environ, pensez à prendre une petite laine même au plus chaud de l'été. La fraîcheur tombe vite le soir, mais quelle bouffée d'oxygène !

UN PEU D'HISTOIRE

Le plateau a été occupé depuis la nuit des temps. La grotte de Dikti (*Diktéo Andro* en grec) était un lieu sacré à l'époque minoenne, et la grotte de Trapéza, près de

LE DÉPARTEMENT DU LASSITHI

Tzermiado, a dû être occupée dès le Néolithique. On pense que, lorsque les Doriens envahirent la Crète, vers 1100 av. J.-C., des Crétois refusant de se soumettre se réfugièrent sur le Lassithi, comme l'attestent les découvertes faites à Karfi, au nord du village de Lagou. Par la suite, le plateau continua à jouer son rôle de refuge, notamment quand les Vénitiens, nouveaux maîtres de l'île, imposèrent leur domination. Devant le refus d'obtempérer de la population, ces derniers décidèrent même de faire évacuer le plateau, déracinant les arbres, arrachant les cultures. C'était en 1263. Puis, il fut laissé à l'abandon pendant deux siècles, avant que ces mêmes Vénitiens ne le « remettent en service » pour faire face à la pénurie alimentaire qui sévissait alors. C'est de cette époque que datent les petites éoliennes chargées du pompage de l'eau. Plus tard, sous la domination ottomane, les habitants du Lassithi donnèrent pas mal de fil à retordre aux Turcs.

Aujourd'hui, la population du Lassithi est 3 fois moins importante que ce qu'elle fut à cette époque. On n'y cultive plus les céréales, comme au temps jadis, mais une pomme de terre appréciée dans toute la Grèce ainsi que de bons légumes (dont d'énormes citrouilles).

Comment y aller ?

Vu la difficulté pour s'y rendre en bus, mieux vaut donc s'organiser pour louer un véhicule au départ d'Agios Nikolaos.

Infos utiles

■ ***Banques :*** *à* ***Tzermiado.*** Agence et distributeur de billets en face du resto *Le Kronio.*

✉ ***Poste :*** *à* ***Tzermiado.*** *Lun-ven 7h30-14h.*

■ ***Centre de santé :*** *à l'entrée du village de* ***Tzermiado.*** Sérieux.

Où dormir ?

Assez peu d'hébergements dans les villages qui bordent le plateau. En été, pensez à réserver. Hors saison, faites marcher la concurrence !

■ ***Maria's Hotel :*** *à* ***Agios Géorgios,*** *dans une rue parallèle à la rue principale, bien indiqué.* ☎ *28-44-03-17-74. Compter 15 €/pers, petite sdb dans chaque chambre.* Un petit hôtel de campagne confortable et propre, doté d'une cour, avec une agréable tonnelle ombragée et sa petite éolienne. Les chambres (1 à 4 lits) sont soignées et décorées avec des tissus conçus par des artisans du plateau. Naturellement très fraîches, certaines disposent même de balconnets entièrement dévorés par le lierre. Si l'accueil de Georgios peut sembler un peu bourru, celui de Maria, son épouse, est exceptionnel. L'endroit idéal pour les groupes de randonneurs.

■ ***Argoulias :*** *à* ***Tzermiado,*** *domine le village ; du centre, prendre la route en direction de la grotte Trapéza, puis c'est fléché sur la gauche.* ☎ *22-44-02-27-54.* 📱 *69-72-23-42-75.* • *argoulias.gr* • *Tte l'année. Compter env 50-60 € pour 2, petit déj compris (10 €/pers suppl.). CB refusées.* Wifi. Un ensemble composé de 2 anciens bâtiments en pierre joliment rénovés avec des matériaux de la région. Une petite douzaine d'appartements spacieux, pour 2-5 personnes, très bien conçus, avec cheminée, pierre apparente, coin cuisine et balcon avec vue sur tout le plateau. Beaucoup de cachet et très bien situé, même si certaines salles de bains paraissent un peu vieillottes. L'idéal si vous voyagez en famille. Bon et copieux petit déjeuner.

■ ***La Maison Kronio :*** *à* ***Marmaketo,*** *à 1 km à l'est de Tzermiado.* ☎ *28-44-02-26-05.* • *kronio.eu* • *Tte l'année. Compter env 20 €/pers. Petit déj 6 €.* Wifi. Construite par Christine et Vassilis (restaurant Le Kronio, voir « Où manger ? »), cette grande maison récente en bordure de la route (mais au calme) est modulable en appartements ou chambres d'hôtes. Intérieur très soigné. Bref, un hébergement super clean qui va prendre de la patine avec le temps. Petite piscine. Excellent accueil.

■ |●| ***Vilaeti Traditional House :*** *à* ***Agios Konstandinos*** *(rens au resto du même nom dans le centre du village).* ☎ *28-44-03-19-83.* • *vilaeti.gr* • *Membre du réseau d'hébergements de charme* Guest Inn. *(*• *guestinn.com* •*) Tte l'année. Apparts 2 pers 65-80 € ; et 4 pers 120 €, petit déj compris (produits locaux). En théorie, min 2 nuits demandées.* Wifi. Un lieu de villégiature idéal que cet ensemble de maisons réhabilitées dans le pur style local. Au total, 5 appartements de différentes tailles mêlant l'ancien au moderne (vieilles pierres, parquets vernis, meubles d'époque, cheminée, terrasses privatives). Il est situé au cœur du village. Sur place, vous pouvez même prendre des cours de cuisine et la famille vous donnera tous les tuyaux pour faire des randonnées dans le coin. Excellent accueil d'Aliki. Le restaurant de la maison est ouvert à tous *(midi slt, sf résa).*

Dionysos : *à* ***Magoulas,*** *à 2 km au sud-est de Psychro.* ☎ *28-44-03-16-72. Avr-oct. Nuitée env 30 €/pers. Petit déj 3,50-7 € selon commande.* Petit établissement modeste et familial avec 6 chambres bien tenues, simples et fraîches. Salles de bains très petites comme un peu partout. Demander les nos 4 et 5 pour leur superbe vue sur le plateau.

Où manger ?

Certains des hébergements ci-dessus font aussi resto. Ils proposent tous une cuisine locale avec les légumes et les viandes du pays.

Taverna Maria-Réa : *dans la rue principale d'****Agios Géorgios,*** *en face de l'école.* ☎ *28-44-03-17-74.* Chaque jour, Maria concocte avec amour quelques plats traditionnels crétois à prix doux et succulents dans un cadre gentiment désuet. Un accueil chaleureux et une table authentique.

Le Kronio : *dans le centre de* ***Tzermiado.*** ☎ *28-44-02-23-75. Avr-nov, tlj. Compter 13-15 €.* Tenu par un couple franco-crétois, ce resto a fait ses preuves depuis belle lurette. On y sert une bonne cuisine du cru, à partager dans un cadre plaisant largement ouvert sur la rue, dans le centre du village. Achats de produits locaux et livres sur la région. Vassilis, le patron, peut aussi vous conseiller pour explorer la région. Bon accueil. Une adresse appréciée de nos lecteurs.

À voir

Le monastère de Kéra Kardiotissa : *à quelques km avt d'arriver sur le plateau quand on vient de Malia (fléché sur la droite). Mi-sept 8h30-18h30. Entrée : 2 €.* Petit ensemble monastique dont l'église date de la deuxième période byzantine (961-1204). À l'intérieur, de belles fresques du XIVe s, des icônes anciennes et une réplique de l'icône de la Vierge dite de Kardiotissa (Vierge du bon secours). L'originale a été volée dès le XVe s, elle se trouve actuellement près de Rome. On la célèbre le 8 septembre.

Le monastère de Vidiani (*Μονη Βιδιανης*) **:** *en arrivant sur le plateau, prendre à droite (sens antihoraire). Le monastère est à mi-chemin entre Pinakiano et Kato Métochi, enfoui parmi les cyprès au pied de la montagne.* Joli site avec des bâtiments du XIXe s. Un petit musée d'Histoire naturelle présentant les écosystèmes du plateau y a été aménagé.

La grotte de Dikti (*Δικταιο Αντρο*) **:** *près du village de Psychro. Grimper jusqu'au guichet.* ☎ *28-41-02-24-62. Tlj 8h-17h. Compter 6 € pour la visite (et 2,50 € pour le parking en saison).* Prudence sur les 350 m de montée glissante et rocailleuse (prenez plutôt l'autre montée plus à gauche). À faire au moins pour la vue sur le plateau, splendide en fin de journée. Pour y monter à dos d'âne, la « station » se trouve après le café-resto *(10 €/trajet).* Rien de très extraordinaire, mais, depuis quelques années, des efforts ont été faits pour mettre en valeur ce site. Beaucoup de touristes, pour qui c'est le passage obligé sur le plateau (allez-y plutôt en fin de journée). Deux parties principales : une salle large de 25 m, peu éclairée, et, au bout d'un corridor en pente, une petite nappe d'eau. On entre à 984 m et on descend à 940 m. Chaud-froid assuré, pensez à la petite laine...

Agios Géorgios (*Αγιος Γεωργιος*) **:** un bourg pittoresque dans la partie sud du plateau où se trouve le *musée du Folklore crétois (en principe tlj avr-oct 10h-16h ; entrée : 3 €),* installé en partie dans une vieille maison traditionnelle, avec la reconstitution d'une demeure crétoise du début du XIXe s, et en partie dans un bâtiment adjacent plus récent (une maison néo-classique). Amusante collection de photographies de voyage de Nikos Kazantzakis de Grèce et d'Europe. Un peu plus haut, le *musée Vénizélos,* pour les passionnés de l'histoire politique contemporaine de la Crète *(en principe, tlj à partir de 10h).*

NOM DE ZEUS !

Si la Crète n'a pas vu naître le premier des dieux de l'Olympe, elle s'honore de l'avoir accueilli et, d'une certaine manière, sauvé, puisque la mère de Zeus, peu après sa naissance, l'a caché dans cette grotte de Dikti. Ainsi il a pu échapper à son père qui avait la manie de dévorer ses enfants. Là, le nourrisson a été nourri par Amalthée, qui, selon les versions, était une chèvre ou... une nymphe. Vu le solide appétit de Zeus adulte pour la gent féminine, on parierait bien pour la seconde version...

Quelques vues intéressantes, au-dessus de Tzermadio quand on prend la route qui monte vers la chapelle d'*Agios Timios Stavros.* On arrive sur un nouveau plateau, celui du Nissimou, au pied d'un mont pelé. De là, soit continuer vers la chapelle, soit prendre à gauche et se garer à celle d'Agia Ariani. Un chemin monte au pic et au ***site postminoen de Karfi*** : petite ascension agréable, et vue sur la mer en récompense. Sinon, à partir de Tzermadio même, visite facile de la ***grotte de Trapéza*** (lampe nécessaire).

Plusieurs possibilités pour rejoindre Agios Nikolaos à partir d'Agios Konstandinos. La plus « directe » passe par *Néapoli*. Sur la route, ne pas manquer un arrêt à ***Mesa Potami,*** véritable petite « Mésopotamie » regorgeant de fruits et de légumes.

Taverna Marianna : *dans le centre du village de **Mesa Potami.** ☎ 28-44-02-24-97. Tte l'année, tlj 7h-minuit (22h en hiver).* Dans cette auberge haute en couleur, bardée de tomates en saison, Marianna est à la cuisine et prépare des plats locaux. Son mari, occupé à goudronner ses bronches (il fume 5 paquets par jour), ancien marin au long cours, a toujours une histoire à partager.

AGIOS NIKOLAOS (ΑΓΙΟΣ ΝΙΚΟΛΑΟΣ)

(72100) 11 800 hab.

• Plan *p.105*

Touristique en diable, Agios Nikolaos possède certainement le plus mignon petit port de Crète. L'endroit est aussi tranquille que Saint-Trop' au mois d'août, mais il s'en dégage une ambiance nonchalante, où se mêlent familles et amoureux transis. Ici, personne pour faire le kéké sur son quad, la ville cultive l'indolence. Faut dire qu'avec ce petit port intérieur joliment éclairé le soir, la nature l'a dotée d'un site exceptionnel. Un atout dont ont su profiter les nombreuses tavernes qui l'enserrent. Très prisé dès les premières chaleurs, Agios Nikolaos joue à fond son côté *Riviera* avec ses prix qui flambent, ses boutiques chic et ses rues proprettes.
Le reste de la ville s'organise sur plusieurs collines sillonnées de ruelles escarpées et d'escaliers. Une belle occasion d'oublier la voiture.

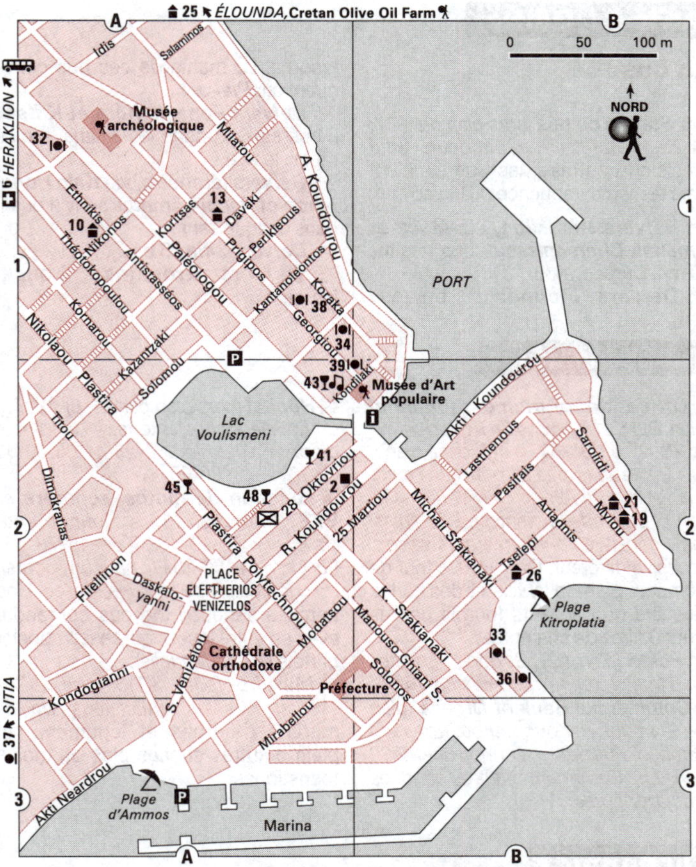

AGIOS NIKOLAOS

Adresses utiles

- Office de tourisme municipal
- 2 Commercial Bank of Greece
- 6 Hôpital

Où dormir ?

- **10** Sunbeam
- **13** The Mediterranean Pension
- **19** Pension Mylos
- **21** Creta Hotel
- **25** Lato Hotel
- **26** Palazzo

Où manger ?

- **32** Paradosiako
- **33** Lindien
- **34** Pelagos Fish Tavern
- **36** Ofou to Lo
- **37** Taverna Portès
- **38** Avli Taverna
- **39** Creta Embassy

Où boire un verre ? Où sortir ?

- **41** Polychoros Peripou
- **43** Bar Alexandros
- **45** Café Migomis et Ano Kato
- **48** Café du Lac

Arriver – Quitter

En bus

🚌 ***Station de bus*** *(hors plan par A1)* **:** ☎ *28-41-02-22-34 (répondeur).* Sauf précision contraire, les bus circulent avec la même fréquence du lun au dim.

➢ ***De/vers Héraklion, via Malia et Liménas Chersonissou :*** bus ttes les 30 mn. Durée : 1h30.

➢ ***De/vers Élounda :*** 1 bus/env jusqu'à. La moitié de ces bus continuent sur ***Plaka.***

➢ ***De/vers Panagia Kéra et Kritsa :*** 8 bus lun-ven dans les 2 sens. Moitié moins le w-e.

➢ ***De/vers Iérapétra, via Kalo Horio, Istron et Pachia Ammos :*** env 9 bus/j. dans chaque sens.

➢ ***De/vers Sitia :*** 5 bus/j.

➢ ***De/vers Kroustas :*** 3 bus/j. lun-sam.

Adresses utiles

ℹ ***Office de tourisme municipal*** *(plan B2)* **:** *21 A, odos A. Koundourou.* ☎ *28-41-02-23-57.* • *aghiosnikolaos.eu* • *Juste au niveau du pont situé entre le lac et le port. Avr-nov, lun-ven 9h-17h (juin-sept, ferme en principe à 22h mar-ven) ; généralement fermé hors saison.* Accueil indifférent. On y trouve tout de même un plan de la ville et des cartes de visite ou dépliants fournis par les propriétaires de chambres.

✉ ***Poste*** *(plan A2)* **:** *9, odos 28-Oktovriou (rue piétonne). Lun-ven 8h-14h.*

■ ***Commercial Bank of Greece*** *(plan A2,* ***2****)* **:** *odos R. Koundourou. En grec : « Emboriki Trapeza ». Lun-jeu 8h-14h30 (14h ven). Également d'autres banques avec distributeur.*

✚ ***Hôpital*** *(hors plan par A1,* ***6****)* **:** *à côté du Musée archéologique, à l'extrémité d'odos Paléologou.* ☎ *28-41-06-60-00 ou 28-41-34-30-00.*

■ ***Location de motos, scooters et VTT :*** ***Manolis,*** *11, A. Koundourou.* ☎ *28-41-02-49-40.* 📱 *69-45-73-66-90. Compter 20-25 €/j. pour un scooter. Prix dégressifs selon durée de loc.* Une adresse sérieuse (ne pas confondre avec un autre loueur qui se fait appeler parfois *Mike & Manolis*).

■ ***Marché*** *(plan A1)* **:** *mer 7h30-14h sur Ethnikis Antistaseos.* Un joli marché de fruits et légumes... et plein d'autres choses plus ou moins touristiques.

Où dormir ?

Attention aux courts séjours : à l'exception des vrais hôtels, il est difficile de trouver une chambre pour une seule nuit en pleine saison. De juin à fin septembre, mieux vaut réserver bien à l'avance.

De bon marché à prix moyens

🏠 ***Sunbeam*** *(plan A1,* ***10****)* **:** *23, Ethnikis Antistaseos.* ☎ *28-41-02-56-45.* • *sunbeam-apts.gr* • *Tte l'année. Doubles 35-45 €, studios 40-50 € selon saison ; petit déj 4 €.* 💻 📶 Dans un quartier paisible, un hôtel rénové avec goût dans les tons blanc, crème et gris souris. Au total, une quinzaine de chambres doubles ou triples et une dizaine de studios possédant tous un balcon. La grande réception donne le ton, claire et épurée, avec quelques jolis meubles anciens. Le reste suit dans le même esprit. Au charme s'ajoute le confort : ascenseur, TV satellite, AC, frigo et salles de bains modernes. Pas de vue sur la mer mais elle est à deux pas ! De loin notre adresse préférée dans cette catégorie même si on trouve l'accueil du patron un peu froid (la langue, sans doute).

🏠 ***The Mediterranean Pension*** *(plan A1,* ***13****)* **:** *27, odos Synt. Davaki.* ☎ *28-41-02-36-11.* 📱 *69-79-29-65-12.* • *mannyspension@yahoo.com* •

Tte l'année. Double 30 € ; familiale 50 €. CB refusées. Dans un quartier calme, un immeuble assez récent. Au menu, une huitaine de chambres au 1er étage, plus spacieuses que la moyenne (dont 1 familiale de 4 lits), avec frigo, petit ventilo, AC, douche et w-c (sauf 4 qui ont une salle de bains privative mais sur le palier). Petite pension classique en somme, simple et proprette. Pas de vue sur la mer, mais petits balcons pour certaines. Cuisine commune bien équipée. Terrasse sur le toit. Accueil attentionné d'Emmanuel Kentrianakis et de Kym, son épouse britannique.

Pension Mylos (plan B2, **19**) : *24, odos Sarolidi. ☎ 28-41-02-37-83. 69-45-99-26-61. • info@pensionmylos.com • Tte l'année. Doubles avec clim et sdb 45-55 € selon saison ; pas de petit déj.* Une adresse dont toutes les chambres voient la mer (de face ou sur le côté). Puis, s'il fallait décerner la palme des intérieurs les plus soignés, on l'offrirait volontiers à Pella, la championne toutes catégories de l'antibactérien ! Tout est impeccable, les salles de bains briquées de près, les draps en lin repassés nickel, le nécessaire à thé rutilant, les napperons amidonnés, les tables de chevet recouvertes de film plastique et quelques petits effets de déco aussi kitsch qu'attendrissants... Inutile de préciser que l'accueil est aux petits oignons !

Creta Hotel (plan B2, **21**) : *22, odos Sarolidi. ☎ 28-41-02-88-93. • agiosnikolaos-hotels.gr • De mi-mars à fin oct. Doubles 45-55 € selon saison.* 8 grands studios desservis par un ascenseur, avec double vitrage, AC, TV et cuisine, très propres et aux couleurs claires, la plupart dotés d'une belle vue sur la mer. Quand elle est là, très bon accueil de Bernadette Arseneau, une Québécoise (des îles de la Madeleine) installée en Grèce depuis plus de 20 ans. Si vous la prévenez à l'avance, elle peut aller vous chercher à la gare routière.

De chic à très chic

Lato Hotel (hors plan par A1, **25**) : *un peu après la plage d'Ammoudi, à 15-20 mn à pied du centre, sur la route d'Élounda. ☎ 28-41-02-45-81 ou 82. • latohotel.com • Mai-oct. Doubles 45-90 €, petit déj inclus. Parking. Réduc de 8 % sur présentation de ce guide (paiement cash).* Bel hôtel récent et bien tenu d'une petite quarantaine de chambres, mais en bord de route. Doubles pour la plupart, elles sont confortables et bien insonorisées. La déco est standard, comme souvent en Crète, mais elles possèdent frigo, AC et TV satellite. Demander celles avec vue sur le golfe de Mirabello. Piscine entourée d'arbres et transats. Excellent petit déjeuner. Bon accueil des deux Georges.

Palazzo (plan B2, **26**) : *Tselepi 18, Kitroplatia. ☎ 28-41-02-50-80. • palazzo-apartments.gr • Avr-oct. À partir de 16h, réception au Café Palazzo. Selon saison, 84-116 € pour un studio, et 102-126 € pour une suite-appartement (et 10-15 € pour la vue sur mer).* Dans cette belle maison ancienne entièrement restaurée, on trouve une dizaine d'appartements dont 2 seulement ont vue sur l'arrière. Tous ont conservé leur magnifique carrelage ou leur parquet d'origine, et parfois même quelques éléments de mobilier ou de salle de bains. Tous différents, certains affichent une déco plus contemporaine, les plus luxueux possédant un balcon avec vue. Cuisines entièrement équipées très fonctionnelles. La plage de Kitroplatia est à deux pas.

LE NORD-EST DE LA CRÈTE

Où dormir dans les proches environs ?

Villa Olga (hors plan par A1) : *à mi-chemin des 10 km qui séparent Agios Nikolaos d'Élounda, en surplomb de la route. ☎ 28-41-02-59-13. 69-48-38-21-21. • villa-olga.gr • Avr-oct. Doubles 30-50 € ; apparts 4-6 pers 65-105 €.* Ensemble de petites maisons distribuées en escalier à flanc de colline et surplombant la mer. Les intérieurs sont frais, la déco est soignée, les salles de bains son jolies. L'ensemble est charmant, dans une belle végétation, avec des petites terrasses sympathiques de-ci de-là pour oublier la proximité de la route... Petite piscine, barbecue. Un excellent rapport qualité-prix et un très bon accueil d'Olga.

Gerani Residence : *à* ***Amoudara,*** *à 4 km au sud-est d'Agios Nikolaos (prendre l'ancienne route de Sitia). ☎ 28-41-08-26-73. 69-73-80-31-50. • residence-gerani.fr • Avr-fin oct. Loc à la sem (selon disponibilité, possible à la nuit). Selon saison, par jour, chambres 41-72 €, studios 2 pers 52-100 €, maisonnettes 4-6 pers 58-107 € et apparts (110 m²) 5-8 pers 73-149 €.* À 50 m au-dessus d'une plage de sable fin, petit ensemble de 10 locations aux couleurs des Cyclades, comprenant 6 maisonnettes pour 2 à 4 personnes et 4 grands appartements (8 personnes max). La déco reste simple mais l'ensemble est confortable (AC, TV, lave-vaisselle, micro-ondes, etc.). Petites terrasses avec vue. Piscine sur laquelle donnent les appartements les plus grands. Excellent accueil de Patrick.

Où manger ?

À Agios Nikolaos, les restos qui bordent le lac valent plus pour leur situation que pour la qualité de leur assiette. Pour les petites faims, 2 bonnes boulangeries : ***Milo*** sur la place Venizelou et ***Anestis,*** un peu plus bas sur odos Kontogianni.

Prix moyens

Avli Taverna (plan A1, **38**) *: 12, odos Prig. Georgiou. ☎ 28-41-08-24-79. 69-89-80-82-08. Tlj 12h-15h et à partir de 19h. Env 15 €.* Un joli petit restaurant, très fréquenté par les Crétois. Agréable petite cour sous les figuiers, les citronniers et les vignes. On y sert d'excellents *mezze* et une cuisine réellement traditionnelle. Excellent vin maison (rouge ou blanc). Bon accueil de Nikos ou de son fils Andreas.

Lindien (plan B2, **33**) *: 4, odos Akti Pagalou (plage de Kitroplatia). ☎ 28-41-30-08-76. Env 20 €.* Pour celles et ceux qui séjourneraient en Crète depuis des lustres et en auraient assez de la cuisine crétoise (ça peut arriver), ce resto s'impose : tenu par un couple franco-indien qui a exercé ses talents pendant 20 ans à Paris, il propose une très bonne cuisine, d'inspiration indienne mais pas que. Excellent accueil de Marie-Line et Teimour.

Creta Embassy (plan A-B2, **39**) *: 5, odos Kondilaki. ☎ 28-41-08-31-53. Tlj avr-oct 12h-jusqu'au dernier client (à partir de 19h hors saison). Env 15 €.* Tenue par un couple d'Écossaises débarquées ici en 1984 et désormais parfaitement intégrées à la vie locale, voilà une adresse qui aura au moins le mérite de vous donner la pêche avec sa déco pimpante et un brin loufoque. Sous un chapiteau d'arbres fruitiers, on déguste une cuisine crétoise préparée avec soin : agneau au four, *soutzoukakia*, poulpe au vin rouge... Belle carte des vins avec des appellations crétoises et du Péloponnèse. Musique live le samedi hors saison.

Taverna Portès (hors plan par A3, **37**) *: 3, odos Anapafséos (à 200 m de la plage d'Ammos). ☎ 28-41-02-84-89. Tte l'année, tlj sf dim. Env 15 €. CB refusées.* Un resto original, à l'écart des terrasses aguicheuses. Manolis, le propriétaire, très amical, collectionne les portes, il y en a partout ! Plats classiques copieux genre *stifado* de lapin aux figues (en été seulement) et pain aux olives délicieux. Aux beaux jours, on mange sous la pergola dans la cour, bien agréable le soir (très chaud le midi !). Quelques tables sur le trottoir, côté rue, pour parer au coup de feu. Une bonne adresse en tout cas.

Ofou to Lo (plan B2, **36**) *: 6, Akti Pagalou (plage de Kitroplatia). ☎ 28-41-02-48-19. Avr-oct. Env 15-20 €.* Belle terrasse couverte qui surplombe la mer. Ici, le patron, aidé de ses filles, en saison, vous sert le plat signature de la maison : le gigot aux 5 fromages cuit dans des feuilles de vigne *(arni special)*. Mais la carte propose aussi tous les classiques de la cuisine gréco-crétoise et du poisson. Tout le monde y trouvera son compte. Une adresse constante.

Paradosiako (plan A1, **32**) : *41, K. Paleologou (en face du musée archéologique). ☎ 28-41-02-16-66. Tte l'année, tlj 13h-1h. Env 12-15 €.* Un p'tit resto posé au bord de la rue, où l'on s'installe sur une terrasse ombragée par des toiles tendues. Ici, des plats traditionnels bien préparés et bon marché. Parmi les spécialités, goûtez le porc à la sauge, ou encore le poulet à la moutarde (crémeux et bien calorique !). Une adresse loin des restos racoleurs du bord de mer.

Chic

Pelagos Fish Tavern (plan A1, **34**) : *10, Katelaki et 1, odos Koraka. ☎ 28-41-02-57-37. Mars-nov, tlj jusqu'à minuit. Compter min 25 €.* Comme son nom l'indique, on y mange sans surprise du poisson et des fruits de mer ! Plats grecs et saveurs méditerranéennes. Le restaurant est installé dans une vieille maison néoclassique, aux murs jaunes et aux volets bleus. On s'installe dans un salon aéré ou dans un jardin ombragé par une treille recouverte de plantes et de fleurs. Plutôt une adresse pour le soir, un brin chic sans être prétentieuse. Service souriant.

Où boire un verre ? Où sortir ?

Polychoros Peripou (plan A2, **41**) : *25, odos 28-Oktovriou. Tlj 9h30-3h.* Un troquet bien placé et qui tranche avec son environnement pour le moins mercantile. Ici, on peut surfer sur le Web, acheter des livres, des disques, siroter un verre avec un copain sur la mince terrasse qui surplombe le lac. Évidemment, c'est bien plus sympa à la nuit tombée. Vers 22h30, concerts et représentations théâtrales de qualité.

Café du Lac (plan A2, **48**) : *17, odos 28-Oktovriou. À côté de la poste. Tlj 9h-2h.* Ouvert à la fois sur le lac, qu'il surplombe, et sur la rue commerçante très animée du 28-Octobre, ce bar offre un large choix de cafés de différentes provenances (à ne pas confondre avec *Le Restaurant du lac*). Tableaux aux murs, décor bois, ambiance chaleureuse et jazzy. Cocktails, grignotage. Accueil charmant.

Bar Alexandros (plan A2, **43**) : *odos Kondilaki. Derrière l'office de tourisme. En soirée slt, tlj jusqu'à 4h du mat.* Enseigne sur le toit bien visible. On y déguste son cocktail (la carte est longue... une soixantaine !) sur le toit-terrasse, dans une débauche de fleurs et de plantes. Clientèle jeune, service souriant et musique à donf qui fait danser les corps bronzés jusqu'au bout de la nuit... Pensées compatissantes pour les voisins !

Sinon, plusieurs ***bars*** sympas au bout du port et dans les rues qui montent avec de jolies vues. À signaler, entre autres, ***Café Migomis*** *(plan A2, **45** ; 22, N. Plastira).* Et juste à côté ***Ano Kato*** *(plan A2, **45** ; 18, N. Plastira).* Ces deux adresses offrent la plus belle vue de la ville, car elles surplombent le lac. La première est plutôt conventionnelle, la seconde, tenue par deux frangines, expose quelques artistes locaux.

À voir. À faire

Le Musée archéologique (plan A1) : *en remontant l'artère principale, 41, odos Paléologou, à partir du lac, c'est à 400 m sur la droite, presque en face de l'hôpital. ☎ 28-41-02-49-43. Tlj sf lun 8h30-15h. Entrée : 4 € ; réduc ; gratuit moins de 19 ans et étudiants de l'Union européenne. **Attention :** le musée est fermé pour rénovation, et les travaux ont pris du retard ; réouverture espérée début 2017 (en attendant, une salle expose quelques photos).* Un beau musée qui passionnera les amateurs d'archéologie. Les salles, agencées dans l'ordre chronologique, renferment plusieurs centaines de poteries, miniatures, vases (dont un très beau triton de pierre noire), sculptures, bijoux, sarcophages, dont certains avec squelette. Toutes ces fouilles proviennent des sites minoens des environs, mais aussi de Gournia et de Mochlos. Quelques objets curieux comme cette élégante potiche avec ses longs bras, la *Déesse de Myrtos,* servant de vase à libations. Parmi les pièces principales du musée : un vase rituel en serpentine représentant deux démons. Ou encore un crâne décoré de feuilles d'or, supposé être celui d'un athlète romain.

Le musée d'Art populaire *(Folk Museum ; plan B2)* **:** *1, odos K. Paléologou. ☎ 28-41-02-50-93. Lun-sam 10h-14h. Entrée : env 3 €.* Une salle unique où vous verrez des tissus brodés des siècles passés, des tapis (remarquable kilim de Kritsa, datant du XVIIe s), un vieux métier à tisser, quelques bijoux, icônes et vieux manuscrits découverts dans les environs. Des armes datant de l'époque de l'occupation ottomane et de la révolution crétoise (1945).

Cretan Olive Oil Farm *(hors plan par A1)* **:** *à 2 km sur la route d'Élounda, peu après le* Mirabello Hotel, *sur la droite. ☎ 28-41-02-41-39. Tlj 9h30-19h (10h-14h dim). Entrée : 1,50 € (5 € pour une visite guidée) ; gratuit moins de 12 ans.* Soyons clairs, on a vu mieux comme musée folklorique, mais la visite commentée (nonchalamment) peut être intéressante et durer si l'on est curieux, même si tout ça est diablement touristique. Processus de fabrication de l'huile d'olive et du raki expliqués en grandeur nature (un pauvre âne pose devant la presse à huile). Petite boutique avec les produits familiaux et locaux, et de nombreuses dégustations qui assurent de finir sur un bon goût.

➢ ***Excursion sur l'île de Spinalonga :*** *à partir d'avr, départs tlj du port, le mat et jusqu'en début d'ap-m (en hte saison).* Soyons honnêtes, l'île de Spinalonga est accessible pour beaucoup moins cher à partir de Plaka, donc, si vous avez un véhicule, allez directement là-bas.

Plusieurs plages sont accessibles depuis le centre. Celles et ceux qui ne veulent pas marcher trouveront le moyen de dérouler leur serviette sur la petite ***plage de Kitroplatia,*** sinon :

- au sud de la ville : la ***plage municipale d'Ammos,*** à côté de la marina, du sable mais squattée par les transats. Plus loin, largement à 2 km, à environ entre 20 et 25 mn de marche du centre, la ***Municipal Beach of Almyros,*** comme l'indique le panneau. C'est la plus belle. Grande, sablonneuse, presque propre. Douche et w-c. On peut louer des transats.
- au nord (direction Élounda) : ***Ammoudi Beach,*** petite plage et nombreux transats bien alignés à louer. Minus et caillouteuse. Un peu plus loin, mais plus longue, celle d'***Havania*** (sable, beach-bar).

DANS LES ENVIRONS D'AGIOS NIKOLAOS

PANAGIA KÉRA *(ΠΑΝΑΓΙΑ ΚΕΡΑ)*

À 11 km d'Agios Nikolaos. Sur la droite en retrait de la route avt d'arriver à Kritsa. Tlj (sf lun en été) 8h30-15h (parfois 17h) ; horaires variables, vérifier à l'office de tourisme d'Agios Nikolaos (voir plus haut). Entrée : 3 €. Photos interdites. L'une des plus belles églises de Crète (XIIIe s), entourée de hauts cyprès. De l'extérieur, on est d'abord surpris par sa petite taille et sa sobriété, malgré de larges contreforts. Jadis à nef unique, le bâtiment se compose de trois nefs depuis le XIVe s. Celle du sud est consacrée à sainte Anne ; la nef nord au Jugement dernier et à saint Antoine. La nef centrale, plus ancienne, semble avoir été rebâtie après une destruction. Elle illustre des thèmes tirés de l'Évangile (Massacre des Innocents, naissance du Christ ou encore une Cène très explicite). Magnifiques fresques restaurées des XIVe et XVe s qui témoignent de la technique du clair-obscur utilisée à cette époque. En haute saison, essayer de passer entre deux cars pour visiter tranquille.

À côté, des ***échoppes*** vendent des brochures explicatives, des icônes et autres souvenirs.

KRITSA *(ΚΡΙΤΣΑ ; 72051)*

À 11 km au sud-ouest d'Agios Nikolaos (en bus d'Agios Nikolaos : lun-ven 8 bus/j. 7h-20h, moitié moins le w-e, arrêt à l'entrée du village, pour repartir on achète son ticket au minimarket). Gros village de 2 500 habitants perché sur le flanc d'une montagne avec la mer en point de mire. En 1956, Jules Dassin y tourna une grande partie des scènes du film *Celui qui doit mourir,* adapté du roman de Kazantzakis *Le Christ recrucifié,* avec Mélina Mercouri. Le village, qui a été authentique, ne l'est hélas plus vraiment étant donné le nombre de touristes que déversent les cars à longueur de journée en saison. Des femmes fabriquent des napperons au crochet devant les très nombreuses boutiques de souvenirs, en regardant passer les touristes derrière leurs lunettes. Dans le haut de la rue, petite boutique sympa, l'*Ylektron,* dans laquelle le loquace et sympathique Giorgos vend les *komboloï* et autres bricoles. Le soir venu, Kritsa retrouve son calme, heureusement. Bonne petite halte donc. Minuscule cafétéria dans la rue principale, le *Kafé Bar,* où se retrouvent les anciens du village. Si vous venez en voiture, garez votre véhicule en bas du village ou carrément tout en haut.

Où dormir ? Où manger ?

Rent Rooms Argyro : *à l'entrée du village, sur la gauche. ☎ 28-41-05-11-74. 69-84-90-09-16. • argyrorentrooms.gr • Tte l'année. Doubles env 37-42 € ; petit déj 6 €/pers. Tarif dégressif à partir de 3 nuits. Parking protégé.* Grande maison blanc et bleu où l'on est fort bien reçu. Une douzaine de chambres (de 2, 3 ou 4 lits) un peu petites et simplement aménagées, mais à la literie confortable et au confort suffisant (douche, w-c, AC, balconnet). Possibilité de prendre ses repas (excellents et généreux d'ailleurs) sous la tonnelle ombragée. Produits maison comme la petite production d'huile d'olive que vend la famille.

Quelques ***tavernes*** si l'on grimpe dans la rue principale et sur la place centrale.

À voir dans les environs

➢ ***Le village de Kroustas :*** *à 5 km au sud de Kritsa.* Petit village d'altitude de 450 habitants, qui a la particularité de fabriquer des centenaires. Kroustas vaut le coup d'œil pour sa pittoresque allée principale faite d'une succession de mûriers, et pour ses anciens qui font sécher leurs vieux os assis sur des bancs minuscules. Une succession de belles images, pour une halte vraiment reposante. On y trouve aussi une excellente table. Prétexte parfait pour y passer un bon moment...

O Kroustas : *1re taverne sur la droite, une fois entré dans le village. ☎ 28-41-05-13-62. Avr-oct, midi et soir. Env 8-15 €. CB refusées.* On y vient pour une salade ou pour la viande, comme l'agneau, sous toutes ses formes *(païdakia, arni ofto),* attestant d'une cuisine crétoise exécutée dans les règles par Penelope qui, en plus, vous accueille avec le sourire.

➢ ***Le plateau de Katharo :*** au-delà de Kritsa, vers l'ouest, la route monte sec en tournicotant vers le hameau d'Avdeliakos, à 1 200 m d'altitude. Une bonne piste fait le tour du plateau (genre de petit Lassithi d'un point de vue géologique) planté de nombreux arbres fruitiers. Très agréable, en particulier au printemps. En août, deux fêtes sont célébrées sur le plateau : le 6 et le 1er week-end suivant le 15. Deux ou trois tavernes ouvertes de mi-mai à mi-octobre, sauf ***O Zervas,*** ouverte toute l'année *(☎ 28-41-05-12-23).* Cette dernière est tenue par Yiannis Siganos, semi-ermite affable et ravi de faire découvrir les spécificités du plateau, autrefois immergé, et ses trouvailles personnelles (les ossements d'un hippopotame préhistorique nain). De fait, sa baraque fait plus office de point d'information-musée-café (bons jus de fruits frais), mais on y mange très bien. Yiannis peut vous mettre en contact avec le botaniste anglais Steve Lenton, qui organise des balades axées sur la botanique (40 espèces de fleurs endémiques sur le plateau). *Rens sur le site • exploringkatharo.com •*

LATO (ΛΑΤΩ)

À 4 km au nord-est de Kritsa (départ de la route dans le bas du village, au niveau du cimetière). Tte l'année, tlj sf lun 8h-15h. Entrée : 2 € ; réduc. L'endroit reste assez peu fréquenté, et c'est tant mieux. Le site – une ancienne ville dorienne haut perchée – n'est pas très évocateur pour les non-initiés. On peut tout de même voir, en montant à la place centrale, les ruines d'une teinturerie (troisième maison sur la droite), dont les fouilles ont mis au jour des pigments à côté de la petite citerne. Mais l'endroit possède un sacré charme avec ses assemblages cyclopéens de pierres et vaut le détour pour la superbe vue que l'on a sur Agios Nikolaos depuis l'agora. Au sud, le grand temple et le théâtre, beaucoup moins identifiables. Il semble que le site, à fonction essentiellement défensive, fut abandonné par ses habitants qui descendirent s'installer en bord de mer, où ils fondèrent un autre Lato *(Lato pros Kamara)*, peut-être l'ancêtre d'Agios Nikolaos. On les comprend.

ÉLOUNDA (ΕΛΟΥΝΤΑ) (72053) 1 700 hab.

Située à 12 km d'Agios Nikolaos, Élounda est habitée depuis l'époque minoenne. Olous (son ancien nom), aujourd'hui engloutie, aurait même compté jusqu'à 30 000 habitants et frappé sa propre monnaie. Le moins qu'on puisse dire, c'est que ce n'est plus le cas aujourd'hui. Certes, le site – fermé par la presqu'île de Spinalonga –, est plutôt photogénique, mais la station en elle-même présente peu d'intérêt. Elle se résume à une rue passante bordée de part et d'autre par une enfilade de boutiques, restaurants et de *rooms to let*. Sans compter qu'en périphérie, les hôtels *all-inclusive* ont décidé de grignoter la montagne. Pour un peu de quiétude, partir explorer, à pied, la presqu'île de Kolokytha.

– *En ville :* poste, banques avec distributeur et plusieurs laveries.

Arriver – Quitter

En bus

➢ ***De/vers Agios Nikolaos :*** tlj bus ttes les heures dans les 2 sens 7h-20h.

➢ ***De/vers Plaka :*** une demi-douzaine de bus 9h20-19h20.

Où dormir ?

Nombreuses chambres à louer dans le centre, sans parler des hôtels de luxe. À vous de choisir, si vous vous plaisez à Élounda...

Elounda Oasis Studios : *17, Odos Dimokratias, au milieu du village, ne pas tourner à droite avant l'église mais prendre tout droit. ☎ 28-41-04-10-76. • eloundaoasis.gr • Avr-oct. Doubles env 30-50 € selon saison et durée. Pas de petit déj.* Petite pension de famille très propre, tenue par Stavroula qui parle le français et son mari (qui adore peindre les galets en bleu). 7 chambres avec salle de bains, cuisinette, AC, frigo et télé. Certaines possèdent un balconnet. L'ensemble est très central et néanmoins calme (double vitrage). Un bon rapport qualité-prix.

Élounda Island Villas : *au début de la presqu'île de Kolokytha, juste après le pont, à 1 km du village. À Élounda, tourner au niveau du resto* Mam's House. *☎ 28-41-04-12-74 ou 69-34-03-49-29. • eloundaisland.gr • Membre* *du réseau d'hébergements de charme* Guest Inn *(● guestinn.com ●) Ouv de mi-mai à mi-oct. Apparts 80-110 € pour 2 et 105-140 € pour 4. Petit déj 8 €/ pers (servi à la demande à partir de 9h), 3 nuits min demandées.* Une dizaine d'appartements avec grande salle de bains, lit en mezzanine et terrasses, dont certaines offrent une vue sur la mer avec la montagne en arrière-plan. Intérieur soigné, mêlant bois et chaux dans un style cycladique. Et tout fonctionne au solaire ! Ensemble plaisant et calme garanti quoique souvent venté. Petite restauration sur une agréable terrasse. Tennis. On peut se baigner à proximité.

Où manger ? Où boire un verre ?

Despina Taverna : *route de Plaka (à la sortie d'Élounda, direction Plaka, à gauche en surplomb de la route au niveau de l'embranchement pour Mavrikiano). ☎ 28-41-04-13-50. Compter 12-15 €.* Despina, la grand-mère, a monté ce resto. Aujourd'hui, c'est son petit-fils qui fait tourner l'affaire. Vue superbe sur la baie, cuisine crétoise goûteuse dont quelques plats végétariens, cette adresse bien proprette a tout pour séduire. Idéal pour une pause déjeuner.

To Paradosiako : *25, Akti Posidonos. ☎ 28-41-04-24-44. Compter 12-15 €.* Une petite taverne touristique à l'écart du port. La terrasse et la tonnelle verdoyantes de part et d'autre de la rue sont agréables, malgré la circulation et la proximité du parking... Spécialités crétoises et poisson grillé.

Kanali : *sur les bords du canal, au niveau de l'isthme qui relie le continent à la presqu'île de Kolokytha. ☎ 28-41-04-20-75.* C'est un resto de fruits de mer chic et réputé mais c'est également un endroit très apprécié pour boire un verre au coucher du soleil. Si votre carte bleue est gentille avec vous, vous pourrez même y rester dîner.

À voir. À faire dans les proches environs

À gauche du port en regardant la mer, ***plage*** de sable et de gravier avec sports nautiques.

Les anciennes salines d'Élounda : *du port, on peut y accéder à pied en marchant vers la droite (face à la mer). En voiture, quand on arrive d'Agios Nikolaos, tourner à droite au niveau du resto* Mam's House *et continuer tt droit.* Rien de très spectaculaire, mais l'endroit est agréable avec un petit canal creusé par les militaires français à la fin du XIXe s, alors que l'est de la Crète était sous leur contrôle. Pendant cinq siècles, on a produit du sel ici ; d'abord les Vénitiens, puis les Ottomans et enfin les Grecs, jusqu'en 1972. Il était récolté à partir de septembre et assurait pas mal d'emplois saisonniers.

La baie de l'île de Kolokytha (Κολοκυθα) **:** *d'Élounda, continuer vers les salines, passer le pont et prendre la piste, sur 1,5 km env, jusqu'au bout. De ce qui fait office de parking, descendre par un petit sentier. Ne rien laisser dans les voitures.* Le coin est aride, il y a quelques petites églises, mais on peut surtout y trouver quelques criques pour se baigner. Les bateaux qui font le trajet pour Spinalonga viennent quelques fois pique-niquer sur la première petite plage en saison. Pour plus de tranquillité, poussez un peu plus au nord, là où les rochers se révèlent accueillants pour la bronzette.

PLAKA (ΠΛΑΚΑ) (72100) 50 hab.

En suivant la route côtière après Élounda sur 5 km, vous tomberez sur un petit village, autrefois presque abandonné, aujourd'hui devenu très touristique. Cette soudaine notoriété est due à plusieurs hôtels *all-inclusive,*

implantés récemment, mais surtout au best-seller de Victoria Hislop, *L'Île des oubliés,* puisque Plaka était le port d'embarcation pour Spinalonga, l'île des lépreux. Lové au pied de la montagne, le site est attachant. L'île en question n'est qu'à 1 km de la côte. Allez-y de bonne heure, vous échapperez au grand rush des excursionnistes.

Où dormir ?

Quelques pensions pointent le bout de leur nez, mais cela reste encore très maîtrisé.

■ ***Stella Mare :*** *dans le centre, à 50 m de la route principale (prendre à gauche au niveau du magasin de robes). ☎ 28-41-04-18-14. 📱 69-72-32-93-04. • stellamare-spinalonga.com • De début avr à début nov. Studios 2-3 pers 60-70 €, apparts 4 pers 80 €. Tarif dégressif en cas de séjour prolongé.* Une vingtaine de jolies maisonnettes en cascade et d'un blanc éclatant, à la déco très simple mais plaisante, entourant un jardinet planté de palmiers, d'oliviers et de lauriers. Accueil plein de gentillesse de Georgios qui ne se sépare jamais de son *komboloï,* en grec évidemment...

■ ***Fofi Apartments :*** *face à la mer, de l'autre côté de la rue principale, derrière un terrain vague. S'adresser au resto* Delphini, *à 20 m un peu plus bas en face. ☎ 28-41-04-10-23. Doubles 35-60 € selon saison.* Appartements pour 2 ou 4 personnes, un brin vieillots, avec cuisine équipée et salle de bains. Demander de préférence une chambre ne donnant pas sur la route. Accueil variable.

Où manger ?

|●| ***Maria's Taverna :*** *dans la rue principale, dans le centre. ☎ 28-41-04-21-15. Repas env 15-18 €.* Ouzeri touristique mais néanmoins sympathique, aux couleurs douces. Musique locale parfois, ne pas manquer cela et s'en mettre plein les oreilles. Terrasse ombragée très agréable et menus copieux à prix corrects.

|●| ***Giorgos Taverna :*** *face à Spinalonga. ☎ 28-41-04-13-53. Un peu plus cher, puisque sur le port. Compter 55-60 €/kg pour du poisson frais.* Taverne spécialisée dans le poisson, l'œil toujours vif. Le menu « Poséidon » *(env 65 € pour 2)* propose calamars, crevettes grillées, un peu de poisson et une demi-langouste (le tout congelé évidemment). En saison, quelques poissons frais (la famille possède 7 bateaux de pêche). Un poil hâbleur, le patron vous alpague dans les règles de l'art.

|●| ***The Pine Tree (To Pefko Kafenio) :*** *à l'entrée du village, près de l'embarcadère. Avr-oct. ☎ 28-41-04-40-32.* Vieille maison en pierre : on vient se prélasser, confortablement assis sur la longue terrasse, tout en dégustant d'excellents plateaux de *mezze,* des toasts ou des salades. Plein à craquer en saison. On peut se contenter d'y boire une pression ou un expresso.

À faire

➢ ***Bateaux pour Spinalonga :*** *s'adresser à la* Taverna Spinalonga *ou à la* Maria's Taverna. *Également un kiosque au milieu du village, à côté du resto* Delphini. *📱 69-77-44-62-29 (Kostas) ; 📱 69-86-43-12-23 (Manos). Fonctionne tlj 9h30-19h en continu. Compter autour de 8 € l'entrée et autant pour la traversée A/R (beaucoup plus cher au départ d'Agios Nikolaos).* L'avantage, c'est qu'on part et revient à peu près quand on veut, en s'arrangeant sur place.

Les fortifications de Spinalonga ont d'abord fait partie du dispositif défensif des Vénitiens pour rendre imprenable le golfe de Mirabello. L'amiral britannique Spratt, en visite dans la région au XIXe s, parlait de l'île comme d'un petit Gilbraltar. Quand la Crète tomba dans l'escarcelle des Ottomans, en 1669, après le siège de Candie (Héraklion), Spinalonga fut l'un des trois forts vénitiens (avec Souda, près de La Canée, et Gramvoussa, au nord-ouest de la Crète) qui résistèrent jusqu'en... 1715 ! Mais les Turcs finirent tout de même par s'y installer et s'en servirent de port pour expédier dans l'empire toutes les marchandises de la région du Mirabello. Ils ne l'abandonneront qu'au début du XXe s. C'est à partir de ce moment-là que les autorités sanitaires décidèrent d'y regrouper les personnes atteintes de la lèpre, et ce, jusqu'en 1957, date à laquelle fut mis sur le marché un traitement contre la lèpre. La léproserie se trouvait dans le fort vénitien, restauré par les lépreux qui y vécurent de 1903 à 1957. Il y en eut jusqu'à 300-400, vivant en communauté, avec les corps de métiers qu'on trouve dans n'importe quel village grec, du coiffeur au pope. Aujourd'hui, tout est abandonné. Une visite poignante.

L'ÎLE DONT ON NE REVENAIT PAS

De 1903 à 1957, Spinalonga fut une léproserie, une des dernières d'Europe. Les lépreux, qu'on amenait de toute la Crète, n'avaient plus de contact avec le reste du monde, sauf avec le bateau qui leur apportait le ravitaillement. En revanche, ils faisaient des enfants (39 naissances entre 1904 et 1920). On dit que les malades, quand ils arrivaient sur Spinalonga, ne savaient pas ce qui les attendait : le tunnel d'accès à la forteresse fut surnommé la porte de Dante, en référence à L'Enfer *du poète italien (« Vous qui entrez ici, perdez toute espérance »)...*

DANS LES ENVIRONS DE PLAKA

De Plaka, une route en partie élargie serpente en hauteur vers des petits villages (***Vrouchas, Skinias,*** etc.). Sur les crêtes, des éoliennes ont remplacé les vieux moulins. Dans les premiers virages qui s'élèvent au-dessus de Plaka, la vue sur l'île de Spinalonga est extraordinaire, puis la route serpente dans un paysage de murets de pierres sèches et de chardons rabougris. Une végétation nanifiée par le vent s'étale à l'infini. Battue par les embruns, la route longe un moment la mer avant de repartir à l'assaut de la montagne vers le village de Skinias via le hameau d'Agios Georgios.

Entre Skinias et Karydi, la route s'élève encore jusqu'au ***monastère d'Arétiou.*** Fondé au XVe s, il reste habité par deux moniales qui maintiennent le site dans un excellent état, notamment une très belle église du XVIIe s abritant une remarquable iconostase. Entrée payante *(2 €).*

D'AGIOS NIKOLAOS À MOCHLOS

La route d'Agios Nikolaos à Mochlos offre de superbes panoramas. Quelques merveilleuses criques émaillent ce parcours, comme *Golden Beach,* également appelée Voulisma, située à la sortie d'Istron, à une dizaine de kilomètres d'Agios Nikolaos. Un peu avant Istron, sur la commune de *Kalo Horio,* dans un virage, une route part sur la gauche et mène à une petite plage très prisée des camping-caristes. Une piste conduit vers des criques. Là, posée sur le roc, une maison discrète :

Appartements Karavostassi, The Stonehouse : ☎ *28-41-02-45-81. Ne pas se présenter directement sur place, mais au* Lato Hotel *d'Agios Nikolaos, qui gère cette adresse (voir plus haut « Où dormir ? » à Agios Nikolaos. • karavostassi.gr • Membre du réseau d'hébergements de charme* Guest Inn

(● guestinn.com ●) Avr-fin oct. Compter 65-122 € pour 2-3 pers selon saison et 70-138 € pour 4 pers. Réduc de 8 % sur présentation de ce guide (paiement cash). Une jolie maison tout en pierre comme son nom l'indique, posée sur les rochers, à 10 m de la mer. Intérieur très coquet et bon confort (AC et TV satellite) qui compte en fait 3 appartements pour 3-5 personnes. Endormissement au bruit du ressac et tranquillité garantis.

Les gorges de Ha (Φαραγγι Χα) **:** *prendre la route de Iérapétra sur 3 km et tourner à gauche à l'indication « Ha Canyon ». Continuer jusqu'à la montagne, c'est 600 m derrière l'usine de récupération de papier.* Une faille impressionnante à laquelle on n'accède pas, ou alors il faut être équipé (elle est visible depuis la route de Iérapétra, mais pour les photos, c'est mieux d'aller à la chapelle blanche). Les gorges, longues de 1 800 m, ne font que 8 m de large à la base, et, à certains endroits, les parois sont hautes de 700 m, ce qui en fait un lieu très prisé des amateurs de varappe et de rappels vertigineux. L'hiver, il y a de l'eau. Les difficultés d'accès à ces gorges en ont fait un refuge pour de nombreux animaux, en particulier les oiseaux.

GOURNIA (ΓΟΥΡΝΙΑ)

À 2 km à l'ouest de Pachy Ammos. Tte l'année, mar-dim 8h-15h. Entrée : 2 €.
Fouillée à partir de 1901 par un trio d'Américaines, cette ancienne petite bourgade minoenne date des environs de 1500 av. J.-C. L'emplacement du site n'a rien de spectaculaire et ne correspond qu'à une partie de la ville originelle, mais il est unique en Crète et mérite un petit arrêt.
Parfois décrit comme la Pompéi crétoise, c'est le seul site minoen où l'on arrive facilement à imaginer ce qu'étaient les lieux quand ils étaient habités, avec le quadrillage des rues pavées, les maisons où les pièces habitables se situaient au 1er étage, les ateliers des artisans, etc. La ville aurait compté jusqu'à 4 000 habitants. D'intéressantes découvertes ont été faites (atelier de charpentier, de forgeron...). Le « palais » se trouve au faîte de la petite colline. Au sud de celui-ci, on distingue une large pierre rectangulaire, présumée avoir servi à des sacrifices rituels.

L'olivier millénaire de Kavoussi : *sur la route de Mochlos, à la sortie du village de Kavoussi, prendre à droite la piste qui monte sur env 2 km jusqu'à l'olivier.* « Le plus vieux d'Europe » (et du monde, extrapole-t-on volontiers) : il aurait au moins 3 250 ans (et donc connu les Minoens !), un tronc impressionnant (près de 15 m de circonférence), et toujours productif ! Cela dit, il a un concurrent en Crète qui revendique lui aussi dans les 3 000 ans d'âge (voir Pano Vouvès dans les environs de Kolymvari).

MOCHLOS (ΜΟΧΛΟΣ) (72057) 100 hab.

Un ancien village de pêcheurs, à mi-chemin entre Agios Nikolaos et Sitia, à 5 km de la route principale. Dans son environnement de carrières de gypse, ce village ne possède pas d'architecture particulière, ni même de charme à vrai dire, mais il attire les Français en masse. Il faut dire qu'il y a quelques années, un hôtel-club y déversait régulièrement son contingent de vacanciers en provenance de l'Hexagone. Cela dit, prendre son petit déj ou déjeuner sur l'une des terrasses du port est un pur moment de bonheur !

En face, une île déserte, l'île de Mochlos. Elle abrite un site archéologique de la période prépalatiale (2700 à 2000 av. J.-C.) capital pour la compréhension du minoen ancien. Dans la nécropole, quelque 130 vases en pierre ont été trouvés, ainsi que des bijoux en or. Possibilité d'aller sur l'île en demandant aux gars du coin *(Nikos ou Kostas assurent généralement la traversée pour env 5 €/pers).*

– Plus d'infos sur • *mochlos.eu* •

Où dormir ? Où manger ?

Rodanthi Apartments : *à gauche après la boutique* Chez Cécile. *Pas de réception, s'adresser à la taverne* Sofia. *69-76-31-35-06. • kastelas.com • Double 30 € ; apparts 2-5 pers 45-55 €.* Chez Anne et Yiannis (qui proposent depuis longtemps des randos dans la région), des logements spacieux, très bien tenus, équipés de l'AC, de salles de bains et de balcons avec vue sur la mer. Le tout dans une grande maison crépie de blanc et aux volets bleus. Et encore 2 studios *(35 €)* ainsi qu'une villa pour 4 à 6 personnes, sur les hauteurs, à 800 m du village *(60-80 €)*. Les proprios sont une mine d'infos sur la région.

Sofia : *sur le port, au-dessus de la taverne du même nom. ☎ 28-43-09-45-54. • sofia-mochlos@hotmail.com • Chambres ouv tte l'année, taverne slt avr-oct. Doubles 30-40 € sans ou avec vue sur la mer ; petit déj 6 €/pers.* Fort bien tenu et bien situé. Une poignée de chambres très simples, carrelage brun, murs crêpis, avec douche, AC, TV, balcon et vue sur la mer. Loue également 2 studios et 6 autres appartements sur la colline, à peine plus chers. Bon accueil de Giorgos Petrakis. Le resto propose une excellente cuisine traditionnelle à base de produits frais. On va choisir ses plats en cuisine. Production maison d'un excellent ouzo.

Hôtel Mochlos : *chez Yiannis Zervakis, dans le centre du village. ☎ 28-43-09-42-40. • hotel.mochlos@gmail.com • Tte l'année. Doubles env 50-55 € pour les neuves, 35 € pour les anciennes ; grand appart pour 5 pers 70-80 € ; petit déj (copieux) 7,50 €/pers.* Grande maison familiale coupée en deux, abritant au total une quinzaine de chambres coquettes, avec balconnet, lit à moustiquaire, AC et une petite cuisine pour certaines. Bonne nouvelle pour ceux qui ne supportent pas les rideaux de douche qui collent à la peau, les salles de bains des nouvelles chambres sont toutes avec cabine ! Sinon, pour moins cher, choisir les anciennes (au-dessus de la réception). Au dernier étage, grand appartement assez exceptionnel en bois, avec 2 salles de bains, cuisine, terrasse immense et vue sur tous les fronts. Agréable cour où prendre le petit déj, servi avec pas moins de 5 sortes de confitures. Bon accueil anglophone d'Eli.

To Bogazi : *dernière taverne du port, en face de l'île de Mochlos. ☎ 28-43-09-42-00. Ouv 40 j. avt Pâques et jusqu'à la Toussaint. Env 15 €.* Taverne idéalement placée tenue par Manolis et Gaby (qui vous accueillent en français). Bonne cuisine (anchois marinés, boulettes de courgette, seiche dans son encre), poisson du jour et salades variées. Terrasse ombragée. Bon service. Musique traditionnelle certains soirs.

Taverna Akti : *en arrivant dans le village, aussitôt à gauche. ☎ 28-43-09-42-36. Double env 30 €.* Une taverne qui loue 2 chambres avec un grand lit et un lit simple, w-c pour chacune. Petite terrasse vite prise d'assaut aux beaux jours. Faut dire qu'on y sert une excellente pizza !

Restaurant Ta Kavouria : *à gauche du Sofia (si l'on est face à la mer). ☎ 28-43-09-42-04. Tte l'année. 12-17 €/pers, sf évidemment si vous prenez un plat de poisson.* Un autre petit resto à la sympathique terrasse juste au-dessus de la minuscule « plage ». Spécialités de poisson grillé, en brochettes, fritures, etc. Vins du pays en pichet. Accueil très agréable mais cuisine variable.

À faire

➢ ***Randonnées avec un guide botaniste :*** *contacter Anne Lebrun. 📱 69-76-31-35-06. • kastelas.com • Pour participer, il faut téléphoner au moins 1 ou 2 j. à l'avance afin de prendre rdv. Compter en moyenne 15-25 €/participant pour une rando de 3h à 1 journée.* Après des années d'études de botanique à Bruxelles, Anne a eu le coup de foudre pour cette partie de l'île, ses paysages, sa faune, sa flore et bien sûr... ses habitants ! Du coup, elle organise tous les jours, entre mars et octobre, des randonnées botaniques pour des individuels et pour les groupes. Les balades (accessibles à tous) partent habituellement entre 9h et 9h30. Les itinéraires varient. Des pique-niques, composés de produits locaux, sont livrés sur place par Yiannis, son mari. Anne propose également des randos itinérantes au printemps de 3 à 10 jours (jusqu'à 20 km).

SITIA (ΣΗΤΕΙΑ) (72300) 9 350 hab.

• Plan *p. 119*

À 70 km à l'est d'Agios Nikolaos, Sitia est une vraie petite ville qui joue la carte du balnéaire sans posséder le charme de la première et s'avère donc beaucoup moins fréquentée. Cela dit, Sitia est à l'image de sa situation géographique, plus sèche, plus dure, disons moins « Riviera ». Pourtant, ses ruelles escarpées et les escaliers blancs qui la sillonnent offrent d'agréables balades. Le long du port, une belle rangée de tavernes attire de nombreux étrangers. Et puis, Sitia est aussi la porte d'entrée du formidable terrain d'exploration que représente son arrière-pays, autour de Karydi. En 2015, l'Unesco a reconnu sa valeur de patrimoine mondial en le classant dans le Global Geoparks Network, en raison du nombre important de fossiles d'animaux préhistoriques retrouvés dans les lacs qui peuplaient la région au quaternaire tardif. Le Géopark est également très apprécié des spéléologues puisqu'on y dénombre 170 grottes. Infos sur *• sitia-geopark.gr •*

Arriver – Quitter

En avion

✈ ***Aéroport :*** *à 2 km au nord de la ville. ☎ 28-43-02-44-24. Pour y aller, prendre un taxi.*

➢ ***De/vers Athènes :*** tlj (sf mer en hiver) vol à 22h avec *Astra Airlines.* Durée : 1h.

➢ ***De/vers Kassos-Karpathos-Rhodes :*** plusieurs liaisons/sem avec *Olympic Airlines.*

En bateau

⛴ ***Capitainerie :*** *☎ 28-43-02-23-10.* L'agence *Kritsotakis,* à l'extrémité du port *(☎ 28-43-02-55-55),* vend des billets de bateau et d'avion, tout comme l'agence *Tzortzakis* (voir « Adresses utiles »). Bateau de la compagnie *Aegeon Pelagos,* filiale de la compagnie *ANEK.*

➢ ***De/vers Kassos, Karpathos et Rhodes :*** au moins 1 liaison/sem.

➢ ***De/vers Anafi, Santorin, Milos et Le Pirée :*** au moins 1 liaison/sem. Prévoir 16h de traversée pour Le Pirée.

En bus

🚌 ***Gare routière*** *(plan A2)* ***:*** *odos Panagouli. ☎ 28-43-02-22-72. • ktel-herlas.gr •* Sauf indication contraire, les

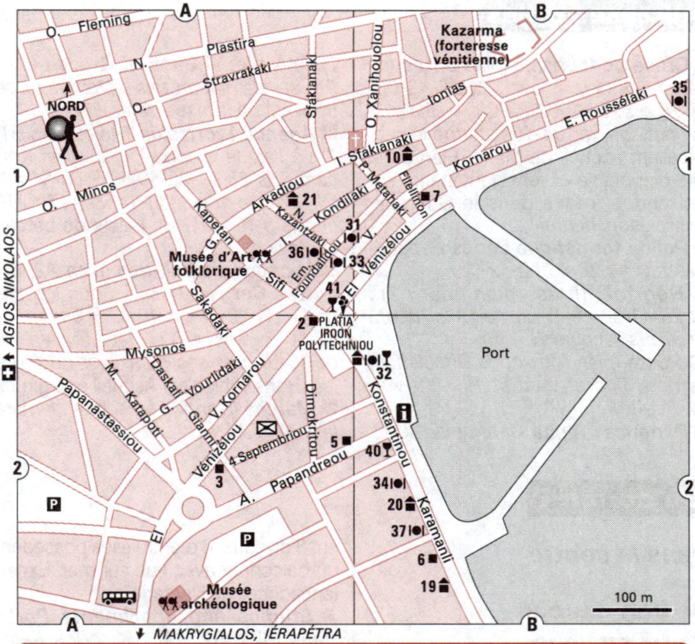

SITIA

Adresses utiles

- Office de tourisme
- **2** Alpha Bank
- **3** National Bank of Greece
- **5** Petras Car Rentals (location de voitures)
- **7** Agence Tzortzakis Travel

Où dormir ?

- **10** Arhontiko Hotel
- **19** Studios and apartments Porto Belis
- **20** Elysee Hotel
- **21** El Greco Hotel
- **32** Itanos Hotel

Où manger ?

- **31** Taverna Zafieti
- **32** Thalassa Café-restaurant
- **33** Tzivaeri
- **34** Da'Giorgio
- **35** Nato Taverna
- **36** The Balcony
- **37** Fengaropsaro

Où boire un verre ? Où manger une bonne glace ? Où sortir ?

- **40** En Plô
- **41** Kalambokis

bus circulent avec la même fréquence le w-e.

➢ ***De/vers Agios Nikolaos et Héraklion :*** 5-7 bus/j dans chaque sens.

➢ ***De/vers Iérapétra, via Makrygialos :*** 4 bus/j.

➢ ***De/vers Vaï et Palékastro :*** 4 bus/j., à 10h, 12h, 14h30 et 17h30 pour Vaï, et à 12h30, 16h30 et 18h au départ de Vaï (passage par le monastère de Moni Toplou). 5 bus/j. (lun-ven) de/vers Palékastro.

➢ ***De/vers Kato Zakros*** *(via Zakros)* ***:*** en théorie 2 bus/j. fin juin-fin sept (slt les lun, mar et ven à 10h et 14h15). Bien se renseigner, ça peut changer. Pas de bus le reste de l'année.

➢ ***De/vers Arméni et Ziros :*** 1 bus lun, mar et ven.

Adresses utiles

Office de tourisme (plan B2) **:** *odos Karamanli, sur le port. ☎ 28-43-02-37-75 ou 28-43-02-83-00. • sitia.gr • Avr-oct, lun-ven 8h-15h ; fermé le w-e.* Excellent accueil de Maria. Plan de la ville disponible et renseignements sur les randos à faire dans le Géopark. *• sitia-geopark.gr •*

Police touristique : *odos Papanastassiou. ☎ 28-43-02-42-00.*

Hôpital (hors plan par A2) **:** *☎ 28-43-02-43-12 ou 28-43-34-01-00 (premiers secours ☎ 166).*

Poste (plan A2) **:** *odos Dimokritou, derrière l'hôtel* Itanos. *Tlj sf le w-e 7h30-14h.*

Banques : Alpha Bank *(plan A1-2, **2**), la* **National Bank of Greece** *(plan A2, **3**) et la plupart des distributeurs se trouvent dans la rue Vénizélou.*

Agence Tzortzakis Travel (plan B1, **7**) **:** *à l'angle d'odos Filellinon et Kornarou. ☎ 28-43-02-50-80. 📱 69-84-42-61-94. Lun-ven 8h30-14h30, 17h-21h (ferme à 15h le w-e).* Billets de bateau et d'avion.

Location de voitures (plan A2, **5**) **: Petras Car Rentals,** *8, odos Papandreou. ☎ 28-43-02-48-49. 📱 69-36-68-56-10. Tlj 9h-14h30, 16h-21h. À partir de 35 €/j., prix déclinant selon durée de loc.* Bons véhicules. Accueil énergique.

Marché (plan A2) **:** *mar mat, derrière la gare routière.*

Où dormir ?

Dans le centre

De bon marché à prix moyens

Arhontiko Hotel (plan B1, **10**) **:** *16, odos Kondilaki. ☎ 28-43-02-81-72. Sur la droite, après la ruelle Filellinou. Avr-oct. Selon saison, doubles 30-37 € ; triples 45-47 € ; pas de petit déj.* Adorable pension dans une rue très calme, devancée par une jolie terrasse fleurie, à l'ombre d'un oranger. Alexandra, la très sympathique propriétaire allemande francophone, propose une dizaine de chambres dans sa maison vieille d'un siècle (superbes carrelages d'origine et belles boiseries laquées). Les chambres sont simples et plaisantes, avec douches et w-c sur le palier. Demander une chambre sur l'avant, elles sont plus grandes. Une adresse pleine de charme qu'il convient de réserver à l'avance.

El Greco Hotel (plan A1, **21**) **:** *13, odos G. Arkadiou. ☎ 28-43-02-31-33. • elgreco-sitia.gr • Avr-oct. Doubles 35-50 € (5 € en plus si vue) ; petit déj 4 €.* Bon hôtel familial. Ici, un ascenseur microscopique dessert une quinzaine de chambres lumineuses et confortables (TV, clim, frigo) réparties sur 3 niveaux. 6 d'entre elles possèdent un balconnet avec vue sur mer. Excellent accueil de Nectaria.

Studios and apartments Porto Belis (plan B2, **19**) **:** *34, odos Karamanli. ☎ 28-43-02-23-70. • portobelis-crete.gr • S'adresser à l'agence du même nom, située au rdc. 20 avr-20 nov. Doubles 34-45 € avec balcon et vue sur le jardin (une seule) ; studios 42-54 € pour 2-3 pers (certains d'entre eux donnent sur la mer) ; apparts 4 pers 64-75 €.* Petit immeuble sur le front de mer abritant une seule chambre, des studios et des appartements tout confort, ayant bénéficié d'un effort de déco (version marine). C'est plaisant et ça sent les vacances. Choisir le devant pour la vue sur la mer, l'arrière pour le calme. Fait également location de voitures. Une bonne adresse.

De prix moyens à plus chic

Elysee Hotel (plan B2, **20**) **:** *14, odos Karamanli. ☎ 28-43-02-23-12 ou 97-10. • elysee-hotel.gr • Tte l'année. Doubles 45-64 € selon période, avec petit déj. Parking à la disposition des clients.* Face à la mer et au port, un hôtel moderne de 25 chambres parfaitement tenues dont certaines peuvent accueillir jusqu'à 4 personnes. Chambres lumineuses, spacieuses, meublées sans fantaisie mais confortables (AC, TV, réfrigérateur et balcon). Accueil gentil.

Simon Studios & Apartments *(hors plan par B2) : au lieu-dit* ***Petras*** *(à 20 mn de marche du centre). ☎ 28-43-02-49-45 ou 69-79-33-23-53. • simonapartments.com • À 1 km du centre-ville, sur la route de Vaï et Moni Toplou. Tte l'année. Selon saison, studios 2 pers 50-60 €, ajouter 5 €/pers suppl.* Une petite structure de 4 studios et 4 appartements tout confort (AC, TV satellite), nickel avec tout le nécessaire pour préparer son frichti et une petite terrasse privative disposant d'un Tancarville pour faire sécher son slip de bain. Tout ça est bien agréable et sent le neuf. Accueil jeune et sympathique, en anglais.

Itanos Hotel *(plan B2,* ***32****) : sur le port. ☎ 28-43-02-29-00. Tte l'année. Selon saison, doubles 42-65 €, petit déj inclus.* Un hôtel de 72 chambres dont une douzaine seulement donne sur la mer. Quelques chambres familiales. Déco banale, mais confort standard appréciable. Petit déjeuner sans éclat et accueil variable.

À Agia Fotia

Prix moyens

L'Odyssée *(hors plan par B2) : Box 654. ☎ 28-43-02-22-04. • gite-hotel-cottage-crete.com • À 4 km de Sitia, à la sortie du village d'Agia Fotia, sur la route de Vaï et Moni Toplou. Tte l'année. Selon saison, studios pour 2 40-48 € ; apparts 4-6 pers 80-92 € ; petit déj 6 €.* Petit ensemble hôtelier ouvert depuis une trentaine d'années par un couple de Français. Entourés d'un grand jardin fleuri (4 000 m²), les 2 studios et les 3 appartements, tous de plain-pied, sont équipés de douche et w-c, de clim (en sus) ou de ventilo. Jardin privatif pour chaque appartement. Petite piscine hors sol, jacuzzi (avec supplément), machine à laver, barbecue et four extérieur. Un lieu de détente très prisé par une clientèle d'habitués majoritairement français.

Lassion Golden Bay *(hors plan par B2) : à 5 km de Sitia sur la route de Vaï, à la sortie du village d'Agia Fotia. ☎ 28-43-02-89-50. • lgb.gr • Avr-oct. Selon saison et vue, doubles 50-75 €, bungalows 70-140 € ; petit déj 5 €.* Bien en retrait de la route, un petit complexe posé dans un beau site encore préservé, composé d'une vingtaine de bungalows, dont la plupart possèdent une vue directe sur la mer, et de 7 chambres. Sinon, tous les hébergements s'ouvrent sur un jardin ou sur les allées fleuries, mais tout le monde dispose de son petit balcon. Déco plaisante, confort classique, belle piscine d'eau de mer, tennis, ping-pong... Bref, un minivillage de vacances à dimension humaine qui vieillit bien. Accueil attentionné.

Où manger ?

Pour manger sur le pouce, on trouve des échoppes à *gyros* aux environs de la gare routière. Pour un choix énorme (et bon) de feuilletés, sandwichs et glaces, aller près du port, *platia Iroon Polytechniou*, chez **Krema Kanela Kouvaraki.** Dès l'automne, quand la plupart des tavernes ferment, se rabattre sur les 2 *rakadika* mitoyens (par exemple l'***Inodion***) sur le port, odos Vénizélou. Surtout pour le côté typique. Ne manquez pas de goûter le *Xigalo,* un fromage produit à Sitia.

Prix moyens

Nato Taverna *(plan B1,* ***35****) : odos Mastropavlou, au-dessus du port des ferries et de la capitainerie. 69-46-16-39-88. Tlj 7h-12h30, 19h-minuit. Repas env 12-14 €.* De bonnes spécialités (poulpes, calamars...) servies par Georges et Anna. Atmosphère simple et conviviale sous la tonnelle, ou dans une jolie salle en pierre apparente, à l'écart de l'animation du centre. Raki produit par la famille. Une bonne adresse.

Tzivaeri *(plan A-B1,* ***33****) : sur le port*

(à côté du resto Zorbas). ☎ 28-43-02-81-70 ou 📱 69-76-68-03-21. Tlj midi et soir. Repas env 12-14 €. Pain bio, vin bio, légumes du potager. Ici, le challenge c'est de réserver une table le plus près de l'eau pour échapper à la télé vraiment assourdissante. Sinon, si vous ne piochez pas dans la carte, demandez à Kiki qu'elle vous concocte un assortiment de *mezze*.

Taverna Zafieti *(plan A-B1,* ***31****) : 22, odos Foundalidou. ☎ 28-43-02-22-49. Repas env 10-14 €.* Dans une rue derrière le port, à l'écart des foules de touristes. C'est pour échapper aux *hello* racoleurs du port que l'on vient s'asseoir au *Zafieti*. Ambiance populaire et cuisine correcte.

Fengaropsaro *(plan B2,* ***37****) : 20, odos Karamanli, juste avt la plage. 📱 69-76-44-70-52. Env 12-14 €.* Une *ouzeri* raffinée, plutôt orientée fruits de mer (moules *saganaki* grandioses) et plats traditionnels. Le tout à consommer tranquillou en regardant le port ou le va-et-vient des promeneurs sur la rue piétonne. En saison, leurs seiches au vin font un carton. Service attentionné du patron, Andreas, qui parle un peu le français.

Thalassa Café-restaurant *(plan B2,* ***32****) : sur le port, face à l'hôtel* Itanos. *☎ 28-43-02-29-00. Env 12-15 €.* Une bonne cuisine crétoise à prix raisonnables, appréciée des locaux. Huile d'olive produite par la famille et délicieux *staka* (roux de lait de chèvre) aux œufs.

Da'Giorgio *(plan B2,* ***34****) : 8, odos Konstantinou Karamanli. ☎ 28-43-02-55-00. Compter 12-15 €.* Restaurant italien recommandé pour ses spécialités grecques comme les intestins de porc farcis, les escargots au romarin, l'espadon ou les olives broyées au citron. Également de bonnes pâtes et des pizzas (feu de bois). Produits frais, bonne humeur familiale et respect du client. Grande terrasse couverte avec vue sur les bateaux de pêche.

Chic

The Balcony *(plan A1,* ***36****) : à l'angle d'odos Kazantzakis et d'odos Foundalidou. ☎ 28-43-02-50-84. 📱 69-73-00-22-81 (résa). Tte l'année, tlj sf dim 12h-15h, 17h-23h ; hors saison, ouv slt le soir. Menu « découverte saveurs grecques et crétoises » pour 2 env 38 € ; carte min 25-30 €.* Certainement l'un des meilleurs restaurants de la région, tenu par une chef, Tonya Karandinou, véritable cordon-bleu et critique gastronomique pour une revue grecque. Salades originales, plats de viande préparés avec un indéniable souci de recherche. On y va pour goûter des saveurs méditerranéennes, mais aussi pour faire voyager ses papilles vers l'Asie ou encore le Mexique, dans un joli cadre (salle à l'étage avec pierres apparentes). Belle sélection de vins.

Où manger dans les environs ?

Dionysos Restaurant *: en arrivant à* ***Agia Fotia,*** *quand on vient de Sitia. ☎ 28-43-02-86-18. Tlj midi et soir. Env 10-15 €.* Cuisine traditionnelle, bon choix de *mezze* et excellentes brochettes de poulet. Accueil gentil comme tout.

Où boire un verre ? Où manger une bonne glace ? Où sortir ?

En Plô *(plan B2,* ***40****) : 1, odos Karamanli. Tlj 8h-2h.* Un des bars branchés préférés des jeunes.

Kalambokis *(plan A1,* ***41****) : platia Iroon Polytechniou.* Ce café vaut surtout pour son grand choix de merveilleux gâteaux.

Au bout du port, une brochette de ***bars-boîtes*** : le ***Dalmare,*** avec ses grandes terrasses joliment aménagées et, un peu plus loin, le ***Black Hole,*** style lounge cosy, qui organise parfois des concerts.

LE NORD-EST DE LA CRÈTE

À voir. À faire

Le Musée archéologique (plan A2) : *juste à la sortie de la ville, route de Iérapétra, à 100 m sur la gauche. ☎ 28-43-02-39-17. Facile d'y aller à pied. Tlj sf lun et j. fériés 8h30-15h. Entrée : 3 € ; réduc.* Petit musée intéressant, avec une grande salle divisée en cinq sections, exposant poteries peintes, figurines en terre cuite, des statuettes en ivoire d'hippopotame, dont le fameux *Kouros de Palékastro* (une statuette datant de 1500 av. J.-C., en bois plaqué d'ivoire, ses cheveux étaient en serpentine, ses yeux en cristal de roche, ses sandales et son pagne en or, superbe !). Aussi des sarcophages minoens de la période prépalatiale (remarquables aussi), des tablettes en *linéaire A* (1800 av. J.-C.), un moulin à blé, ainsi qu'une collection de bijoux et de sceaux (or, cornaline, jaspe, calcédoine). En grande partie, le produit des fouilles de Zakros, Mochlos et de Palékastro, mais aussi ce qu'on a trouvé à Xérokambos (ancienne Ambélos).

Le musée d'Art folklorique (plan A1) : *odos Kapetan Sifi, dans une vieille maison de caractère, aux fenêtres vertes. Théoriquement, tlj en été sf dim 10h-14h. Entrée : 2 € ; réduc.* Musée vaste et très bien documenté (on vous renseigne aussi et surtout de vive voix), bien plus intéressant que la moyenne. Nombreux objets de la vie quotidienne, ainsi que des costumes de différentes époques. Métier à tisser en démonstration (des cocons de soie aux pigments, tout le processus est expliqué), nombreuses pièces en exposition.

➢ ***Balade vers la forteresse vénitienne (Kazarma)*** **:** l'intérieur de la ville est agréable. En montant vers l'ancienne forteresse, Kazarma, en haut des marches qui mènent à l'odos Arkadiou, on voit une inscription à demi effacée sur le linteau d'une vieille maison : « 8e régiment d'infanterie de Marine – salle des rapports », qui rappelle que, à la fin du XIXe s, l'est de la Crète avait été confié aux bons soins d'un corps expéditionnaire français qui assurait la transition entre le départ de l'administration ottomane et l'installation de son homologue grecque. En prenant sur la droite, on arrive assez vite à la *forteresse* *(visite tlj sf lun 8h30-15h ; 3 € ; réduc)* restaurée pour servir de lieu de concerts et spectacles.

Plage un peu caillouteuse, relativement propre la plage de ***Petras*** se trouve à 1 km environ après les commerces, route de Vaï. Centre de plongée *(Scuba Diving)* sur place.

Festivités

– ***Festival les Kornaria*** **:** *de juil à mi-août.* Concerts et représentations ont lieu dans la forteresse vénitienne *Kazarma* ou dans les villages environnants. Le nom de ce festival rend hommage à Vitsentzos Kornaros, né à proximité de Sitia, auteur de l'*Erotokritos,* l'œuvre phare de la Renaissance crétoise.

DANS LES ENVIRONS DE SITIA

Le monastère abandonné de Panagia Fanéroméni (Μονη Φανερωμενης) **:** *à une dizaine de km au nord-ouest de Sitia (ne pas confondre avec l'autre monastère de Fanéroméni, situé du côté d'Istro et Gournia). Prendre la route d'Agios Nikolaos et tourner à droite quand le monastère est indiqué, c'est 5 km plus loin.* La balade vaut pour le site : falaises crayeuses dentelées qui s'élèvent au-dessus d'un canyon.

➢ ***Itinéraire dans l'arrière-pays de Sitia :*** possibilité de rejoindre ***Zakros*** par le chemin des écoliers. Cet itinéraire qui traverse une bonne partie du Géopark, permet de passer par des villages totalement préservés, où le tourisme n'a pas (encore) fait son apparition malgré quelques groupes de quads dévoreurs de poussière. Quitter la route pour Makrygialos et Iérapétra, et prendre la direction de *Kato Episkopi.* Avant d'arriver à Zou, sur la droite, maison minoenne adossée à la colline *(GRATUIT).* ***Zou*** est un village réputé pour son eau (son nom signifie d'ailleurs « eau » en turc), comme un peu partout en Crète, les villageois viennent faire le plein de leurs bouteilles ou jerrycans. Après *Stavroménos, Kato Drys,* le paysage devient plus rocailleux, mais les oliviers s'accrochent toujours sur les pentes. La route passe au-dessus de *Sandali,* village silencieux où se dresse un palmier solitaire. Puis on contourne un massif couronné d'éperons rocheux avant *Katsidoni,* où une vieille fontaine-lavoir a été retapée, à l'entrée du bourg. Après le passage d'un col, arrivée à *Sitanos,* sur un plateau cultivé. Sitanos est un village carrefour, avec un ou deux *kafenia.* Route asphaltée pour le sud, direction *Ziros.* Pour rejoindre *Zakros,* passer par *Karydi* (d'où il est également possible de boucler vers Sitia, à 19 km, via Mitato en empruntant une piste) puis *Adravasti* (bon restaurant : ***Adravasti,*** chez Yiannis Mitsakakis). Paysages magnifiques. Zakros est seulement à 3 km d'Adravasti.

➢ Le cœur du Géopark, c'est le village de ***Karydi,*** véritable Mecque pour tout spéléo qui se respecte. Il faut reconnaître que la zone karstique qui compose la région est un vrai gruyère ! Pour tout renseignement sur le Géopark et les différentes « géoroutes » répertoriées (sentiers de randos pédestres, à VTT, en voiture, etc.), s'adresser à l'office de tourisme de Sitia qui édite quelques brochures, au ***Speleo Info Center*** aménagé dans l'ancienne école du village de ***Karydi,*** ou en allant piocher l'info directement sur le site • *sitia-geopark.gr* •

L'EXTRÉMITÉ ORIENTALE DE LA CRÈTE

• Carte Le département du Lassithi *p. 102-103*

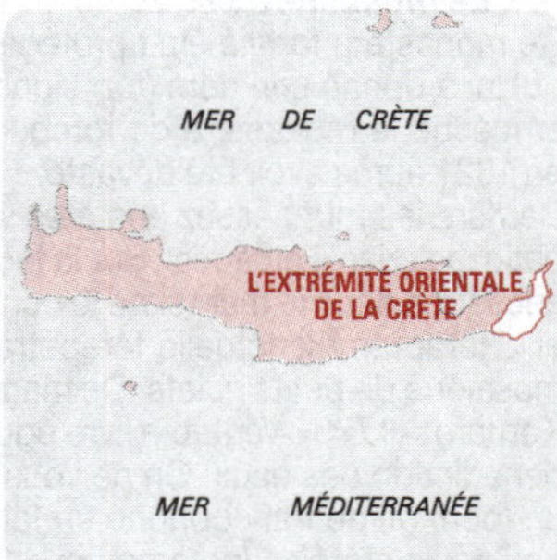

Voilà une des régions les plus belles et les plus sauvages de Crète. Traversée par des monts accidentés, entrecoupés d'oliveraies, cette extrémité orientale de l'île a la chance de posséder encore de très belles plages encore préservées du tourisme de masse. Beaucoup ne sont accessibles que par des pistes non revêtues. Parmi nos préférées : *Xérokambos* (plages quasi désertes accessibles), la plage de *Hiona* (à Palékastro), celle de *Karoumès* (accessible à pied par les gorges de Hohlakiès).

Dans l'Antiquité, cette partie éloignée du reste de l'île servit de refuge aux derniers des Minoens qui avaient refusé de se soumettre aux Achéens et aux Doriens. Pour installer leurs cités, ils choisirent de très beaux sites proches de la mer. On peut voir aujourd'hui de nombreux sites archéologiques datant de cette époque, les plus connus étant les ruines de *Roussolakkos* (Palékastro) et les vestiges du palais minoen de *Kato Zakros.*

Si la région a été distinguée par l'Unesco en septembre 2015 (classement du Géopark), un projet fait couler beaucoup d'encre depuis plusieurs années : il s'agit du projet immobilier, lancé par des promoteurs britanniques, d'abord appelé *Cavo Sidero Resort,* et aujourd'hui rebaptisé *Itanos Gaia.* Le monastère de Toplou (qui possède une grande partie des terres dans cette région de l'île) leur avait attribué, sous la forme d'une sorte de *leasing* pour une durée de 80 ans, 2 500 ha de terrain sur la péninsule de Cavo Sidero (ou Cap Sidéros), où ils allaient faire pousser ex nihilo un ensemble immobilier pharaonique. Le projet avait été retoqué sous sa première forme, mais en mars 2016, sa nouvelle mouture a été approuvée par décret présidentiel, sous les applaudissements de la ministre du Tourisme. Il est cette fois question de 1 936 lits et d'un golf (pour faire court). Certes, le projet initial prévoyait 3 golfs... Le Conseil d'État a de nouveau été saisi par les associations écologistes puisque ce projet immobilier n'est pas compatible avec la défense de l'environnement et le respect de zones protégées (Natura 2000).

Cette région pauvre (mais riche d'un point de vue botanique, géologique et archéologique) intéresse aussi quelques investisseurs porteurs d'un projet d'implantation d'éoliennes et de champs de panneaux photovoltaïques. Des infrastructures qui ne seront pas sans impact sur le biotope. Un vrai casse-tête pour les écolos.

MONI TOPLOU (ΜΟΝΗ ΤΟΠΛΟΥ)

À 15 km à l'est de Sitia, sur la route de Vaï, se dresse un monastère, où ne vit qu'une poignée de moines (et encore, il n'est pas certain qu'on les voie pendant la visite).

➢ ***Bus depuis Sitia :*** prendre ceux pour Vaï, ils s'arrêtent désormais tous au monastère.

À voir

Le monastère : *☎ 28-43-06-12-26. Avr-oct, tlj 9h-18h. Entrée : 3 €.*
Ce monastère fortifié était protégé, outre par ses solides murailles, par un canon qui lui a donné son nom (*top* signifiant « boulet de canon » en turc). Cela n'a pas empêché le monastère de tomber à plusieurs reprises, étant même abandonné en 1821 après avoir été dévasté.
Derrière les murs assez austères se cachent une belle architecture et un élégant patio (galeries à arcades). Sur la façade de l'église, à gauche de la porte, une pierre encastrée dans le mur relate le contrat établi jadis entre les villes antiques d'Itanos et d'Iéraputna (l'actuelle Iérapétra). À l'intérieur, le sol est recouvert d'une jolie mosaïque de petits galets. De magnifiques icônes, dont *Mégas ei Kyrié* de Ioannis Kornaros (1770). Véritable livre éducatif avec 61 représentations de la prière de la bénédiction des eaux. On ne vous la décrit pas, essayez de prêter l'oreille quand un (bon) guide francophone en fait la description. Sinon, quelques belles icônes de l'école crétoise (notamment saint Jean-Baptiste avec ses ailes à la tête de la Xe armée des anges) et de l'école russe (icône à la gloire de la Vierge, juste en face de la précédente), des stalles sculptées et une admirable iconostase du XVIIIe s. Également un musée de gravures et de manuscrits, dans lequel on découvre la bannière du monastère datant de la guerre d'indépendance contre les Turcs.
L'ensemble du monastère a été fort bien restauré ; et pour cause, les moines ne sont pas à court d'argent (la plupart des terres environnantes, jusqu'à Vaï, appartiennent à l'Église).
– Enfin, à la sortie, près du parking, allez jeter un coup d'œil à l'intérieur du moulin, car le mécanisme de broyage est toujours visible.
– Si vous êtes dans les parages le 8 ou le 26 septembre, il s'y déroule chaque année une ***fête religieuse.***

VAÏ (BAI)

À 24 km à l'est de Sitia, Vaï est une vaste palmeraie, bordée par une belle plage de sable blond, accueillant les inévitables parasols et transats à louer. Pour les passionnés de botanique, ces palmiers sont des *Phoenix*

***theophrasti,* nommés en l'honneur de Théophraste, qui, au IVe s av. J.-C., écrivit un livre sur les plantes et les arbres. Il s'agit de la seule palmeraie de *Phoenix* de cette espèce. Dommage qu'on ne puisse pas la visiter.** *(Parking payant 2,50 €).*

Beaucoup de monde en été. Pour être plus tranquille, il faut se rendre à droite de la plage, là où l'escalier dans la roche donne sur un abri en paille. Puis continuer la promenade en suivant les marques rouges et bleues. Vous arrivez alors dans une jolie petite crique un peu moins fréquentée (et les gens y sont moins habillés également). Sur place, un resto que l'on ne conseille pas.

➢ ***Bus depuis Sitia :*** en saison touristique 4 bus/j. en sem, 3 slt le w-e. Dernier retour à 18h en sem, 16h30 le w-e. *Rens : • ktelherlas.gr •*

Les plages des environs

À 3 km au nord de Vaï, ***Itanos,*** belle crique autrefois fréquentée par les naturistes (aujourd'hui ils vont plus loin), aujourd'hui par les oursins... prudence ! Site archéologique modeste *(GRATUIT).* Mais Itanos a été une cité importante dans l'Antiquité, à l'époque dorienne. Les trois quarts du site sont aujourd'hui engloutis. On pense qu'elle contrôlait tout le territoire allant du cap Sidéros (l'extrémité nord-est) à Goudouras sur la côte sud. Si vous allez sur le site archéologique (accès libre), vous découvrirez, au sud de celui-ci, en suivant la direction de la basilique, une petite plage de sable pratiquement déserte mais pas toujours très propre. Préférez les plages qui sont de l'autre côté, vers le nord (du parking, derrière la colline sur la gauche). Inutile de poursuivre la route vers le nord, elle débouche sur une zone militaire.

La plage de Maridati : *entre Vaï et Palékastro.* De Vaï, suivre la route de Palékastro. À environ 5 km au sud (en partant de la plage de Vaï), un panneau sur la gauche indique un chemin de terre. Il conduit (1,2 km) à la plage de Maridati, plutôt tranquille et adaptée au *snorkelling.* Pas de transats ni de parasols payants, vous y serez peinard (sauf quand les familles grecques débarquent pour pique-niquer).

Maridatis Apartments & Taverna : *☎ 28-43-06-10-55. • maridatis.gr • Dans le petit vallon qui mène à la plage de Maridati. Avr-oct. Apparts 40-70 m², 40-70 € pour 2 selon saison et superficie. CB refusées.* Seulement 3 apparts, tous fort bien équipés (le plus grand est sur 2 niveaux), situés dans une maison isolée avec vue sur l'oliveraie et la mer. C'est ici qu'habitent Manolis et Eleni Périnou, qui donnent chaque samedi un petit récital sur le coup de 21h30. La taverne offre une cuisine simple typiquement crétoise concoctée avec des produits frais. On y est accueilli avec gentillesse.

PALÉKASTRO (ΠΑΛΑΙΚΑΣΤΡΟ) (72300) 950 hab.

À 8 km au sud de Vaï et à 19 km de Sitia. Un bourg entouré d'oliveraies, avec au loin de belles plages en partie épargnées par les promoteurs. Et pour cause : le vent. Ici souffle un puissant thermique qui fait le bonheur des véliplanchistes et au faîte des montagnes, tournent les éoliennes... Dans Palékastro (ou Palaikastro), le tourisme a pris les choses en main : un petit musée, quelques hébergements sympas et des restos typiques. Voilà un village, certes fréquenté en été, mais qui reste une excellente base pour découvrir la région, notamment les sites archéologiques et la côte.

Pour aller aux plages, quelques routes asphaltées sillonnent les mers d'oliviers. Puis elles cèdent la place à des chemins de terre jusqu'à de ravissantes petites criques. Pourvu que ça dure !

Arriver – Quitter

Arrêt de bus : *sur la place centrale, à côté de l'église.*

➢ ***De/vers Sitia :*** en saison, lun-ven, 5 bus/j. et 3 le w-e. Retour dans la foulée.

Adresses utiles

■ ***Pharmacie :*** *dans le centre, en direction de Sitia.*

■ ***Presse :*** ***Terra Elaia,*** *à côté de* Chez Katerina Masouraki *(voir ci-après « Où dormir ? »). ☎ 28-43-06-13-05. • info@palaikastro.com • Tte l'année.* Magasin de cartes postales, de souvenirs et de livres, tenu par Virginie, une Française mariée au photographe Manolis Tsantakis. On y trouve la presse française. Vend également des herbes aromatiques locales, de l'huile d'olive naturelle, des savons faits maison...

■ ***Location de scooters :*** ***Moto Kastri*** *(dans le bas du village, rte de Vaï, en face du parking principal). Tlj 9h-13h, 16h-20h. ☎ 28-43-06-13-77 ou 69-77-94-90-99. Env 20 €/j.* Également des VTT.

Où dormir ?

Bon marché

Chez Katerina Masouraki : *☎ 28-43-06-13-05. • palaikastro.com/katerina • Dans le centre, après l'école, à droite de* Terra Elaia. *Doubles env 30-35 €. Réduc si plusieurs jours. CB refusées.* Seulement 3 studios et 2 chambres, très simples, et une cuisine commune bien équipée si bien qu'on peut louer l'ensemble pour une famille, par exemple. L'ensemble est tenu par Katerina (qui parle le français) et sa fille Georgina (qui ne manque pas de caractère). Nos lecteurs sont unanimes pour saluer la grande qualité d'accueil de Katerina ! Pour les résas, en revanche, on passe par Virginie (voir plus haut « Presse » dans « Adresses utiles »).

Niki Rooms & Apartments : *dans la petite rue qui part presque en face de l'hôtel* Hellas. *☎ 28-43-06-11-23 (chambres) ou 14-80 (apparts). • aptsnikos@yahoo.gr • Tte l'année. Chambres env 30-35 € selon saison, AC en sus 3 € ; apparts 3-5 pers 45-75 €. CB refusées. (capricieux.)* Ici, la maman loue les chambres, et sa fille Niki les apparts. C'est à la fois basique et très propre, une douzaine de chambres avec balcon, salle de bains, AC ou ventilo. Petite cuisine à disposition. Super accueil. Également des visites organisées autour de l'apiculture, de la production du raki ou de savon.

Thalia Hotel : *près du centre ; bien indiqué à partir de l'église. ☎ 28-43-06-14-48 ou 69-79-25-38-81. • hotelthalia.gr • Derrière l'église, descendre 60 m, puis sur la droite. Mi-avr-fin oct. Doubles env 35-39 € selon saison ; petit déj 5 €. CB refusées.* Une famille sympathique et accueillante tient ce petit hôtel devancé par les bougainvillées. Une dizaine de chambres doubles ou triples (1 grand lit et un petit), impeccables, avec salle de bains, AC, TV, frigo et balcons fleuris. Petite bibliothèque. Un excellent choix.

Haus Eva : *sur la route de Zakros, juste après avoir laissé l'embranchement pour Hiona (parfois indiqué Chiona) et Agathia. ☎ 28-43-06-13-88 ou 10-18. Hors saison à Athènes : ☎ 21-09-92-60-13. Avr-oct. Double env 35 €, apparts 2-4 pers 50-70 €.* Une maison agréable comprenant 3 chambres et

2 appartements. Le tout d'une propreté et d'une rigueur toute germaniques. Appartements impeccables et lumineux avec frigo, terrasse et moustiquaire, au rez-de-chaussée ou à l'étage. Belle vue sur les champs d'oliviers. Bon accueil.

Hellas Hotel : *sur la place, à côté de l'église. ☎ 28-43-06-12-40. • palaikastro.com • De mi-avr à mi-oct. Doubles 30-40 € selon saison ; petit déj à partir de 4,60 €/pers.* Bâtiment de 3 étages, aux volets bleus, possédant une dizaine de chambres nettes, tout confort et bien meublées. Vu l'animation de la place en été, on est content d'avoir du double vitrage. Accueil familial qui met à l'aise. Excellent resto (voir plus bas).

Où manger ?

Pour manger sur le pouce, le ***Douk*** *(☎ 28-43-06-13-04),* au début de la route pour Vaï, à côté de la boucherie. Petit *souvlaki* et *gyros* pour pas cher.

Restaurant de l'hôtel Hellas : *sur la place. ☎ 28-43-06-14-55. Env 12-17 €.* Ici, on a distribué les tâches, les frangines s'occupent de l'hôtel et les frangins du resto. Choix assez large d'excellentes spécialités locales comme les feuilles de vigne, le lapin *(kounéli),* les aubergines farcies façon *papoutsakia* (avec viande) *ou Imam* (sans viande), ainsi que les généreux *mezze,* etc. Beaucoup d'habitués. En fonction de la météo, on s'installe sur la terrasse ombragée donnant sur la place, ou en salle qui affiche de vieilles photos en noir et blanc. Service charmant.

Restaurant Itanos : *☎ 28-43-06-12-50. Tte l'année midi et soir (en hiver, surtout le soir). Env 10-15 €.* On ne vient pas ici pour le cadre – tout à fait banal – mais pour déguster de délicieuses viandes rôties à la broche et à la braise *(ts les soirs en été, l'hiver slt le w-e).* L'agneau fond littéralement sous la dent ! Le midi, grillades et plats « à la casserole » ou au four.

Elena : *rue principale, après l'hôtel Hellas. ☎ 28-43-06-12-34. Compter 10-15 €.* Bons *mezze,* délicieuses *yemistès* (tomates et aubergines farcies) et calamars farcis mais congelé comme partout (du moins en été). Accueil souriant et service très agréable de Katerina, qui a longtemps travaillé à Paris et parle un bon français. Vin au pichet. Préférer la salle charmante et rustique, plutôt que la terrasse bâchée à cause de la chaleur en été.

Où dormir ? Où manger dans les environs ?

Elia Studios : *à 1 km à l'est de Palékastro, au village d'**Agathia,** au-dessus d'*Anatoli Rooms. *Pour y aller en voiture, prendre la route de Hiona (Chiona), puis à droite ; bien indiqué. ☎ 28-43-06-10-01. • eliastudios.com • Avr-oct. Selon saison, 35-55 € pour 2 ; petit déj 5 €/pers. Réduc à partir de 10 j. de séjour.* Un ensemble très fleuri et coquet de 6 chambres et studios (2 à 4 personnes) tout confort (salle de bains, AC, TV satellite et balcon). Vue sur les oliviers et la mer, qui se trouve à une vingtaine de minutes de marche, mais vous pourrez également profiter de la belle piscine. Bref, un havre de paix bien sympathique ! La même famille possède également le restaurant *Vaïos,* dans le village d'Agathia. Accueil adorable.

Rooms Anatoli (chez Chrisoula Mastoraki) : *à 1 km à l'est de Palékastro, au village d'**Agathia.** ☎ 28-43-06-11-15. • anatoli-rooms.com • À la sortie du village, direction Hiona. Doubles env 25-30 € selon durée du séjour. Tarifs dégressifs. CB refusées.* Chrisoula habite au rez-de-chaussée. À l'étage, elle loue 5 chambres, simples (pas de clim mais des brasseurs d'air), impeccables et bien conçues, avec double vitrage et petite salle de bains. C'est très lumineux et, du petit balcon, la vue sur mer est splendide. Un chemin de terre conduit à la plage de Hiona, une balade agréable d'une vingtaine de minutes. Accueil très chaleureux.

Haus Schöner Blick (chez Nikos Papadakis) **:** *au village d'**Agathia,** légèrement en contrebas de l'église.*

☎ *28-43-06-12-93.* • *palaikastro.com/schoenerblick* • *Mars-nov. Double env 30 € ; petit déj 6 € (à l'allemande).* Malgré ce nom (« belle vue ») qui ne sonne pas vraiment grec, voici une adresse tenue par Nikos (un Crétois qui parle l'allemand pour avoir vécu à Stuttgart) et Rosa, également bilingue. Joli bâtiment gardé par un beau laurier-rose. Chambres avec petite salle de bains, mais pas de clim. Coin terrasse ombragé pour la nº 6. Jolie vue sur l'oliveraie qui descend vers la mer. Fond sonore assuré par le bêlement des brebis, le chant du coq, les cigales et le murmure du vent...

Grandès Apartments & Restaurant : *sur la* ***plage de Kouremenos,*** *à 3-4 km de Palékastro, sur la route de Vaï.* ☎ *28-43-06-14-96.* *69-46-50-39-09.* • *grandes.gr* • *De mi-avr à fin oct. Apparts 60-120 € pour 4 selon période ; petit déj 6 €/pers. Remise de 15 % à la résa en mentionnant ce guide et le code GRAPK17-ROUTARD.* Beau petit ensemble hôtelier parfaitement intégré au site grâce à ses toits entièrement végétalisés. Il offre 5 appartements bien séparés les uns des autres. Sols en lauze, intérieur rustique. Tous avec clim, cuisinette, TV, frigo et terrasse privative. Au resto, les tables sont abritées du soleil par un ficus géant, on y sert une bonne cuisine crétoise. Accueil courtois de Kostas Agélakis, le fils de la maison.

Psarotaverna Kakavia : *à* ***Hiona,*** *à 2 km de Palékastro, un peu en retrait de la plage.* ☎ *28-43-06-12-27. Tte l'année. Tlj midi et soir. Compter 10-15 € ; plus cher pour le poisson du jour (env 50 €/kg).* La taverne de poisson de référence dans le coin. On y prépare, entre autres, sous les ordres de mamie Olga, une fameuse *kakavia* (un poisson servi dans son court-bouillon, souvent du mérou appelé *rofos* en grec). Sinon, joli choix de poissons, grillés sur du bois d'olivier, accompagnés des légumes du potager familial. Une petite taverne comme on les aime, dans un coin bien tranquille, à deux pas de la plage. Pas mal !

À voir

Le Musée folklorique : *dans la rue principale du village, 50 m avt le resto* Ioannis, *dans une rue sur la droite quand on vient de Sitia (c'est fléché).* *69-38-35-09-06. Avr-oct, tlj sf lun 10h30-13h, 16h-19h30. Entrée : 2 €. Visite guidée en anglais.* Objets et scènes de la vie quotidienne crétoise, dans une maison dont on a reconstitué l'intérieur traditionnel.

Le site archéologique de Roussolakkos (Ρουσσλακκος) **:** *appelé aussi le site de Palékastro. Situé à 2 km de Palékastro, derrière la plage de Hiona (Chiona). Entrée : 2 € ; réduc.* On y découvre, sur environ 50 000 m², les vestiges d'une cité antique dotée d'une architecture remarquable et d'un astucieux plan d'urbanisme. Le site a été occupé dès 2900 av. J.-C. et abandonné à la même période que le palais de Kato Zakros avant d'être réoccupé. Le plan des lieux est situé peu après l'entrée, il faut s'en contenter. Le site fut exploré pour la première fois dans les années 1902-1906 par l'École britannique et la dernière campagne de fouilles a été menée en 1998. Les archéologues y ont trouvé une inscription contenant une partie d'un hymne à Zeus Diktéen. Cette pièce du IIIe s av. J.-C. est exposée au Musée archéologique d'Héraklion. Y est énoncée une loi sacrée qui protège les forêts appartenant au temple de Zeus Diktéen et interdit l'abattage des arbres sous peine de lourdes sanctions. Cela montre les liens entre la religion crétoise et la nature. Le sanctuaire de Zeus, qui recueillait de nombreuses offrandes, était l'objet d'une rivalité entre les cités antiques de Praissos (au nord de Sikia), de Hiérapytna (aujourd'hui Iérapétra) et d'Itanos. De cette région provient également une magnifique idole chryséléphantine (c'est-à-dire en or et en ivoire) d'une antique divinité, le ***Kouros de Palékastro*** (l'une des pièces maîtresses du Musée archéologique de Sitia). Le site, sur lequel les recherches des archéologues se poursuivent, est aujourd'hui très protégé malgré des tentatives de projets immobiliers. Pour l'anecdote, d'après les ossements exhumés, les archéologues estimeraient à 1,60 m la taille des Minoens, 1,50 m celle des Minoennes... Les Crétois ont grandi depuis !

Les plages

Kouremĕnos (Κουρεμενος) : *à 3-4 km env au nord de Palékastro en allant vers Vaï.* Une grande plage mi-sable mi-galets, très belle, encore assez sauvage et très ventée. L'un des meilleurs spots de Grèce pour la planche à voile. Possibilité de louer des bungalows et de se restaurer dans l'une des tavernes, avec vue sur la mer... évidemment. Coin bien apprécié des camping-cars aussi. Un tout petit port y a été aménagé.

■ ***Location de planches à voile :*** *sur place.* ***Freak Out*** *(☐ 69-79-25-38-61) ; aussi* ***Gone Surfing*** *(☐ 69-41-42-77-87).* Matériel en bon état et quelques hamacs sous les tamaris pour vous remettre de vos efforts.

Hiona (Χιονα) : *à 2 km à l'est de Palékastro, par la route.* La plage la plus proche du village. Un peu poussiéreuse, car située au débouché d'une plaine alluvionnaire, mais néanmoins agréable et moins ventée que Kouremĕnos. On peut aussi y aller à pied depuis le village, en traversant l'oliveraie. Au bord de la plage, bonnes tavernes de poisson.

Karoumès (Καρουμες) : une des plages les plus sauvages de la région. Elle n'est accessible qu'en bateau ou à pied par un sentier qui part au niveau de l'église de *Hohlakiès,* un village situé à 7 km au sud de Palékastro, en allant vers Zakros (compter 1h30 de marche). De là, un sentier du Géopark (géoroute n° 13) emprunte la superbe *gorge de Hohlakiès (ou Chochlakiès)* et débouche sur la plage de Karoumès. En saison, un petit troquet à Hohlakiès mais rien sur la plage (pensez à apporter suffisamment d'eau).

ZAKROS (ΖΑΚΡΟΣ) (72300) 750 hab. (avec Kato Zakros)

Petit village sans histoire, perché au-dessus de Kato Zakros, à 19 km au sud de Palékastro, au cœur d'un paysage de moyenne montagne couvert d'oliveraies. Quelques tavernes, des commerces, une pharmacie, un hôtel, mais pas grand-chose à y faire à vrai dire. Le village étant situé en altitude, la température n'y est jamais torride. Les habitants boivent au robinet l'eau pure descendue des montagnes.

Où dormir ? Où manger ? Où acheter son pique-nique ?

Zakros ne connaît qu'un unique hôtel, le ***Zakros Hotel*** : *en plein centre. Tte l'année. ☐ 69-82-91-10-51. Doubles env 20-25 €.* Pour dépanner seulement. Juste une dizaine de chambres basiques pour dormir si vous souhaitez commencer la rando de la vallée des Morts dès le lever du jour.

Napoleon : *à la sortie de Zakros, direction Kato Zakros. ☎ 28-43-09-31-52. Avr-oct. Tlj midi et soir. Env 13 €.* Un resto sans grande prétention tenu par Katerina et son père Manolis. Bonnes grillades et accueil attentionné.

Xyloporta : *à la sortie de Zakros, direction Kato Zakros, juste avt la station* Elin. *☎ 28-43-09-32-98. Env 12 €.* Un snack-bistrot avec ses ventilos au plafond. On mange sur la terrasse ou sous la tonnelle. Infos sur les balades. Si vous effectuez la rando de la vallée des Morts dans le sens Kato Zakros-Zakros, le patron viendra vous chercher sur le parking d'arrivée si vous vous engagez à casser la croûte chez lui.

Épicerie Nikos Petrakis : *en plein centre, en face de l'hôtel Zakros. Tte l'année 7h-22h. ☎ 28-43-09-33-16.* Cette petite épicerie tenue par Tania, sert de dépôt de pain pour la boulangerie de Palékastro. On y vend d'excellent cookies et plein de produits locaux.

Où dormir dans les environs ?

Rent Rooms Faragi : *à 2,5 km de Zakros, sur la route de Kato Zakros. 69-73-32-29-15. • zakros.info • Mars-oct. Doubles env 30-40 € ; studios (Melina) 40-50 €. Réduc si l'on reste plusieurs nuits. Possibilité de petit déj.* Le sympathique patron, Manolis, parle très bien le français et ne tarit pas d'éloges sur sa région qu'il connaît comme sa poche. Sa maison, isolée, un peu en retrait de la route, domine un majestueux paysage d'oliviers et de montagnes. On y trouve 4 chambres, naturellement très fraîches (avec 1 grand lit ou 2 lits) et bien tenues, avec salle de bains et balcon. Très belle vue. Cuisine équipée indépendante et machine à laver. Également 2 studios à louer *(Melina)* à Kato Zakros, offrant la possibilité de louer l'ensemble.

À faire

Le musée digital : *sur la place du village. 69-76-44-46-25. 15 mai-15 oct, tlj sf lun 11h-18h. Entrée : 5 € (billet valable pour les 3 musées de Zakros) ; réduc.* Un tout nouveau petit musée consacré à la vallée des Morts, au palais minoen de Kato Zakros et à l'environnement (petit film de 20 mn). Fait également centre d'informations touristiques.

Le musée d'Histoire naturelle : *dans le bâtiment Polykentro à la sortie du village, sur la route principale. 69-76-44-46-25. Juin-sept, tlj sf lun 10h30-13h, 16h30-20h (horaires changeants). • sitia-geopark.gr •* Un des points d'info du Géopark, où sont reconstitués sous forme de petits dioramas, les écosystèmes qui caractérisent la région. Documentation sur les randos à faire dans le coin.

La source de Zakros : à l'entrée du village, sur la droite, une route mène à un petit groupe de moulins à eau restaurés en un petit et éparpillé ***musée de l'Eau*** *(fait partie des 3 musées visibles avec le billet à 5 €).* Désormais déviée, la source activait, jusqu'à il y a peu, des presses à huile et farine. La source est 800 m plus haut (indiquée). Point de départ des balades, notamment vers Kato Zakros (suivre le sentier E4, compter 3h).

La vallée des Morts : Zakros est un des points de départ d'une très belle randonnée permettant de rallier Kato Zakros par une gorge appelée « la vallée des Morts ». Elle tire son nom des tombeaux antiques découverts dans les parois rocheuses. La randonnée, tout en descente et bien balisée, ne présente pas de difficultés particulières.

– ***Conseils importants :*** ne partez pas trop tard dans la journée et en aucun cas après 17h, car il est très difficile de trouver le chemin une fois la nuit tombée. L'idéal est de partir « à la fraîche », le matin. Prévoir de l'eau, un chapeau et de bonnes chaussures.

➢ Pour atteindre le ***départ de la balade,*** retenons au moins ces 2 possibilités :

1) dans Zakros même, sur la place, passer devant la boucherie et suivre le fléchage du sentier de grande randonnée E4. Compter 3h de marche ;

2) de Zakros, descendre en voiture en direction de Kato Zakros sur 2,2 km, jusqu'au panneau indiquant « Deads Gorge Entrance A ». Laisser son véhicule sur le parking. De là, compter 2h30 de marche pour Kato Zakros.

Lors de la rando, le sentier est bien balisé (en rouge) et suit globalement le lit du torrent pour aboutir près des ruines du palais de Kato Zakros, que l'on trouve en continuant vers la mer.
– Pour ***remonter à Zakros,*** pas de bus hors saison. Théoriquement, de fin juin à fin sept, 2 bus/j., à 11h45 et 15h30 remontent de Kato Zakros vers Sitia via Zakros et Palékastro mais seulement lun, mar et ven. Reste la possibilité de s'arranger avec un restaurateur ou un hôtelier de la plage, de faire du stop (pratique plutôt courante ici) ou carrément mieux pour celles et ceux qui ont le temps, boucler la rando depuis Kato Zakros en grimpant d'abord en tête de falaise (rive gauche), cheminer en haut vers Zakros, puis, un peu avant le parking de l'entrée A, redescendre, puis effectuer ensuite la rando dans le fond de la vallée dans le sens Zakros-Kato Zakros (compter 4h dans ce cas-là).

KATO ZAKROS (ΚΑΤΩ ΖΑΚΡΟΣ) (73200)

On aime bien ce petit bout du monde, qui ne s'anime que d'avril à octobre. Pour gagner cette charmante baie ourlée de petits restos et de maisons, soit on emprunte la vallée des Morts à pied au départ de Zakros (voir plus haut), soit on dévale sur 8 km une route qui dégringole, dans un univers de rocaille, où seuls les chardons et quelques plantes grasses parviennent à pousser.
Kato Zakros fait partie de ces endroits qui ont échappé au béton. Par chance, le *palais minoen* découvert à deux pas de la plage a figé, au moins pour un certain temps, tout développement immobilier. Quelques pensions planquées dans la verdure, une poignée de tavernes pratiquement les pieds dans l'eau, et une longue et belle plage de galets, avec quelques douches. Un décor minimaliste qui n'empêche pas certains tour-opérateurs de venir y déverser quelques cars de touristes le temps d'une grillade et d'un verre de raki. Heureusement, le soir venu, la crique retrouve toute sa tranquillité.
– ***Attention !*** Pas de distributeur ni de station-service à Kato Zakros !

Arriver – Quitter

➢ ***De/vers Zakros, Palékastro et Sitia :*** théoriquement, 2 bus/j. les lun, mar et ven de fin juin à fin sept. En dehors de cette période, pas de bus...
➢ Si vous êtes motorisé, ralliez ***Iérapétra*** en prenant la route à la sortie du village d'Adravasti (sur la route Zakros-Palékastro). Elle serpente dans une montagne tapissée d'ajoncs nains, et offre de superbes panoramas sur les oliveraies et la mer avant de redescendre dans un paysage cultivé. On rejoint ensuite la route Sitia-Iérapétra via Étia.
➢ ***De/vers Xérokambos :*** par une route traversant une nature semi-désertique (Xérokambos signifie la plaine desséchée en grec), surplombant des gorges sauvages aux roches sculptées par l'érosion. Des paysages identiques au Moyen-Orient ou à l'Afrique du Nord.

Où dormir ?

Les capacités d'accueil de Kato Zakros sont limitées (et c'est très bien comme ça !) mais elles sont aussi plus chères qu'ailleurs. En saison, pensez à réserver ! Autre chose, pour les paiements, laissez votre carte bancaire se reposer un peu, dans des pays aussi désertiques, rien ne vaut un peu de liquide.

Prix moyens

Yiannis Retreat : *même accès que pour* Stella's, *le portail d'à côté.* ☎ *28-43-02-57-26.* 📱 *69-74-31-40-83.* • *katozakros-rooms.com* • *Compter env 45-60 € selon période, petit déj à préparer soi-même.* Petit complexe de 5 petites chambres pleines de charme, dans un style très voisin de celui des appartements de *Stella* (elle est parente), à savoir pierre et bois, terrasses privées et petits espaces pour farniente aménagés sous les... palmiers, nuance. Chaque chambre possède son coin cuisine. Barbecue à disposition. Très bon accueil de Yiannis et Katerina, disponibles et souriants.

Kato Zakros Palace : *500 m avt d'arriver dans Kato Zakros, en hauteur.* ☎ *28-43-02-95-50.* 📱 *69-74-88-82-69 (de préférence).* • *katozakros-apts.gr* • *Tte l'année. Chambres 40-60 € ; studios 50-70 €. Pas de petit déj.* Un petit ensemble (5 studios et 5 chambres), moderne, très bien conçu et impeccablement tenu, magnifiquement placé sur les hauteurs. Toutes les chambres disposent d'un grand balcon sous pergola avec superbe vue sur la baie, les vignes, l'oliveraie et l'entrée de la gorge. Confort parfait, clim, frigo, TV satellite et salle de bains avec de vraies cabines de douche. Laverie à disposition. Accueil prévenant de Giorgos Platanakis qui parle bien l'anglais. Une bonne adresse.

Coral Rooms et Athena : *au bout de la plage, juste derrière la taverne* To Akroyiali *(la dernière du village).* ☎ *28-43-02-68-93.* • *kato-zakros.gr* • *Mars-nov. Chambres 40-70 € selon saison et dispo, petit déj inclus (il se prend à la taverne).* En fait, ces 2 pensions se situent dans une même maison. Au rez-de-chaussée, le ***Coral,*** composé de 3 chambres, avec pierres apparentes par endroits, salle de bains, TV, frigo et AC, prolongées d'une terrasse commune. À l'étage, l'***Athena*** propose 4 chambres, tout pareil, la télé en moins. Très simple, limite spartiate diront certains, mais pratiquement les pieds dans l'eau !

Katerina Apartments : *à 500 m de la taverne* To Akroyiali, *en allant vers les gorges. Mêmes coordonnées que le* Coral *et l'*Athena. *Doubles 50-70 €, petit déj compris.* Ici, 4 maisons comprenant 2 appartements avec mezzanine (lit en haut) et 2 de plain-pied. Déco et confort standard, AC, cuisine, TV satellite. Une adresse plaisante, où de petites attentions sympas sont laissées dans les chambres, comme du café, du raki et de la confiture.

De plus chic à très chic

Stella's Traditional Apartments and Studios : *à 500 m en retrait de la mer, vers l'entrée de la vallée des Morts.* ☎ *28-43-02-37-39.* 📱 *69-76-71-94-61.* • *stelapts.com* • *Avr-oct. Selon saison, une huitaine de petits apparts 2-4 pers 60-90 €.* Dans d'adorables maisons en pierre, des studios et appartements avec beaucoup de cachet. Tous sont climatisés, mais seuls les appartements disposent d'une cuisine équipée. Cuisine commune et machine à laver. Hamacs et transats sous les pins... Superbe environnement, d'une délicieuse sérénité. Stella est membre de la commission du Géopark, de ce fait, elle est au courant de toutes les randos à faire dans le coin.

Terra Minoïka Villas : *à 500 m avt d'arriver dans Kato Zakros, en hauteur. Mêmes coordonnées et mêmes propriétaires que* Stella's Traditional Apartments and Studios *(voir plus haut).* • *terraminoika.com* • *Selon saison, compter 110-130 € la maison pour 2.* Une architecture un peu massive mais soignée et parfaitement intégrée dans le paysage, composée de 8 maisonnettes façon chalet montagnard (pierre naturelle, carrelage, bois) pour 2 à 4 personnes. Excellent niveau de confort (AC, TV satellite, cuisine équipée, salle de bains avec douche-cabine...), aussi plein de petits détails d'une déco soignée qui font la différence. Salle de fitness curieusement suréquipée, et pour cause ! le patron a raflé de nombreux concours de bodybuilding il y a quelque temps de ça.

Où manger ?

Les tavernes du bord de mer proposent toutes du poisson grillé au poids, des brochettes d'espadon, de la friture du golfe et quelques plats simples. Prix similaires : repas autour de 13-15 € sans poisson, à partir de 18-20 € avec. Si vous ne voulez pas manger au resto, pensez à faire vos provisions à Zakros.

Amnesia Café : *le 1er resto en arrivant. 69-72-37-29-02. Tlj à partir de 8h.* 2 terrasses très plaisantes, l'une sous les tamaris d'un côté de la rue, l'autre au bord de la plage. Parfait pour manger sur le pouce salades, snacks ou omelettes, mais aussi pour prendre le petit déj avec des produits locaux.

Taverna Nikos Platanakis : *l'une des 4 tavernes en bordure de plage. ☎ 28-43-02-68-87.* Très bonne cuisine familiale à base des légumes du jardin de Nikos, de ses lapins et ses poulets... Vous pouvez d'ailleurs visiter son potager et même faire une petite cueillette si le cœur vous en dit ! Bonnes viandes (au four ou en civet), grillades, et tous les classiques bien préparés. Une adresse pleine de saveurs comme on aimerait en trouver plus souvent... À déguster en terrasse, quasiment les pieds dans le sable. Bon, pour être tout à fait honnêtes, il y a parfois des groupes de touristes en goguette qui sont bruyants... !

Nostos : *3e taverne. ☎ 28-43-02-68-90.* Très bonne taverne proposant une cuisine d'un peu toute la Crète (*boureki* de Hania, *staka* en omelette, pita *nerati*) servie avec attention. Des plats finement préparés et un service adorable (en français !). Juste devant, sur la plage, des transats vous invitent à la sieste... ou au café frappé. Une belle adresse.

To Akroyiali : *la dernière taverne de la plage. ☎ 28-43-02-68-93.* Terrasse agréable sous les tamaris (tables bleues). La cuisine ne se distingue pas particulièrement de celle des 2 autres tavernes, mais le cadre est bien sympa et le service efficace. On y a mangé d'excellentes tranches d'espadon. Voir « Où dormir ? »

À voir. À faire

Le palais minoen : *de la plage, prendre la piste qui s'enfonce dans les terres, c'est à 300 m. Tlj 10h30-17h30 (15h en hiver). Entrée : 6 € ; réduc. Explications en anglais.* Le dernier des quatre grands palais minoens découverts en Crète. Il présente des caractéristiques similaires aux trois autres. Comme à Knossos, Malia ou Phaistos, un premier palais a été édifié, puis détruit et, très rapidement, un second palais a remplacé le premier, lui aussi abandonné vers 1450 av. J.-C., à la suite d'une attaque et un pillage. Il occupe une surface de 8 000 m^2 environ et s'organise autour d'une cour centrale de 100 pieds minoens sur 40 (soit 30 m sur 12 m). On a dénombré environ 200 pièces, dont 70 autour de la cour. L'aile ouest est dédiée à la vie religieuse : on devine un bassin lustral, dont les spécialistes ne savent toujours pas s'il s'agissait d'une baignoire pour le prince (ou la princesse) ou bien d'une pièce à fonction religieuse (il y a plus de chances que ce soit cette seconde hypothèse). Dans la cour nord-est, au-dessus des appartements de la reine, une partie du sol, dallée, est très bien conservée. Enfin, au nord-ouest, la cuisine et les salles à manger. En y montant, sur la droite, un banc en remarquable état. Le fameux rhyton en cristal de roche du Musée archéologique d'Héraklion provient d'ici.

Randonnée : une belle balade à pied consiste à rejoindre le site de ***Pelekita*** (ou lieu-dit ***Sykia***), à plus de 3 km au nord de Kato Zakros. Le sentier démarre derrière la taverne *Akrogiali* et mène à une grotte, l'une des plus importantes de Crète. Compter 3h de marche aller-retour. Mieux vaut être équipé pour l'explorer (renseignements au ***Spéléo Info Center*** de Karydi).

La vallée des Morts : à partir de Kato Zakros, on peut faire une très belle boucle des gorges en 4h de marche (indiquée « Round trip Gorge »). Une bonne option pour ne pas se soucier du retour jusqu'à Zakros. Voir la rubrique « À faire » de ce village.
En dehors de la vallée des Morts, il existe plusieurs ***randonnées*** intéressantes. La plupart des sentiers ont été créés (et sont entretenus) par Elias Pagiannidis et sa femme Stella, fous de treks (voir plus haut « Où dormir ? » *Stella's Traditional Apartments and Studios* ou *Terra Minoïka Villas*).

Vous pouvez longer le chemin derrière les tavernes (sur la gauche en regardant la mer) pour accéder à une toute petite ***crique*** de galets et sable. Quelques barques de pêcheurs.

XÉROKAMBOS (ΞΕΡΟΚΑΜΠΟΣ) (72059) 80 hab.

Un des derniers bouts du monde de la partie orientale de la Crète, à 10 km au sud de Zakros. De Sitia, par les petites routes de l'intérieur en passant par Ziros, compter une petite cinquantaine de kilomètres. Ici, pas de village à proprement parler, plutôt des maisons disséminées dans une oliveraie en bordure de mer. Le coin reste assez peu construit malgré de jolies plages. Cependant, ces ravissantes petites criques de sable fin et de galets séduisent de plus en plus de touristes grecs, tant et si bien qu'en été, il est parfois compliqué de trouver où se loger. Mieux vaut donc s'y prendre à l'avance.

Où dormir ? Où manger ? Où boire un verre ?

De bon marché à prix moyens

Liviko View : *un peu après le point central du hameau, sur la droite, à env 400 m de la plage. ☎ 28-43-02-70-00. 69-77-88-64-14. • livikoview.gr • Avr-oct. Résa obligatoire en saison. Doubles et studio 30-40 €, apparts 4 pers 40-60 €. Repas 12-15 €. CB refusées.* Au-dessus du resto, 2 chambres confortables avec frigo, TV et AC, un studio super chouette avec vue, ainsi que 4 appartements situés dans une maison à un jet de pierre de là. Tout est très simple, mais Katerina soigne sa maison et traite ses hôtes avec attention, offrant une série de petits plus (même dans les chambres) comme un sèche-cheveux, une bouilloire, un toaster... Propreté irréprochable, ça va de soi. Au resto, bonne cuisine traditionnelle.

Fytrolakis Apartments : *près de la plage et du petit site archéologique. ☎ 28-43-02-67-05. 69-72-00-42-07 (Kostas). • fytrolakisapartments.gr • Tte l'année. Selon saison, env 35-60 € pour 2 et 75 € pour 4. Pas de petit déj. CB refusées.* Dans une maison à une bonne centaine de mètres de la plage, une poignée d'appartements disposant chacun de 2 chambres, ainsi qu'un studio. C'est spacieux, et la terrasse couverte de bougainvillées est bien tranquille. Grand jardin avec barbecue à disposition des hôtes. Accueil en v.o. d'Eleni.

Taverne Kostas & Villa Petrino : *dans le centre, sur la route principale. ☎ 28-43-02-67-02. 69-74-93-10-44. • xerokampos-villas.gr • Mai-oct. Studios 35-50 € selon saison. Repas env 15 €. (à la taverne et aux studios).* Cuisine copieuse et fraîche servie sur une agréable terrasse malheureusement un peu loin de la mer. Poisson selon arrivage et volailles qui rôtissent à l'entrée. Côté hébergement, une

L'EXTRÉMITÉ ORIENTALE DE LA CRÈTE

demi-douzaine de studios dans une maison suffisamment éloignée du resto pour être au calme, avec AC, cuisine équipée et balcon. La déco commence à dater (literie un peu molle), mais la vue des studios du 1er étage est bien jolie !

Eolos (*écrit aussi* **Aeolus**) **:** *à la sortie du hameau en allant vers Ziros. Même proprio que le minimarket qui le jouxte. ☎ 28-43-02-61-97. 69-74-80-81-73 (Maria). • aeolus-studios.gr • Studios 2-3 pers 35-55 €.* Si habiter à côté d'une petite épicerie vous tente, venez donc goûter à l'un des 6 studios aménagés et loués par Maria pour arrondir sa retraite. Le confort est là (clim, TV, cuisinette), c'est propret, la vue est imprenable, mais il n'y a pas vraiment d'âme. À 150 m environ, une belle plage.

Creta Sun : *à peu près au centre du hameau, sur la route principale. ☎ 28-43-02-67-35. 69-72-00-12-28.* Café-resto possédant une terrasse ombragée qui domine toute la baie. Très agréable à l'heure de l'apéro du soir quand on vous apporte votre bière avec quelques fleurs de courgette farcies et un fromage crémeux.

Akrogiali : *devant la plage et près du petit site archéologique. ☎ 28-43-02-67-77.* Café-resto bon marché. Plats simples mais servis avec générosité. Accueil blasé, dommage. Loue également des transats sur la plage.

De plus chic à très chic

Lithos Traditional Guest Houses : *un peu avt la sortie du hameau, sur la route principale, en allant vers Ziros. Tte l'année. ☎ 28-43-02-67-29. 69-76-63-36-65 (Konstantinos). • lithoshouses.gr • Apparts 80-130 € selon taille et saison.* Voici l'adresse de charme de Xérokambos, installée dans une maison en pierre abritant 4 beaux appartements avec de beaux volumes construits dans un souci d'écologie (clim naturelle, matériaux nobles). Chacun s'organise sur 2 niveaux, avec un balcon en haut devant la chambre, un autre en bas où se trouve le salon-cuisine. En hiver, feu dans la cheminée. Réel effort de déco, avec du mobilier d'artisan ou chiné, et un confort douillet (AC, belles salles de bains, TV satellite, cuisine bien équipée). Machine à laver et VTT à disposition. Accueil en douceur.

À voir

Les gorges de Katsounaki : à l'entrée du hameau quand on vient du nord, prendre la piste à droite au niveau des *Villas Alkionidès*. Elle se dirige dans un premier temps vers la mer puis remonte vers les terres (compter env 1 km) jusqu'à un parking. Là, 2 solutions : les plagistes emprunteront le sentier qui mène à une petite plage isolée (pas vu beaucoup de slips de bain, du moins hors saison). Les randonneurs, eux, suivront un petit sentier qui conduit à l'entrée des gorges de Katsounaki. On y observe le phénomène érosif du calcaire appelé *lapiaz*.

ZIROS (ΖΙΡΟΣ)

(72059) 400 hab.

Un village tranquille, à 19 km de Xérokambos, qu'on atteint après une série impressionnante de lacets sur 10 km, dans un paysage aride. Ziros est une bourgade agricole, genre chef-lieu de canton (avec stations-service, poste, banque, etc.). Un petit air du Lassithi puisqu'on est ici également sur un plateau, moins élevé (590 m d'altitude), mais avec de petites éoliennes dont certaines fonctionnent encore. Rien de spécial à faire, sinon y humer l'air du temps. Une église *(Agia Paraskevi)* renferme un ossuaire où sont conservés

les os des habitants du village voisin de Skalia, massacrés par les Turcs à la suite de la trahison d'un pope. Si on ne peut plus se fier à personne...
Pour rejoindre la côte, on peut soit passer par les villages d'Handras et d'Étia, soit emprunter la route goudronnée qui relie Ziros à Goudouras.

DANS LES ENVIRONS DE ZIROS

Le village vénitien de Voïla (Βοιλα) **:** *à 4 km de Ziros, à Handras (petit **musée du folklore** ouv 10h-13h, 16h30-19h30, GRATUIT), dans le village, env 100 m plus haut que la taverne Katerina, prendre à droite (c'est fléché à 900 m).* Ruines d'un village joliment planté dans le paysage. On raconte que Voïla appartenait à une famille de nobles vénitiens, les Zénos, qui, pendant l'occupation ottomane, se convertirent à l'islam, l'un d'eux devenant même un fieffé prosélyte de la religion musulmane. Il reste une grande tour *(pyrgos)*, avec de grandes pièces voûtées et un joli linteau sculpté à l'entrée. Derrière, quelques maisons, dont une avec four et cheminée. Vieille fontaine en contrebas. Ne pas repartir sans avoir jeté un coup d'œil à la *chapelle Saint-Georges*, du XVe s, qui conserve une fresque bien abîmée (à droite en entrant). De Voïla, un sentier de rando relie Sitanos via Katélionas (région de grottes).

Le manoir vénitien d'Étia (Ετια) **:** *à 3 km de Handras, en bordure de route quand on va vers Iérapétra par l'ancienne route. Tlj sf lun 9h30-16h.* Un autre village vénitien dont la maison seigneuriale, construite par les De Mezzo, une grande famille de l'époque vénitienne, a été rénovée. Belle architecture ; observez dans l'entrée les clés de voûte sculptées. Devant, fontaine portant une inscription de 1701. On peut se dispenser de manger à la taverne située devant l'entrée du manoir.

MAKRYGIALOS (ΜΑΚΡΥΓΙΑΛΟΣ) (72055) 760 hab.

À 36 km au sud de Sitia. Un village très « touristisé » (plusieurs hôtels et un gros *resort*), qui a poussé un peu n'importe comment. En pleine saison, pas très enthousiasmant d'y séjourner, selon notre point de vue, à l'exception, dans les proches environs, d'un complexe de maisons troglodytiques pour le moins singulières. Le seul réel intérêt de Makrygialos est d'être le point de départ pour l'île de Koufonissi.

Où dormir ? Où manger ?

Aspros Potamos Traditional Houses : *au village d'**Analipsi**, prendre la petite route à droite après le pont, quand on vient de l'est, puis remonter vers le fond du canyon sur env 1 km (ça grimpe sec) pour revenir ensuite par l'autre côté de celui-ci. Lors de la montée, vous verrez sur la droite, de l'autre côté du canyon, un groupe de maisons d'un rose « Marrakech », c'est là. ☎ 28-43-05-16-94. • asprospotamos.gr • Membre du réseau d'hébergements de charme* Guest Inn. *D'avr à mi-nov. Chambres env 45-60 € pour 2 et 85-100 € pour 5. En principe, 3-5 nuits min exigées en saison. (dans les parties communes slt).* Une rénovation pour le moins originale que ces anciens abris troglodytiques reconvertis en chambres d'hôtes, pour 2 à 5 personnes. Fraîcheur assurée en été. Chaque chambre est unique (on aime bien la n° 7), avec tantôt un renfoncement dans la pierre, tantôt une chambre en mezzanine. Cuisine équipée dans chacune et salle de bains réduite à sa plus simple expression (on s'en doute). La décoration réussie et les petites terrasses face au maquis confèrent une véritable intimité au lieu. Royal petit déjeuner crétois et cours de cuisine en saison. Prime est également donnée à l'économie d'énergie : les cottages ne sont pas reliés au réseau électrique (sauf pour le frigo et les toilettes), et l'eau chaude est alimentée par des panneaux solaires. Une vraie réussite !

Oasis Rooms : *sur la plage de **Kalamokanias** ; à la sortie de Makrygialos, après la station-service, en venant de Sitia, c'est indiqué sur la gauche. ☎ 28-43-05-19-18. Tte l'année. Doubles env 35-40 € avec ou sans clim.* Face à la plage, juste 2 chambres simples mais assez spacieuses et propres, avec un grand lit et un petit lit chacune, ainsi que tout le confort nécessaire et vue sur mer. Bon accueil de Stefanos ou de sa maman. Nombreuses autres pensions et tavernes à proximité.

To Steki tou Mina (Mina's Place) : *sur le port de Makrygialos. ☎ 28-43-05-19-49. Plats 6-8 €.* Sous le grand tamaris qui donne sur le port, quelques tables qui bénéficient d'une petite brise. Elefthéria en cuisine, Vagelis au service, voilà la recette de ce resto populaire à l'accueil aimable.

Taverna Kalliotzina : *dans le village de **Koutsouras** (sur la route qui traverse le village, repérer la station-service si vous arrivez de Iérapétra, c'est un peu plus loin sur la droite, côté mer, dans le virage). ☎ 28-43-05-12-07. Mai-oct, midi et soir. Plats 6-8 €.* De grands tamaris en bordure d'une petite plage font de l'ombre à quelques tables à dominante blanc et bleu. Ici, les filles de la maison concoctent une cuisine locale très appréciée. Accueil gentil.

DANS LES ENVIRONS DE MAKRYGIALOS

Kalo Néro (Καλο Νερο) **:** *à 8 km à l'est de Makrygialos.* Petits ports naturels, criques sympas (*Staoussas* par exemple) et quelques tavernes. Quelques plages entre le monastère de Kapsa (voir ci-après) et Goudouras (assez moche malgré sa belle plage).

Le monastère de Kapsa (Μονη Καπσας) **:** *à 2 km à l'est de Kalo Néro, en allant vers Goudouras. Tlj 6h30-12h30, 15h30-19h.* Un petit monastère accroché à sa montagne. Très belle église, cour agréable bercée par le son de la fontaine et des haut-parleurs au moment des messes. Au-dessus du monastère, un sentier puis un escalier mènent à la grotte où un ermite aux pouvoirs supposés miraculeux, saint Joseph Yérondoyiannis, a terminé sa vie en 1874. Très belle vue au couchant.

➢ **Randonnée par les gorges de Kapsa :** *montée vers Kato Périvolakia.* Compter 4h de marche : on remonte le lit du torrent. Deux ou trois passages difficiles. Arrivée à Pezoulas (deux *kafenia*). Une autre possibilité est de démarrer de Pano Périvolakia, un village déserté, où ne vit plus qu'un ermite dans sa maison de bric et de broc. Prévoir alors la journée.

Pefki (Πευκοι) **:** *à 7 km au nord de Makrygialos.* Village sur les hauteurs, d'où l'on a une jolie vue. Une belle route poursuit vers les montagnes. Ne pas manquer les grottes d'*Apaloustrès* et de *Latsida,* sur un chemin qui part du village en direction d'une chapelle perchée dans la montagne. Faisable avec des enfants (prévoir une lampe). On a retrouvé dans la grotte de Latsida les restes d'un habitat néolithique.

Koufonissi (Κουφονησι) **:** *petite île au sud-est de Makrygialos, d'une superficie de 4,2 km², qui joua un rôle important dans l'Antiquité. On l'appelle aussi Lefki (Λευκη), « la Blanche ». On peut s'y rendre en empruntant une espèce de bateau de pirate (musicalisé). Départ de mi-mai à fin sept, tlj à 10h30, retour à 17h30. Rens au* *port de Makrygialos auprès de l'agence* Cretan Daily Cruises. ☎ *28-43-05-18-25.* • *cretandailycruises.com* •

Cette île fut l'objet de la rivalité entre les cités d'Iéraputna et d'Itanos. On y trouvait en nombre un gastéropode de la plus haute importance, le murex *(hexaplex trunculus),* indispensable pour teindre en pourpre les toges des empereurs romains. La teinture se vendait, paraît-il, à son poids d'argent, chaque coquille de la bête ne donnant qu'une larme de teinture, un liquide blanchâtre, qui, une fois saumuré et vinaigré, et laissé au soleil, prend la couleur pourpre désirée. Les recherches archéologiques n'ont réellement commencé que dans le dernier quart du XXe s. On a mis au jour, entre autres, un théâtre antique, d'une capacité de 1 000 places. Il y a aussi les ruines de bains publics et d'un temple où l'on sait qu'une statue était encore visible dans les années 1920. Mais les ouvriers chargés de la construction d'un phare ont débité la statue en petits morceaux... et le phare a été détruit par des bombardements pendant la Seconde Guerre mondiale !
À part ça, l'île offre de très belles plages.

LA CÔTE SUD-EST

• Carte Le département d'Heraklion *p. 74-75* • Carte Le département du Lassithi *p. 102-103*

IÉRAPÉTRA (ΙΕΡΑΠΕΤΡΑ) (72200) 12 400 hab.

• Plan *p. 143*

Ville balnéaire de la côte sud, à 23 km à l'ouest de Makrygialos et à 36 km au sud d'Agios Nikolaos, cette petite ville (la plus méridionale d'Europe) vit essentiellement des activités agricoles et notamment des cultures sous serre. Le tourisme y est aussi une source de revenus, avec quelques hôtels *all-inclusive*, mais dans l'ensemble, ses ruelles ne laissent pas grand-chose à découvrir au promeneur.

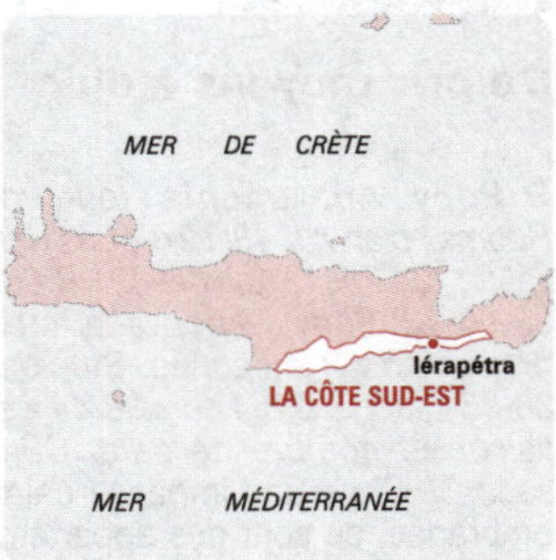

Quelques vieux quartiers vite parcourus, une forteresse vénitienne que l'on ne visite pas, une petite mosquée et un tout petit musée archéologique. Quant à la maison où Bonaparte a passé une nuit en 1798, si l'anecdote est amusante (voir encadré ci-contre) elle n'a rien de spécial et ne se visite pas. Reste le front de mer, avec ses boutiques de souvenirs, ses lounge-bars et restos racoleurs. Bref, la plupart du temps, on débarque ici pour aller faire une excursion sur Chryssi, une île de rêve située à une petite quinzaine de kilomètres au large, en mer de Libye.

UN BONAPARTE CHEZ L'HABITANT

La tradition rapporte que Bonaparte, en route pour l'Égypte où il allait combattre les Mamelouks, fit escale à Iérapétra, en provenance de Malte, et dormit très précisément la nuit du 26 juin 1798 chez l'habitant. Parti tôt le lendemain matin, il aurait laissé un mot sur l'oreiller, signé de son nom. L'histoire ne dit pas si ses hôtes avaient, à l'époque, la moindre idée de qui pouvait être ce Napoléon Bonaparte qui voyageait incognito...

Arriver – Quitter

En bus

Gare routière *(plan B1)* **:** *41, odos Lasthénous. ☎ 28-42-02-82-37. À 10 mn env du port.*
➢ **De/vers Héraklion :** 8 bus/j.
➢ **De/vers Sitia via Makrygialos, Ferma et Lithinès :** 3-4 bus/j.
➢ **De/vers Makrygialos :** 7 bus/j. lun-sam, slt 4 bus le dim. Dessert **Koutsounari** (camping) au passage.
➢ **De/vers Myrtos :** 2-4 bus/j. dans chaque sens lun-sam. Aucun bus le dim.

Adresses utiles

Symbole de la mollesse municipale en matière de tourisme, le kiosque d'information sur le port ne fait plus qu'office de toilettes publiques ; de fait, beaucoup d'agences s'improvisent « Information Point »... Méfiez-vous.

✉ **Poste** *(plan A2)* **:** *odos Koraka. Tlj sf le w-e 8h-14h30.*
■ **National Bank of Greece** *(plan B2,* **1***)* **:** *47, odos Dimitriou Markopoulou. Sur le front de mer. Distributeurs de billets également pl. Elefthérias et odos Adrianou Kotsoula.*
Taxis *(plan B2)* **:** *pl. Kanoupaki. ☎ 28-42-02-66-00 ou 24-00.*
■ **Bike Rental Place** *(plan B1,* **5***)* **:** *à l'angle des rues Metaxaki et Kothri. ☎ 28-42-02-34-32. Compter 10-15 € pour un vélo et 25 € pour un scooter.* C'est la seule agence pour louer un deux-roues, on s'en contentera.

Où dormir ?

De prix moyens à chic

Popy Apartments *(ou Popy's Rooms ; plan A1,* **18***)* **:** *27, odos Kazantzakis. ☎ 28-42-02-42-89. 69-37-93-00-13 (Popy). • popyapartments@gmail.com • Tte l'année. Studios env 33-38 €, apparts 2-4 pers 38-44 € selon saison et nombre de pers. CB refusées.* Dans une impasse calme et ombragée, ce sont des appartements simples pour 2-4 personnes mais au confort suffisant, au sein d'un petit immeuble. Terrasse en haut, avec une jolie vue sur la ville. Chaque appartement dispose d'une cuisine, 2 ou 3 lits, une salle d'eau (douche et w-c) et la clim. Celui sur le toit est le plus agréable. Accueil plein de gentillesse de Popy ou d'Irini, sa maman.

Coral Hotel *(plan B3,* **12***)* **:** *12, odos Katsanévaki. ☎ 28-42-02-77-55. 69-45-70-83-42. Doubles env 25-45 € selon taille (3 lits pour les plus chères) et saison.* Dans une rue calme, fleurie et dallée. La réception fait un peu vide, mais vous serez vite rejoint par Eléni, la propriétaire qui vous recevra très gentiment. Chambres comme on en voit un peu partout. Confort basique, mais avec AC, réfrigérateur, TV et un petit balcon, étroit mais bienvenu.

Rooms Érotokritos *(plan B3,* **14***)* **:** *6, Reis Dere, une petite rue qui donne sur la rue Stratigou Samouil. ☎ 28-42-02-81-51. 69-32-74-82-96. Env 35-45 € pour 2 selon saison.* Les 3 chambres et 2 studios sont situés dans un petit immeuble couvert de plantes grimpantes au n° 13 de l'odos Athanassiou Crissou. Intérieur simple mais très correct (clim), dans un quartier plutôt tranquille. Nos préférées sont la n° 1 (frigo, cuisine) et la n° 3, à l'étage, plus grande, avec un balcon donnant sur la ruelle calme. Attention, la chambre du fond au rez-de-chaussée, sans fenêtre, est à éviter. La lumière ne perce qu'à travers un Plexiglas au plafond. Accueil variable.

Coral Boutique Hotel *(plan B2,* **15***)* **:** *19, pl. Elefthérias. ☎ 28-42-02-04-44. 69-77-23-27-66. • coralhotelcrete.gr • Tte l'année. Doubles env 40-73 € selon saison et standing.* Voilà un petit hôtel central qui a été entièrement réaménagé dans un esprit bien dans l'air du temps. Intérieur blanc et or, déco épurée, produits d'accueil, belles

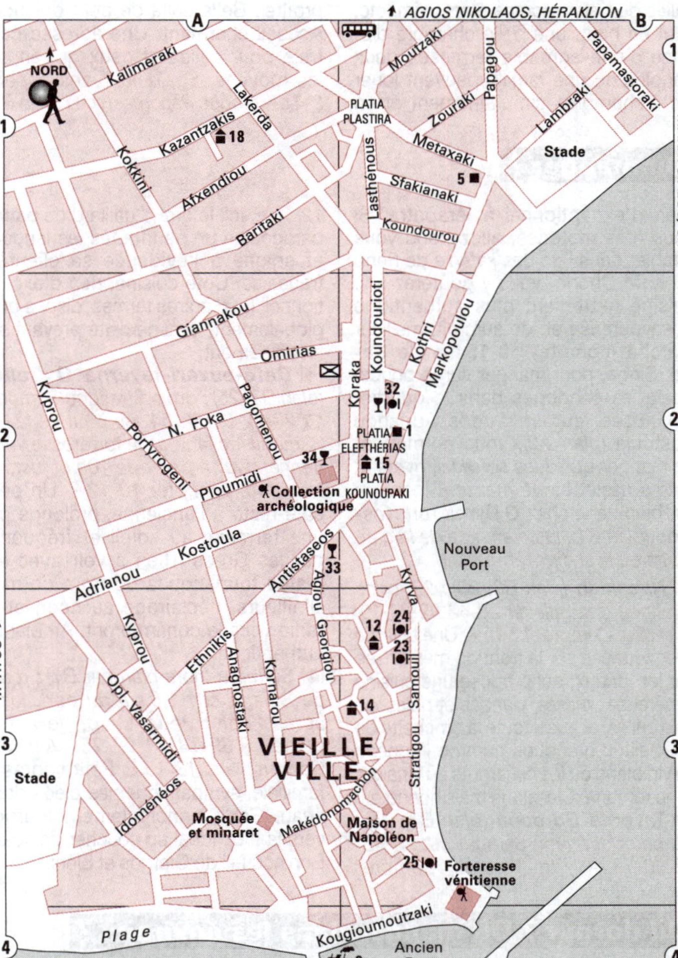

IÉRAPÉTRA

Adresses utiles

1 National Bank of Greece
5 Bike Rental Place (location de vélos)
6 Excursion en bateau

Où dormir ?

12 Coral Hotel
14 Rooms Érotokritos
15 Coral Boutique Hotel
18 Popy Apartments

Où manger ?

23 Napoleon
24 Taverna Gorgona
25 Café-ouzeri-taverna O Callès

Où boire un verre ? Où manger un gâteau ?

32 Vétérano
33 Doukiani
34 Café Parodos

salles de bains, écrans plats, clim, etc. Tout en haut, une belle chambre dispose d'une agréable terrasse ; deux couples ou une famille peuvent louer les 2 chambres simultanément et en profiter. Belle salle de petit déjeuner. Accueil charmant. Une adresse centrale pour celles et ceux qui en ont les moyens. *Également des apparts 2-4 pers, odos Papamastoraki (plan B1).*

Où manger ?

Rien d'exceptionnel à Iérapétra. Si vous êtes motorisé, allez donc vous attabler dans l'un des *kafenia* de Pano ou Kato Chorio, vous y goûterez une cuisine nettement plus authentique et savoureuse et, de surcroît, meilleur marché (compter 10-15 mn de trajet). Sinon, pour manger sur le pouce, quelques échoppes dans le quartier du musée, autour d'odos Adrianou Kostoula *(plan A2)*, vous permettent de manger quelques *souvlaki, gyros* et autres assiettes de *mezze*. Sinon, on est bien servi chez ***O Gyros tou Kosmou*** *(plan B1 ; juste en face de la gare routière ; tlj sf dim 12h-minuit).*

🍴 ***Napoleon*** *(plan B3, **23**) : 26, odos Stratigou Samouil. ☎ 28-42-02-24-10. Tlj sf dim. Compter 12-15 €.* Une taverne avec terrasse sur le front de mer, prisée par les locaux, qui propose une cuisine généreuse : *mezze*, viandes et poissons frais grillés, et aussi toute la brochette de spécialités grecques comme l'agneau au vin blanc ou les escargots au vinaigre et au romarin. Classique mais honnête.

🍴 ***Taverna Gorgona*** *(plan B3, **24**) : 12, odos Stratigou Samouil. ☎ 28-42-02-66-19. Tlj, tte l'année. Compter 12-15 €.* Ici, le grand gaillard de patron baragouine un peu toutes les langues et soigne à l'évidence sa clientèle française. Côté cuisine, rien d'exceptionnel. En d'autres termes, disons que, globalement, la générosité prévaut sur le raffinement.

🍴 ***Café-ouzeri-taverna O Callès*** *(plan B3, **25**) : odos Stratigou Samouil. ☎ 28-42-02-82-54. Au bout de la rue Samouil (en face de la forteresse vénitienne). Ouv à partir de 10h et jusqu'à très tard. Compter 10-12 €.* Un petit café-resto à l'ancienne, prolongé par une terrasse au soleil et fréquenté par les Grecs. Rien à voir avec les restos touristiques du front de mer. D'ailleurs, l'éclairage au néon et la radio vous le confirmeront. Ambiance authentique.

🍴 ***Schedia*** *(hors plan par B1) : route de Sitia, à env 1,5 km du port, juste après l'hôtel* Petra Mare, *devant la plage. 📱 69-74-21-27-75. Avr-oct. Compter env 13-15 €.* Petite adresse familiale, sympathique, les pieds dans l'eau. Carte principalement tournée vers la mer. Idéal au coucher de soleil. Bon accueil de Giorgos et Eléni.

Où dormir ? Où manger dans les environs ?

⛺ 🍴 ***Camping Koutsounari*** *: à **Koutsounari,** 7 km à l'est de Iérapétra, en bord de plage. ☎ 28-42-06-12-13. • camping-koutsounari.gr • Mai-oct (une partie du camping est ouverte tte l'année). Compter env 20-22 € pour 2 avec tente selon saison ; studios 55-60 €.* 📶 Immense (350 places) et bien ombragé entre palissades et oliviers, mais parfois venté. Sanitaires corrects et emplacements bien délimités. Machine à laver. Taverne (l'été seulement), épicerie, barbecues et accès direct à la plage. Grande piscine. On y trouve aussi des studios pour 4 personnes.

🏠 ***Filoxenia Villa*** *: à **Koutsounari** (sur les hauteurs du village) ☎ 28-42-06-13-56. 📱 69-46-00-16-64. • filoxenia-villa.gr • En arrivant de Iérapétra, prendre à gauche la route qui monte vers le village au niveau de la pharmacie, c'est à 600 m. De mars à mi-nov. Selon saison, appart (40 m²) 2 pers 45-60 € ; appart (85 m²) 4-5 pers 70-90 € ; 8 €/pers supplémentaire.* 📶 En balcon sur la baie, un ensemble d'une dizaine d'appartements tout confort (clim, ventilos, cabines de douche), de tailles variables (avec une ou deux chambres), meublés à la mode des années 1970 mais très propres et agréables. Certains possèdent une vue superbe, d'autres moins. Belles piscine, hammam, jacuzzi, grands espaces communs, barbecue. Bon accueil en anglais de Nikos.

Kafenia de Kato Chorio : *sur la place du village. À 10-15 mn en voiture de Iérapétra, sur la route d'Agios Nikolaos. Ouv midi et soir. Env 12-15 €.* Deux options, soit on choisit les platanes, soit on choisit les eucalyptus. Ces deux *kafenia* typiques se livrent une concurrence d'enfer : bel ombre, écran géant pour voir les matchs de foot, bonne bière pression... La différence se fait parfois à trois fois rien, un petit sourire, la fraîcheur ou l'originalité d'un assortiment de *mezze,* un verre glacé pour sa bière... Cependant, rien ne vous empêche de les essayer tous les deux !

Kafenion Alotonio Meidani : *à Pano Chorio, sur la place. ☎ 28-42-03-10-10. À 7 km de Iérapétra, sur la route d'Agios Nikolaos, tourner à droite en direction de Kato Chorio, puis dans le village, env 100 m après la place, prendre la route à droite qui mène à Pano Chorio. Ouv midi et soir. Env 12-15 €.* Une petite adresse authentique (carte en grec seulement) bien agréable, servant une cuisine traditionnelle. Les plats sont savoureux (escargots, crevettes, viandes) et mitonnés avec les légumes du potager ou des herbes sauvages fraîchement cueillies. Le vin et le raki sont aussi des produits maison. Le succès aidant, les prix ont grimpé, c'est un peu dommage.

Où boire un verre ? Où manger un gâteau ?

Le long du front de mer, une belle brochette de bars qui se font, se défont et changent de noms. Y aller au feeling en fonction de l'ambiance et des soirées.

Vétérano *(plan B2,* ***32****) :* *odos Koundourioti. Sur la pl. Elefthérias. Tlj 7h30-23h30.* Une bonne adresse pour déguster au calme une bonne pâtisserie sur une grande terrasse. Également des glaces. Petit déjeuner aussi.

Doukiani *(plan A2,* ***33****) :* *19, odos Ethnikis Antistaseos. Ouv le soir slt.* Bar mignon, tout en bois. Ambiance décontractée, jeune, mais frigorifiée par la clim ! Raki, *mezze,* et soirée *rébétiko* théoriquement tous les lundis hors saison.

On aime bien aussi le ***Café Parodos*** *(plan A2,* ***34****),* caché derrière la collection archéologique, qui fait également librairie et propose des concerts certains soirs.

À voir. À faire

La ***forteresse vénitienne (fort de Kalès*** *; plan B3-4),* avec ses créneaux, mérite un petit coup d'œil, mais très rapide, car il n'y a vraiment rien de plus à voir. On estime qu'elle fut construite en 1212, lorsque le pirate génois Pescatore décida d'élever ici une forteresse.

La collection archéologique *(plan A2) :* *au début d'odos Adrianou Kostoula. ☎ 28-42-02-87-21. Tlj sf lun et j. fériés 8h30-15h. Entrée : 2 €.* Fondé à la fin du XIXe s, sous l'occupation turque, ce petit musée abrite des œuvres des périodes minoennes, puis grecques des périodes géométriques et archaïques. Très peu d'explications, dommage. Un remarquable couffin en terre cuite minoen post-palatial (on appelle ça un *larnax*) avec une douzaine de scènes peintes dessus. Quelques statues des époques grecque et romaine, dont une très belle *Perséphone* (la fille de Déméter, déesse de la fertilité).

Les plages

Petite ***plage*** devant odos Stratigou Samouil et plage de sable bien plus grande à l'est de la ville mais avec une barre de rochers à la surface de l'eau qui rend la baignade contraignante.

Long Beach : *à 7 km de là, vers l'est, grande plage, la bien nommée, au niveau du camping Koutsounari.* Beaucoup de petits galets.

DANS LES ENVIRONS DE IÉRAPÉTRA

➢ ***L'île de Chryssi*** *(Χρυση)* – appelée aussi ***Gaïdouronissi*** *(Γαιδουρονησι)*, autrement dit *Donkey Island* (l'île aux Ânes) –, au départ du port de Iérapétra. *En saison, bateau-taxi tlj à 10h20 et 13h en principe (vérifier les horaires, ils peuvent changer). Achat des billets dans la plupart des agences ou boutiques sur le nouveau port. Compter env 20-25 € le billet A/R, ajouter 1 €/pers pour la taxe du parc naturel. Prévoir env 45 mn de traversée. Retour à Iérapétra 17h15-19h.* « L'île la plus méditerranéenne » (sic !) fait 5 km de long sur 1 km de large environ. Elle possède plusieurs plages, mais tout le monde, à peine débarqué, s'en va en procession à *Golden Beach,* à 10 mn du port. C'est une plage aménagée de carte postale (sable blond et eaux cristallines). Compter 10 € pour un parasol et deux transats (ici, pas de concurrence pour faire baisser les prix...). De larges genévriers *(juniperus macrocarpa)* vous accueillent à bras ouverts un peu plus au nord de la plage : un arbre de 200 ans, c'est bien mieux qu'un parasol pour faire la sieste !
À l'ouest de l'île, quelques traces des Minoens et la chapelle Agios Nikolaos, sous laquelle on dit que les Romains avaient une mine d'or... Cette île offre un petit goût de paradis, mais sachez qu'au plus fort de l'été, une armada de Grecs en vacances y débarque en zodiac et il est parfois difficile d'y échapper ! Prévoyez votre casse-croûte et de quoi le rapporter avec vous. Sinon, une taverne à *Vougiou Mati,* moins chère qu'on pourrait le croire en un lieu aussi touristique (ouvert l'été) ; également une buvette sur *Golden Beach.*

➢ ***Excursion en bateau :*** *départ de l'ancien port (plan A-B4,* ***6****)* 📱 *69-42-79-14-74. • bateaucrete.canalblog.com • Mai-oct selon météo. Contact par tél (confirmation de résa obligatoire 48h avt). Adulte 50 €, moins de 12 ans 30 €.* Une autre façon de découvrir l'île de Chryssi ou la côte sud-est de la Crète ! Kostas, natif de Iérapétra, a rénové un caïque traditionnel, le *Néféli,* et propose des balades en mer à l'écart des zones touristiques. La journée est ponctuée par plusieurs haltes : *snorkelling* (prêt de masques et tubas), pêche si la météo le permet, plage déserte et déjeuner à bord compris dans le prix. Amoureux de son île, il profite de cette balade pour partager (en français) sa passion pour la culture, la cuisine et la nature crétoises. Une authentique et chaleureuse escapade.

➢ ***Excursion dans les villages de montagne des environs :*** *balade à faire en voiture (il y a bien un bus, mais slt 3 j./sem).* De Iérapétra, prendre la route côtière de Sitia et la quitter, après Mavros Kolimbos, direction **Orino** *(Ορεινο),* à 10 km de la mer. La route s'élève vite et les oliviers cèdent bientôt la place aux pins maritimes qui s'accrochent à flanc de montagne. *Orino* (qui, en grec, signifie « montagnard ») n'est qu'à 630 m d'altitude, mais l'air qu'on y respire n'est pas le même que sur la côte (autre possibilité pour les marcheurs : remonter les gorges d'Orino, au départ de la plage de Koutsouras... 6h de marche tout de même !). Au-dessus du village, après 2 km de piste, joli point de vue sur la côte (région de Makrygialos) et sur les montagnes de l'intérieur. Au retour, pour éviter de refaire le même chemin, prendre, à 5 km au sud d'Orino, la direction de ***Schinokapsala*** *(Σχοινοκαψαλα).* Route goudronnée, mais qui « travaille » beaucoup. On retrouve la route principale, au niveau de la mer, vers ***Agia Fotia*** *(Αγια Φωτια).* Plage plutôt sympa entre deux barrières de rochers. Sable fin et gris. Pas mal de locations de chambres. Une taverne très correcte entre la route et la plage : *To Potami (The River).* Le soir, festival de moustiques et d'insectes divers, sortir couvert.

MYRTOS (ΜΥΡΤΟΣ) (72056) 450 hab.

Petit village de carte postale, très prisé par les Néerlandais, situé 13 km à l'ouest de Iérapétra, par la route côtière. Rues tracées au cordeau, piétonnes

et ombragées, terrasses fleuries, ateliers d'artistes, petite plage ourlée d'un agréable front de mer, belle petite église byzantine... Bref, une atmosphère à la fois plaisante et bon enfant.
Locations de voitures, vélos, supérettes, point Internet au *Tourist Office Prima Tour* (rue perpendiculaire au port) mêlés aux *periptera* (« kiosques ») à l'ancienne. Le village semble tourner la page sans pour autant perdre son âme, et c'est tant mieux !
Par une petite route littorale parfois sujette aux éboulements de la falaise qui la borde, on accède au village de *Tertsa,* encore plus tranquille. Belle plage, petits commerces, et tendance évidente au farniente...

Où dormir ?

Énormément de chambres et d'appartements à louer au hasard des ruelles et aux extrémités du village. Un hôtel central, aussi.

☗ ***Cretan House :*** *chez Maria Daskalaki, une adorable grand-mère. ☎ 28-42-05-14-27. • cretanhouse@yahoo.gr • Situé dans le centre, à côté de l'église et du musée (en cas d'absence, Maria habite au-dessus du resto Katerina). Doubles env 25-40 € selon saison et durée.* Jolie maison avec des volets et des portes en bois dans les tons verts et roses, et une pergola couverte de plantes grimpantes. Pas de vue sur la mer, mais très propre et calme. 3 chambres au rez-de-chaussée et 2 autres plus un appartement au 1er étage. Accueil gentil (mais un peu pressant) de Maria, qui préfère louer pour 2 nuits plutôt qu'une seule.
☗ ***Big Blue :*** *une des dernières maisons à l'extrémité du village à droite, tout en hauteur. ☎ 28-42-05-10-94. 📱 69-47-02-06-60 (Nikos). • big-blue.gr • Tte l'année. Résa fortement conseillée. Selon saison, chambres et studios pour 2 pers 40-55 €, apparts pour 4-5 pers env 50-85 €.* De bien beaux studios et appartements qui cascadent gentiment vers la mer. Ils sont dotés de tout le confort souhaitable et décorés à la mode des Cyclades, mais il convient de faire son choix sur place car certaines chambres et studios sont assez petits. Petit déjeuner possible dans un charmant jardinet face à la mer. Balcon face à la mer pour tout le monde. Très bon accueil.
☗ ***Sarikampos Beach Apartments :*** *à 1,5 km avt Myrtos, en arrivant de Iérapétra. ☎ 28-42-05-14-52. 📱 69-42-24-04-67. • sarikamposbeach.gr • Avr-oct. Selon saison et vue, studios 2 pers 40-60 € et apparts 4 pers 60-80 €.* Une bâtisse sur 4 étages, posée au bord de la route et devancée d'un petit jardin. Tous les studios et appartements sont parfaitement équipés, plutôt spacieux et confortables (TV, balcon). La plupart s'ouvrent à la fois sur la mer et sur l'arrière. Ils sont bien isolés par des doubles vitrages, la proximité de la route se fait vite oublier. Quelques chambres moins chères devant la piscine, fort plaisante et grande d'ailleurs. Accueil plein de gentillesse de Mina.

LA CÔTE SUD-EST

Où manger ?

Le front de mer est occupé par une demi-douzaine de terrasses qui se valent à peu près. On a bien aimé le ***Votsalo*** avec son joli cadre, sa carte colorée et ses assiettes de poissons variés ou de *mezze* à bon prix. Bon vin maison.
Le centre compte aussi plusieurs tavernes appétissantes dont ***O Platanos,*** qui proposent chacune à leur tour des soirées thématiques. Laissez-vous tenter, sinon poussez jusqu'à Tertsa...

|●| ***Taverna Stefania :*** *à la sortie de **Tertsa** quand on vient de Myrtos par la route côtière. 📱 69-78-26-91-93. Mars-nov. Poisson du jour pour 2 (copieux, on y mange facilement à 3) pour env 40 €, sinon 12-15 € pour un repas avec des plats locaux.* Ici, c'est

la rayonnante Stefania qui œuvre en cuisine. Sa spécialité : le poisson mais aussi la chèvre à la tomate, la moussaka, les légumes farcis. Quelques tables qui s'avancent vers la mer. Très agréable le soir au couchant. Bon service.

À voir

Le Musée archéologique et folklorique : *école primaire, à côté de la chapelle. ☎ 28-42-05-11-43. 69-34-11-61-99 (John Atkinson). Ouv en principe lun et ven 10h-14h, mer 17h-20h. Entrée : 1,50 €.* Petit musée, pas inintéressant. On y expose ce que les fouilles effectuées dans les environs ont permis de découvrir. Tout petit site archéologique à la sortie du village, en hauteur.

DE MYRTOS À ANO VIANNOS

• Carte Le département d'Héraklion *p. 74-75*

De Myrtos, suivre la route qui longe la mer jusqu'à Tertsa. Celle-ci grimpe à flanc de montagne pour rejoindre la nationale jusqu'à Ano Viannos. On peut s'offrir un petit détour vers *Kato Symi (Κατω Συμη)*, un village où coule une eau très fraîche et vivifiante. Plusieurs tavernes accueillantes à l'ombre de platanes centenaires. Dans l'Antiquité, Kato Symi était un lieu de culte : quelques kilomètres plus haut, on peut voir les ruines d'un temple de l'époque classique, dédié à Hermès et à Aphrodite. Mais les archéologues ont révélé qu'en fait, le site fonctionnait comme sanctuaire dès l'époque minoenne.

Où dormir sur la route ?

Akros Oreon : *à Kato Symi. ☎ 28-25-03-14-63. 69-09-42-82-25. • akrosoreon-crete.gr • Traverser le village de Kato Symi, c'est env 1,6 km plus loin (compter 800 m de goudron et 800 m de piste praticable, c'est indiqué). Tte l'année. Studios 2-5 pers : compter 50-55 € pour 2 ; 12 €/pers suppl. ; réduc pour les enfants ; petit déj 7 €. Séjour min 2 j. hors saison, 4 j. en août. (parties communes slt).* Sur les hauteurs, en pleine nature, entre montagne, vergers et pinède, à seulement 30 mn de la mer en voiture, un hôtel comprenant 7 chambres construites en pierre qui ne manquent ni de charme ni d'espace. Cuisine équipée, cheminée (on est à 900 m d'altitude, hors saison, il peut faire frisquet !). Cours de cuisine crétoise, table d'hôtes sur réservation (mais il y a également des tavernes au village). Une bonne adresse pour se mettre au vert. Bel accueil du couple Giorgios (francophone)-Anna.

KÉRATOKAMBOS (ΚΕΡΑΤΟΚΑΜΠΟΣ) ET KASTRI (ΚΑΣΤΡΙ)

(70004) 120 hab.

Deux petits villages de pêcheurs soudés l'un à l'autre, à une quinzaine de kilomètres au sud-ouest d'Ano Viannos. Fréquenté essentiellement par les Crétois, et encore seulement en juillet et août. Rien de spécial à faire ni à voir ici, si ce n'est se graisser le bout des doigts en dégustant une friture de poisson avant d'aller piquer une tête dans la grande bleue.

Où dormir ? Où manger ?

De bon marché à prix moyens

⌂ |●| ***Taverna Creta et Jason Apartments :*** *à l'entrée de* ***Kastri.*** *☎ 28-95-05-12-31. Tte l'année (en été, réserver, c'est vite plein). Doubles 35-45 €. Repas env 12 €.* Les 4 chambres sont simples, avec salle de bains et frigo. Balcon pour la plupart avec vue sur la mer. Coin cuisine. Accueil variable. Au resto, optez pour la pêche du jour.

⌂ ***Filoxenia Rooms :*** *à* ***Kastri,*** *à gauche après la* Taverna Creta, *vers l'ouest. ☎ 28-95-05-13-71. • philoxenia.kastri@gmail.com • Tte l'année. Appart 2 pers env 35 €.* Il s'agit d'une maison coquette, séparée de la petite route par un jardinet fleuri (la mer n'est qu'à 20 m). Au total, 7 appartements (3 en bas, 4 en haut) bien équipés et propres, dont certains profitent de la vue sur ce jardin. Petit accès à la mer et quelques chaises et hamac pour se détendre au-dessus des flots. Accueil chaleureux.

⌂ ***Pension Kastri :*** *maison blanche aux volets bleus en face du petit port de* ***Kastri.*** *☎ 28-95-05-13-20. Doubles env 25-30 €.* Minuscule pension proposant 3 petites chambres soignées et fraîches, avec douche et clim. Balcon commun donnant sur le port (qui n'est pas un modèle d'esthétisme, certes), avec quelques tables et un frigo. Accueil très gentil de Kyriaki Somaraki mais en version originale non sous-titrée. En bas, une petite taverne et une cafétéria-pâtisserie. En cas d'absence, Kyriaki habite 20 m plus loin (c'est la maison avec le rideau de perles jaunes devant la porte).

|●| ***Taverna Livyko :*** *à* ***Kératokambos,*** *juste en arrivant d'Ano Viannos, le long des rochers, à côté de l'église. ☎ 28-95-05-12-90. Env 12 €, davantage si l'on opte pour un plat de poisson.* Belles tables impeccablement dressées et fleuries contrastant avec le bleu des chaises. Spécialités grecques. Poisson et fruits de mer sur le gril. Une bonne adresse, plutôt fréquentée par les locaux. Bon accueil de Manolis.

|●| ***Taverna Nikitas :*** *à* ***Kératokambos,*** *voisine de* Livyko. *☎ 28-95-05-14-77. Prix sensiblement similaires.* Taverne de poisson réputée, dans le style de sa voisine. Tables au bord de l'eau sous les tamaris.

LA CÔTE SUD-EST

TSOUTSOUROS (ΤΣΟΥΤΣΟΥΡΟΣ) (70010) 110 hab.

On y accède depuis Kératokambos si l'on vient de l'est, ou par Kato Kasteliana si l'on vient de l'ouest. La route, très sinueuse, contourne une des régions montagneuses les plus arides de Crète, celle des monts Astéroussia. Ici règne une ambiance un peu désolée, accentuée par la présence d'un certain nombre de bâtiments inachevés. C'est sur les hauteurs de Tsoutsouros que l'on trouve l'une des plus productives plantations d'*aloe vera* de Grèce. Pas grand-chose à faire dans le coin cependant.

Où dormir ? Où manger ?

Pas mal de pensions qui se ressemblent toutes le long de la plage.

Bon marché

⌂ ***Rooms Venetia :*** *face au port. ☎ 28-91-09-22-58. • venetia-rooms.gr • Avr-sept. Doubles 35-50 €. CB refusées.* 8 chambres dont certaines avec vue sur le port réparties sur 2 niveaux. Rien d'inoubliable, mais l'ensemble est fonctionnel et dispose d'un confort très correct même si ça reste cher en été (AC, balcon, frigo, douche et w-c). Le patron et sa femme sont très accueillants et parlent bien le français. Attention, parfois bruyant à cause du resto-snack en bas (mêmes proprios).

Taverna Zorbas : *à l'entrée du village, venant de Kératokambos, indiqué sur la gauche. ☎ 28-91-09-22-77. 69-74-49-13-68 (Kostas). Mars-nov, midi et soir. Repas env 10-15 €.* Très bonne cuisine et spécialités crétoises à déguster sur une vaste terrasse, verdoyante et ventilée, face à la mer. Bon accueil.

PYRGOS (ΠΥΡΓΟΣ) (70010) 1 100 hab.

Gros village agricole accroché au flanc d'une colline aride, dominant l'immense plaine de la Messara. Quelques chambres en ville pour les égaré(e)s.

Où manger ? Où boire un verre ?

Minas : *dans la rue principale. ☎ 28-93-77-00-03. Tte l'année, tlj midi et soir. Env 12 €.* Si vous survivez au racolage tenace de la voisine, vous pouvez vous installer sur la petite terrasse ombragée de cette taverne, fréquentée par les locaux. Cuisine roborative et généreuse, proposant des plats « montagnards » comme l'*arni kokkinisto* (agneau à la casserole), des grillades, des légumes en sauce…

Où dormir ? Où manger dans les environs ?

Pension Kofinas : *à* ***Kapetaniana,*** *à une centaine de mètres en contrebas du petit parking. De Loukia (à une dizaine de km à l'ouest de Pyrgos), route bitumée avec de nombreux lacets sur 8 km. ☎ 28-93-04-14-40. • korifi.de/fr • Résa obligatoire. Doubles env 30-40 € (sans ou avec sdb) ; petit déj 6 €. Repas 12-15 €. CB refusées.* Accroché à flanc de montagne, toisant la mer de Libye à près de 800 m d'altitude, Kapetaniana donne cette impression d'être un village protégé par les dieux. Luisa et Gunnar, tous deux autrichiens et guides de haute montagne, en sont tombés amoureux il y a 25 ans et n'en sont plus repartis. Dans une ancienne ferme superbement rénovée, ils offrent le gîte aux randonneurs et grimpeurs de passage, avec 3 chambres doubles et salle de bains commune (sauf une seule avec salle de bains privée) et une grande chambre pour 4 aux allures de refuge. Salon chaleureux ou terrasse face au jardin pour prendre les repas. Également un sauna dans un bâtiment en bois dans le jardin. Un lieu qui respire la sérénité, d'autant qu'on y mange aussi très bien !

À faire dans les environs

Pyrgos constitue à la fois la porte d'entrée de la plaine de la Messara et l'un des contreforts du massif des ***monts Astéroussia,*** cette chaîne montagneuse dont le point culminant (le mont Kofinas) s'élève à 1 230 m au-dessus de la mer de Libye. Un paysage désolé de rocs et buissons d'épineux. La plupart du temps inaccessible, la région n'abrite que quelques hameaux et troupeaux de chèvres. Entre canyons creusés à coups de séismes et falaises battues par les vents, les monts Astéroussia sont devenus, depuis quelques années, la Mecque crétoise de l'escalade. La plupart des grimpeurs se retrouvent chez Luisa et Gunnar à Kapetaniana (voir plus haut la Pension Kofinas).

LENDAS (ΛΕΝΤΑΣ) (70009) 80 hab.

Situé au sud de la plaine de la Messara, séparé d'elle par les monts Astéroussia, Lendas (ou Lentas), repaire de yogis et de naturistes, n'a rien de très spectaculaire. Pourtant il y règne une ambiance plus intime qu'ailleurs, même si on commence à être nombreux à penser ça. On y accède par une route in-ter-mi-na-ble qui, après avoir laissé Miamou et Krotos, tournicote à flanc de montagne en offrant de belles échappées sur la mer. Pour qui arriverait de Pyrgos, savoir qu'après Vassiliki, les 5 premiers kilomètres ne sont pas goudronnés. De Vassiliki, une piste permet également de descendre sur Tripiti (petite plage), à travers un paysage superbe de monts déchiquetés qui évoquent l'Afrique du Nord (mais mieux vaut avoir un véhicule avec une bonne garde au sol et des pneus en bon état). En arrivant à Lendas, se garer dans le haut du village, puis emprunter venelles et escaliers jusqu'à la rangée de restos qui bordent la petite plage.

– ***Attention !*** Beaucoup de monde en été mais pas l'ombre d'une station-service ou d'un distributeur !

Arriver – Quitter

➢ ***De/vers Héraklion et Matala :*** lun-sam, 2 bus/j. pour Mirès en été à 9h15 et 15h15. De Mirès, correspondance pour Héraklion et Matala. Pas de bus le dim.

Renseignements pratiques

■ Autour du parking ouest du village, 2 supérettes qui font aussi bureaux de tabac, et une cabine téléphonique.

@ 🍷 ***Lions :*** *sur la place. Ouv tte l'année, à partir de 8h.* Un bar à la déco chaleureuse et gentiment branchée, avec un petit coin bouquins, un billard et un ordi pour se connecter gratuitement si l'on consomme. Ouvert du petit déj à très tard dans la nuit, autour d'un bon mojito et autres cocktails. Concerts parfois.

– Tous les restos de Lendas sont équipés du wifi.

Où dormir ? Où manger ?

Nombreuses pensions et tavernes ouvertes d'avril à octobre. La longue plage de Dytikos est sur toute sa longueur un spot connu de camping sauvage, toléré et respecté par les commerces avoisinants. Essentiellement naturiste, tendance germanophone.

De bon marché à prix moyens

⌂ ***Niki's Rooms :*** *en arrivant sur le 1er parking, continuer 100 m plus loin, en direction de la plage. ☎ 28-92-09-52-46. 📱 69-76-75-50-55. • nikisrooms.lentas.gr • Double 30 €, studios 25-35 €, apparts 30-50 €. CB refusées.* Wifi. Pension bien tenue par une petite dame souriante et sa fille Georgia. Courette fleurie et terrasse commune pour faire connaissance. La maison abrite 9 chambres propres et simples avec douche, certaines avec balcon et vue sur la mer. Et, pour le petit déj, la supérette n'est pas loin. Si c'est complet, on trouve toujours une solution.

⌂ |●| ***Taverna El Greco :*** *accès par la*

LA CÔTE SUD-EST

plage ou par la ruelle pavée de galets ronds qui commence au niveau du bar Lions. ☎ 28-92-09-53-22. 📱 69-72-09-02-38. • lentas-elgreco.com • Réservez ! Double env 40 €. Réduc à partir de 3 nuits (appelez avt pour avoir confirmation). Au-dessus de la taverne, 4 chambres avec salle de bains, AC, frigo et balcon. Celle donnant sur le toit possède une magnifique terrasse. Resto largement ouvert sur la mer (accès direct). Terrasse abritée et fraîche, le tout noyé dans la végétation. Bonnes spécialités grecques et copieuses salades. Zacharias, l'un des trois frères propriétaires, vous accueillera chaleureusement.

Zorbas : *à l'est de la plage, au niveau des énormes tamaris ; par l'intérieur, à 100 m de la place où s'arrêtent les bus. ☎ 28-92-09-52-28. 📱 69-36-16-97-78. • zorbas-lentas.gr • Mai-oct. Env 30 € pour 2, sinon studios et apparts 2-5 pers 45-75 €. ½ pens possible. CB refusées.* Un petit escalier fleuri mène à la plage et à la maison *Zorbas* surplombant la mer. Chambres avec petit frigo. La n° 2, la plus grande, la plus aérée, avec 3 fenêtres, possède une cuisine. Elle donne sur une terrasse extérieure et jouit d'une belle vue sur la mer. Sinon la famille possède aussi quelques appartements et studios dans une construction moderne en pierre apparente (Seli) qui domine le village et la mer. Belles finitions et prix convenables. Taverne très correcte avec une belle terrasse aérée surplombant la mer.

Pension Stella : *sur les hauteurs du village, à une centaine de mètres du site archéologique de Levin. ☎ 28-92-09-52-49. 📱 69-75-74-83-58. Studio 30 € pour 2 pers ; appart familial 45 €. AC en sus.* Une petite pension toute pimpante avec de belles portes bleues. Une dizaine de chambres simples mais assez spacieuses, dont les salles de bains ont été refaites. Terrasse, pour certaines, avec vue sur la mer. Accueil charmant de Stella Daskalaki.

Filoxenia : *à 500 m du centre env, sur les hauteurs au niveau de l'embranchement pour Tripiti. Bien indiqué. 📱 69-72-66-24-73 (Yannis). • filoxenia lentas.gr • D'avr à mi-nov. Studios 25-35 € pour 2 pers ; apparts 40-55 € pour 4 pers. Pas de petit déj.* Dans 2 bâtiments modernes, à l'écart du village et isolés, une dizaine de studios et autant d'appartements. Simples, fonctionnels et climatisés. La vue sur mer que l'on a des balcons est magique. Les bâtiments étant l'un derrière l'autre, choisissez plutôt le premier pour une vue vraiment imprenable ! Les mêmes propriétaires proposent d'autres chambres très plaisantes dans le village *(Levin Apartments).* Mêmes prix.

Villa Tsapakis : *à* ***Dytikos,*** *à 1 km à l'ouest de Lendas (enseigne difficile à distinguer sous la végétation : c'est un peu derrière la supérette du même nom). ☎ 28-92-09-53-78 ou 📱 69-78-90-05-34 (Stelios). • villa-tsa pakis.gr • Pâques-début nov. Doubles 30-35 € ; apparts 4 pers 45-60 € (AC en sus 5 €). Pas de petit déj. CB refusées.* Un petit complexe hôtelier assez coquet d'une petite trentaine de chambres et d'appartements dispatchées autour d'un patio fleuri où trône un petit bassin. Tout ça est un peu vieillissant, certaines chambres ne sont pas bien grandes (bien choisir) mais ça reste d'un bon rapport qualité-prix. Certaines disposent même d'un balcon ombragé avec vue sur la mer.

Studios Dytikos : *à* ***Dytikos,*** *à 1 km à l'ouest de Lendas. 📱 69-99-29-52-22. • hotel-lentas.com • Au bout de la plage, sur la droite quand on regarde la mer. Avr-oct. Double 40 € ; appart 4 pers 50 €. CB refusées.* Une bâtisse d'un blanc éclatant et volets bleus, face à la plage. Tous les appartements disposent de la clim, d'une kitchenette, TV écran plat et petit balcon avec vue sur la mer. Un niveau de confort un chouia supérieur à la moyenne, mais pas de réception. Pour les inconditionnels de la plage.

Plus chic

Casa Doria *(SlowLife Hotel)* **:** *à 3 km en direction de Tripiti. ☎ 28-92-09-53-76. 📱 69-72-64-80-13. • casa doria.net • Doubles 60-80 €, petit déj compris.* C'est l'œuvre d'un couple d'Italiens, amoureux de la Crète. Au total, 8 chambres, réparties sur 2 niveaux, dans une maison isolée surplombant un petit port. Toutes possèdent leur propre déco assez travaillée, et certaines ont carrément des couleurs flashy. Grande terrasse ombragée pour prendre les repas face à la mer. Cuisine tout aussi inventive. Pour certains, excessif (par le style, l'atmosphère comme pour les prix), le tout peut aussi laisser... indifférent. Question de goûts et de sensibilité.

À voir

Le site de Levin (ou *Lebena*) **:** *dans le haut du village. Mar-dim 8h30-15h. GRATUIT.* Pas grand-chose à voir si ce n'est deux colonnes (sur les 16 du temple d'origine), un morceau de mosaïque avec deux calamars stylisés et un curieux cheval. On a du mal à imaginer que des foules de pèlerins ont arpenté les lieux, venant de tout l'espace hellénique. Levin était en effet un *Askiplion* célèbre (sorte de centre de cure) où l'on venait se faire soigner, comme à Épidaure, par les prêtres d'Asklépios, le dieu médecin, fils d'Apollon.

Les plages

Dytikos : *belle plage à 1 km à l'ouest de Lendas.* Sable gris. Des tentes et des naturistes. La route continue vers Kali Liménès, annoncé à 17 km (dont 13 km de piste).

Tripiti : vers l'est, dans un premier temps, une route goudronnée conduit à un petit port, puis une piste prend le relais jusqu'à Tripiti. Comme son nom l'indique, Tripiti n'est pas bien grand (ok, c'est facile !) : une plage poussiéreuse, quelques tamaris, une ou deux tavernes aux beaux jours et des caravanes parquées à l'année. De là, remonter (sur 1 km) la piste qui part vers la montagne (passage dans des gorges), pour aller casser la croûte au lieu-dit *Agios Savas* à la ***Taverna Agisilaos Stella,*** un repaire d'écolos tendance post-baba où l'on mange très bien. *69-88-24-78-49 ou 69-77-19-34-05 ; repas 10-12 €, propose aussi 3 chambres basiques, compter 25-30 € pour 2, petit déj de la ferme compris.)*

➢ Quelques randos à faire dans les environs.

LA MESSARA

• Carte Le département d'Héraklion *p. 74-75* • Carte Le département de Réthymnon *p. 178-179*

Pour reprendre un cliché, la Messara n'est autre que le « grenier de la Crète ». Cette région agricole était déjà densément peuplée à l'époque minoenne, comme en témoignent les nombreux sites archéologiques mis au jour dans le coin. À l'époque romaine, on estime à 30 000 habitants la population de la seule ville de Gortyne, alors capitale de la région. Aujourd'hui, sur les routes rectilignes qui se croisent à angle droit en sillonnant les oliveraies, on rencontre bien souvent plus de tracteurs et d'*agrotika* (les pick-up des agriculteurs) que de voitures. Et dès qu'on s'élève un peu, ce sont les bergers et leurs troupeaux qui se réapproprient les routes.

Si l'on ne fait guère que traverser *Mirès* – la grosse bourgade agricole du coin (banques avec distributeurs, marché le samedi matin), la Messara recèle de nombreux villages épargnés par les promoteurs. *Vorri,* plus à l'ouest, est une bourgade intéressante avec son Musée ethnologique. Mais c'est en s'orientant vers le sud-ouest, vers la touristique Matala, que l'on trouvera la plus grande concentration d'adresses pour casser la croûte ou se poser pour les vacances. À l'image des petits villages des environs, comme Kamilari, Pitsidia ou Sivas...

GORTYNE (ΓΟΡΤΥΝΑ)

Sur la grand-route qui traverse la Messara, à la sortie d'Agii Deka, en direction de Mirès. Ancienne rivale de Knossos au IVe s av. J.-C., Gortyne (ou Gortyna) fut la capitale de l'île lors de la période d'occupation romaine (à partir de 67 av. J.-C.). Dix chrétiens y furent martyrisés lors des

persécutions de Dèce, vers 250 apr. J.-C. : ils ont donné leur nom au village voisin, Agii Deka, qui signifie « les dix saints » (belle église au cœur du vieux village, d'ailleurs).

Arriver – Quitter

➢ ***De/vers Héraklion :*** le bus Héraklion-Phaistos s'y arrête (6-7 bus/j.). Pas de bus le dim. Durée : 1h depuis Héraklion et 30 mn depuis Phaistos. Pour rejoindre Héraklion depuis Gortyne, une petite douzaine de bus/j venant de Mirès.

Infos pratiques

– Rens : ☎ 28-92-03-11-44. Tlj 8h-19h (15h hors saison). Horaires variables et non garantis faute de crédits. Entrée : 6 € ; réduc ; gratuit moins de 18 ans et étudiants de l'Union européenne. Le billet permet de voir l'odéon, les *lois de Gortyne* et la basilique. Le reste du site (moins bien conservé) est accessible en permanence, car les ruines sont dispersées sur une vaste surface. Affichés au guichet, les plans des différents vestiges.

Où manger dans les environs ?

|●| ***The Snails House :*** *dans le minuscule village de* ***Plouti,*** *à 4 km de Gortyne, sur la route de Zaros. ☎ 28-92-09-63-52. Tte l'année, tlj midi et soir. Compter 10-12 €.* Si vous en bavez pour les escargots, ici, pas de coquille ! Parlons déjà du lieu. Une petite terrasse sous les mûriers à l'heure du déjeuner, ou une vieille maison au sol en pierre, avec une cheminée et des objets de l'artisanat local au mur pour les soirées frisquettes. Au choix, 4 préparations d'escargots : dans une sauce à l'oignon et tomate, frits et parfumés au romarin, au blé concassé, ou simplement bouillis. À déguster en s'en mettant plein les doigts, accompagnés d'un bon petit vin blanc bien frais. Dé-li-cieux !

Le site

👁👁 La plupart des ruines sont en fait romaines, comme l'odéon, les vestiges du temple, ceux du nymphaïon, etc. Il ne subsiste plus que les trois absides de la basilique d'Agios Titos (Saint-Tite), un édifice paléochrétien assez brut, récemment restauré. Agios Titos était un compagnon de voyage de saint Paul, et le premier évêque de l'île au Ier s de notre ère. Ses reliques, avant de prendre la route pour Héraklion, ont longtemps été conservées à Gortyne, ce qui a suffi pour assurer à la ville un grand renom. Détruite par les Arabes au début du IXe s, Gortyne n'a plus jamais été habitée depuis. Derrière l'odéon, on distingue sur la colline les ruines du théâtre et, plus à droite, celles de l'acropole.
Les fameuses ***lois de Gortyne*** constituent le principal intérêt de la visite : il s'agit de la plus importante des collections d'épigraphes grecques conservées à nos jours. Gravées dans la pierre (un mur de 2 m de haut et d'une douzaine de mètres de large, situé dans l'odéon), elles datent de 480-460 av. J.-C. et codifiaient les droits du citoyen à l'époque dorienne. Elles se composent de 621 lignes sur 12 colonnes, écrites en *boustrophédon.* Késaco ? Le texte est écrit de droite à gauche sur une ligne et repart, à la suivante, de gauche à droite, et ainsi de suite à la manière des sillons dans les champs. Certaines lois allaient dans un sens assez libéral pour l'époque : ainsi, il est question, entre autres, de la protection des

esclaves, du droit des femmes à posséder des terres et même de la présomption d'innocence jusqu'au rendu du verdict. Comme quoi...
L'autre centre d'intérêt du site, plus anecdotique, est le platane (au feuillage persistant) auquel conduit un petit sentier dallé, derrière l'odéon. Il est l'un des trente spécimens de ce type, endémiques de la Crète.

UNION EUROPÉENNE

C'est sous ce platane que ce grand séducteur de Zeus aurait ramené la jeune Europe, qui, comme son nom ne l'indique pas, était originaire du Liban... La princesse, piégée par le dieu transformiste (il avait choisi pour l'occasion l'apparence d'un taureau, bien sûr), s'était fait enlever par la voie des airs, Zeus ne reprenant sa forme humaine qu'après l'arrivée à Matala. Il avait choisi ce lieu comme nid d'amour. Selon la tradition, c'est donc là que ce coquin de Zeus se serait uni à Europe et que Minos aurait été conçu...

➢ En repartant, si vous n'êtes pas pressé, passez par la route de *Mitropoli,* qui se prend presque en face du site. Jolies mosaïques appartenant à une ancienne basilique. Malheureusement, il faut se contenter de les regarder de la route, à travers les grillages.

➢ Sur la route d'Agii Deka, en prenant à droite, vous tomberez peut-être sur les ruines du *praetorium* romain, à l'abandon sous les oliviers. Dans ***Agii Deka*** même, belle petite église du XIIe s *(en principe, ouv tlj 10h-13h),* qui abrite la plaque de marbre sur laquelle les fameux dix saints (qui ont donné le nom de la ville) auraient été décapités le 23 décembre de l'an 250. Baladez-vous aux abords de celle-ci, vous y découvrirez une belle petite architecture de style vénitien. Certains maçons de l'époque se sont servis des ruines laissées par les Romains, comme le prouve ce fragment de statue enchâssé dans la façade de la maison abandonnée qui fait face à l'église. De là, une signalétique invite le promeneur à aller voir l'endroit où reposent les corps des suppliciés. Rien de bien intéressant à voir car l'église neuve n'a aucun charme.

➢ À l'opposé, en prenant vers le nord, direction Plouti, on arrive dans la zone où se trouve le « labyrinthe de Gortyne », curiosité souterraine connue des visiteurs de la Crète dès le... XVe s ! Cet ensemble de galeries, non sécurisé, ne se visite pas *(détails sur le site ● labyrinthos.ch ●).*

ZAROS (ΖΑΡΟΣ) (70002) 2 100 hab.

Le massif calcaire de l'Ida (*Idi* en grec, ou encore *Psiloritis*) domine la plaine de la Messara. Quelques villages de moyenne montagne s'échelonnent sur une route qui ceinture son flanc sud, à moins de 10 km à vol d'oiseau de la nationale 97. Le plus intéressant est le chef-lieu, Zaros, qui ne se situe pas à proprement parler dans la Messara, mais qu'on atteint facilement depuis Agii Deka ou Mirès (11 km). Petite station de moyenne montagne, Zaros attire les Crétois en quête de fraîcheur et de dépaysement, qui viennent ici passer le week-end au coin du feu. Les amateurs de rando y établiront leur base pour partir à la découverte de la région à pied ou à VTT.

➢ ***D'Héraklion :*** 1 bus/j. lun-sam vers 13h30, dim le bus part à 7h. Retour sur Héraklion tôt le mat lun-sam ; en milieu d'ap-m dim.

Où dormir ?

Une bonne nouvelle, le village compte plusieurs hébergements fort sympathiques et de qualité !

Bon marché

Hariklia Rent a Room : *quand on arrive au village, prendre à droite à la station-service. ☎ 28-94-50-02-17. 69-44-85-65-40. • frosopetraki@hotmail.com • Mi-avr à fin oct. Doubles 27-30 € ; petit déj 7 €. CB refusées.* Une adorable petite pension pleine de charme, décorée avec délicatesse. Les 5 chambres sont petites mais fraîches malgré l'absence de clim, lits en fer forgé, tapis faits à la main par la maman, frigo, TV et salle de bains nickel (celle à 25 € n'a pas de salle de bains mais elle donne sur le jardin). Potager familial pour la touche de verdure. Accueil chaleureux de Froso, une jeune femme très disponible. Rapport qualité-prix-gentillesse imbattable !

Studios Kéramos : *au centre du village, dans une rue parallèle à la rue principale (bien indiqué). ☎ 28-94-03-13-52. • studiokeramos-zaros.gr • Tte l'année. Double env 40 € en été, petit déj compris. Familiale 55 €. AC en sus 5 €.* Des chambres grandes (avec parfois 2 lits doubles !) et coquettes avec balcon, déco traditionnelle. Certaines bénéficient de l'éclairage du soir, d'autres de celui du matin et sont équipées d'un coin cuisine. Quelques-unes sont climatisées, sous le toit, spacieuses et hautes de plafond. Le plus est dans l'accueil de la famille Papadovassilakis, et particulièrement le petit déj qui n'a pas d'équivalent dans les environs (galette crétoise – *paradossiaki pitta* – au fromage de chèvre, lait de brebis, miel de pays, fromage local, etc.). La maison en elle-même est presque un petit musée !

Plus chic

Eleonas Traditional Cottages : *à 2 km du village, en allant vers Kamarès. Bien indiqué. ☎ 28-94-03-12-38. • eleonas.gr • Membre du réseau d'hébergements de charme* Guest Inn. *(• guestinn.com •) 20 mars-10 nov (ainsi que les w-e en hiver). Cottages env 95-115 € pour 2, et 130-165 € pour les familles (2 chambres), petit déj inclus.* L'olivier centenaire planté sur le parking donne le ton : ici, c'est du robuste ! Une vingtaine de cottages accrochés à flanc de montagne au milieu des oliviers. Les moins chers disposent d'un frigo et de quoi se faire un petit déj. Les autres d'un petit salon et d'une kitchenette. Toutes sont différentes, toujours très cosy, joliment décorées et confortables (AC, TV satellite et lecteur DVD), avec chacune leur petit balcon. Piscine, aire de jeux pour les bambins, cours de cuisine, location de VTT et une carte très bien faite pour randonner dans les environs. Un point de chute idéal pour les amoureux de la nature.

Nana Apartments (famille Stéfanakis) : *sur les hauteurs du village. ☎ 28-94-03-15-27. • nana-apartments.gr • De l'atelier d'Antonis Stéfanakis, prendre sur 200 m la rue qui monte. Avr-oct. Compter 75 € pour 2, 119 € pour 4, petit déj compris. Tarifs dégressifs à partir de la 3e nuit.* Dans un bâtiment sans charme particulier, 4 grands appartements classiques mais de bon confort. Chauffage pour des séjours hors saison. Bon accueil de la famille Stéfanakis (le père de Dimitris, le propriétaire, est le luthier dont il est question plus bas).

Où manger ?

Prix moyens

Taverna Vegera : *dans le centre. ☎ 28-94-03-17-30. Ouv midi et soir de mi-mars à mi-nov. Env 12 € (prix unique comprenant une salade, 7 mezze et un petit peu de vin). CB rarement acceptées.* Taverne atypique : ici, on ne passe pas commande ; les plats arrivent les uns à la suite des autres suivant l'humeur de la cuisinière (du coup, précisez à l'avance vos particularités de régime). Au

LA MESSARA

final, c'est le prix d'un repas classique mais on reste rarement sur sa faim vu les quantités servies. Précisons qu'ici, les produits de saison sont à l'honneur. Excellent accueil de la joviale Vivi, prof de cuisine de son état, et de sa mère, qui sert avec un enthousiasme similaire.

|●| ***Sinantisi :*** *dans la rue principale. ☎ 28-94-03-22-11. Tte l'année, tlj 6h-22h. Env 10-13 €.* Une toute petite salle décorée de quelques instruments de musique et une miniterrasse sur la rue. Côté cuisine, la carte joue les spécialités locales en proposant des plats simples mais bien réalisés qui vous aideront à pousser sur les pédales si vous faites du vélo. Tout est frais et fait maison. Excellent accueil.

|●| ***I Limni (Le Lac) :*** *au-dessus de Zaros, à 2 km du village, sur le bord du lac de Votomou. ☎ 28-94-03-13-38. Avr-oct, tlj midi et soir ; hors saison, slt le w-e. Env 13-20 €. CB refusées.* Propose des saumons ou des truites (élevage un peu plus bas), en carpaccio ou fumés en entrée, grillés en plat de résistance. Mais aussi une bonne cuisine de terroir. Adresse très appréciée des habitants d'Héraklion le week-end. Un très beau cadre, avec des tables sous les platanes et une salle en pierres apparentes donnant sur le lac.

Achats

Kurtès : *en arrivant dans le village, prendre à gauche avt la station-service, c'est à 400 m plus loin sur la gauche. ☎ 28-94-03-16-70. • kurtes.gr •* C'est la coopérative. Vend de l'huile d'olive, ses produits dérivés, du miel et des herbes.

La boutique-atelier Mitos : *dans la rue principale, en face de la taverne Vegera. ☎ 28-94-03-13-16. Tlj 9h-21h.* Pour tout connaître sur la création textile de cette région de la Crète, *kouréloudès* (couvertures), *pandès* (déco murale), *vourgiès* (sacs de bergers) ou encore nappes, oreillers, etc. Exposition de grands métiers à tisser et démonstration à la demande. Et, bien sûr, pour acheter (mais, attention, tout n'est pas de fabrication artisanale).

La boutique-atelier d'Antonis Stéfanakis : *dans le centre du village, sur la droite de la rue principale en montant. ☎ 28-94-03-15-27. • stefanakis-antonis.gr •* Renommé dans toute la Crète, le luthier Antonis Stéfanakis fabrique des instruments de musique, dont la *lyra* crétoise. Atelier très modeste, mais le prix d'une *lyra* va tout de même de 350 à 1 000 €.

À voir. À faire

Le musée du Folklore et de la Géologie : *dans le centre du village (en montant, c'est fléché sur la gauche, repérerez les grosses jarres et le drapeau grec). En principe, tlj sf lun 10h-12h, 14h-18h.* Intéressant si on aime les cailloux.

DANS LES ENVIRONS DE ZAROS

Le lac de Votomou *(Λιμνη Βοτομου)* ***:*** *au-dessus de Zaros, à 2 km du village, à proximité de la source de Zaros.* Un petit lac très reposant, aménagé avec de la pelouse et quelques aires de jeux. D'ici part le sentier qui monte vers la forêt de Rouvas via les gorges du même nom et le monastère d'Agios Nikolaos (en travaux). Petite balade sans histoire (compter 4h aller-retour). De la forêt de Rouvas, le sentier rattrape l'itinéraire E4 qui grimpe vers la grotte de Zeus, mais attention, là, pour l'aller simple, il faut bien compter 8h de marche.

➢ De nombreux sentiers (non balisés), pistes non revêtues et petites routes de campagne, permettent d'atteindre la multitude de petites églises (malheureusement souvent fermées) disséminées dans les alentours. En une journée, on peut faire le ***tour du mont Ambélakia*** (1 441 m) en comptant env 8h de marche, dans le sens antihoraire au départ de Zaros. Paysages magnifiques. Attention, ça grimpe dur ! Se procurer une bonne carte (comme celle éditée par les cottages *Eleonas,* par exemple, voir plus haut « Où dormir ? »).

Le monastère de Vrondissi *(Μονη Βροντησιου)* **:** *à 5 km à l'ouest de Zaros. Tlj 7h-19h. GRATUIT. Photos interdites à l'intérieur de l'église.* Un monastère bien restauré, où le seul monument à voir qui soit d'époque (vénitienne) est l'église à deux nefs (l'une pour les catholiques, l'autre pour les orthodoxes). Celle de droite conserve encore quelques fragments d'une fresque du XVe s. Sur la partie supérieure de l'iconostase, des icônes retraçant la vie du Christ. Les plus belles icônes, celles de Damaskinos, ont quitté le monastère et sont désormais visibles au musée d'Art chrétien d'Héraklion. Très beau point de vue depuis la cour. Mais le plus intéressant est la ***fontaine vénitienne,*** dont on distingue tout le raffinement, à l'ombre d'un vieux platane éventré (à gauche de l'entrée du monastère). L'eau sort de quatre bouches de divinités chevelues, accoudées et surmontées par les statues (sans tête) d'Adam et Ève. Entre eux, on devine une présence ou plutôt une absence : c'était... Dieu qui se trouvait là ! Apparemment, les Turcs ont à peu près supporté la présence d'Adam et Ève, mutilés, mais pas davantage.

L'église d'Agios Fanourios : *env 1 km plus haut que Vrondissi. À la sortie de Vorizia, prendre à gauche direction Valsamonero ou Agios Fanourios.* ***Fermée en 2016*** *(se renseigner à propos d'une éventuelle réouverture). Attention, 2 molosses en interdisent l'accès, ne vous faites pas tailler un short !* Cette église du début du XVe s faisait partie du monastère de Valsamonero, dont il ne reste rien d'autre. Ne soyez donc pas surpris si les panneaux indiquent tantôt l'un, tantôt l'autre... Ses fresques sublimes (1407-1428), attribuées à Konstantinos Rikos, comptent parmi les plus remarquables en Crète.

Kamarès *(Καμαρες)* **:** *à 9 km à l'ouest de Zaros.* Ce village est le point de départ d'une rando qui conduit à la célèbre ***grotte de Kamarès,*** sur le flanc sud de l'Ida, à 1 524 m, où furent découvertes en 1895 des quantités de céramique polychrome datant de l'époque minoenne (à voir absolument au Musée archéologique d'Héraklion). De Kamarès village, compter 4h de marche rude. Pour très bons randonneurs, car le sentier monte sec (1 000 m de dénivelée), en plein soleil. Une bonne halte :

Taverna Paradosi : *à 900 m avt d'arriver à Kamarès, sur la gauche de la route (peu visible). Midi et soir de mi-mai à fin sept. Env 10-12 €. CB refusées.* Taverne typique, tenue par un couple d'anciens : une poignée de tables bien à l'ombre dehors et à peine plus à l'intérieur, entre Elvis empoignant son micro et une cène pas piquée des hannetons. Cuisine maison servie avec générosité. M. Fanourios Louloudakis parle un peu l'allemand.

VORRI (ΒΟΡΡΟΙ) (70200) 750 hab.

Le village de Vorri (parfois transcrit Vorroi) est un peu à l'écart de la route nationale, à 6 km à l'ouest de Mirès et à 4 km au nord de Phaistos. On y voit en particulier de jolies portes de maison, en plus ou moins bon état mais qui se rénovent doucettement. Petite place avec concentration de cafés et un musée à ne manquer sous aucun prétexte.

LA MESSARA

Où dormir ? Où manger ?

Pension chez Margit Vénétikos : *à 1 km du centre, dans un quartier résidentiel et calme ; au Rex, prendre à gauche, puis 100 m après encore à gauche (écriteau). ☎ 28-92-09-11-29. • pension-margit.messara.de • Venant de Mirès, prendre à gauche avt l'entrée du village (c'est indiqué). Double env 32 € ; triple 38 € ; petit déj 5 €/pers. CB refusées.* Il s'agit d'une villa moderne et confortable, avec un petit jardin ombragé en bas. 6 chambres à la fois spacieuses et simples, avec ou sans clim, mais toutes avec douche et w-c. Margit est allemande et parle quelques mots d'anglais. Elle sert un copieux petit déj à l'allemande. Son mari, décédé, collectionnait les lettres que l'écrivain américain Henry Miller (l'auteur du *Colosse de Maroussi*) envoya à son père, Alexandros Vénétikos. Ce dernier fut le gardien des ruines de Phaistos, et c'est là qu'il rencontra Miller en 1940. Malgré leur brève rencontre, les deux amis s'écrivirent toute leur vie. Henry Miller doit une grande partie de son amour de la Crète et de la Grèce à ce gardien atypique.

Taverna Alékos : *dans Vorri, en arrivant de Mirès sur la gauche derrière la petite église. ☎ 28-92-09-10-94. Tte l'année. Compter 12 €.* Voilà une adresse que l'on ne s'attend pas à trouver ici. Dans la cour arborée d'une vieille maison, un restaurant des plus accueillants. Une impression due en partie à la gentillesse d'Alékos, natif de la région qui a vécu longtemps en Belgique, et de son épouse Zafiro. Francophone, il communique sa douceur de vivre jusque dans ses plats savoureux. Également une belle salle avec cheminée.

À voir

Le Musée ethnologique : *dans le centre du village. ☎ 28-92-09-11-12. Suivre les panneaux dans le village. 1er avr-30 oct, tlj 11h-17h ; le reste de l'année, téléphoner (groupes slt : min 5 pers). Entrée : 3 € ; réduc ; gratuit moins de 16 ans.* On vous invite vivement à venir visiter ce beau petit musée (qui connaît des difficultés financières) pour tout connaître, ou presque, du mode de vie ancien et actuel des Crétois. Une vingtaine de vitrines bien éclairées et une présentation agréable. Sur deux étages, tous les métiers de l'artisanat y sont représentés, avec outils et réalisations : potier, maréchal-ferrant, forgeron, vannier, cordonnier, etc. Impressionnante collection de clés et de serrures ainsi que de portes. On apprend que les cloches utilisées pour les troupeaux étaient différentes de celles du reste de la Grèce, de même que les paniers avaient des formes différentes selon la région de l'île où ils étaient faits. Quelques armes, avec un bel exemple de poignard crétois, côtoient des instruments de musique (superbes flûtes, cornemuse et *lyra* avec archet à grelots). Mais la plus belle section concerne le tissage, qui mérite vraiment que vous vous y attardiez. Vous trouverez un livret explicatif en vente à l'entrée si vous souhaitez des informations complémentaires *(20 €).*

DANS LES ENVIRONS DE VORRI

Le monastère de Kalyviani (Μονη Καλυβιανης) **:** *entre Vorri et Mirès, accessible par une petite route.* Grand complexe monastique qui recueille une centaine d'orphelins. Dans la grande église du monastère, une icône supposée miraculeuse attirait jadis beaucoup de monde (elle a été volée en 2003). Dans la petite église située juste derrière la grande, vous pourrez voir de belles fresques mais il est interdit de les photographier.

PHAISTOS (prononcer FESTOS ; ΦΑΙΣΤΟΣ)

Au nord-est de Matala. L'un des palais minoens les plus anciens, le deuxième en importance après Knossos. Le site n'a pas été reconstruit, tant mieux. Ruines assez suggestives, surtout si l'on a vu Knossos avant et, bien sûr, le musée archéologique d'Héraklion. Appartements royaux, bassins lustraux, puits de lumière, magasins, silos... On retrouve les mêmes éléments. Le site est assez étendu, donc pas bondé, et le panorama tout autour est superbe. Incontestablement, c'est le palais minoen qui bénéficie du plus bel environnement, dominant la Messara avec le Psiloritis à l'arrière-plan.

Arriver – Quitter

Ci-après, les fréquences en hte saison.

➢ ***De/vers Héraklion :*** une demi-douzaine de bus/j. au départ d'Héraklion. 5 slt lun-sam de Phaistos, 3 bus/j. slt le dim. Trajet : 1h30.

➢ ***De/vers Agia Galini :*** 4 bus/j. dans chaque sens. Le dim, 2 bus slt, dernier départ d'Agia Galini pour Phaistos à 12h.

➢ ***De/vers Matala :*** lun-sam 4-5 bus/j. ; 3 bus/j. slt le dim.

Infos pratiques

– Rens : ☎ 28-92-04-23-15. Tlj 8h-19h en saison. Nov-fin mars, 8h-15h. Horaires non garantis, mieux vaut tél avt de venir. Entrée : 8 € ; gratuit étudiants de l'Union européenne et moins de 18 ans.

Pratiquement pas d'ombre : venir plutôt en fin de journée si l'on possède une voiture, quand les montagnes se teintent de couleurs mordorées. Une boutique-cafétéria.

Le site

🏛🏛🏛 Le palais fut construit en haut d'une colline, d'où la très belle vue sur la Messara. La proximité de la rivière Géropotamos (l'un des rares cours d'eau pérennes de Crète) et de la mer (Kommos, au nord de Matala, était le port de Phaistos), a probablement influencé le choix de ce site pour y édifier un palais. Les archéologues italiens ont en fait dégagé deux palais dont les ruines s'imbriquent étroitement sur des terrasses à des niveaux différents. Le premier fut détruit par un séisme vers 1600 av. J.-C. et remplacé par un second, à nouveau détruit vers 1450 av. J.-C. C'est sur ce site que fut découvert le célèbre disque d'argile exposé au Musée archéologique d'Héraklion. À part cette pièce unique, on a trouvé très peu de sceaux et de tablettes dans le second palais, ce que certains interprètent comme le signe d'un recul de l'influence du palais, au profit d'Agia Triada.

L'organisation du site est plus lisible qu'à Knossos, à l'œil nu, mais on y trouve encore moins d'explications sur place, malheureusement. La cour principale, de 40 m de long environ, était entourée de colonnes à base carrée et a conservé son dallage datant de 1900 av. J.-C. On l'atteint après avoir descendu des escaliers imposants. On suppose que se déroulaient ici les grandes processions religieuses. Avant de rejoindre cette grande cour, jetez donc un œil sur la gauche : un drôle de cellier abrite encore les *pithoi,* ces grandes jarres dans lesquelles on stockait (entre autres) l'huile d'olive. Les appartements royaux (mégaron), sous la partie couverte, sont peut-être un peu décevants : le bétonnage, bien que plus discret qu'à Knossos, dépare l'ensemble, et il faut se contorsionner pour voir l'escalier menant au bain lustral. Ne pas manquer néanmoins le dallage en albâtre. S'agissait-il seulement d'appartements royaux ? Rien n'est moins sûr, du moins pour ceux qui pensent que le palais était avant tout consacré au culte religieux et que le souverain résidait en fait à Agia Triada (voir ci-après). L'aile est comporte moins de restes. Accolée néanmoins à la cour principale, une pièce arbore toujours un trou, qui devait accueillir un feu rituel.

DISQUE SINGLE

En juillet 1908, un archéologue a fait la découverte, sur le site, d'un mystérieux disque recouvert d'inscriptions. Plus de 100 ans après, le mystère est toujours à peu près entier, malgré les multiples théories qui donnèrent lieu à de nombreux livres sur le sujet. On n'a pas vraiment réussi à dater la pièce, et comme il n'existe aucune œuvre équivalente aidant à la traduction, les 241 signes, semblables à des hiéroglyphes, répartis en 61 groupes, restent indéchiffrables... même si en 2014, deux chercheurs ont dit avoir réussi un déchiffrage.

AGIA TRIADA (ΑΓΙΑ ΤΡΙΑΔΑ)

Le site archéologique d'Agia Triada est moins spectaculaire que celui de Phaistos (à 3 km seulement), mais plus sauvage, plus romantique et bien moins fréquenté. Les ruines sont en contrebas de la route, tournées vers la mer. Horaires de visite réduits, mais ne pas hésiter à faire le détour rien que pour le cadre, et son calme en fin de journée.

➢ *De Vorri, sortir en direction de Tymbaki par la nationale 97, puis env 500 m avt la station-service* Eko, *prendre à gauche (pas de panneau).*

Infos pratiques

– Rens : ☎ 28-92-09-15-64. Tlj 10h-16h30 (en été, l'horaire peut être prolongé, dans ce cas le site est fermé lun ; horaires non garantis, mieux vaut tél avt de venir). Entrée : 4 € ; gratuit étudiants de l'Union européenne et moins de 18 ans.

Le site

👣👣 Ce site est contemporain de Phaistos. On ignore comment il s'appelait à l'époque minoenne. Ce que l'on sait, en revanche, c'est que le terme de « villa » est trompeur : il s'agissait sans doute du siège d'un pouvoir administratif (inférieur au palais), qui exerçait le contrôle de la production agricole d'un territoire donné. Pour certains, les « villas » étaient la résidence du souverain, le grand palais représentant avant tout un complexe économico-religieux. Agia Triada a été détruite par une catastrophe naturelle en 1450 av. J.-C. C'est ici que furent découverts le splendide sarcophage peint, exposé au Musée archéologique d'Héraklion, ainsi que les jolis vases à libations en stéatite, comme le célèbre « vase des moissonneurs ».
Le site, où des fouilles sont toujours menées, est assez agréable : jolie esplanade avec bancs à l'ombre des pins pour contempler les ruines et la mer en

arrière-plan. Du pavillon d'entrée, des escaliers conduisent au mégaron (c'est la partie couverte). Du côté proche de l'église, on découvre deux grosses canalisations. Au nord du mégaron se déploie l'agora d'un village minoen (1400 av. J.-C.), reconnaissable aux socles des piliers à base carrée. Presque pas de bétonnage contrairement à Knossos (tant mieux !).
« Perdue » sur le site, une petite église byzantine *(Agios Géorgios),* à l'intérieur décoré de fresques.

KAMILARI (ΚΑΜΗΛΑΡΙ) (70200) 400 hab.

Petit village perché à l'écart de la route Phaistos-Pitsidia, à 2 km plus à l'ouest. Pas mal de cachet et assez typique. Faut dire que la mode, ici, est de retaper les vieilles maisons et de les noyer sous les plantes vertes. Et à ce petit jeu les Français ne sont pas les derniers à le faire... Néanmoins, Kamilari reste pittoresque, avec ses trois épiceries, ses restos (de qualité), et son café place de l'église... Bref, de quoi se la couler douce hors saison (un peu moins en juillet-août).
Côté découverte, à 1,5 km du village, sur la route de Phaistos, on peut voir une belle tombe à tholos de l'époque minoenne (accès libre). Pour une vue panoramique sur les montagnes et la mer, prendre à droite juste après la taverne *Mylonas* (5 mn à pied).

– ***Marché :*** tous les dimanches d'avril à octobre (dégustations de produits locaux). Pour plus d'informations sur le village, consulter • *kamilari.eu* •

LA MESSARA

Où dormir ?

Apartments Plakalono : *dans la descente qui mène à la* Taverna Mylonas. *☎ 28-92-04-23-85. 📱 69-34-03-94-54. Il est indispensable d'appeler avt pour ne pas trouver porte close. • plakalono.gr • Mars-nov. En été, résa conseillée longtemps à l'avance. Apparts 2 pers env 45 € selon durée (ajouter 5 €/pers supp.). Parking.* Vangelis Xenakis, le propriétaire, vit dans la maison en contrebas, mais il est souvent absent. Il loue des chambres et des appartements confortables bien équipés (clim, chauffage central), pour couples ou familles, avec de petites terrasses privatives. L'ensemble est entouré d'une végétation luxuriante, offrant de jolis coins d'ombre pour bouquiner.

Asterousia : *maison blanche aux volets bleus située sur la droite au milieu de la côte, en face du* Plakalono. *Appeler impérativement avt. Demander Georges Coupas-Kounoupas ou Monika. ☎ 28-92-04-28-32. • asterousia.com • Fin avr-début nov. Env 40 € pour 2 pers ; 60-70 € pour 4 pers (dépend de la durée). Également, dans une maison distincte, 1 appart avec 2 chambres et 2 sdb, 80-90 € et 2 studios (au 1er étage). CB refusées.* Une maison classique, rendue charmante par sa distribution sur différents niveaux. Petites terrasses ombragées par les bougainvillées et même un hamac pour la sieste. Chambres et studios simples mais bien aménagés par Georges, qui a vécu 28 ans en France. Il parle parfaitement notre langue et connaît les sentiers de la Crète comme sa poche. Une mine d'infos ! De plus, c'est un connaisseur en vins. Vous nous en direz des nouvelles. Excellent accueil.

Sifogiannis : *au cœur du village, face à la taverne* Acropolis. *☎ 28-92-04-24-10. • sifogiannis.com • Réserver à l'avance. Double avec sdb, clim (réversible) et frigo env 30 € (25 € à partir de 3 nuits consécutives). CB refusées.* Dans une grande maison, 5 chambres très propres dans une dominante bleu et blanc. Une cuisine commune (raki à dispo) et une superbe terrasse pour prendre le frais, où le petit déj s'avère un moment de plaisir avant d'attaquer sa journée ! Parking réservé. Bon accueil en grec.

Où manger ?

La plupart des tavernes du village n'ouvrent que le soir et ferment très tard en saison, comme c'est le cas de la (très bonne) ***Pizzeria Ariadni*** *(☎ 28-92-04-24-39 ; ouv le soir slt)* située dans le quartier de Métochi à la sortie du village en direction d'Agios Ioannis. Pour déjeuner, pensez plutôt à Pitsidia ou à Sivas (voir plus loin).

|●| *Acropolis :* *au cœur du village ; du haut du village, descendre au niveau du minimarket, puis prendre à droite. ☎ 28-92-04-25-82. De fin mars à fin oct. Tlj à partir de 15h ; slt ven-dim en hiver. Résa conseillée en été. Env 10-12 €.* Voici une bien charmante taverne, avec sa tonnelle fleurie, sa cheminée en pierre et quelques tableaux d'artistes locaux. Chaque jour, Vassilia, qui œuvre en cuisine, propose 5-6 plats savoureux et raffinés, agrémentés d'un chaleureux accueil de Yannis. Belle terrasse sur laquelle se retrouve tout le village. Un excellent rapport qualité-prix. Une de nos adresses préférées !

|●| *Loggia :* *au cœur du village, à côté du précédent. ☎ 28-92-04-28-78. Tte l'année, tlj 8h30-1h. Env 12-15 €.* La terrasse paraît bien modeste à côté de celle de son voisin... Seulement quelques tables posées sur le trottoir. On s'y installe par hasard un midi (c'est un des seuls restos du village ouverts pour le déjeuner) et, bonne surprise, tout est délicieux ! Les produits viennent du jardin du propriétaire, et les poissons ont l'œil aussi vif que ceux du bord de mer. Avec sa femme, d'origine allemande, ils louent également 2 appartements tranquilles dans le village, au rez-de-chaussée de leur maison. Accueil adorable et ambiance conviviale.

|●| *Taverna Mylonas :* *au centre du village, en haut de la route où se trouvent la plupart des pensions. ☎ 28-92-04-21-56. Tlj 17h-minuit (la cuisine ferme à 23h). Env 10-15 €.* Une adresse elle aussi très fréquentée et tenue par deux frères, Giorgios et Manolis, qui n'ont pas leur langue dans leur poche. Petite terrasse ombragée de l'autre côté de la rue ou terrasse dans le resto même. Large choix de plats ; ceux du jour sont présentés en cuisine. Quantité et qualité sont au rendez-vous. Très propre. Raki et pastèque offerts, en principe. Giorgios loue aussi quelques appartements à la semaine, un peu à l'écart, avec vue *(● milonaskamilari.gr ●).*

|●| *Ouzeri I Chrysopigi :* *à la sortie du village en direction de Tymbaki. 📱 69-73-23-90-95 (Manolis). Tlj sf mar, midi et soir. Compter 10-15 €.* Ouzeri dans une maison récente au bord de la route, avec gazon et jeux pour enfants... À priori pas très authentique, mais on comprend dès les premières bouchées qu'on a affaire à une vraie cuisinière (Maria), soucieuse de régaler sa clientèle avec la petite demi-douzaine de plats qu'elle consigne chaque jour sur son tableau blanc. Ici, tout est bio à l'exception de la viande et du fromage. Présentation élégante, sur une petite terrasse éclairée à la bougie. Salle agréable pour les soirées fraîches. Service familial, très courtois.

|●| *To Kelari :* *dans le bas du village en allant vers Kalamaki. ☎ 28-92-04-22-22. Avr-oct, tlj en principe, le soir. Env 10-15 €.* Cuisine maison à base des produits du jardin, bonnes grillades. Belle maison en pierre, et jolies vues sur mer et montagne depuis les terrasses. Potager juste à côté et boutique de produits locaux sous le resto.

Fête

– ***Fête du village :*** *6 août.* La place est alors envahie de grandes tablées, qui se régalent entre deux danses traditionnelles crétoises, autrement plus élaborées que le célèbre sirtaki !

DANS LES ENVIRONS DE KAMILARI

Kalamaki (Καλαμακι) **:** minuscule village, très apprécié des Allemands, qui a connu un développement plus que significatif. La plage, immense, est tout de même attirante. *Attention,* elle est dangereuse (ne pas laisser les enfants sans surveillance) : souvent de fortes vagues, et une barre de rochers piégeuse. Plus on s'éloigne de Kalamaki, moins on est habillé. Outre des naturistes, la plage accueille aussi les tortues caouannes *(Caretta caretta),* qui viennent y pondre leurs œufs, du moins si on les laisse tranquilles. En continuant à pied le long de la mer en direction du sud, on arrive à la plage de Kommos (voir, plus loin, « Dans les environs de Pitsidia »).

***Athivolès tou Kara* :** *sur la place avt le bord de mer. En principe, tte l'année, surtout le soir. Env 12-14 €.* Une adresse en retrait, sur une terrasse joliment décorée. Le tableau écrit dans la langue de Goethe vous propose les plats mijotés du jour et de très bons *mezze.* La viande est élevée dans le coin. Accueil d'un jeune couple dynamique, bonne ambiance.

La plage de Tymbaki (Τυμπακι) **:** *traverser Tymbaki en venant de Mirès. Tourner à gauche avt la station-service* Shell, *en direction de l'hôtel* Astrinos. Toujours cette même grande plage, fréquentée, sur cette portion, essentiellement par des Crétois. Zone de baignade surveillée près de la jetée.

PITSIDIA (ΠΙΤΣΙΔΙΑ) (70200) 700 hab.

Agréable village à 4 km de Matala, dans les terres, qu'on ne découvre vraiment qu'en quittant la route principale qui file vers Matala. Nombreuses chambres chez l'habitant, bien moins chères qu'à Matala... plus tranquilles et authentiques aussi !

Où dormir à Pitsidia et dans les proches environs ?

Bon marché

***Chambres chez Sofia* :** *dans une ruelle calme, non loin de la place principale (prendre en face de celle-ci la rue du salon de coiffure, puis à gauche).* ☎ *28-92-04-50-55. 69-75-70-39-67 (Sofia). Double env 30 €. CB refusées.* Dans un petit groupe de maisons, 7 chambres, toutes avec salle de bains et une petite déco sans prétention mais plutôt gaie. Le tout autour d'une petite cour bien ombragée. Un peu kitsch mais bien tenu. Cuisine aménagée à disposition. Accueil souriant de Sofia Beladaki.

Prix moyens

***Rooms and studios Patelo* :** *domine le village. Du centre, accès par une route en pente (très raide), ou au niveau des chambres* Chez Sofia, *par un escalier.* ☎ *28-92-04-50-06. 69-74-31-02-92. • patelo-pitsidia.com • Tte l'année. Chambre env 40 € ; studio 50 €, avec AC et frigo. CB refusées.* Grande maison « vieux rose » comprenant une huitaine de chambres doubles et 2 petites pour les voyageurs solitaires. L'ensemble a beaucoup de caractère, même si le style « néo-ancien », avec ses créneaux, peut ne pas plaire à tout le monde. Cela dit, la tranquillité du lieu et la vue des terrasses en font une adresse plaisante. Pelouse synthétique avec des chaises longues à l'ombre d'un ficus géant. Pas de petit déj, mais cuisine à dispo. Bon accueil de Maria ou de son fils qui parle très bien l'anglais.

***Pension Izabella* :** *un peu après le début de la montée pour les studios*

Patelo, sur la gauche. ☎ 28-92-04-54-24. 📱 69-47-81-00-66 (Georgios). • izabellapension@hotmail.com • De mi-mars à fin nov. Doubles 30-35 € ; studio 35 € ; apparts 45 € pour 3 et 50 € pour 4. CB refusées. Eva et Georgios vous accueillent dans leur petite structure ultraproprette qui fleure bon les vacances au soleil. Au total, une douzaine de chambres, apparts et studios. Déco soignée (rideaux et couvre-lits à fleurs, bois cérusés) et confort appréciable (AC, frigo, terrasse ou balconnet mangés par les bougainvilliers). Une adresse bien tranquille et un accueil charmant.

Irène Apartments : *sur la route de Kommos. ☎ 28-92-04-56-80. • irenekomos@gmail.com • Tte l'année. Pour 2 compter 40-45 € selon saison et durée. Séjour de 3 nuits min en hte saison. CB refusées.* Dans sa grande maison qui domine les oliveraies et la mer, Irène (qui habite au-dessous) propose 4 appartements de 30 m² chacun. Lumineux, tranquilles fort bien aménagés et disposant tous d'une vue remarquable, ils conviendront à celles et ceux qui recherchent la tranquillité pas trop loin de la plage. Parking gardé. Bon accueil.

Où manger ? Où boire un verre ?

À l'entrée de la ville en venant de Matala, la grande boulangerie ***Zouridakis*** vous permettra d'acheter des croissants pour le petit déjeuner.

Myke's Restaurant : *de la place centrale, marcher jusqu'à la 2e rue à gauche ; c'est 50 m plus loin (indiqué). ☎ 28-92-04-50-07. Mars-nov tlj midi et soir.* Mike, le patron, un tantinet baratineur, s'amuse à concocter des plats typiquement du cru mais en y ajoutant une touche personnelle. Chaque jour, il en enfourne une bonne huitaine pour le plus grand plaisir de ses aficionados. Ne reste plus qu'à s'attabler en terrasse. Évidemment, le soir, il y a moins de choix...

The Meeting Place (I Synandissi) : *au centre de la place. ☎ 28-92-04-52-41.* Grande terrasse, pergola et quelques jeunes mûriers. Plats du jour, poisson, *mezze* de toutes sortes et plats crétois. Énormes portions de glace au dessert. On peut y prendre son petit déj. Accueil souriant et bon rapport qualité-prix. À savoir, fait aussi office d'agence postale.

Fabrika : *à 20 m de la place centrale. ☎ 28-92-04-54-21. 📱 69-30-84-90-51. Tlj à partir de 20h.* Un café-boutique aménagé dans une ancienne huilerie (le pressoir trône encore au centre) mais avec une touche contemporaine originale. Tenu (et très fréquenté) par des Allemands. Possibilité aussi de s'y restaurer (sandwichs, omelettes, etc.) et *happy hour* entre 21h et 22h. Organise également des expos et vend des babioles.

À faire

➢ À Pitsidia, à 300 m de la route principale qui contourne le village, départ de la route au niveau de la taverne Alexis Zorbas, une petite ferme équestre, ***Melanouri,*** propose des randos à cheval dans le coin. *☎ 28-92-04-50-40. 📱 69-73-51-48-85. • melanouri.com • Tarifs raisonnables (env 25 € pour 1h sur la plage).* Sorties tôt le matin sur la plage de Kommos (voir ci-après), dans les oliveraies, vers le monastère d'Odiyitria, ou le canyon d'Agios Farango. Nikos et Martina Fassoulakis proposent aussi des chambres.

DANS LES ENVIRONS DE PITSIDIA

La plage de Kommos (Κομμος) **:** *à 2 km de Pitsidia, une longue plage de sable, étendue et propre (prolongeant celle de Kalamaki).* Pas mal fréquentée mais, comme elle est vaste, il reste toujours de la place. Venant de Pitsidia, vous trouverez sur votre droite une petite route qui rejoint la plage. Grand parking (payant). Derrière la plage, petit site archéologique fermé. Kommos était le port de Phaistos à l'époque et les fouilles, relativement récentes, n'ont commencé qu'en 1976, ce qui explique que le site ne soit pas encore ouvert au public. La partie de la plage située à gauche du site archéologique (quand on est face à la mer) est surveillée.

Vrahos : *en sortant de Pitsidia, 500 m après la bifurcation pour l'ancien camping* Kommos, *tourner à droite (direction du* Mystical View*). 69-46-04-62-64 (Alex). Mars-début nov. Tlj 10h-23h ou minuit (dernier client). Repas 12-15 €.* Une adresse incroyablement bien située sur une corniche surplombant la plage de Kommos. Le soir au soleil couchant, c'est un régal. Côté cuisine, principalement des produits de la mer (boulettes de sardines, soupe de poisson, etc.). On se défend très bien et on est de bonne humeur, ce qui ne gâche rien. Bons plats au four, poisson frais du jour selon les arrivages.

SIVAS (ΣΙΒΑΣ) (70200) 430 hab.

Un village tranquille, à 3 km de Pitsidia, un peu plus dans les terres. La vie s'organise autour de la place centrale, bordée de tavernes et de cafés. Quelques belles demeures remontant à la période vénitienne et un vrai souci de restaurer le patrimoine architectural du village lui confèrent un certain charme. C'est peut-être la raison pour laquelle, à prestation équivalente, les hébergements sont un poil plus chers qu'ailleurs.

Où dormir ? Où manger ? Où boire un verre ?

Taverne et chambres Sigelakis : *un peu avt la place, sur la gauche, quand on arrive de Pitsidia ou de Phaistos. ☎ 28-92-04-27-48. 69-74-81-09-05. • sigelakis-studios.gr • Tte l'année. Studio env 60 €/j. (loc à la sem 315-350 € selon saison). CB refusées.* Grande maison qui domine les collines alentour, dans un coin paisible à l'écart du village. Studios modernes et spacieux (pour 4) et tout confort, avec balcon ou terrasse donnant sur un agréable jardin pour la plus ancienne structure, et aucune vue pour les 2 nouvelles petites unités situées à l'arrière. Également un appartement pour 5 personnes. Aires de jeux pour enfants, petits coins pour buller. Très sympa. La taverne familiale se trouve dans le centre du village.

Horiatiko Spiti : *dans le centre du village. ☎ 28-92-04-20-04. 69-36-99-97-19 (Maria). • horiatiko-spiti.de • Tte l'année, en théorie 1 sem demandée au min. Compter 43-45 € pour 2 en studio et 70-75 € pour 4 en appart. AC en sus. CB refusées.* Un bel exemple de demeure vénitienne restaurée, composée de 4 studios spacieux et 1 appartement familial. Ceux à l'étage, avec poutres et pierre apparente, sont les plus plaisants, même si une petite touche de déco serait la bienvenue. Courette arborée avec les restes d'un four à pain et un vieux puits. Accueil courtois de Michalis, peintre d'icônes et producteur d'huile d'olive bio.

Villa Costas-Popi : *à 200 m du centre, à la sortie du village en direction de Listaros, indiqué. ☎ 28-92-04-26-49. • villa-costas-popi.gr • Tte l'année. Doubles env 45-50 €, petit déj compris. Réduc à partir de 3 j. CB refusées.* Dans 2 bâtisses autour d'une cour fleurie, des chambres simples, avec AC et frigo. Bon petit déj maison servi dans la cour. Un peu surfacturé quand même tout ça.

Taverne Vafis Aposperida : *sur la place. ☎ 28-92-04-26-14. Tte l'année, en été, ouvre midi et soir (en hiver ouvre à 15h en sem, à 12h le* *dim). Env 12-14 €.* Grande taverne traditionnelle, où habitués et touristes se partagent la terrasse. Ici, on s'exprime en français, tandis que chez *Sactouri & Sofia*, le voisin (pas une mauvaise maison non plus), on le fait volontiers en allemand. Produits maison, plats du jour de la région à choisir en cuisine, prix attractifs. Animation garantie autour de Giorgos. Musique certains soirs.

Kafenion *(sans nom) : dans le centre, à côté de la taverne Sigelakis.* Ce café typique bardé de photocopies d'icônes a plus de 90 ans. C'est le petit monde de Konstantinos. Demandez-lui de vous montrer la vieille-chaise-qui-n'a-qu'un-bras, et de vous expliquer pourquoi. Elle a plus de 150 ans ! Accueil gentil comme tout.

DANS LES ENVIRONS DE SIVAS

Le monastère d'Odiyitria (Μονη Οδηγητριας) *: à la sortie du village, prendre la route de Listaros. Env 7 km depuis Sivas. Tlj 6h-22h. GRATUIT.* Une demi-douzaine de moines y vivent encore aujourd'hui et perpétuent la tradition en fabriquant un élixir aux 20 herbes qui soigne pratiquement tout (ou presque, en tout cas, ça a l'air de faire pousser la barbe !). Dans la maison, qui a près de six siècles, on découvre une photo honorant la mémoire de Ioassaf-Ioannis Markakis, surnommé Xopatéras, c'est-à-dire le « père renvoyé », campé, en bon Crétois, avec un fusil à la main et un pistolet à la ceinture. Markakis (1788-1829) était un pope chassé de l'Église pour avoir tué un Turc qui avait provoqué sa sœur. L'église renferme des fresques et des icônes vieilles de 500 à 600 ans. Également quelques pièces avec un pressoir à olives, des alambics et un métier à tisser. Petite boutique où, mis à part le fameux élixir, on achète du miel, de la confiture et quelques herbes aromatiques produits par les moines.

Les gorges d'Agio Farago : *au monastère d'Odiyitria (voir ci-avant), prendre la mauvaise piste à gauche et continuer sur env 4 km (mieux vaut avoir un véhicule avec une bonne garde au sol et de bons pneus, ça secoue fort).* Laisser votre voiture à l'embranchement et descendre par la droite au creux de la gorge. Suivre le lit de la rivière jusqu'à la chapelle de Katoginos, juste avant la magnifique plage. Plus ou moins propre, cela dit, en fonction des courants ramenant des saletés. Environ 1h de marche facile, mais sans ombre. Avec un bon véhicule uniquement, possibilité de s'arrêter sur un parking plus bas, situé à la grille d'entrée des gorges. Il reste alors environ 30 mn de marche. Retour par le même chemin. Le coin est également connu des grimpeurs (site d'escalade).

MATALA (ΜΑΤΑΛΑ) (70200) 70 hab.

Ancien village de pêcheurs à environ 70 km d'Héraklion et à 4 km de Pitsidia, Matala est une petite station balnéaire très prisée en été. Dans les années 1960, au temps béni de la « route », ce fut, à l'instar de Formentera dans les Baléares, l'une des étapes obligées sur le chemin de Katmandou. Ses grottes, d'anciennes nécropoles romaines, furent remises au goût du jour par les hippies qui s'en servirent d'abris avant d'être délogés *manu militari* dans les années 1970, à l'époque des colonels. Aujourd'hui, Matala surfe encore sur la vague Flower Power qui a fait sa réputation, mais force est de constater que ça s'essouffle un peu, le côté « commercial » et folklorique l'ayant visiblement emporté sur la notion de partage et d'échange. Aujourd'hui, une clôture protège les grottes, et il est interdit d'y dormir *(ouv 10h-19h).*

Accès payant *(2 €),* **gratuit pour les moins de 18 ans. Y aller bien chaussé ; quant aux abords de la plage, ils ont été transformés en un vaste parking** *(3 €/j.).*

UN PEU D'HISTOIRE *PEACE AND LOVE*

Les hippies s'installent dans les grottes de Matala dès les années 1960. Bob Dylan et Cat Stevens sont passés par là, mais ce sont surtout les chansons de Joni Mitchell, dans son album *Blue* sorti en 1971, qui les feront connaître au reste du monde. Les hippies de tous les pays affluent. Mais, appuyée par l'évêque de Gortyne, la population locale, effrayée, se mobilise pour les expulser, et finit par y arriver. Une bonne partie reprend la route, tandis que certains s'installent dans le coin. Vous les croiserez (eux ou leurs enfants !) dans les rues de Matala, aujourd'hui parfaitement bien acceptés... et pour cause, le Flower Power, même un peu fané, est devenu un véritable atout pour le business local. La municipalité a même créé un festival de musique annuel à la fin du mois de juin. Et d'entendre à nouveau le célèbre slogan : « Aujourd'hui, c'est la vie, *tomorrow never comes !* »

Arriver – Quitter

Arrêt de bus : *à l'entrée du village, devant l'hôtel* Frangiskos.

➢ ***De/vers Héraklion via Mirès :*** tlj, 3-4 départs/j. Durée : 2h.

➢ ***De/vers Phaistos :*** lun-sam, 4-5 bus/j. et 3 le dim dans les 2 sens.

➢ ***De/vers Agia Galini :*** lun-sam 5 bus/j. au départ de Matala ; 2 bus slt le dim.

Adresses utiles

Bien que tout petit, Matala possède à peu près tout ce que le touriste moyen a besoin de trouver.

■ ***Agence Cretan Travellers :*** *rue principale, en face de l'hôtel* Zafiria. *☎ 28-92-04-57-32. • cretantravellers.gr • Tlj 9h-21h ; hors saison (nov-mars), contact par e-mail slt.* Loue des voitures, des scooters (mais à partir de 125 cm³ slt) et des motos. Excursions dans l'arrière-pays et sur les plus beaux sites de l'île.

■ ***Distributeurs automatiques de billets :*** *à côté de l'entrée de l'hôtel* Zafiria *et, en face, à l'agence* Cretan Travellers.

■ ***Laverie :*** *une des premières maisons du village, légèrement en hauteur. Horaires irréguliers (à priori lun-ven 10h-14h).*

Où dormir ?

En arrivant à Matala

À Matala, en été, on ne choisit pas toujours sa pension, on prend bien souvent ce qui reste ! De manière générale, les pensions situées le plus loin de la plage sont les moins chères. On en trouve de chaque côté de la route principale. Il faut aussi savoir que, hors saison, Matala est un désert. Vous pouvez aussi décider de ne venir à Matala que pour profiter de la plage et dans ce cas loger à Pitsidia ou Kamilari (plus calmes).

Prix moyens

Hôtel Neos Matala : *à l'entrée du village, sur la droite, à 10 mn à pied de la plage. ☎ 28-92-04-51-57. • hotel-matala.com • En arrivant à Matala, à droite après le* Princess Europa *et* Romantika Pension. *Avr-oct. Doubles env 33-59 € selon saison,*

LA MESSARA

petit déj-buffet inclus. Légèrement en retrait de la route (on ne l'entend pas dans les chambres), un petit hôtel d'une petite vingtaine de chambres tenu par un couple d'Allemands accueillant. Le lieu est bien conçu, les chambres nettes et colorées, avec AC, frigo et petits balcons donnant sur une pelouse. Piscine (un peu trop près de la route).

Armonia Hotel : *à 1 km avt la mer et le centre, par l'ancienne route de Matala. ☎ 28-92-04-57-35. • armonia-matala.com • Mai-oct. Doubles env 60-70 € selon saison, petit déj compris. Réduc à partir de 1 sem. CB refusées.* Un petit hôtel très plaisant dans le style des années 1980, tenu avec soin par le sympathique Kazakis Olimpios, qui aime plus les individuels que les groupes organisés. Les 27 chambres sont calmes, spacieuses et décorées sobrement. Amoureux transis, méfiez-vous, seulement 4 chambres possèdent un lit double. Elles ont toutes un balcon sur la campagne environnante ou un accès au jardin. Belle piscine et jolie pergola fleurie. Petit déj-buffet à la mode crétoise et parking clos.

Dans le centre de Matala, près de la mer

De nombreuses pensions dans le centre, alignées comme à la parade dans une rue à gauche de l'hôtel *Zafiria*. Elles proposent toutes à peu près la même chose.

Camping

Camping de Matala : *en retrait de la plage, sur une colline sablonneuse. ☎ 28-92-04-57-20. • info@visitmatala.com • Juin-oct. Env 15 € pour 2 avec tente et voiture.* Terrain bien placé mais sans ombre et pas très entretenu. Pour dépanner uniquement.

Prix moyens

Fantastic Hotel : *dans la rue des pensions, sur la droite. ☎ 28-92-04-53-62. 📱 69-73-31-90-80. • hotel-fantastic.gr • 20 mars-début nov. Doubles 35-50 € ou studios 40-50 € (prix baissant rapidement si l'on reste plusieurs jours).* Un ensemble de 2 maisons entièrement remises à neuf. En tout, une quinzaine de logements tout confort, clairs et très soignés, comprenant des chambres, des studios pour 2-4 personnes et aussi un grand appartement pour 5 avec 2 chambres et 2 salles de bains. Tout ça avec clim, frigo et balcon. Accueil vraiment chaleureux de Natacha. Petit bémol, cependant, comme c'est souvent le cas ici : en été, les bars environnants ne sont pas avares de décibels.

Villa Sylvia : *chez Georgios Spinthakis, à gauche dans la rue des pensions, la dernière avt le parking couvert. ☎ 28-92-04-51-27. 📱 69-76-13-19-69. • villa-sylvia.com • Avr-oct. Double et studio env 45 € ; triple 50 €.* Si vous avez échappé aux avances d'Antonio, le neveu, qui fait son possible pour vous attirer chez lui, vous découvrirez cette grande maison fonctionnelle, un peu à l'écart des bars et bien tenue par un couple d'anciens très aimable. Une petite dizaine de chambres très correctes avec balcon, frigo et AC, plus ou moins grandes, plus ou moins fraîches, plus ou moins bien exposées. Essayez d'en visiter plusieurs avant de vous installer.

Pension Die Zwei Bruder : *une des 1res adresses de la rue des pensions, sur la gauche. ☎ 28-92-04-57-50. • diezweibrudermatala.com • Fermé en déc. Réception 17h-20h. Doubles 55-62 € ; apparts 5 pers env 80-100 €. CB refusées. Parking.* Dans un immeuble mangé par la vigne vierge, construit pour épouser les caprices du relief. Une vingtaine de chambres, un appartement et un studio. Les chambres ne sont pas bien grandes, jouent sur le côté mignon avec une déco fraîche et gaie. Moustiquaires et douche à l'italienne (avec rideau). AC, mais pas de frigo. Tout en haut, en terrasse, une grande cuisine ouverte sur le large, bien agréable pour préparer sa tambouille. Quelques livres pour réviser votre allemand et un excellent accueil de Sabina (en anglais).

Où manger ?

Mis à part une bonne table mais un peu chère, on serait tenté de dire : allez ailleurs ! Car à Matala, si les restos sont légion, on ne peut pas dire qu'ils émoustillent les papilles ! Si vous résidez ici et que vous êtes motorisé, allez donc faire un tour dans l'arrière-pays, où les bonnes adresses ne manquent pas.

Sirtaki : *au-dessus de la plage, derrière le minisouk.* ☎ *28-92-04-50-01. Env 10-15 €.* Une carte aussi longue que celle d'un resto chinois et des serveurs qui s'agitent dans tous les sens. Alors certes, la première est tape-à-l'œil, les seconds en font des tonnes. Reste la vue sur mer...
La Scala : *au bout de la promenade avec une vue qui englobe tte la baie.* ☎ *28-92-94-54-89.* *69-81-38-81-35 (Manos). Résa conseillée (pour la vue, surtout le soir). Env 15-20 €/pers (plus cher pour le poisson du jour).* Plusieurs belles terrasses au-dessus de l'eau, protégées du soleil par un auvent décoré de bateaux. Le poisson a fait la réputation de la maison. Petites fritures copieuses, sardines, *kakavia* goûteuse (sorte de court-bouillon épais avec des morceaux de poisson), et bien sûr du poisson grillé. Si les Italiens en ont laissé un peu (ils en ont très friands), vous mangerez du lapin, sinon bonnes viandes grillées. Vin blanc maison tout à fait correct, à défaut d'une bouteille de *logado,* plus fruité mais plus cher. *Kalitsounia* (chaussons au fromage avec du miel) offerts en fin de repas. Accueil aussi sucré que le dessert, un brin racoleur mais sympathique.

Où boire un verre ?

De l'avis de tous, c'est Yannis, à *Red Beach*, qui fait le meilleur mojito du monde. Demandez après lui (il n'a pas de pied-à-terre).

Café Bar Port Side : *au-dessus de la plage, au bout du village.* Décor sobre en bois, musique anglo-saxonne, lumière tamisée et petites bougies, loin des projecteurs des boîtes de nuit du reste de la marina.
Marinero Bar : *sur l'étroite ruelle qui mène à la pointe rocheuse, au bout du village.* Bar branché étalé sur 3 terrasses, très fréquenté par les jeunes à la nuit tombée. Sympa aussi en fin de journée, pour profiter de la vue.
Coffee Shop Internet : *après le* Book Center, *en face de l'église.* ☎ *28-92-04-54-60.* Musique agréable et prix plus doux que sur le front de mer. Grande terrasse à l'ombre. Accueil souriant et volontiers causant.
– D'autres bars-disco dans le même secteur comme le ***Hakuna Matala,*** avec la roche de la falaise affleurant la piste. Un peu trop « surjoué » quand même.

LA MESSARA

À faire

Red Beach : une très jolie plage, à 30 mn à pied en plein soleil (évitez l'heure de la sieste et attention, le sentier est exigeant, être bien chaussé !).
Pour y aller, départ du chemin au niveau du resto *Giannis Family,* c'est fléché, puis passer devant le cimetière antique et monter jusqu'au petit col d'où l'on voit la plage. Un autre chemin, plus facile, part au bout de la rue commerçante. *Red Beach* doit son nom à la couleur du sable... Déco *peace and love* sur le bâtiment construit derrière la plage : souvenir des années 1960, mais aussi de la présence des quelques post-babas qui vivent encore dans le coin. Observez de même les motifs sculptés dans les rochers sur la droite de la plage. Sur la plage, adeptes ou non du slip invisible cohabitent en bonne intelligence. Une cabane de pêcheurs sert d'état-major au préposé des parasols *(8 € pour 1 parasol et 2 transats).* Cafés et boissons rafraîchissantes.

SUR LA ROUTE DE RÉTHYMNON

• Carte Le département de Réthymnon *p. 178-179*

AGIA GALINI (ΑΓΙΑ ΓΑΛΗΝΗ) (74056) 1 000 hab.

Dégringolade de maisons toutes blanches, lovées dans le V d'une montagne qui finit dans la mer, Agia Galini est un petit port de pêche, à 18 km à l'ouest de Vorri. Très fréquentée au mois d'août, notamment par les Grecs, c'est une base intéressante hors saison pour les randonneurs et les vététistes. Pas de plage à proprement parler en ville contrairement à Matala ou à Lendas. Pour faire trempette, il faut marcher un peu. Pour votre culture mythologique, sachez que c'est du rocher qui surplombe le port d'Agia Galini que Dédale et son fils Icare se seraient envolés pour échapper à Minos. On connaît la suite...
Dans les environs, des grottes sont accessibles en bateau.

– ***Conseil :*** peu de places en été pour se garer dans la ville basse. Restez sur les hauteurs.
– *En ville :* poste, change (chez les agents de voyage), location de véhicules et laverie.
Point Info sur le port *(en saison, tlj 18h-22h).*

Arriver – Quitter

Station de bus : *à côté de l'église, au milieu de la rue principale avt le port.* Les horaires sont affichés sur un panneau.
➢ ***De/vers Héraklion et Phaistos :*** env 7 bus/j. lun-sam en saison, au départ d'Héraklion. 4 bus slt le dim. Durée : 2h.
➢ ***De/vers Matala :*** 5 bus/j. lun-sam. 3 bus slt le dim.
➢ ***Pour Réthymnon :*** 4 à 5 bus/j. Passe par Spili.

Où dormir ?

Plusieurs dizaines de pensions et hôtels. Les plus calmes se trouvent dans la ruelle parallèle au chemin qui, du port, mène à la plage.

Camping

Camping No Problem : *à 2-3 km du village d'Agia Galini, sur la gauche en venant de Phaistos. ☎ 28-32-09-13-86. • agiagalini.com • (sanitaires.) Embranchement bien indiqué, face à la station Shell. Si vous arrivez en bus d'Héraklion, demandez au chauffeur de vous déposer à l'embranchement pour le camping, c'est à 500 m. En bus de Réthymnon, mieux vaut y aller à pied depuis le port : accès à pied en longeant la mer vers l'est (env 1 km), c'est après le petit pont. Tte l'année (piscine et services fermés hors saison). Env 16 € pour 2 avec tente et voiture.* Grand terrain très ombragé à 3 mn à pied de la plage. Sanitaires corrects, sauf si c'est surpeuplé. Machines à laver, épicerie, petit resto fleuri sympa. Grande piscine avec de vrais palmiers au milieu, accessible aux non-résidents si l'on y prend un verre. Bon accueil familial. Bref, comme ils le disent eux-mêmes : « *No problem !* »

De bon marché à prix moyens

🏠 ***Hariklia Hotel :*** *dans la partie haute du village, dans le virage sur la droite, 150 m après l'hôtel* El Greco. *☎ 28-32-09-12-57. ● hotelhariklia.gr ● Tte l'année. Avec clim 35 € la double, 40 € la triple. CB refusées.* Grosse maison fleurie et toute blanche, aux jolis volets bleus. 7 chambres rénovées (nouveaux climatiseurs), dont 2 triples, tout confort (double vitrage !) avec salle de bains, frigo et terrasse avec vue plongeante sur le port. Cuisine commune (pas de petit déj). Très propre. Terrasse au bord de la route avec tables, chaises et bougainvillée pour l'ombre. Vraiment notre adresse préférée.

🏠 ***Pela Rooms :*** *dans la partie basse du village, à 15 m à l'arrière de l'église. ☎ 28-32-09-11-43. 📱 69-47-82-12-36 (Kostas). Doubles 25-30 € selon saison.* Demander Marika. Elle loue 4 petits studios avec coin cuisine, frigo, TV, clim, douche et w-c et minuscule balcon. Bon accueil de Marika ou de son fils Kostas.

🏠 ***Hôtel Petra :*** *sur les hauteurs, en descendant vers le port. ☎ 28-32-09-11-55. ● agiagalini.hotelpetra@gmail.com ● Mai-oct. Doubles standard env 50-60 € selon saison, petit déj et AC inclus.* Une trentaine de chambres tout confort réparties sur plusieurs niveaux, au gré d'escaliers et couloirs aérés. Piscine haut perchée, pas bien grande mais largement suffisante pour se rafraîchir. Dans la grande et impersonnelle réception, la simplicité de l'accueil met à l'aise. Une bonne affaire à notre avis d'autant qu'une partie des chambres a été rénovée fin 2015 (les supérieures sont plus chères).

Où manger ? Où boire un verre ?

Plusieurs grappes de restos dans les ruelles blanches en escalier. En partant du port, vous remarquerez qu'une rue est plutôt occupée par les restos, et l'autre par des bars et des *gyros*… souvent moins chers.

|●| ***Madame Hortense :*** *sur le port (accès par l'escalier qui monte depuis le parking du port). 📱 69-32-98-95-38 (Georgos). Avr-oct, tlj 12h-15h, 18h-24h. Repas env 15-20 €.* La terrasse, au 1er étage d'une grande maison, domine la mer. Vous la repérerez vite ! Une adresse recommandée pour un dîner romantique avec loupiotes sur les tables et nappes damassées. Pour l'anecdote, la vraie maison close *Madame Hortense* se trouvait à Iérapétra et a été popularisée par le roman de Nikos Kazantzakis, *Alexis Zorba.*

|●| ***Ariston :*** *dans la rue des restos qui descend vers le port. ☎ 28-32-09-11-22. Env 12-15 €.* Cuisine traditionnelle avec un grand choix de *mezze.* Belle salle, et terrasse très serrée dans la ruelle. Dans la rue au-dessus, la *mamma* tient quelques chambres.

🍷 ♪ Dans la ruelle animée qui descend vers le port, notons le ***Music-Café Miro,*** un café-musical très sympa situé en face de l'entrée du resto *Onar* (ne pas confondre avec le *Café Miros* situé dans la rue derrière). Ou encore ***Zorbas*** (sous le resto *Madame Hortense*) un café-lounge panoramique où Vicky sert d'excellents mojitos autour de son bar elliptique. Musique live (majoritairement acoustique) 22h-minuit en saison.

LA MESSARA

À voir

Folk Art Museum : *dans une grotte située près des restes du théâtre antique qui surplombent le port (accès par un sentier qui part derrière le dispensaire ; escalier à droite du point Info). Tlj 10h-13h, 18h-20h30. GRATUIT.* Pour une immersion dans la culture locale : outillages, vêtements, etc.

DANS LES ENVIRONS D'AGIA GALINI

– Sur le port, quelques bateaux proposent de vous emmener sur les plages de *Prévéli*, d'*Agios Giorgios* et d'*Agios Pavlos*. Départ vers 9h30, retour en fin d'après-midi.

La plage d'Agios Pavlos (*Αγιος Παυλος*) **:** *env 25 km à l'ouest d'Agia Galini.* Accessible par une petite route qui débute juste avant Kria Vrissi, en venant d'Agia Galini, et qui descend vers la mer. Vue imprenable en bas de la descente. Superbe endroit, assez isolé. De la plage abritée dans une crique (où on loue des parasols, ne vous faites pas d'illusions), on peut admirer le fameux rocher bigarré si souvent pris en photo et figurant sur les cartes postales. Et on peut rejoindre des plages rocheuses et désertes, jonchées de cailloux verts.

Hôtel-resto Agios Pavlos : *☎ 28-32-07-11-04. • agiospavlos hotel.gr • D'avr à mi-nov. Chambres env 28-40 € selon situation et saison ; studios avec cuisine env 40-60 € selon saison. Plat 7 €.* Studios tout équipés dans un nouveau bâtiment en hauteur (*Kavos Melissa*). Sinon, des chambres au niveau de la taverne, donc plus bruyantes mais bon marché. La cuisine est plutôt bonne et très prisée dans le coin. Parfait si l'on souhaite éviter l'atmosphère touristique d'Agia Galini (sauf peut-être le week-end). Terrasses au-dessus de la mer avec des hamacs, pour pousser le vice jusqu'au bout.

Quelques autres adresses en hauteur, avant d'arriver à la plage même, notamment ***Livikon*** et ***Panorama.*** Très bien pour boire un verre et profiter de la vue.

LA MESSARA

SPILI (ΣΠΗΛΙ) (74053) 560 hab.

Atmosphère qui fut longtemps paisible et pétrie de tradition, hélas de plus en plus troublée par les bus et les camions qui traversent le village. Halte possible entre la côte nord et la côte sud, mais la nostalgie n'est franchement plus ce qu'elle était...
Noter quand même la série de fontaines, souvenirs de l'époque vénitienne, dans le centre. L'eau de source jaillit des nombreuses têtes de lion. Très jolies ruelles blanches et fleuries dans le haut du village.

– Poste, distributeur, et quelques boutiques de produits artisanaux.

Arriver – Quitter

➢ ***De/vers Réthymnon :*** en principe, 5 bus/j. en sem, 4 bus le w-e.

Où dormir ? Où manger ?

Green Hotel : *dans le village, sur la droite en venant de Réthymnon. ☎ 28-32-02-20-56. • maravelspili.gr • Tte l'année. Double env 40 €, petit déj compris.* Petit hôtel familial tout fleuri, agréable et confortable. Salle de resto plutôt chic avec une cave à vins, des housses sur les chaises et tout le tralala... Hôtel « vert » car axé sur les plantes, leur culture et leur utilisation. Sauna, petite boutique, jardin botanique et initiation à l'aromathérapie.

Héraclès : *juste derrière le précédent, dans une rue au calme. ☎ 28-32-02-21-11. • heracles-hotel.eu • Double 45 € ; petit déj en sus. Appart 70 €*

pour 2, ajouter 15 €/pers suppl. (tarif dégressif). 💻 📶 *Réduc de 10 % sur présentation de ce guide (si paiement en cash).* Chambres claires et coquettes avec grand balcon, impeccables et fonctionnelles (AC, petit frigo, TV). Jolie salle de petit déj (délicieuses confitures maison), et il y a un coin de verdure pour se garer juste derrière. Heraklis, le propriétaire, propose en plus 2 appartements pour 4-5 personnes dans la vieille maison de famille nouvellement rénovée. Boutique de produits traditionnels aussi.

Café-restaurant Giannis : *près des fontaines (pancarte verte). ☎ 28-32-02-27-07. Avr-oct. Plats 5-8 €.* Terrasse ombragée en léger surplomb de la route et au pied de deux méga palmiers. On y mange des spécialités correctes sans être inoubliables, comme les escargots ou le lapin local (c'est écrit en français). Bon yaourt au miel et noix.

DANS LES ENVIRONS DE SPILI

Kissos (Κισσος) **:** *à 5 km au sud-est de Spili. À Kissou Kampos, quitter la route principale pour le petit village de Kissos.* Là, deux jolies petites églises avec fresques, qui méritent la visite (clés sur la porte).

Gerakari (Γερακαρι) **:** *à 10 km à l'est de Spili.* Un village connu pour sa production de cerises. Le sentier de grande randonnée E4 y passe. Possibilité de rejoindre la vallée d'Amari (voir le chapitre suivant, « Dans les environs de Réthymnon »).

➢ Route superbe à faire en voiture ou à moto en direction de ***Sfakia*** par ***Plakias.*** Les amoureux de la nature qui savent lever le nez y verront des aigles royaux.

LA RÉGION DE RÉTHYMNON

• Carte *p. 178-179*

RÉTHYMNON (ΡΕΘΥΜΝΟ)

32 500 hab.

• Plan *p. 180-181*

À 70 km à l'ouest d'Héraklion et 70 km à l'est de Hania, Réthymnon (ou Réthymno) est la troisième ville de Crète. Ville populaire et commerçante qui possède un charme indéniable et a conservé ses quartiers historiques avec de nombreux éléments d'architecture vénitienne, même si Hania est plus riche à cet égard. Des minarets et certaines demeures de la vieille ville rappellent également la présence turque. Les Vénitiens décidèrent, à la fin du XVIe s, de construire la forteresse et les remparts à la suite des attaques du redoutable corsaire turc Barberousse, mais la ville ne résista pas pour autant à l'invasion ottomane au siècle suivant... Lors de la bataille de Crète, en 1941, bombardée par les Allemands qui convoitaient son aéroport, elle a subi des destructions importantes, mais elle a été intelligemment restaurée par la suite.

La balade dans les étroites ruelles ombragées des vieux quartiers se révèle un délicieux moment, tout comme la *volta* du soir entre la forteresse et le port vénitien. Ville étudiante, jeune et active sur le plan culturel, Réthymnon a réussi à préserver un certain équilibre entre les flux touristiques et sa vie propre, surtout hors saison. Bien sûr, en juillet et en août, c'est la foule dans les rues anciennes, mais la nonchalance crétoise

vient toujours à bout de l'agitation ambiante... À noter enfin, c'est l'une des rares villes grecques de cette importance à être dotée de sa propre plage : elle commence à la sortie du port et s'étend sur des kilomètres vers l'est, mais de ce côté, on ne peut pas dire que l'aménagement soit une réussite.
En revanche, Réthymnon constitue une excellente base de départ pour découvrir l'arrière-pays montagneux et ses villages encore empreints d'authenticité.

Arriver – Quitter

En bus

Gare routière *(plan A3)* ***:*** *sur Périfériakos (oui, le périphérique, mais c'est assez central).* • *e-ktel.com* • Consigne et petit cybercafé. Attention, horaires et fréquences, variables selon saison et d'une année sur l'autre, ne sont qu'indicatifs.
➢ ***De/vers Héraklion (via Bali) :*** env ttes les heures 6h30-minuit.
➢ ***De/vers Hania (via Kavros, Géorgioupoulis et Vryssès pour certains) :*** ttes les heures 6h-minuit.
➢ ***De/vers l'aéroport de Hania :*** 4 bus/j. dans les deux sens. Le bus attend les passagers à l'atterrissage.
➢ ***De/vers Anogia :*** 2 bus/j. en sem, aucun le w-e.
➢ ***De/vers la vallée d'Amari :*** 1 bus/j. lun, mer et ven.
➢ ***De/vers Arkadi :*** 4 bus/j.
➢ ***De/vers Spili et Agia Galini :*** 5 bus/j. en saison en sem et 4 le w-e (2-3 bus hors saison).
➢ ***De/vers Prévéli :*** 6 bus/j. en été.
➢ ***De/vers Plakias :*** 5 bus/j. en été en sem et 4 le w-e (2-3 bus en hiver).

Adresses utiles

Infos touristiques

Office de tourisme *(plan C2)* ***:*** *dans un petit bâtiment à l'entrée du port vénitien, sur le quai. ☎ 28-31-02-91-48. Horaires aléatoires : en principe, lun-ven 10h-14h en saison.* Plan de la ville, horaires des bus et des bateaux. Accueil et efficacité variables.
– ***Important :*** la circulation automobile est interdite dans la vieille ville en période estivale.
■ ***Police touristique*** *(plan C2)* ***:*** *dans les locaux de l'office de tourisme. ☎ 28-31-02-81-56.*

Services

✉ ***Poste centrale*** *(plan C3)* ***:*** *19, odos Moatsou. Lun-ven 7h30-20h30.*
■ ***Banque, change :*** très nombreux distributeurs automatiques et points de change (pour nos amis suisses et canadiens) un peu partout.
✚ ***Hôpital*** *(plan A3,* ***4****)* ***:*** *17, odos Trantallidou. ☎ 28-31-08-71-00.*

Où dormir ?

Camping

Camping Elizabeth : *84, odos Ionias. ☎ 28-31-02-86-94.* • *camping-elizabeth.net* • *À 4 km à l'est de la ville, près de la plage de Missiria (prendre le bus pour Panormos, départ ttes les 30 mn) ; assez mal indiqué, guetter le panneau avec tente et caravane. Tte l'année. Forfait pour 2 env 20-25 €. Loc de quelques tentes, caravanes et bungalows (prix moyens pour ces derniers).* Le plus ancien camping de Crète se trouve au bord de la plage, à bonne distance de la route. Vaste, bien ombragé par des tamaris et garni de lauriers-roses et d'innombrables bambous au creux desquels sont dispersées les tentes. Le prix, assez élevé, comprend la location de table, chaises, parasol... Bons services : supérette, frigos, machines à laver, terrain de beach-volley. À quoi s'ajoutent (de début mai à octobre) une taverne et un bar face à la plage.

Très bon marché

🏠 ***Youth Hostel*** *(auberge de jeunesse ; plan B3,* ***10****)* **:** *41, odos Tombazi (prononcer « Tobazi »).* ☎ *28-31-02-28-48. • yhrethymno.com • Tte l'année. Réception 8h-13h, 17h-23h (en continu l'été). Env 10 €/pers ; 60 € à*

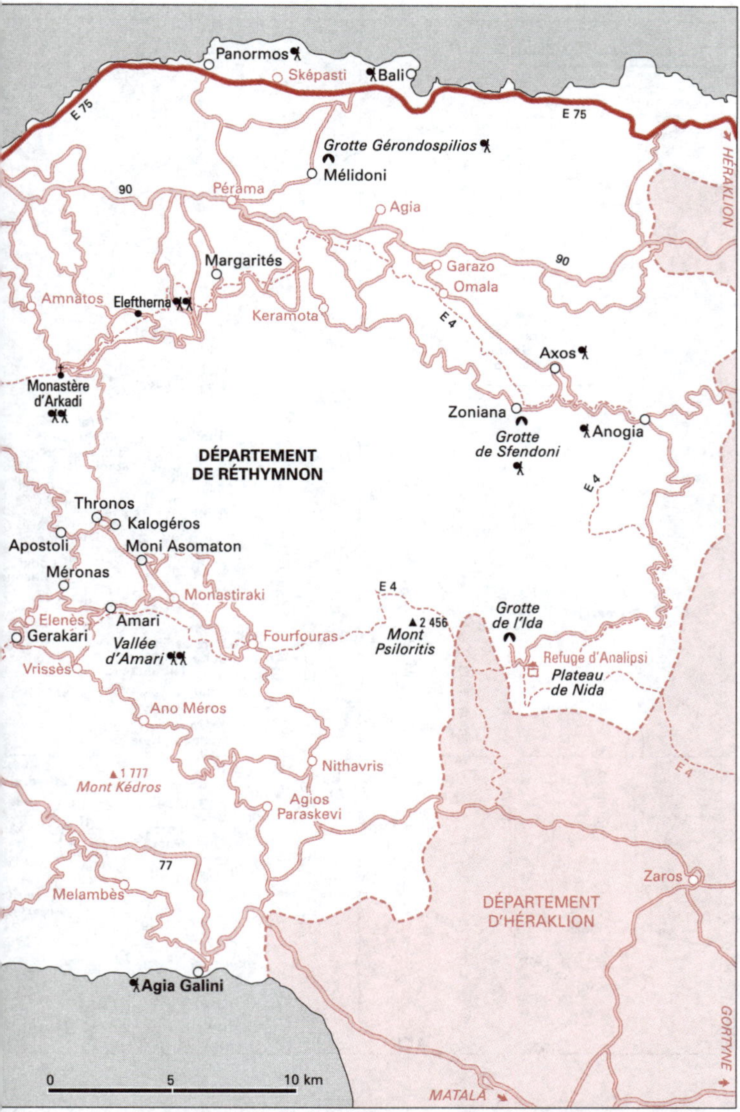

LE DÉPARTEMENT DE RÉTHYMNON

la sem, à régler d'avance. Dans une vieille demeure vénitienne située dans une rue tranquille du centre, des dortoirs (mixtes ou non) de 6 à 8 lits, et une trentaine de couchages sur la terrasse durant l'été, pour des nuits sous les étoiles. Une bonne option pour dormir à la fraîche ! Sanitaires bien tenus dans

■ Adresses utiles

- Office de tourisme
- 4 Hôpital
- 6 The Happy Walker

Où dormir ?

- 10 Youth Hostel
- 11 Byzantine Hotel (Vyzantio)
- 12 Rooms to let Atelier
- 13 Casa Vitae
- 14 Studio Lefaki
- 15 Rooms to let Mary Lee
- 16 Makri Steno
- 17 Olga's Pension
- 18 Pension Castello
- 19 Casa Dei Delfini
- 20 Leo Hotel
- 21 Casa Moazzo
- 26 Fortezza Hotel
- 27 Mythos Suites Hotel

Où manger ?

- 17 Stella's Kitchen

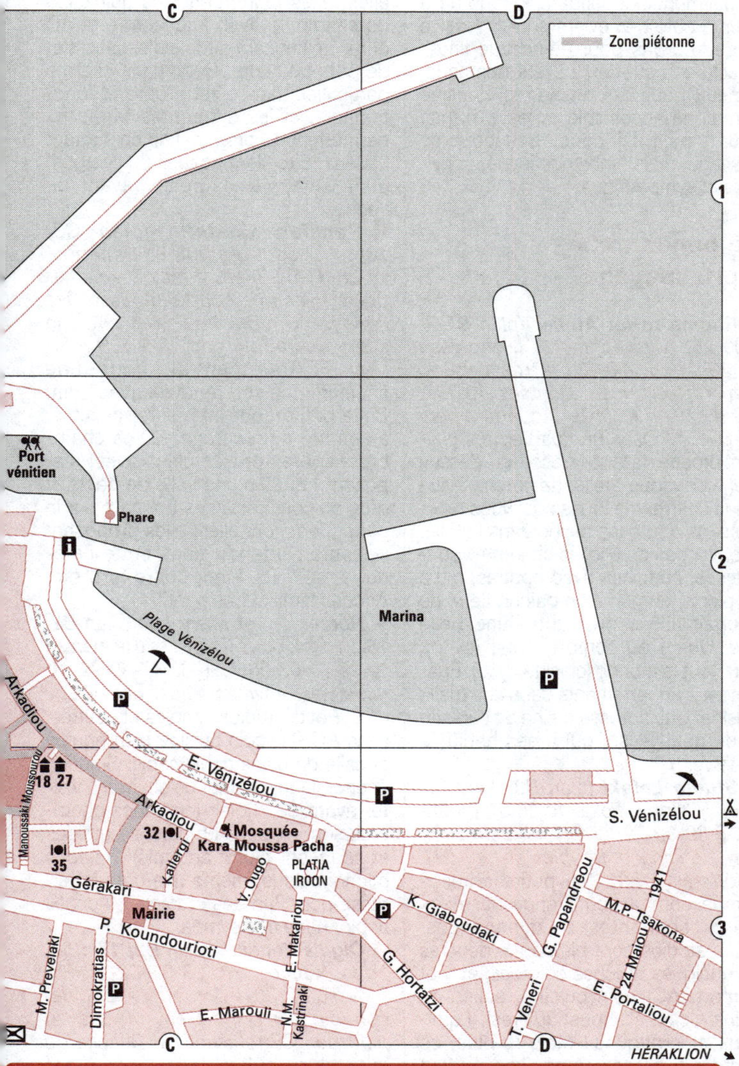

RÉTHYMNON

31 Knossos
32 Nikos
33 Alana
34 Parastratima
35 Kimolia
36 Prima Plora
37 Taverna Loggia
38 Avli
39 Castello
40 Mojo Burgers

Où boire un verre ? Où sortir ?

50 Punch Bowl
51 Le long de la corniche
52 Asikiko
53 Café Galéro

Où se sucrer le bec ?

60 Yiorgos Hatziparaskos

un bâtiment indépendant au fond de la cour, à côté des éviers pour la lessive et des cordes pour étendre le linge. Snacks et petit déj *(2 €)* sur demande, fameux pour ses omelettes. Cuisine commune accessible après 11h (pas pour le petit déj, donc). Beaucoup de passage, mais ambiance jeune, conviviale et sympathique.

De bon marché à prix moyens

Rooms to let Atelier (plan B1-2, **12**) : *25, odos Chimaras (Heimaras). ☎ 28-31-02-44-40. • frosso-bora.com • Tte l'année. Doubles 40-70 € selon saison et taille. Apparts 4 pers 55-85 €.* Dans un quartier très plaisant proche de la forteresse, au-dessus d'une boutique-atelier de poterie tenue par la charmante Frosso qui vous recevra sans doute les mains dans l'argile. Elle dispose de 6 jolies chambres spacieuses, certaines avec poutres, murs en pierre, et même un balcon fleuri de bougainvillées profitant d'une belle vue. Quant au confort, il est au top pour tout le monde (cuisine, TV...). Également 2 appartements dans une ruelle voisine. Une adresse pleine de sérénité et de gentillesse, qui a ses habitués (réserver !).

Studio Lefaki (plan B3, **14**) : *21, odos Nikiforou Foka. ☎ 28-31-05-00-85. 69-99-79-62-21. • studiolefaki.gr • Tte l'année. Doubles env 40-60 € selon saison.* Une petite adresse sympa comme tout, tenue par deux sœurs souriantes et dynamiques. Leurs studios sont pimpants, décorés de quelques touches colorées, et tout confort (AC, coin cuisine, salles de bains nickel et moustiquaires). Lumineux et pratiques ! Mais le plus, ce sont les terrasses communes, surtout celle aménagée sur le toit. Farniente garanti !

Makri Steno (plan B2, **16**) : *56, odos Nikiforou Foka. ☎ 28-31-05-54-65. 69-74-73-20-64. • makristeno.gr • Tte l'année. Doubles 32-50 € et quadruples 40-60 € selon saison ; sans petit déj.* Dans une rue du centre historique, une jolie façade arborée cache un trio de maisons reliées entre elles. Elles regroupent une quinzaine de chambres avec kitchenette et AC dans un amusant dédale d'escaliers et de pots de fleurs. Déco sans charme particulier, mais c'est propre et fonctionnel... et les différentes terrasses permettent de prendre l'air en sirotant l'apéro ! Excellent accueil de Giorgos, qu'il vaut mieux appeler avant de venir.

Pension Castello (plan C3, **18**) : *10, odos Karaoli et Dimitriou. ☎ 28-31-02-35-70. Près de la cathédrale, dans une courte impasse. Tte l'année. Double env 50 € avec la clim ; quadruple env 70 €. CB refusées.* Très central, dans une ancienne maison rénovée avec soin. Belle petite cour intérieure, paisible, à l'ombre d'un citronnier. Les chambres, sobres et très classiques, disposent toutes d'une salle de bains et d'un balcon, certaines donnant sur le patio. Fonctionnelles, elles proposent le confort attendu dans cette catégorie : AC, TV, frigo, coffre-fort, etc. Accueil familial très gentil.

Rooms to let Mary Lee (plan B2, **15**) : *10-14, odos Chimaras (Heimaras). ☎ 28-31-03-50-73. 69-47-49-92-21. • maryleerethymno@gmail.com • Env 40 €.* Petits studios simples et neutres, avec AC, TV, coin cuisine bien équipé et salle de bains convenable. Solution économique à défaut de charme à visiter avant de choisir (certaines chambres sont un peu sombres et humides et se louent plutôt au mois). Balcons mignonnets (et même une grande terrasse pour l'un des studios !). Accueil anglophone très sympa.

Olga's Pension (plan B2, **17**) : *57, odos Souliou. ☎ 28-31-02-86-65. 69-76-22-30-18. • rethymnoguide.com/olgas • Double env 50 €, avec petit déj. CB refusées.* Difficile de faire plus central, la pension étant située au cœur des ruelles piétonnes et commerçantes. C'est donc animé et bruyant, mieux vaut le savoir. Côté chambres, elles sont très simples, pas bien grandes, un peu datées, mais correctes pour une étape (toutes avec TV, clim et salles de bains). La bonne surprise, ce sont les terrasses sur le toit foisonnant de plantes vertes. Accueil sympa. Pour une nuit donc.

Chic

Byzantine Hotel *(Vyzantio ; plan B3, **11**) : 26, odos Vosporou. ☎ 28-31-05-56-09. 📱 69-72-40-82-48. • hotelbyzantine.com • Tte l'année. Doubles env 65-80 €, avec petit déj ; familiales 135-150 €.* Petit hôtel de charme, dans une ruelle ancienne, donnant sur platia Martyron. Dans cette vénérable maison du XVIIIe s, les 8 chambres bien aménagées sont toutes différentes, hautes de plafond, sobrement décorées et dotées d'une belle mezzanine pour les familiales. Arches de pierre, poutres apparentes au bar et dans l'entrée. Café installé dans le patio, où il fait bon traîner, ou terrasse sur le toit avec vue sur le minaret. Excellent petit déj et accueil aimable du patron, Nikos, qui parle un peu le français.

Casa Dei Delfini *(Spiti ton Delfinion ; plan B2, **19**) : 66-68, odos Nikiforou Foka. ☎ 28-31-05-51-20. 📱 69-37-25-48-57. • casadeidelfini.com • Tte l'année. Appeler avt, car réception parfois absente. Studios 2 pers env 55-80 € ; « maisonnette » 2-4 pers 90-140 €.* Vieille demeure vénitienne, avantageusement située dans une rue tranquille du centre historique. Elle renferme 4 studios de 2-3 personnes et une « maisonnette » pour 2-4 personnes (en fait, une partie de l'immeuble, en duplex avec terrasse), tous très douillets et aménagés avec goût : poutres apparentes, belles salles de bains et même un puits d'origine dans une des chambres. En août, les prix s'enflamment un peu, mais hors saison, on frise la super affaire.

Fortezza Hotel *(plan B2, **26**) : 16, odos Mélissinou. ☎ 28-31-05-55-51 ou 52. • fortezza.gr • De mai à mi-oct. Doubles 70-115 € selon confort et saison, avec petit déj.* Un hôtel moderne à taille humaine, dont le principal avantage est d'être bien situé dans la vieille ville, près de la forteresse. Pour le reste, c'est confortable et fonctionnel. Évitez toutefois les chambres en étage inférieur côté rue (bruyantes) et privilégiez celles qui disposent d'un petit balcon donnant sur la piscine intérieure, très agréable en été, bordée de fleurs.

Très chic

Casa Moazzo *(plan B3, **21**) : 57, Tombazi. ☎ 28-31-03-62-35. • casamoazzo.gr • Avr-nov et à l'époque du Carnaval. Doubles avec petit déj env 90-160 € selon taille et saison.* Quiétude garantie dans cette belle maison de famille qui se limite à quelques « suites » et à un studio au petit luxe élégant et discret. Les grandes chambres à la déco italianisante entourent une courette un peu en retrait où glougloute une fontaine, le tout derrière un portique gardé par deux têtes de soldats. Literie de qualité, bain à remous. Petit déj-buffet ou « à la carte » avec vrai jus de fruits frais et spécialités crétoises. Le gros plus de cette adresse, c'est l'accueil incomparable d'Anna, la propriétaire, qui dorlote ses hôtes et se met en quatre pour leur fournir tous les renseignements sur sa ville. Une vraie ambassadrice pour la Crète. Un coup de cœur.

Leo Hotel *(plan B2, **20**) : 2, odos Vafé (la ruelle à gauche, juste après le 212, odos Arkadiou). ☎ 28-31-02-61-97. • leohotel.gr • Doubles 90-125 € selon saison.* Dans une ruelle centrale mais au calme, cette adresse de charme occupe une maison vénitienne vieille de plus de 550 ans. La partie la plus ancienne était la maison du maire de l'époque ! Rénovation réussie pour les 8 chambres, très confortables (AC, TV satellite, frigo) et à la déco soignée : pierres apparentes, lits à baldaquin, tommettes au sol et poutres au plafond. Certaines salles de bains sont judicieusement cachées dans des alcôves. Très bon accueil.

Casa Vitae *(plan B2, **13**) : 3, Patelarou. ☎ 28-31-03-50-58. • casavitae.gr • Doubles env 90-150 € selon taille et saison, avec petit déj.* Un vrai cocon : la demeure a du charme à revendre (un bâtiment de nobles vénitiens du XVIe s), les chambres sont douillettes et soignées, l'adorable cour intérieure est idéale pour le petit déj, et l'accueil est dévoué et souriant. Parfait pour une escapade romantique !

Mythos Suites Hotel *(plan C3, **27**) : 12, odos Karaoli et Dimitriou. ☎ 28-31-05-39-17. • mythos-crete.gr • Studios env 120-160 € selon* *saison, avec petit déj.* Cette ancienne demeure séduisante et réhabilitée avec soin, en plein centre mais à l'écart des foules, a su rester discrète et préserver son atmosphère intimiste. Des studios absolument charmants, avec terrasse ou balcon, répartis autour de la courette garnie d'hibiscus et de la petite piscine. Petit bar convivial. Et des suites dans la même veine, avec chambre en mezzanine, pour ceux qui ont le budget ad hoc. Rien à redire pour le confort... Accueil pro et très agréable.

Où manger ?

De nombreux restos proposent des formules tout compris, vin inclus, en affichant des menus pour 2 personnes. Pour goûter sans se ruiner à davantage de spécialités locales, la vieille ville regorge de *rakadika,* ces terrasses où l'on s'arrête autant pour un verre de raki entre amis que pour un assortiment de *mezze.* Enfin, les quelques tavernes qui se disputent le petit port vénitien offrent un cadre agréable, mais éminemment touristique : du coup, les prix grimpent...

Très bon marché

Nikos (plan C3, **32**) **:** *70, odos Arkadiou.* ☎ *28-31-05-52-49.* Pour les petits budgets, *souvlaki* et *pita* pas chers du tout dans cette salle riquiqui à la déco brute de décoffrage, où règne une famille entière. On bosse en petite équipe, et la viande sent bon à 20 m à la ronde. Populaire et sans chichis.

Kimolia (plan C3, **35**) **:** *11, Makri.* ☎ *28-31-30-24-21. Tlj sf dim env 10h-23h. Env 4-5 €.* Bien planqué à l'angle d'une placette isolée, ce salon de thé est du pain béni pour le promeneur affamé. En terrasse, dans la petite salle agrémentée d'expos de photos, ou dans le coin salon cosy à souhait, on s'y régale, en fonction de l'heure, de grosses salades, de *sfakiani pita* (crêpe fourrée au fromage et miel), ou de bons desserts maison. Parfait pour une halte gourmande sur le pouce !

Bon marché

Parastratima (plan B2, **34**) **:** *12, odos D. Moschovitou. 69-49-30-97-63. Juste derrière la fontaine Rimondi. Ouv midi et soir jusque tard dans la nuit. Mezze env 3-6 €, plats env 6-9 €.* Clientèle assez jeune, qui bavarde jusqu'à point d'heure devant un raki, autour de sardines, de feuilles de vigne farcies, de calamars... et de plats classiques goûteux. Tables dans la ruelle, et belle ambiance.

Mojo Burgers (plan B2, **40**) **:** *38, Damvergi.* ☎ *28-31-05-05-50. Tlj 13h-1h. Env 3-7 €.* C'est le repaire US de la ville, un petit local convivial trusté par les étudiants et les voyageurs séduits à l'idée de faire une pause dans le régime moussaka-brochettes. Les gros burgers, préparés à la commande et servis avec des frites fraîches, se défendent bien et ne manquent pas d'originalité pour certains : simple et efficace. Quant aux enthousiastes, ils laisseront à leur tour un message sur les murs et le plafond... à condition de trouver de la place !

Stella's Kitchen (plan B2, **17**) **:** *55, Souliou.* ☎ *28-31-02-86-65. Tlj jusqu'à 20h (la cuisine ferme à 18h30). Plats 6-8 €.* Troquet de poche sympa comme tout, perdu dans une ruelle animée et pleine de boutiques de souvenirs. Bon choix de petits déj, snacks, *mezze,* délicieux plats du jour et gâteaux, tous faits maison par la joviale patronne et son équipe. Son plat de lapin est sa fierté. Vin au verre. On peut manger sur l'une des terrasses-jardins de la pension voisine (même maison) au milieu des plantes vertes.

Prix moyens

Taverna Loggia (plan B2, **37**) **:** *6, odos Fotaki.* ☎ *28-31-05-06-60. Plats 6-20 €.* En retrait des axes touristiques, installé dans une ruelle ou dans les ruines d'une ancienne demeure vénitienne, ce resto classique profite d'un environnement agréable et tranquille.

LA RÉGION DE RÉTHYMNON

À la carte, cuisine traditionnelle grecque sans surprise et son cortège de plats italiens. C'est copieux, simple et bon. Accueil sympathique.

Prima Plora (hors plan par A3, **36**) : *8, odos Akrotiriou. ☎ 28-31-05-69-90. À 1 km à l'ouest de la forteresse, par le périphérique puis par une petite route côtière. Ouv midi et soir. Plats env 8-20 €.* Une superbe adresse faisant face à la vieille ville, avec une terrasse abritée sur plusieurs niveaux au-dessus des rochers, où se brisent les vagues. Cuisine savoureuse, pour une salade crétoise dans les règles de l'art, une cure de fruits de mer, des tartares de poisson... à moins de se laisser tenter par des sushis. Le service peut être inégal, mais qu'importe ! la qualité est dans l'assiette et dans le charme du lieu. Le festin se termine par une avalanche (offerte) de desserts et de raki, pour digérer sans hâte, face à la mer... Une des meilleures adresses de la ville, même si un poil excentrée.

Chic

Avli (plan B2, **38**) : *22, odos Xanthoudidou. ☎ 28-31-05-82-50. Tte l'année. Menus 40-52 €. Compter min 30 € à la carte.* Une adresse remarquable : à la fois œnothèque et restaurant gastronomique, c'est la belle table de la ville, adepte de la « cuisine créative ». Pour l'ambiance, on a le choix entre une salle voûtée avec ses murs en pierre, un patio arboré avec différents niveaux, ou un bar tout en longueur. Cuisine très élégamment présentée, à accompagner de vin, bien sûr, choisi parmi l'impressionnante carte des différents cépages de Grèce.

Knossos (plan B2, **31**) : *sur le port vénitien. ☎ 28-31-02-55-82. Env 25-30 € (plus pour du poisson frais).* Tenu par la même famille depuis plus de 50 ans, c'est l'une des rares adresses à peu près fiable de ce secteur hautement touristique. Aujourd'hui, c'est le fils, aux allures de Figaro clownesque, qui assure le service haut en couleur. Si on adhère à l'ambiance un brin loufoque, on passera une soirée amusante en mangeant une salade *Knossos* bien copieuse, des grillades et, bien sûr, du poisson frais, le tout très correct. Ceux qui préfèrent plus de sobriété passeront leur chemin.

Castello (plan B2, **39**) : *27, odos Arabatzoglou ou 19, Rodamanthios. ☎ 28-31-05-05-67. Env 20-30 € selon son appétit. Carte en français.* Une adresse insolite. Quelques tables en terrasse dans la rue ou dans une salle à la déco soignée, mais la belle surprise vient de la « salle » à ciel ouvert, répartie en étages sur différentes galeries dans les ruines d'une maison vénitienne abritée par un toit en toile. Côté cuisine, quelques pointes d'originalité avec des plats inspirés par la Méditerranée. Sans être grandiose, c'est une agréable escapade culinaire dans un cadre de charme.

Alana (plan B2, **33**) : *15, odos Salaminos. ☎ 28-31-02-77-37. Plats env 10-20 €.* Vaste terrasse légèrement en surplomb de la rue et à l'ombre de deux larges arbres. Sans doute l'un des meilleurs rapport qualité-prix de la ville pour profiter d'une cuisine soignée mêlant tradition crétoise et recettes innovantes. Excellents produits mitonnés avec brio. Nul besoin de pêcher dans la carte des vins longue comme le bras, le petit vin local en pichet ne dépare en rien le repas. Service rapide et attentionné.

Où boire un verre ? Où sortir ?

Le long de la corniche (plan B1, **51**) : *tout un alignement de terrasses couvertes, face à la mer.* L'endroit est fréquenté autant par les Grecs que par les touristes pour savourer une glace ou un cocktail tout en contemplant l'horizon. Le *Thalassographia*, tout au bout de la rampe qui mène au Musée archéologique, a l'avantage de disposer de terrasses en escalier qui surplombent les environs.

Punch Bowl (plan B2, **50**) : *42, odos Arabatzoglou. ☎ 28-31-05-55-72.* Un pub irlandais en Crète, c'est possible ! Dans le bric-à-brac habituel d'objets suspendus au plafond et aux murs, c'est ici que vous pourrez boire la bière de vos rêves, belge, allemande, française ou grecque, dans une ambiance rock-jazzy, très cool.

🍷 ***Asikiko*** *(plan B2, **52**) : odos E. Vernadou, juste en face de la mosquée. Slt le soir.* La jeunesse locale se donne rendez-vous dans cette rue pour boire un ouzo avant le dîner ou grignoter tard le soir autour d'un verre de raki. *Asikiko, Old Town,* les tables des différentes enseignes s'entremêlent, les *mezze* se succèdent à un rythme soutenu et hop, vos voisins vous paient un verre et vous rendez la pareille !

🍷 Beaucoup de jeunes Grecs profitent de la terrasse du ***Café Galéro*** *(plan B2, **53**),* sur la place de la fontaine Rimondi. Branché, animé, et donc assez bruyant.

🍷 ♫ Des dizaines d'autres endroits, notamment ceux qui s'alignent sur l'odos Elefthériou Vénizélou, en bord de plage *(plan C2).*

♩ ♫ Et pour les fêtards, plusieurs ***night-clubs*** dans les petites rues près du port vénitien *(plan B-C2).*

Où se sucrer le bec ?

Yiorgos Hatziparaskos *(plan B2, **60**) : 30, Vernardou. En principe, tlj 8h-21h.* C'est un monument dans son genre ! Car l'équipe souriante de cette pâtisserie vintage est l'une des dernières à travailler sa pâte à la main, pour réaliser en direct *baklavas* et *kadaifis* (cheveux d'ange). Ça vaut la photo... et bien sûr la dégustation !

Où plonger dans les environs ?

■ ***Paradise Dive Center :*** *à **Petrès Geraniou,** entre Réthymnon et Géorgioupolis.* ☎ *28-31-02-63-17.* • *divingcenter.gr* • Le club est hébergé dans un beau bâtiment en pierre du pays avec piscine (pour les initiations) et propose des sorties tous niveaux *(env 42-55 €),* à partir de 10 ans. Également des plongées de nuit. Forfaits de 6 ou 10 plongées étalées sur 3 jours ou forfaits 6-10 plongées. Certificat médical exigé. Enseignement PADI jusqu'au Divemaster.

Randonnées et excursions

■ ***The Happy Walker*** *(plan B3, **6**) : 56, odos Tombazi.* ☎ *28-31-05-29-20.* • *happywalker.com* • *Avr-oct, tlj (sf w-e en été) 17h-20h30 ; en hiver, sur résa. Congés : 15 j. mi-août. Compter env 32 €/j. par pers, guide, transport, café et raki inclus !* Organise des randonnées guidées (guide expérimenté) pour des petits groupes (4 à 16 personnes). Chaque randonnée dure en moyenne 4-5h. Départ vers 8 ou 9h, retour vers 16h30. Après la balade, on prend un repas en commun dans une taverne villageoise. Apporter de bonnes chaussures de marche, des lunettes de soleil et de l'eau (en gourde ou en bouteille). Vous trouverez aussi le programme des randonnées (également des *walking tours* de 8-10 jours ainsi que des *short walks* de 3h) sur le site internet.

À voir

Attention, les horaires des musées et des sites peuvent être sujets à des modifications, renseignez-vous.

🚶🚶 ***La vieille ville :*** logée grosso modo entre la mer et la *porta Guora* au sud (seul vestige des anciens remparts), elle présente l'avantage de posséder une authentique vie populaire, à deux pas des lieux les plus touristiques. Autant dire qu'il est facile de fuir le faux-semblant des rues envahies de boutiques de souvenirs et de se plonger dans les pittoresques ruelles, à la découverte de tous les détails architecturaux insolites, comme les façades de bois en saillie, caractéristique des maisons turques. On peut découvrir, aussi, ces boutiques à l'ancienne qu'on affectionne : boulangeries, fromageries et autres cafés vieille école.

***Le port vénitien** (plan C2)* **:** adorable avec ses barques et ses allures de décor de film. Le matin, quand les terrasses des restos qui colonisent tout l'espace ne sont pas encore encombrées et que le soleil se lève, atmosphère presque magique.

***Le Musée archéologique** (plan B2)* **:** *4, Agiou Fragiskou, dans l'église San Francesco. ☎ 28-31-02-75-06. Tlj sf lun 10h-18h. Entrée : 2 € ; réduc ; gratuit moins de 18 ans.* Il n'est certes pas bien grand (cette église catholique l'accueille pendant toute la durée des travaux de consolidation du musée proprement dit), mais ce musée a l'avantage de bénéficier d'aménagements modernes qui présentent clairement et sobrement de beaux objets découverts dans la région. Le parcours, chronologique, couvre une large période entre le Néolithique et l'époque byzantine, et permet de découvrir d'intéressantes collections, principalement minoennes et romaines (poteries, lampes, bijoux, monnaie, verreries colorées, figurines de bronze). Parmi les pièces les plus remarquables, on note plusieurs sarcophages, parfaitement conservés et finement décorés, ainsi que d'élégantes statues de marbre.

***Fortezza** (forteresse vénitienne ; plan A1)* **:** *☎ 28-31-02-81-01. En saison, tlj 8h-20h (dernière admission 30 mn avt fermeture) ; hors saison, ferme en fonction du coucher du soleil. Entrée : 4 € ; réduc.* La vaste forteresse, délimitée par des murs épais et quatre bastions, se résume désormais aux vestiges de quelques éléments défensifs, à l'ancienne armurerie renfermant des expos temporaires, et à une esplanade brûlée par le soleil. Elle fut bâtie au XVIe s à l'emplacement d'une citadelle byzantine et accueillit les habitants lors du siège de 1646 conduit par les Turcs. Au sommet de la colline, les Ottomans édifièrent une mosquée à l'emplacement de l'ancienne cathédrale Saint-Nicolas. Sa coupole est l'une des plus grandes de Grèce, et son mihrab a été restauré (un peu vite d'ailleurs, les finitions manquent !). La balade vaut surtout pour la superbe vue panoramique sur la ville et sur la mer, spécialement en fin d'après-midi, mais la visite est un peu chère pour le peu qu'il y a à voir, d'autant que les explications sont insuffisantes.

***La fontaine Rimondi** (plan B2)* **:** *odos Thessalonikis.* Sans doute le point de rendez-vous le plus connu de la ville. Pas monumentale (on peut même la louper si l'on n'y prend garde !). La fontaine Rimondi, édifiée en 1626, porte les traces du colonisateur vénitien. L'eau y jaillit de trois têtes de lion entre des colonnes corinthiennes.

***La mosquée Nerantzès** (plan B2)* **:** *dans la ruelle E. Vernadou, qui débouche sur la pl. Titou Pétichaki.* C'est une ancienne église vénitienne du XVe s à laquelle les Turcs ajoutèrent un minaret deux siècles plus tard. Il fallait au muezzin, cinq fois par jour, grimper 133 marches pour lancer l'appel à la prière. Superbe portail à quatre colonnes corinthiennes.

En face du nº 59, odos Ethnikis Antistasséos *(plan B2),* ruelle avec, à gauche, un joli *portail vénitien.*

***Le musée d'Histoire et d'Art populaire** (plan B2)* **:** *30, odos E. Vernadou. ☎ 28-31-02-33-98. Lun-sam en principe 9h30-14h30. Entrée : 4 € ; réduc ; gratuit moins de 18 ans. Feuillet en français.* Charmant musée dans une maison du XVIIe s présentant essentiellement des objets liés à la vie rurale (près de 5 000 pièces tout de même !), avec une grande et belle cour intérieure très calme et bien agréable aux heures les plus chaudes. Au 1er étage, dans quatre salles, sont exposés des tapis finement tissés à faire pâlir Pénélope, un salon brodé du sol au plafond en passant par les fonds de chaises, du mobilier, des jarres monumentales, de la vannerie... Au rez-de-chaussée, évocation de l'histoire de la ville avec toutes sortes d'armes et de documents anciens, ainsi qu'une série de reconstitutions d'ateliers et de boutiques d'autrefois : barbier, sellier, luthier, maréchal-ferrant, coutelier, etc. Sérieux et très bien commenté.

➢ Pour prolonger la visite, voir, dans la même rue E. Vernadou, les belles portes ogivales, les maisons à façade de bois et encorbellement. Aux nos 30 et 47, intéressantes portes de pierre sculptée.

La mosquée Kara Moussa Pacha (plan C3) **:** *à l'angle des rues Arkadiou et Viktoros Ougo (Victor Hugo !).* Pas de visite, mais on peut jeter un œil de l'extérieur. Ancienne église franciscaine, transformée par les Turcs en un curieux patchwork d'ogives et de dômes. Stèles funéraires ottomanes dans le petit cimetière.
Au n° 154 de la rue Arkadiou, superbe palais vénitien avec porte sculptée, surmontée d'un fronton gravé de caractères arabes.

La loggia vénitienne (plan B2) **:** *odos Arkadiou.* C'est l'un des fleurons des édifices de la Renaissance en Crète. On pense que cette loggia fut construite au milieu du XVIe s. Lieu de rencontre destiné aux notables de la cité, elle fut ensuite transformée en mosquée. Elle est aujourd'hui occupée par un *Museum Shop* qui vend des copies de pièces de musée.

Où se baigner ?

La plage de Réthymnon : *elle s'étend vers l'est.* Évidemment très fréquentée en été, aux abords de la ville. Mais vous devriez trouver votre bonheur le long des... 16 km de sable. Attention toutefois, les courants se révèlent dangereux les jours de vent, s'accompagnant généralement de rouleaux. Même quand le drapeau est vert, restez vigilant.

Fête et festival

– **Fête de la Cuisine crétoise :** *dans le parc de la ville (plan B3), à priori début juil, pdt 1 sem (bien se renseigner). • cretandietfestival.gr • Entrée : 5 € ; réduc.* C'est l'occasion de danses populaires presque chaque soir, et de nombreuses dégustations de produits locaux et de vin... à volonté (hic !). Spectacles et concerts folkloriques de qualité, mais c'est un peu la pagaille, le parc n'est pas si vaste que ça !
– **Festival Renaissance :** *les années impaires, en sept, dans la forteresse. • rfg.gr •* Chaque jour, un concert, une représentation théâtrale, des danses du monde entier...

DANS LES ENVIRONS DE RÉTHYMNON

L'arrière-pays

La nécropole d'Arméni (Αρμενοι) **:** *à env 10 km au sud de Réthymnon, avt Arméni sur la route vers Spili (panneau bleu « Late Minoan Cemetery »). Juin-sept, tlj sf lun 10h-18h ; hors saison, tlj sf lun 8h30-15h. Entrée : 2 € ; réduc ; gratuit moins de 12 ans.* Datant de 1400-1200 av. J.-C., un ensemble de plus de 230 tombes minoennes dispersées sous les arbres à flanc de colline. La plupart, petites et étroites, s'admirent de l'extérieur, mais la plus grande mérite le coup d'œil : un escalier taillé dans le roc s'enfonce dans une faille et conduit à une vaste chambre mortuaire. Impressionnant ! Ces tombes gardent leur part de mystère puisqu'on n'a retrouvé à ce jour aucune trace de ville ou même de village à proximité. Les pièces trouvées sur place sont exposées au Musée archéologique de Réthymnon.

Maroulas (Μαρουλας) : *à env 10 km au sud-est de Réthymnon, sur la route du monastère d'Arkadi.* Ce qui justifie le détour par ce petit village haut perché, ce sont bien sûr ses quelques jolies ruelles flanquées de belles bâtisses, mais aussi et surtout la vue superbe sur la plaine côtière.

Thavma : *à env 1 km après le village (fléché depuis le centre). 69-77-66-07-43. Avr-oct. Plats env 8-10 €.* L'accueil est souriant et dynamique, la cuisine est bien maîtrisée (dans un registre traditionnel classique), mais ce qui fait vraiment la différence, c'est la vue. Et quelle vue ! Depuis la terrasse ombragée et fleurie, on profite d'un large panorama sur la montagne, la mer, et Réthymnon au loin, en contrebas. Le soir, quand tout s'illumine, c'est romantique en diable !

Marianna's Workshop : *sur la place centrale du village, à l'entrée d'une ruelle. ☎ 28-31-07-24-32. • mariannas-workshop.gr • En saison, tlj jusqu'à 19-20h.* Les amateurs d'huiles essentielles et d'herbes médicinales connaissent tous la boutique hors norme de Marianna, qui s'est passionnée pour les recettes d'antan et parcourt la campagne et les montagnes pour recueillir les plantes nécessaires à la fabrication de produits naturels et haut de gamme.

Le monastère d'Arkadi (Μονη Αρκαδιου) : *à une vingtaine de km au sud-est de Réthymnon. Normalement, env 4 bus/j. En voiture, la route la plus rapide passe par Adélé et Loutra (nombreux panneaux pour le monastère). Juin-août, tlj 9h-20h (sinon 9h-19h et ferme à la tombée de la nuit, à 16h ou 17h en hiver). ☎ 28-31-08-31-35. • arkadimonastery.gr • Entrée : 3 € ; gratuit moins de 17 ans. Tenue vestimentaire correcte exigée (des paréos sont à disposition à l'entrée). Brochure en français.* Le monastère, fondé au XIe s, se cache derrière de hauts murs au bord d'un plateau à 500 m d'altitude, en surplomb de profondes gorges. Arkadi occupe une place importante, quasi sacrée, dans l'histoire de la Crète. C'est ici que se réfugièrent près d'un millier de révolutionnaires (dont 600 femmes et enfants) en novembre 1866, durant la guerre contre les Turcs. Forts de 15 000 hommes, ces derniers menèrent un combat sans merci contre les assiégés qui choisirent de faire sauter la poudrière pour ne pas se rendre. Face au monastère, éloge funèbre de cet épisode sanglant, un ossuaire renferme un certain nombre de crânes des victimes... À l'intérieur de l'enceinte, l'église à deux nefs arbore une splendide façade du XVIe s de style Renaissance, superbement sculptée et très émouvante avec ses trois cloches. Dans le bâtiment voisin, un petit musée présente aussi bien des armes (mousquets, sabres) que des objets et vêtements liturgiques, comme ces chasubles brodées sur place ou de superbes panneaux religieux et icônes peintes des XVIe, XVIIe, XVIIIe et XIXe s. La visite se poursuit par le réfectoire, les cellules des moines, la poudrière tout au fond à gauche (celle qui a explosé) ou les celliers. Enfin, dans la cour, repérez le vieux cyprès qui tend ses branches décharnées vers l'église : il fut le témoin de l'assaut ottoman et des balles sont encore fichées dans le tronc ! Une visite belle et émouvante.

Le Musée archéologique d'Eleftherna (Ελευθερνα) : *à env 10 km à l'est du monastère d'Arkadi, peu après la sortie d'Eleftherna en direction de Margaritès. Tlj sf lun 10h-18h (15h hors saison). ☎ 28-34-09-25-01. • mae.com.gr • En bus, même ligne que le monastère d'Arkadi. Entrée : 2 € ; réduc.* Eleftherna est l'un des sites archéologiques majeurs de Crète. Fondée par les Minoens, développée par les Doriens, la ville connut des heures prospères pendant les périodes romaine et byzantine, jusqu'à son déclin à partir de l'occupation arabe. Ce beau musée moderne retrace l'épopée de la cité depuis ses origines, au gré de trois sections à la fois chronologiques et thématiques évoquant la vie privée et publique, la religion, et les rites funéraires. Les fouilles ayant révélé de nombreux trésors (la fameuse statue de la Dame d'Auxerre conservée au Louvre vient très probablement d'Eleftherna !), les objets précieux abondent dans les vitrines : poteries, bijoux, pièces d'équipement, armes... Le tout bénéficiant d'une muséographie contemporaine soignée, renforcée par des vidéos et des écrans tactiles.

En revanche, si le musée vaut le coup, les sites archéologiques se résument à quelques vestiges clairsemés, certains carrément inaccessibles en raison des fouilles en cours.

Margaritès *(Μαργαρίτες)* **:** à l'est du monastère d'Arkadi, un petit village spécialisé dans la poterie et la céramique, une tradition qui remonte à l'Antiquité. La petite église du XIVe s contient des fresques, assez assombries.

➢ On peut rejoindre le petit village de ***Thronos*** *(Θρονος)* par une jolie route de 10 km qui part, plein sud, à l'arrière du monastère et offre de beaux panoramas sur les montagnes. On peut aussi s'y rendre à pied ; compter 2h30 de marche environ pour 10 km. Attention, munissez-vous d'une bonne carte détaillée pour éviter la confusion devant certaines bifurcations. Une belle balade. Retour possible en stop ou en bus *(cela dit, peu de bus pdt les vac scol : • e-ktel.com •)* pour Réthymnon.

Thronos : possibilité de visiter l'adorable église du XIe s (demander la clé à la pension *Aravanès*). Mosaïques au sol et à l'extérieur. Petite balade possible jusqu'au *vieux Sivritos* (l'ancien nom de Thronos), résultat de fouilles gréco-italiennes. Plus attractif à vrai dire pour la vue sur le village et la vallée au coucher du soleil que pour le tas de pierres mis au jour. Et puis la vallée d'Amari s'offre à vous (lire plus loin)... Bref, on peut se constituer un bon camp de base à Thronos.

Pension-taverne Aravanès : *au cœur du village.* ☎ *28-33-02-27-60 ou 28-31-02-26-44. • aravanes-rooms-taverna.gr • Tte l'année. Double env 40 € (60 € avec petit déj).* Une adresse loin de tout, en surplomb de la vallée, parfaite pour s'isoler un peu ou préparer quelques balades. Les chambres pour 2-5 personnes sont simples et vieillottes, mais suffisamment confortables (douche et w-c, coin cuisine) et surtout elles profitent d'une vue géniale depuis le balcon. On peut aussi préférer la maison voisine que l'on peut partager avec d'autres touristes. 3 chambres, une cuisine commune et toujours cette super vue sur la vallée et le mont Ida ! Au resto, repas gourmand, parfois en musique, à 20h pile. La maison commercialise également des produits locaux : miel, raki, vin maison et herbes de montagne. Cours de musique et de danse, atelier « four à pain ». Accueil passionné de Lambros Papoutsakis, l'âme de la maison, qui vous indiquera des balades dans la région (voire vous y guidera : des ascensions en groupe sont possibles).

La vallée d'Amari *(Κοιλαδα Αμαριου)* **:** une quarantaine de villages vous attendent dans cette jolie vallée au sud de Thronos. Pas de découvertes sensationnelles, mais des villages traditionnels assoupis, quelques *ouzeria* à l'ancienne, des champs d'oliviers et de mignonnes petites églises byzantines abritant des fresques oubliées. Des 46 églises ayant existé dans la région, il en subsiste neuf. La région est aussi très fertile, pleine de cerisiers, abricotiers et toutes sortes d'arbres fruitiers qui de belles couleurs en fin de journée quand le Psiloritis se teinte de rose, et une grande tranquillité. Ça change des villages balnéaires. Revers de la médaille : pour se restaurer, les tavernes sont assez rares ; prévoir un casse-croûte et puis de l'eau, car il y fait très chaud. La partie nord est la plus intéressante.

À ***Apostoli*** *(Αποστολοι)*, sculptures originales sur la place du village (malheureusement défigurée par le béton). Elles sont l'œuvre de Giannis Néonakis (son atelier est dans le village, et il parle l'anglais). Émouvante petite église restaurée à ***Méronas*** *(Μερωνας)*, avec peintures et mobilier religieux du XIVe s.

Le village d'***Amari*** *(Αμαρι)*, qui a donné son nom à la vallée, n'a rien de très particulier. On peut toutefois y visiter l'église byzantine d'Agia Anna avec ses fresques de 1225, les vestiges d'une tour vénitienne sur la colline, et se rendre à ***Moni Asomaton*** *(Μονη Ασωματων)*, monastère situé juste à 5 km à l'est d'Amari, pour son allée de palmiers et son église presque à l'abandon, située dans une ancienne école d'agronomie. Il fut détruit à deux reprises par les Arabes, puis les Turcs.

Enfin, ***Kalogéros*** *(Καλογερος)* est un charmant village. L'église d'*Agios Ioannis* peut être l'objet d'une balade à pied (demander le chemin sur place ou le plan couleur à la taverne de Thronos).
À 12 km à l'ouest de Thronos, on peut également se restaurer dans le hameau situé à l'embranchement pour ***Patsos*** *(Πατσος)* : deux ou trois cafés-restos vous y attendent. Si vous empruntez cette jolie route, beau point de vue sur la vallée à ***Pandanassa*** *(Παντανασα)*, au niveau du cimetière, et petits cafés ombragés dans le village. À 1,5 km après Patsos, sur la droite, route pour les petites gorges d'Agios Antonios à 1 km de là. On descend dans le lit de la rivière (laquelle débouche sur la grande retenue d'eau qu'on longe en redescendant d'Apostoli vers Réthymnon). Noter l'adorable chapelle construite sous la roche.
– Petite taverne à l'entrée de la ravine.

➢ ***La route du Psiloritis*** *(Ψηλορειτις ορος)* **:** le Psiloritis est également appelé ***mont Ida.*** On prend cette route de montagne à Panormos, entre Réthymnon et Héraklion, direction Pérama. Voir plus loin aussi.

La grotte Gérondospilios : *2 km après le village de Mélidoni et à env 6 km de Pérama. 69-41-56-12-61. Mai-sept, tlj 8h-20h (dernière admission à 19h30) ; avr et oct, tlj 9h-19h. Fermé hors saison. Entrée : 4 € ; réduc ; gratuit moins de 12 ans. Visite non guidée ; compter 20 mn (brochure en français).* Selon la mythologie, c'était à l'époque minoenne un sanctuaire, en l'honneur du géant Talos, protecteur de la Crète. Mais les premières traces humaines remontent en réalité à 3 500 ans av. J.-C., d'après les fouilles menées par l'archéologue français Paul Faure. Toutefois, le site vaut surtout comme symbole historique. En effet, en 1824, 370 civils et 30 soldats, qui s'y étaient réfugiés, y trouvèrent la mort après avoir été enfumés par l'armée turque ! Un surprenant monument aux morts rappelle ces faits douloureux. Aujourd'hui, la visite se résume à une courte descente dans une grotte géante de 1 500 m^2 en forme d'amphithéâtre, où l'on suit un petit parcours circulaire parmi les majestueuses concrétions avant de remonter. Attention, ça glisse ! Mais, pour une fois, pas de supplément pour la clim... De retour à l'air libre, petite halte bienvenue au snack pour profiter de la vue plongeante sur la vallée en contrebas. Très photogénique !

Paraschakis Family Olive Oil Factory : *à 4 km de la grotte de Mélidoni, sur la route de Pérama. ☎ 28-34-02-20-39. • paraschakis.gr • Tlj sf dim 9h-18h (hors saison de récolte, évidemment). GRATUIT.* Joanna, née aux États-Unis, a repris l'exploitation du grand-père et prend plaisir à guider les visiteurs parmi ses installations. Un vrai bonheur de l'écouter parler de sa passion, l'olive évidemment, avec un enthousiasme communicatif, moult explications instructives et... un accent américain ! Possibilité évidemment d'acheter son excellente huile, très aromatique et judicieusement conditionné en bidons métalliques (impeccable pour l'avion !).

Une fois passé Pérama, direction Anogia. Belle petite route de montagne. On traverse des villages tout ce qu'il y a de plus traditionnel avec leurs cafés, leur animation et leur nonchalance bien crétoises... Si vous pouvez faire cette promenade au coucher du soleil, vous profiterez encore mieux de la beauté des points de vue, très nombreux. Deux routes possibles pour gagner Anogia, dont l'une passe par ***Zoniana*** *(Ζωνιανα)*.

La grotte de Sfendoni : *à* ***Zoniana*** *(Ζωνιανα). Avr-oct, tlj 10h-17h ; hors saison, le w-e slt 10h-14h30. Entrée : 5 € ; réduc ; gratuit pour les moins de 10 ans. Visite guidée slt (en anglais, mais feuillet en français à disposition), attente de 40 mn max (petite cafétéria pour patienter). Compter 30-40 mn.* Longue de 500 m, sur 3 300 m^2, c'est l'une des plus jolies grottes de Crète, isolée dans un environnement superbe de massifs montagneux abrupts. La visite emprunte un parcours constitué de chambres reliées par un réseau de passerelles et d'escaliers. Tout du long, on observe de magnifiques stalactites et stalagmites, des draperies, et toutes sortes de délicates concrétions qui s'animent au gré d'un jeu de lumières colorées. Ça vaut le coup d'œil !

Anogia (Ανωγεια) : *quelques km plus à l'est de Zoniana. Liaisons avec Réthymnon, 2 bus/j. en sem slt ; avec Héraklion, en principe 3 bus/j. (sf dim).*
Du fait de son isolement, le village de 2 500 habitants, situé à 54 km à l'est de Réthymnon, a su garder ses coutumes locales, ses dialectes et son habillement. Plusieurs ateliers sont ouverts au public, et on peut voir tisser les étoffes sur de grands métiers dont les *mavra mandilia,* les foulards noirs crétois traditionnels. Ne pas y venir en espérant voir des vieilles pierres : village martyr, haut lieu de la résistance crétoise, il fut rasé en représailles de l'enlèvement du général allemand von Kreipe (voir le chapitre « Histoire » dans « Hommes, culture, environnement » en fin de guide), en 1944, et de nombreux habitants furent passés par les armes.
C'est aussi un haut lieu de la musique crétoise, avec un festival folklorique renommé qui se déroule en juillet. Il faut dire que c'est le village natal des célèbres frères *Xylouris,* instrumentistes hors pair : des photos de Nikos, mort en 1980, dont les chansons étaient chantées à l'époque des Colonels, en signe de résistance, tapissent les murs d'un café du village, sur la place Syndagmatos. La plus belle partie du village avec des ruelles et des maisons anciennes se situe en bas. Dans la partie moderne reconstruite en haut du village, des chambres à louer et quelques hôtels à prix moyens.

Hôtel Marina : *en haut du village, sur la gauche de la route quand on monte. ☎ 28-34-03-18-17. • marinahotelanogia.gr • Tte l'année. Double env 40 € ; triple 55 €.* Une dizaine de chambres modernes, spacieuses et pleines de charme avec kitchenette et cheminée. Pierre du pays au sol et balconnets donnant sur la vallée. Atmosphère de petit hôtel sans chichis, mais on n'est pas roulé sur le confort et la vue. Accueil très sympa et disponible.

Aristea : *en haut du village, à deux pas d'une charmante petite place avec quelques cafés. ☎ 28-34-03-14-59. • hotelaristea.gr • Tte l'année. Doubles 35-40 €, quadruple 60 €. CB refusées.* Petit hôtel à l'ambiance familiale sympa comme tout, qui dispose de chambres et d'appartements sobres, nickel, et confortables, certains avec cheminée et la plupart avec terrasse ou balcon bénéficiant d'une belle vue sur les environs.

Arodamos : *en haut du village, après la patte d'oie en direction d'Héraklion. ☎ 28-34-03-11-00. Plats 5-10 €.* Installé dans une grosse maison sur les hauteurs du village, ce restaurant familial profite d'une belle vue depuis sa salle à l'étage. Tant mieux, ça compense une déco des plus neutre ! Mais ce qui attire les locaux, c'est surtout la bonne cuisine de terroir, simple, généreuse et préparée avec les légumes du jardin. Accueil gentil comme tout.

La ***route du Psiloritis*** proprement dite débute à la sortie est d'Anogia. Restent 22 km vers le sud par une autre merveilleuse route de montagne asphaltée. Les seules habitations que l'on y rencontre sont des maisons de berger en pierre sèche. Paysages superbes garantis. La route se termine au ***plateau de Nida.*** Une mauvaise piste continue jusqu'à la ***grotte du mont Ida,*** où Zeus serait né. Certains disent qu'il n'y aurait été qu'élevé, ce qui n'est déjà pas si mal – c'est en effet la grotte de Dikti, sur le plateau du Lassithi, qui tient la corde pour la naissance de l'Olympien nº 1. Des objets offerts à Zeus par les pèlerins entre les VIIIe et VIIe s av. J.-C. y ont été retrouvés et sont exposés au Musée archéologique d'Héraklion.
– On peut aussi organiser une rando vers le Psiloritis (2 456 m). Compter 9h A/R depuis le terminus de la route asphaltée. – Les plaques de neige qui tiennent ici et là jusqu'à l'été ne restent pas inexploitées l'hiver : non loin du plateau, une station de ski !

Axos (*Αξος*) : *à 5 km d'Anogia.* Après le mont Ida, on peut poursuivre sur Héraklion ou revenir vers Réthymnon en passant par Axos, un autre village de montagne qui fut une cité grecque importante à l'époque dorienne (environ 1000 av. J.-C.) avec Bali pour port naturel. Au-dessus du village se trouve le site de l'acropole, où des fouilles ont révélé la base d'un grand temple, probablement dédié à Aphrodite, une statue de Déméter et plusieurs autres objets dont un casque de bronze exposé au musée d'Héraklion. À proximité, près du cimetière, l'église byzantine d'*Agios Ioannis* possède des fresques bien préservées ainsi qu'un sol en mosaïque. Juste à l'entrée du village, repérer l'émouvante chapelle tout en pierre, dans les tons ocre et gris. Une vraie carte postale !
Balade à faire dans le village, plus plaisant qu'Anogia pour résider, à notre goût. Sympathiques *gyros* et petits cafés où l'on observe les vieux du village siroter leur raki près de la fontaine publique médiévale.

Archontiko Manias : *à 1 km d'Axos par la route (à pied, on coupe par le village). ☎ 28-34-06-17-60. • archontikomanias.gr • Bâtiment récent de couleur ocre en surplomb d'Axos, que l'on atteint en voiture par une petite route à la sortie haute du village sur la droite (panneau discret et en grec slt). Tte l'année. Env 50 € pour 2 et 80 € pour 4. Repas env 15 €.* À l'écart, cette grande maison moderne renferme de petits studios (pour 2) et 3 immenses appartements tout équipés. Le tout est simple, propre et confortable. Terrasses et balcons agréables, surtout ceux du resto qui offrent une vue imprenable sur les environs. Camp de base possible pour l'ascension du Psiloritis via Nida ou Livadia. Possibilité de se restaurer sur place (à la demande). Accueil familial très gentil.

Enagron Ecotourism Village : *à la sortie vers Pérama, repérer le panneau à droite et suivre les indications pdt env 2 km. ☎ 28-34-06-16-11. • enagron.gr • Membre du réseau d'hébergements de charme* Guest Inn *(• guestinn.com •). Tte l'année. Selon saison et taille, studios 2-3 pers et apparts 2-3 chambres 90-150 €, avec petit déj. Repas env 15-20 €.* Isolés dans la campagne, une trentaine de studios et appartements répartis dans différents bâtiments donnent l'impression de pénétrer dans un village. Très sympa ! Très bon niveau de confort général : cuisine équipée, cheminée, terrasse... et même un espace bien-être avec spa, jacuzzi et massages. Le tout au sein d'un vaste domaine (35 ha) où l'on trouve la plupart des produits (bio) qui composent le repas si l'on choisit d'y manger. Une bonne adresse, fer de lance de l'agrotourisme en Crète.

Sur la côte, entre Réthymnon et Héraklion

Bali (*Μπαλι*) : *à 32 km à l'est de Réthymnon en direction d'Héraklion, sur la côte.* Une route de 2 km aboutit à ce village entouré par trois petites criques à l'abri du vent, dont celle connue sous le nom de plage du Paradis et surpeuplée en haute saison. Il y a un petit port de pêche. Tout en hauteur et en escalier, la station connaît depuis quelques années un développement frénétique grâce à sa clientèle russe. Les adresses au-dessus du port (et de la mêlée) tout au bout du village permettent d'échapper à la foule du week-end et offrent de jolies vues plongeantes.

■ ***Club de plongée Hippocampos*** : *à deux pas du port, tt au bout du village. ☎ 28-34-09-41-93. • hippocampos.com • Accueil 9h-13h (10h-12h mar mat) et 17h-21h. Fermé lun avr-juin et sept-oct ; fermé dim juil-août. Plongée à partir de 40 €.* Niveau : du baptême au cours PADI, dès l'âge de 8 ans. Plongée en petites palanquées. Plongées de nuit également. Location de matériel. Un petit centre de plongée pro et animé par une équipe francophone. Travaille avec les hôtels *Creta Panorama* et *Marine* de Panormos.

Panormos (Πανορμος) : *à 22 km à l'est de Réthymnon (nombreux bus tlj l'été : • e-ktel.com •).* Joli village de bord de mer, avec sa boulangerie qui parfume les ruelles pentues et pittoresques qui dégringolent jusqu'au rivage. Comme nous ne sommes pas les seuls à apprécier... la petite plage de sable semble bien minuscule en été ! Et pas toujours très propre, cela reste un port. Agréable pour une étape.

Taverna Geronimos : *en plein centre, à l'angle de la rue qui descend à la plage. ☎ 28-34-05-13-38. Plat env 8-10 €.* De part et d'autre de la rue sous la vigne, l'une des meilleures cuisines du coin, avec une moussaka appréciée des locaux. Malgré le cadre vieillot, ça vaut la peine.

Taverna George e Georgia (ou *To Steki tou Sifaki*) : *au début de la rue piétonne. ☎ 28-34-05-12-30. Plats 8-12 €.* Endroit calme, à l'écart des adresses touristiques de bord de mer, et chaleureux, grâce à la bonne humeur communicative de la patronne. Elle ne cuisine que des produits frais et tout à l'huile d'olive, bien sûr. Délicieux *tiropitakia* et *chortopitakia*, entre autres, à déguster en terrasse.

Kastro : *sur les hauteurs (depuis le centre, repérer l'église, c'est à deux pas dans la rue qui monte). ☎ 28-34-05-13-62. Env 10-12 €.* Ici, il n'y a pas de vue sur la mer, mais l'accueil aux petits soins et la cuisine de qualité compensent largement cela, d'autant que la grande terrasse sous les bougainvillées ne manque pas de charme.

Agkira : *tt en bas du village, sur le port. ☎ 28-34-05-10-22. Plats 10-24 €.* 2 grandes terrasses panoramiques qui semblent posées au-dessus de l'eau, les rochers d'un côté, la petite plage de l'autre. La cuisine familiale crétoise est correcte, le poisson est frais, et les grillades sont à point, mais, soyons francs, cette adresse vaut surtout pour son cadre de carte postale. Très romantique le soir.

GÉORGIOUPOLIS (ΓΕΩΡΓΙΟΥΠΟΛΙΣ)

(73007) 450 hab.

À 22 km à l'ouest de Réthymnon, c'est la première bourgade que l'on rencontre dans le département de Hania (La Canée). Très touristique en saison, et plutôt verte avec ses grands eucalyptus, son cadre est original : une jolie rivière avec un port de pêche à l'embouchure sépare les deux plages de sable fin et, tout au bout de la jetée, une adorable chapelle, comme posée sur l'eau.

Où dormir ? Où manger ? Où boire un verre ?

De bon marché à prix moyens

Rooms for rent & Studios Liberty : *près du pont, le long de la rivière à côté du Blue Moon Bar. ☎ 28-25-06-14-09. Doubles 30-40 €.* Sur 3 étages, une dizaine de chambres sobrement meublées, mais propres, suffisamment confortables et bien ventilées. Une bonne affaire pour les petits budgets.

The Egeon : *juste avt le pont, sur la gauche en sortant du village. ☎ 28-25-06-11-61. • the-egeon-crete.com • Tte l'année. Doubles env 35-40 €.* Chambres simples et sans tralala avec frigo et bouilloire. Studios (plus nombreux), avec coin cuisine équipé en plus. Salle de bains, w-c, clim et balcon pour tout le monde. Prix raisonnables pour le confort proposé. Excellent accueil de la proprio, une Grecque ayant grandi aux États-Unis.

Poledas Apartments : *Apokoronou Kavros, **Dramia**. ☎ 28-31-06-10-62. • poledas.gr • À env 4 km de Georgiopoulis par la route de Réthymnon,* *repérer à droite le panneau pour l'hôtel (ne pas aller à Dramia). Doubles env 40-50 €.* De l'extérieur, difficile de deviner la qualité de ce petit établissement familial. Il y a d'abord l'allée arborée et fleurie qui longe la jolie piscine et débouche sur le bar charmant sous la tonnelle. Puis il y a les studios, pimpants et fonctionnels, dont les balcons sont braqués sur la mer. Et enfin, il y a l'accueil attentionné en français. On se sent vite comme à la maison !

Restaurant Plateia : *à deux pas de la place centrale. ☎ 28-25-06-16-01. Plats env 7-10 €.* Une petite adresse sans prétention à des prix raisonnables. Cuisine traditionnelle simple et convenable, privilégiant les grillades et les salades généreusement servies. On ne fait pas le détour exprès, mais ça dépanne bien. Bon accueil.

Taverna Paradise : *dans la 1re rue de gauche en arrivant sur la place, à la patte d'oie. ☎ 28-25-06-13-13. Plats env 8-12 €.* Patron et personnel d'une grande gentillesse, qui proposent une cuisine classique copieuse, servie sur une terrasse agréable. Tous les jours, au moins 5 ou 6 plats différents s'ajoutent au menu bien fourni, et, bien sûr, du poisson vraiment frais.

Blue Moon Bar : *le long de la rivière, à gauche avt le pont, en sortant du village.* Jolie terrasse en surplomb de la rivière, avec des fauteuils moelleux sous les arbres. Bien pour siroter un petit cocktail ou avaler une omelette. Petits déj également.

Plus chic

Anna's House : *à 500 m du village, après le pont (bien indiqué). ☎ 28-25-06-15-56. • annashouse.gr • Ouv avr-oct. Selon saison, pour 2-4 pers, studios et apparts 100-200 €.* Au calme à la sortie de la ville, une résidence contemporaine joliment agencée dont les différents bâtiments, à taille humaine, enserrent une belle piscine et un bar cosy. Quant aux studios et appartements, ils sont dans le même esprit, modernes, soignés et tout confort. Une très bonne étape pour quelques jours de farniente en famille.

À faire

Petite plage à l'eau limpide à l'ouest du village, en prenant le sentier au niveau du pont qui franchit la rivière. Autre **grande plage** à l'est du village. Beaucoup, beaucoup de monde. Location d'embarcations à pédales et de canoës pour remonter un bout de la rivière.

➢ **Promenades à cheval :** *au* **Zoraïdas Club.** *☎ 28-25-06-17-45. • zoraidas-horseriding.com • Sur la route principale, indiqué à 2 km sur la gauche, direction Vryssès. Tte l'année. Slt sur résa. Tarifs détaillés sur le site.* Kristi, une Belge installée en Crète, organise des virées équestres pour cavaliers confirmés, mais aussi débutants et enfants. On peut aussi nager avec les chevaux. Matériel en location. Une façon originale de découvrir la région, au petit matin ou en fin de journée.

DANS LES ENVIRONS DE GÉORGIOUPOLIS

Le lac de Kournas *(Λιμνη Κουρνας)* **:** *à 4 km au sud-est de Géorgioupolis.* Le seul lac d'eau douce de Crète, ceinturé de montagnes et dans lequel on peut voir, avec de la chance, des tortues. On peut y faire de l'embarcation à pédales (gros trafic !), s'y baigner parmi les oies et les canards (eau propre et claire) ou déjeuner dans l'un des restos. En été, le niveau du lac baisse vite et laisse apparaître des bancs de sable. Attention de ne pas marcher sur les hameçons qui traînent ici et là. Et pensez à vous protéger du soleil (peu d'ombre). L'endroit est très populaire et touristique, mais déserté le matin ou en fin d'après-midi. Qu'on se le dise !

Georgia's : *sur la route principale, en venant de Géorgioupolis, c'est juste avt d'arriver au lac sur la gauche. ☎ 28-25-06-16-71. Plats 7-10 €.* Une de nos adresses préférées dans la région ! On est d'abord chaleureusement accueilli par Georgia et ses filles, sous la toiture toujours fraîche de son vaste resto. Puis quelle cuisine, on en salive encore ! Avec les produits de jardin, son huile d'olive (en vente) et sa feta maison, Georgia prépare des succulents légumes farcis et mitonne avec talent les porcs, les poulets et les agneaux élevés dans la ferme familiale. On en oublie la proximité de la route ! Jardin avec biquettes et toutes sortes de jeux pour occuper les bambins. Un excellent rapport qualité-prix !

Taverne Omorphi Limni (« Beau Lac ») **:** *au bord du lac, sur la droite. ☎ 28-25-06-16-65. Tte l'année. Plats 7-15 €.* Bonne adresse où se retrouvent les familles grecques en goguette, notamment le week-end, quand cette immense terrasse prend un air de cantine festive et populaire... heureusement bien aérée. Patron sympa et bonnes assiettes sans complication de copieuses grillades. Petite plage et transats à disposition.

Le village de Kournas : *continuer après le lac pdt 4 km sur la petite route goudronnée qui serpente à travers la montagne.* Au détour des ruelles, vous découvrirez quelques vieilles femmes occupées à broder sur le pas de leur porte. La balade jusqu'à l'église vaut le coup pour le panorama sur la vallée, un peu plus haut.

Terra Cotta : *sur la route principale traversant le village.* Une fabrique de céramiques alimentaires depuis 7 générations. Tout est fait main, et chaque membre de la famille a sa spécialité : poterie, design, peinture, vente, etc. Accueil jovial en français.

Argiroupoli (Αργυρουπολη) **:** *à env 12 km à l'est du village de Kournas en continuant dans la montagne (carte de Réthymnon et sa région). Accès également depuis la côte par Episkopi, sans passer par Kournas.* Un autre joli village (400 habitants), haut perché et très verdoyant (de nombreuses sources d'eau cristalline alimentent d'énormes citernes et actionnent des moulins en contrebas du village, à 1 km), situé sur les ruines d'une cité antique, Lappa, détruite par les Arabes. Dans une petite grotte parmi les cascades se trouve l'église d'*Agios Ioannis*. Se garer au parking et remarquer le clocher ciselé de l'église. Parmi les curiosités locales : l'une des plus belles mosaïques de Crète, faite de 7 000 pièces de six couleurs, un vieux platane de 2 000 ans disent certains, la nécropole d'Asi Gonia... Bref, un lieu qui ne manque pas de charme, même si les touristes sont désormais nombreux à faire le déplacement pour admirer les sources.

Arcus : *dans la rue principale (piétonne) du village. ☎ 28-31-20-02-01. • arcus.com.gr • Membre du réseau d'hébergements de charme* Guest Inn *(• guestinn.com •). Pour 2 ou 3 pers, selon saison et taille de la suite, env 80-145 € (env 130-200 € pour un appart).* Dans un coquet jardin avec piscine, 5 maisons en pierre, datant du XVe s, très joliment décorées et luxueusement aménagées (TV écran plat, lecteur DVD, cuisine parfaite, mais pas de micro-ondes), pouvant accueillir de 2 à 6 personnes, les plus grandes étant sur 2 niveaux. Celles qui sont à l'arrière offrent une meilleure intimité. Une étape de grand charme, paisible et élégante, où l'accueil est à la hauteur du cadre.

Taverna Ancient Lappa : *en arrivant dans le village, au niveau de la patte d'oie. ☎ 28-31-08-10-04. Tlj midi et soir mai-oct, le w-e slt hors saison. Plats env 6-8 €.* Petite adresse simple et rustique, à l'image de la cuisine traditionnelle, qui privilégie les recettes familiales de toujours. Rien de sophistiqué donc, mais du solide préparé avec les légumes, les moutons et les volailles du coin. Une étape agréable, en terrasse à l'ombre de l'olivier. Accueil très gentil.

LA RÉGION DE HANIA

• Carte *p. 198-199*

En continuant vers Hania à l'ouest, on longe une péninsule en forme de corne, tournée à la fois vers la mer et vers la montagne. Cette petite région d'Apokoronas abrite sur les hauteurs les jolis villages de Vamos, Kokkino Chorio, Drapanos, Sellia ou Kefalas, et des descentes brutales vers une mer sauvage. On y rencontre encore des artisans d'un autre temps. Une région où passer agréablement une journée, ou bien simplement séjourner, afin de profiter de Hania sans y passer la nuit.

VAMOS (ΒΑΜΟΣ) (73008) 700 hab.

Chef-lieu de la province d'Apokoronas et situé en plein centre de la presqu'île, le village de Vamos revit grâce à la volonté de ses habitants qui ont formé une société pour la reconstruction et la restauration du village, des rues et des maisons. Le vieux village est en montant à droite après l'église. Une excellente étape pour se ressourcer au calme et randonner dans les montagnes Blanches, mais sans autre attrait particulier.

➢ ***De/vers Hania :*** en hte saison, en principe 4 bus/j. en sem. Pas de liaison le w-e.

Adresse utile. Où dormir ?

■ ***Vamos Traditional Village :*** *accueil dans la rue qui monte depuis la* Taverne Sterna tou Bloumosifi. ☎ *28-25-02-21-90.* 📱 *69-39-98-39-58.* • *vamosvillage.gr* • *Tte l'année : lun-sam 10h-20h, et en été, dim 11h-14h.* Une agence qui fournit tous les renseignements et la doc nécessaires pour séjourner dans ce beau village réhabilité par un groupe de passionnés depuis 1995. Côté hébergement, elle gère une vingtaine de belles demeures reconverties (anciens pressoirs, ateliers, etc.) et meublées avec goût. *Compter 65-120 € pour 2 selon saison et type d'hébergement (les plus chers avec piscine, hammam...).*

CYTHÈRE, GYTHION
Île d'Agria Gramvoussa
Île de Gramvoussa
Plage de Balos
Presqu'île de Gramvoussa
Baie de Kissamos
Méniès
Agios Ioanis
Presqu'île de Rodopos
Baie
Afrata
Monastère de Gonia
Kolymvari
Rodopos
Koumouli
Ravdoucha
Malémé
Phalassarna
Kaliviani
Kissamos (Kastelli Kissamou)
E 65
90
Tavronitis
Spilia
Drakona
Sirili
Gérani
Kaloudiana
Kotsiana
Episkopi
Voukoliès
Koufos
Platanos
Voulgaro
Trialonia
Alikianos
Polyrrinia
Déliana
Skonizo
Kalathenès
Dérès
Topolia
Malathiros
Papadiana
Sfinari
Koutsomatados
Sasalos
Palia Roumata
Afrotolaki
E 4
Milia
Vlatos
Mihaliana
Nea Roumata
Kambos
Mili
Livadia
Kéfali
Élos
Strovlès
Omalos
Stomio
Moustakos
Plemeniana
Agia Irini
Épanochori
Monastère de Chryssoskalitissa
Kandanos
Tsiskiana
Chryssoskalitissa
Sarakina
Gorges d'Agia Irini
Voutas
Kakodiki
Téménia
Moni
Mont Gingilos 2 080
Rodovani
Azogirès
Île Élafonissi
Prodomi
Mont Pikilassos
Koundouras
Anydri
Lissos
Sougia
Tripiti
Paléochora
MER MÉDITERRANÉE
0 5 10 km

LE DÉPARTEMENT DE HANIA (La Canée)

Quasiment toutes avec clim. Propose aussi les locations de voitures et connaît bien les activités dans le coin. Organise également des petits événements culturels (expos), des cours de cuisine crétoise, la cueillette des oranges et des herbes sauvages, la fabrication du fromage, le pressage de l'huile d'olive et la distillation du raki et des balades dans les gorges de la région. Accueil charmant.

Où dormir dans les environs ?

Natalia's Houses : *à* **Douliana.** *☎ 28-25-02-33-56. 69-95-98-18-57. • nataliashouses.gr • Membre du réseau* Guest Inn. *• guestinn.com • À 3 km de Vamos sur la route de Kalyvès, tourner à droite en direction de Douliana (indiqué Ntouliana). Bien signalé ensuite. Avr-oct. Selon saison, apparts 2-3 pers 90-105 € et 4-6 pers 110-170 € (en principe, 7 nuits en hte saison et 3 nuits hors saison).* L'ensemble est charmant comme tout : 4 jolies maisonnettes, avec petites terrasses privées, disséminées dans une adorable courette pavée et arborée. Mezzanine, baldaquin et cheminée en pierre, pour les soirées fraîches, et aménagements confortables. Petit déj et repas sur commande, mais on peut aussi profiter de la cuisine extérieure pour préparer son frichti. Petite piscine. Accueil délicieux, attentif et francophone de la volubile Vasso qui tient aussi l'épicerie de village. Une excellente adresse.

Strofilia : *à la sortie de* **Sellia,** *à 4 km de Vamos, en contrebas de la route, sur la gauche. 69-46-50-30-76. Membre du réseau* Guest Inn. *• strofilia-villas.com • Tte l'année. Studio pour 2 pers env 70-80 € selon saison ; apparts et maison pour 3-5 pers env 100-140 €. Min 2-3 nuitées demandées.* Grande maison patiemment rénovée, avec respect des traditions (matériaux locaux, techniques de fabrication héritées), par Pandélis Sapounakis, un hôte on ne peut plus sympathique et accueillant. Les ailes de cette superbe bâtisse historique (celle de sa famille) ont été aménagées avec goût et tout le confort indispensable : pierres apparentes, mobilier en bois, équipement électroménager complet et fraîcheur naturelle. La plus belle chambre dispose même d'une mezzanine et d'une terrasse. Tout est fait pour profiter de la tranquillité, jusqu'à l'excellent petit déjeuner que l'on déguste sans hâte. Une adresse formidable, dans une région qui mérite d'être explorée.

Où manger ?

Taverne Sterna tou Bloumosifi : *dans la partie basse du village, à l'intersection de la route pour Kefalas. Env 15 €.* Un resto convivial installé dans une charmante maison de caractère, flanquée d'une terrasse ombragée d'un arbre majestueux (avec le son des cigales en stéréo d'une puissance étonnante !). On y déguste une bonne cuisine traditionnelle au feu de bois. Spécialités crétoises, pâtes maison, *koukouvagia* (sorte de pain garni), yaourt au miel et aux noix ou aux fruits... L'une des adresses préférées des locaux.

À voir. À faire dans les environs

– ***Les ateliers de brodeuses*** à **Gavalohori** *(6 km au nord-est de Vamos ; horaires très aléatoires).* Profiter de l'occasion pour visiter le petit ***Musée ethnographique*** *(lun-ven 9h-20h, sam 9h-19h et dim 11h-18h ; entrée : 2 €)* dans une belle maison crétoise à arcades : vie traditionnelle au pays d'Apokoronas, travail de la soie et de la poterie, sculpture sur bois, documents et armes datant des révoltes crétoises.

– Un ***souffleur de verre*** à ***Kokkino Chorio.*** Très mal indiqué. Il se trouve à 100 m du cimetière, sur la route de Drapanos. Ses prix sont assez élevés, mais c'est du made in Crete, garanti.

➢ De Sellia, la route mène à ***Kéfalas,*** village tranquille qu'une route étroite traverse en longueur. Peu après la sortie du village, ne pas hésiter à descendre vers ***Ombrosgialos,*** une crique sans plage, mais avec des accès à la mer. Falaises abruptes au loin, eaux d'un bleu profond, décor de bout du monde.

KALYVÈS (ΚΑΛΥΒΕΣ) (73003) 1 300 hab.

À 6 km de Vamos et à une quinzaine à l'est de Hania, donnant sur la baie de Kalivion (Ormos Kalivion), gros village du bord de mer environné par de nombreux hôtels et lotissements. Un petit canal aboutit à une longue plage étroite, bordée par des terrasses de restos. On peut voir aussi de vieux bateaux. Rien de très passionnant, mais il y a quelques jolis coins de plage à l'ombre des tamaris, de nombreuses chambres à louer et surtout un lieu à visiter assez étonnant sur les hauteurs.

➢ ***De/vers Hania :*** en saison, 8 bus/j. tlj.

Où dormir ?

☗ ***Christi Apartments :*** *à l'entrée ouest du village, sur la gauche. ☎ 28-25-03-10-10. ● christi.gr ● Tte l'année. Doubles env 40-62 € (plus 7 €/pers sup).* Une douzaine de chambres de bonne taille et fonctionnelles (kitchenette, salle de bains, coffre-fort, etc.), sans trop de charme mais d'une propreté immaculée avec 2, 3 ou 4 lits en fonction des besoins. Et, surtout, elles possèdent toutes un balcon donnant directement sur la mer, particulièrement belle à cet endroit. Une bonne adresse, sans doute un peu bruyante en journée à cause du passage sur la route, mais rien de trop méchant. Accueil très sympa.

Où manger ? Où boire un verre ? Où manger une glace ?

|●| ***Taverna Koumos :*** *à env 2 km ; à l'entrée ouest du village, prendre la petite route à l'angle du supermarché* Inka, *passer sous la voie express et suivre les indications. ☎ 28-25-03-22-56 ou 57. Plats 7-10 €.* Menu court mais bien choisi, et ça reste très raisonnable pour la qualité de l'endroit. D'ailleurs, ne vous attendez pas à un resto traditionnel mais à un lieu hors norme, voire délirant, totalement sorti de l'imagination de Yorgos. Grand amoureux des pierres, il a bâti de ses mains ce petit musée vivant, fruit de 10 années de travail, comme un vrai Facteur Cheval local ! Ne manquez pas l'« église » à l'entrée du resto et le *koumos,* un petit abri de bergers qui a donné son nom au resto. À voir, ne serait-ce que pour y prendre un verre (conso obligatoire, d'ailleurs). La vue au milieu des champs d'oliviers est vraiment splendide. Attention, les soirs de week-end, la population locale investit les lieux.

|●| ***Taverna Kritiko :*** *au centre du village, dans la rue principale. ☎ 28-25-03-10-96. Plats 8-20 €.* Une adresse qui ménage ses effets ! Car de la rue on ne devine pas le jardin charmant et la terrasse face à la mer, au calme. Superbe ! Mais la meilleure surprise, c'est la cuisine. Ici, mêmes des plats simples et

classiques comme la salade grecque, les pâtes ou la moussaka ont un petit quelque chose en plus. Un régal.

Taverne Provlita : *vers l'ouest de la station, sur la route en front de mer. ☎ 28-25-03-18-35. Plats env 7-25 €.* De l'autre côté de la rue du front de mer, une terrasse léchée par les vagues et une cuisine familiale assez réussie. Nombreuses spécialités crétoises à base de lapin ou d'escargots. Service décontracté et sympathique. C'est les vacances, quoi !

Bar Kymata : *à l'entrée ouest du village, côté mer.* Cocktails et glaces les pieds dans l'eau, au sens propre. Une petite plage de sable aux allures tropicales, ombragée qui plus est.

Où manger dans la montagne ?

Taverne Aetofolia (*le nid d'aigle*) **:** *dans les montagnes Blanches, un peu en dehors du village de* ***Samonas,*** *accessible depuis Kalivès, en passant par Neochorio et à Ramni, où on tourne à droite direction Kyriakoselia. ☎ 28-25-04-15-27. Repas 15-20 €.* Vue époustouflante sur la région : le panorama embrasse la côte de Hania à la pointe de Drapano. Cadre simple à l'architecture traditionnelle noyé sous les fleurs. Cuisine crétoise sans prétention mais pur jus, à prix raisonnables et en portions généreuses, à base de produits locaux : agneau sauté, escargots grillés au romarin, tripes au citron, chevreau au four à bois. Le pain est fait maison et les desserts dignes d'éloges. Accueil chaleureux et attentif.

HANIA (LA CANÉE ; XANIA) (73100) 53 900 hab.

• Plan d'ensemble (plan I) *p. 205* • Plan du centre-ville (plan II) *p. 206-207*

À l'inverse de Héraklion la frénétique, moderne et bétonnée, Hania (prononcer presque « Rania », en utilisant un équivalent de la « jota » espagnole) peut se targuer d'être la plus belle ville crétoise, distillant dans ses vieux quartiers autrefois entourés de remparts un charme indéniable. Si elle a perdu en 1971 son statut de capitale de l'île, elle demeure incontournable pour son intérêt architectural et humain. Les traces de la période vénitienne y sont nombreuses, tout comme les monuments et les maisons hérités de la présence turque : l'harmonieuse courbe et la palette colorée de son port vénitien avec son phare du XVe s constituent le meilleur exemple de ce double héritage. Aujourd'hui, son charme résiste tant bien que mal à l'affluence touristique dans certaines rues où les bars succèdent aux tavernes, et les boutiques de souvenirs aux *fish spas,* en attendant la prochaine mode... Heureusement, on peut encore trouver, à quelques pas des artères saturées, d'adorables ruelles vivant au rythme de ses habitants et de nombreux métiers et boutiques anciens, comme le quartier de Splanzia derrière le port et les arsenaux vénitiens, toujours intact et très évocateur de l'atmosphère d'antan. Choisissez bien vos heures pour vous balader, et gare aux courants d'air dans les rues marchandes, la clim marche à plein régime !

UN PEU D'HISTOIRE

Ici s'élevait *Kydonia,* l'une des plus puissantes villes minoennes. Des fouilles récentes ont permis de dégager des vestiges significatifs de cette période. Ensuite se succédèrent les Romains, ensuite les Byzantins, les Arabes et à nouveau les

Byzantins qui renforcèrent la cité pour empêcher sa reconquête. Au XIIIe s, à la suite des croisades, les Vénitiens agrandirent la ville en l'appelant La Canea (nom adapté librement de l'arabe). Elle prospéra et se couvrit de belles demeures et petits palais entourés de solides remparts. En 1537, le célèbre corsaire Barberousse ne réussit pas à s'en emparer. En 1645, La Canée tomba aux mains des Turcs (et prit comme nom Hania, signifiant « caravansérail » en turc).

Fin de l'ère vénitienne et déclin de la ville. Beaucoup d'églises grecques et latines furent, à cette époque, converties en mosquées. Au XIXe s, La Canée était néanmoins la capitale commerciale et administrative de l'île, et les consuls étrangers y résidaient. Alors que le reste de la Grèce se libérait du joug ottoman, la révolte gronda puis s'organisa à l'est de Hania avec Elefthérios Vénizélos, avocat à La Canée devenu député à la suite de la création d'un parlement crétois. À la fin du XIXe s, les troupes des grandes puissances (France, Grande-Bretagne, Italie et Russie), concernées par différents intérêts, s'interposèrent à Akrotiri et Souda entre cette résistance crétoise et les troupes turques ; s'ensuivit tout de même la signature en 1898 d'un premier statut d'autonomie jusqu'à l'indépendance. Lors de la Seconde Guerre mondiale, Hania fut cruellement bombardée, et une grande partie des vieux quartiers détruite. Heureusement, une rénovation intelligente redonna tout son lustre au port vénitien. Tout autour, c'est resté en l'état. Cela donne des quartiers de bric et de broc, qui n'ont donc jamais subi de restauration sauvage, et qui conservent ainsi un adorable cachet nostalgique.

QUAND LE PACHA PERDIT LA TÊTE

La première ville crétoise à tomber quand l'armée ottomane s'attaqua à la Crète fut Hania. Elle se rendit en août 1645 au bout de 56 jours de siège, mais une contre-attaque vénitienne, même si elle fut infructueuse, coûta la vie à 40 000 Turcs. Le commandant de l'armée ottomane, Youssouf Pacha, fut alors rappelé à Istanbul, et sa tête alla orner une des niches prévues à cet effet : bien que victorieux, il avait perdu trop d'hommes et avait donc contrarié le sultan...

Arriver – Quitter

En bus

Gare routière *(plan I, A2) : à l'angle des rues Kydonias et Kelaidi.* ☎ *28-21-09-30-52.* • *e-ktel.com* • Petit guichet extérieur avec horaires des bus gratuits. Consigne *(tlj 6h-21h env).* Attention, horaires et fréquences sont très variables d'une année à l'autre. Et noter qu'en hiver il y a nettement moins de bus, notamment en direction des villages de montagne. Cafétéria (climatisée) sur place.

➢ ***Pour Omalos (gorges de Samaria) :*** 3 bus/j. en plein été, à 6h15, 7h45, 8h45. Durée : env 45 mn. Retour immédiat. Ces bus permettent d'arriver assez tôt pour pouvoir faire la rando (en principe, ils vont directement à *Xyloskalo,* le point de départ de la randonnée), rejoindre Agia Rouméli avant 17h30 (en fin de randonnée) pour prendre le bateau rentrant soit sur Chora Sfakion ou soit sur Sougia et, là, le bus rentrant sur Hania (ils attendent l'arrivée du bateau). Attention, moins de bus en basse saison. Et on n'est jamais sûr de trouver de la place à bord.

➢ ***De/vers Réthymnon et Héraklion :*** env ttes les heures en hte saison (parfois plus), 5h15-22h45.

➢ ***De/vers Kolymvari (via les villages côtiers : Stalos, Agia Marina, Platanias, Gerani, etc.) :*** ttes les 30 mn ou ttes les heures jusqu'à tard. Arrêt dans ts les villages.

➢ ***De/vers Kastelli :*** ttes les 1h-1h30 jusqu'à 23h env.

➢ ***De/vers Kalyvès :*** 8 bus/j.

➢ ***De/vers Chora Sfakion :*** 5 bus/j. en été, moins hors saison.
➢ ***De/vers Sougia :*** 4 bus/j. en été, en principe (attention, horaires différents le w-e).
➢ ***De/vers Paléochora :*** 6 bus/j., mais 5 au retour.
➢ ***De/vers Phalassarna :*** 8 bus/j., dernier retour à 21h.
➢ ***Pour Élafonissi :*** 1 bus/j. en saison à 9h, retour à 16h.
➢ ***De/vers Stavros (presqu'île d'Akrotiri) :*** 8 bus/j. Retour 40 mn plus tard.
➢ ***De/vers Sternès (presqu'île d'Akrotiri) :*** 5 bus/j. ; 3 bus slt le sam et aucun le dim.
➢ ***De/vers Vamos :*** 4 bus/j. en sem (pas de liaison le w-e).

En bateau

Le port maritime se trouve à ***Souda*** *(Σουδα)*, à 6 km à l'est de Hania. Liaison directe avec Le Pirée. Donc prévoir de repartir vers le continent à partir d'Héraklion si l'on veut s'arrêter pour musarder dans quelques îles des Cyclades. Noter que les bateaux sont souvent pleins en été. Réserver à l'avance.

➢ ***Anek Lines :*** *achat des billets dans ttes les agences, ou au port de Souda.* ☎ *28-21-08-00-50.* • *anek.gr* • Départ tlj vers 21h (vérifier, ça peut changer). En principe, bateau supplémentaire 1-3 fois/sem en juil-août (départ le mat). *Prix du billet (classe économique) : env 38-45 €. Env 10-20 % de remise si le retour est acheté en même temps que l'aller.* De Hania, un bus vous conduit directement à l'embarcadère ; il part en face du marché couvert ttes les 15-20 mn. Durée : 20 mn.

➢ ***Comment accéder au port en voiture ?*** Pas très facile. On conseille l'itinéraire suivant : sur le périphérique, prendre la sortie indiquée pour Omalos (quand on vient d'Héraklion ou de Réthymnon, c'est la 3e sortie). Poursuivre à droite sur env 1 km jusqu'au feu, tourner alors à droite ; au 3e feu, tourner à gauche, puis tt droit, et l'on arrive à proximité du port au pied des remparts ouest *(plan I, A1)*. Attention, inutile de chercher des panneaux directionnels pour vous guider, il n'y en a quasiment pas ! Si vous n'optez pas pour l'accès décrit ci-avant (par l'ouest), vous arriverez par l'est : essayez de ne pas aller au-delà du jardin public *(plan I, B2)*, car après, la circulation est vraiment impossible.

En avion

✈ ***Aéroport international*** *(hors plan I par B2)* **:** *sur la presqu'île d'Akrotiri, à une quinzaine de km à l'est de la ville.* ☎ *28-21-08-38-00.* • *chania-airport.com* • Pour s'y rendre (en hte saison), bus ttes les heures env (5h-22h30). Retour env 1h plus tard. Sinon, reste le taxi. Compter 15-20 € la course (ils sont équipés de compteurs). Liaisons régulières tte l'année avec Athènes et Thessalonique assurées principalement par *Olympic Air* et *Aegean Airlines.* En saison estivale, l'Europe est très bien desservie également, notamment Paris avec *Transavia* ou Marseille avec *Ryan Air.*

En voiture

– ***Avertissement :*** on vous conseille de la garer et de ne pas l'utiliser dans Hania même, puisque tout se fait aisément à pied. Si vous vous garez sur un emplacement payant, cherchez bien les horodateurs (pas très visibles).

Adresses utiles

Infos touristiques

🛈 ***Tourist Information Office*** *(plan I, A2)* **:** *53, odos Mylonogiani.* ☎ *28-21-34-16-65.* • *chaniatourism.com* • *Au coin de Mylonogiani et Kydonias, à 3 rues de la gare des bus. Lun-ven 8h30-14h30, fermé le w-e.* Personnel compétent, mais sans beaucoup de brochures à distribuer.

Représentation diplomatique

■ ***Agence consulaire de France*** *(plan I, A2, **12**)* **:** *Mme Katerina Kastrinaki-Gelasaki, 14, platia 1866, à droite de l'hôtel* Arkadi. 📱 *69-44-44-47-57.* • *kastrinaki.k@stc.gr* •

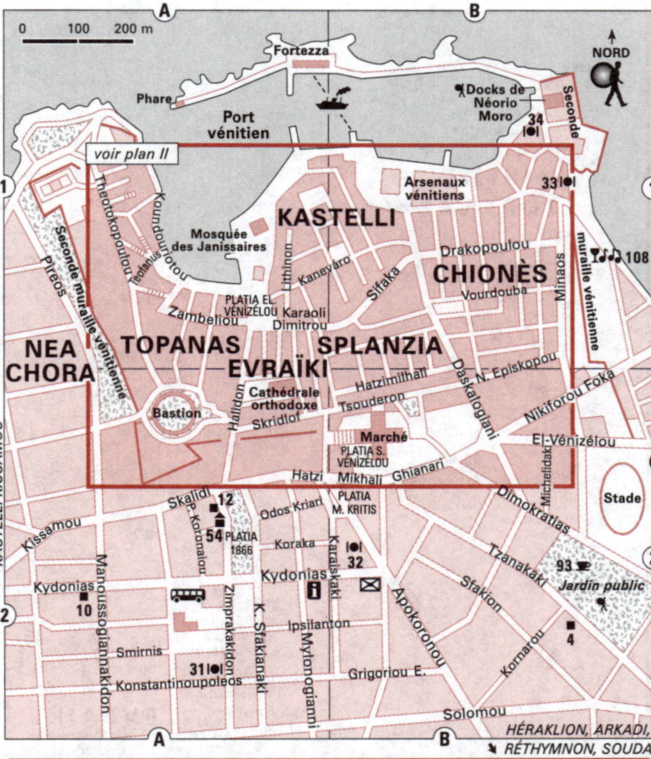

HANIA (La Canée) – Ensemble (Plan I)

■ **Adresses utiles**

- ℹ Tourist Information Office
- **4** Club alpin (EOS)
- **10** City Rent-a-Car
- **12** Agence consulaire de France

Où dormir ?

- **54** Arkadi Hotel

Où manger ?

- **31** Bakaliarakia
- **32** Bougatsa Iordanis
- **33** To Stachi
- **34** Glossitsès

Où boire un café ou un thé ?

- **93** Kipos

Où boire un verre ? Où sortir ?

- **108** Mikro Café

Services

✉ ***Poste centrale*** *(plan I, B2)* **:** *10, odos Peridou. Lun-ven 7h30-20h30.*

■ ***Distributeurs de billets :*** quasiment dans toutes les banques, nombreuses sur l'odos Halidon *(plan II, A2).*

■ ***Change et transfert d'argent :*** pour nos amis suisses et canadiens, le change est évidemment pratiqué dans les banques, mais aussi dans de nombreuses petites agences (c'est affiché). Citons ***Kapa Change*** *(plan II, A1,* ***3*** *; 6, pl. E. Vénizélou ; très bien située).* Représente aussi *Western Union* pour les transferts rapides d'argent liquide.

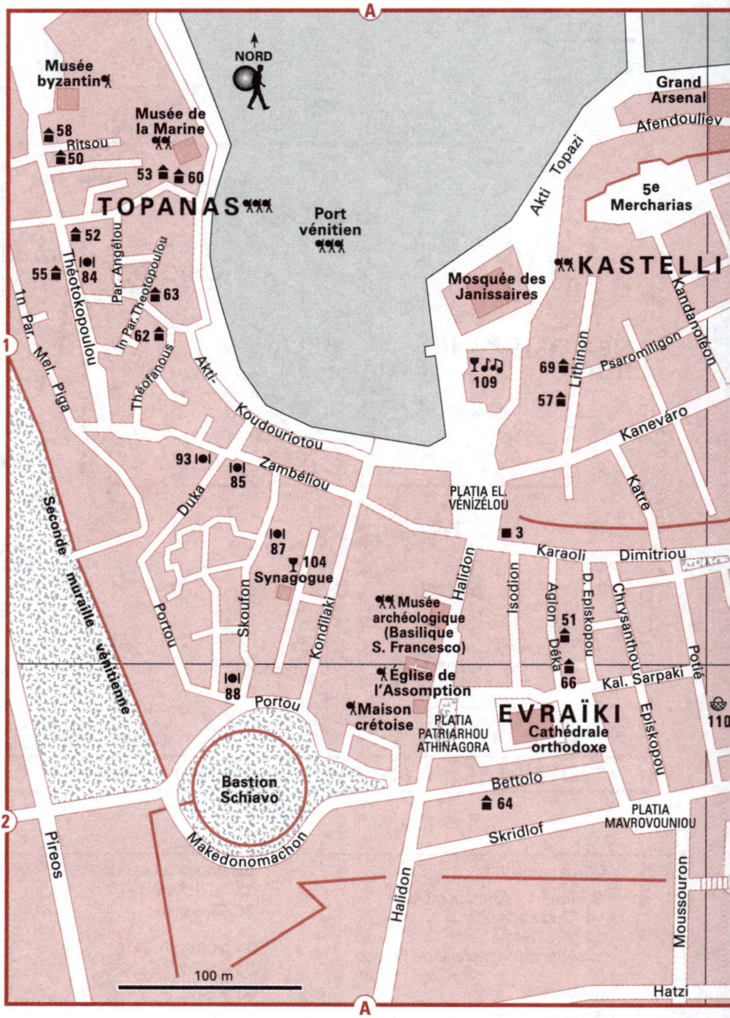

■ **Adresses utiles**

3 Kapa Change
6 Blue Adventure Diving (club de plongée)

Où dormir ?

50 Nora Pension
51 Hanim Lounge & Studios
52 La Casa del Amore
53 Pension Thérésa
55 Casa di Pietra Hotel
57 Erato Studios
58 Kalliopi
60 Alcanea Hotel
61 Ionas Boutique Hotel
62 Contessa Hotel
63 Amphora Hotel
64 Pension Mme Bassia
66 Vranas Studios
67 Kasteli Studios
68 Splanzia Boutique Hotel
69 Pandora Suites

Où manger ?

80 Chalkina
81 To Maridaki
82 To Pigadhi tou Tourkou (The Well of the Turk)

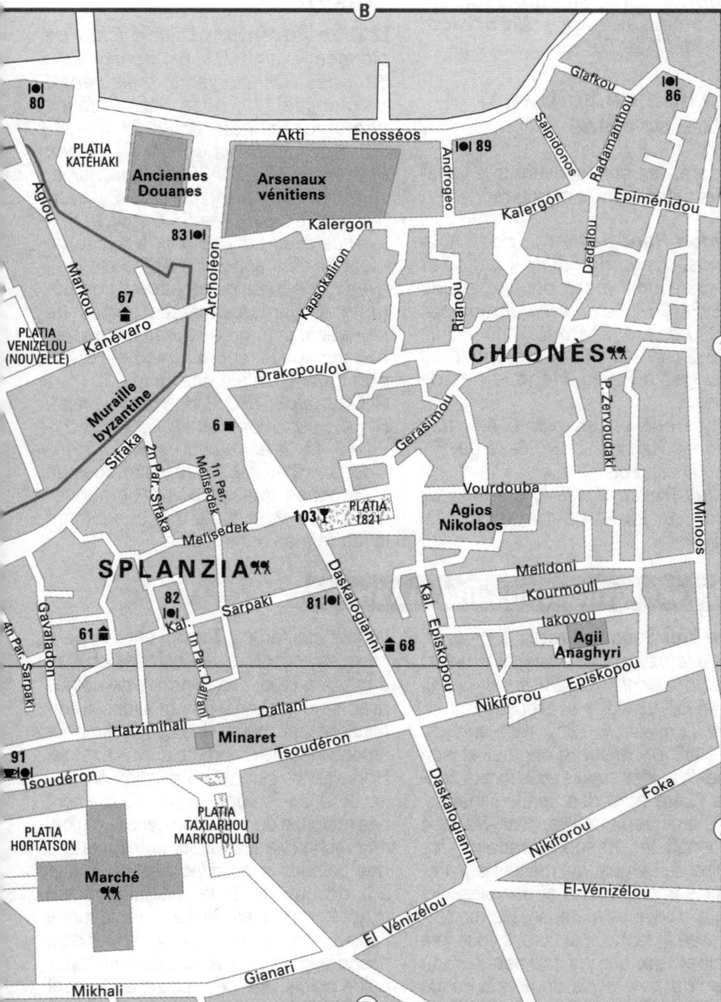

HANIA (La Canée) – Centre-ville (Plan II)

83 Faka
84 O Kormoranos
85 Tamam
86 Chrisostomos
87 Semiramis
88 To Mikio
89 Salis
93 Taverna Enetiko

Où boire un café ou un thé ? Où manger de bonnes pâtisseries ?

91 Tsédakis

Où boire un verre ? Où sortir ?

103 Platanos
104 Sinagogi Bar
109 Aroma et Klik

Achats

110 Magasin d'échecs de Mme Diamantopoulos

Hôpital : *à 3 km au sud, sur la commune de* ***Mourniès.*** *☎ 28-21-02-20-00.*

Location de voitures, motos et vélos

Comparez les prix, souvent très variables, et faites jouer la concurrence.

■ ***Kydon Rent-a-Car :*** *2, odos Anapafséos, perpendiculaire à l'odos Zimprakakidon (hors plan I par B2). ☎ 28-21-09-37-76. • kydonrentacar.gr • Bureau à l'aéroport de Hania (☎ 28-21-06-64-00).* Correspondant de *Budget* à Hania. Ne loue pas de 2-roues.

■ ***City Rent-a-Car*** *(plan I, A2,* ***10****) :* *103, odos Kydonias. ☎ 28-21-09-27-78. • city-rentacar.com •*

■ ***Tellus Travel*** *(plan II, A2) :* *108, odos Halidon. ☎ 28-21-09-15-00. • tellustravel.gr •*

Loisirs

■ ***Blue Adventure Diving*** *(club de plongée ; plan II, B1,* ***6****) :* *boutique au 69, odos Daskalogianni, mais centre de plongée 114, odos Selinou (dans l'hôtel* Christina*). ☎ 28-21-04-04-03. • divingchania.com • Tlj sf dim 9h-14h et 18h-20h30 (sf lun, mer et sam). Sortie snorkelling 40 € ; baptême 85 € ; plongée 55 € (ou 90 € la journée avec 2 plongées).* Un club de plongée très sérieux (PADI 5 étoiles), avec une équipe de moniteurs compétents. Organise diverses sortes de plongées. Leur gros bateau est en très bon état, on le repère facilement sur le port (quand il n'est pas en mer !).

■ ***Club alpin (EOS) de Hania*** *(plan I, B2,* ***4****) :* *90, odos Tzanakaki. ☎ 28-21-04-46-47. • eoshanion.gr • En principe, ouv 21h-23h.* Gère les refuges de montagnes (massif des Montagnes-Blanches). Pour toute info concernant la randonnée dans le coin.

Adresse utile dans les environs

■ ***See You Soon in Crete :*** *à* ***Vryssès,*** *près de la mairie, à une vingtaine de km à l'est de Hania. ☎ 28-25-04-18-90. 📱 69-45-55-08-95. • seeyousoontravel.com • Lun-ven 9h-18h ; sam sur rdv.* Jean-Philippe (belge d'origine) et son équipe de guides crétois vous font découvrir la Crète hors des sentiers battus. Tombé amoureux de l'île, Jean-Philippe en connaît les moindres recoins, les chemins de bergers qui mènent aux fromageries traditionnelles et aux pressoirs à l'huile d'olive savoureuse, les rendez-vous avec la faune et la flore. Il vous fera participer aux grands moments traditionnels de la vie locale, comme la Pâque orthodoxe, la fête des Fleurs, les *panigyria* (fêtes de village), les cueillettes... Possibilité de cours de cuisine crétoise. Sur des chemins vierges de touristes, tout est prétexte à des rencontres qui ne laissent jamais indifférent. Toute l'année, pour groupes et individuels, balades en 4x4, à moto, à pied, programmes combinés avec séjours dans des maisons traditionnelles, et même des City Treks pour arpenter les villes comme un vrai Crétois. Hors saison, semaine d'initiation à la vie locale. Jean-Philippe propose également des marches de 1 journée dans la région, à la recherche d'endroits authentiques ; des balades sans difficultés pour aller à la découverte de la splendide région d'Apokoronou et de sa population à l'accueil légendaire. Les randonnées sont accompagnées ou se font avec un topoguide précis. Jean-Philippe a également développé des topoguides sur les montagnes Blanches, la région de Kastelli-Kissamos, Matala et les Cyclades. Attention, ne pas s'y prendre à la dernière minute pour réserver, les plannings sont chargés !

Où dormir ?

Camping

Camping Hania : ***Agii Apostoli,*** *à 5 km à l'ouest de Hania, indiqué sur la route de Kastelli (mais mieux vaut être vigilant). Bus n° 21 direction Kalamaki Beach, depuis la place 1866. ☎ 28-21-03-11-38. • camping-chania.gr • Avr-oct. Forfait pour 2 env 22 € (slt*

18 € si on se gare à l'extérieur). Loc de tente équipée env 25 €. Bungalows avec kitchenette pour 4 pers env 40-50 €. Vaste complexe, sympa, ombragé mais surpeuplé en haute saison. Sanitaires vieillots mais plutôt bien entretenus. Épicerie, restaurant self-service, bar, laverie, dancing et piscine. Plusieurs plages de sable à proximité.

Dans le quartier de Topanas

C'est celui qui s'étend à l'ouest du port et qui possède le plus de charme. Beaucoup d'anciennes maisons vénitiennes. Grosse concentration de pensions et hôtels souvent complets, mais généralement très bien situés.

Prix moyens

Nora Pension *(plan II, A1,* ***50****) : 60, odos Théotokopoulou. ☎ 28-21-07-22-65. 69-32-37-20-68. • pension-nora.com • Tte l'année. Doubles env 35-50 €. CB refusées.* Dans une vieille maison joliment restaurée, une poignée de petites chambres hautes de plafond, bien mignonnes, avec parquet et tapis crétois. Toutes avec salle de bains (minuscule) et AC, certaines avec kitchenette. Pas de petit déjeuner mais petite cuisine de base à disposition (café ou thé fourni). Adresse non dénuée de charme, où l'accueil est fort sympathique.

La Casa del Amore *(plan II, A1,* ***52****) : 52, odos Théotokopoulou. ☎ 28-21-06-48-95. 69-77-06-59-93. • casadelamore.net • Appeler (pas de réception). Doubles 40-50 € avec AC.* La « Maison de l'Amour » ne manque pas d'attraits avec ses 6 petites chambres toutes simples, mais différentes les unes des autres, et son petit escalier étroit pour y accéder. Dans certaines, les lits sont en mezzanine, et toutes sont équipées d'un frigo et d'un balcon. Bien situé et accueil aimable.

De prix moyens à chic

Pension Thérésa *(plan II, A1,* ***53****) : 8, odos Angélou. ☎ 28-21-09-27-98. 69-79-63-08-33. • pensiontheresa.gr • S'il n'y a personne, s'adresser au café en bas. Tte l'année. Doubles env 50-70 € selon taille.* Vieille maison turque tout en bois, donnant sur le port vénitien. Un charme fou ! Accès par un escalier un peu raide, qui dessert 8 chambres sur 2 étages, toutes différentes, toutes avec salle de bains. Au choix : baldaquin, mezzanine, plafonds peints, parquets, balcon avec panorama superbe sur le port, coin cuisine installé dans une ancienne cheminée, ambiance monacale, etc. Demander à en voir plusieurs, elles sont sympas dans l'ensemble mais inégales. Réfrigérateur collectif, évier, réchauds sur la terrasse aménagée où l'on peut manger en dominant une partie de la ville. Une maison en annexe a été aménagée dans une impasse proche, avec 3 chambres, toutes avec leur propre salle de douche, dans le même esprit. Terrasse pour bronzer. Idéal pour grandes familles ou groupes d'amis. Une adresse conviviale.

Casa di Pietra Hotel *(plan II, A1,* ***55****) : 37, odos Théotokopoulou. ☎ 28-21-08-85-41. 69-78-03-95-74. • casadipietra.gr • Doubles env 45-65 € selon saison.* Dans une maison ancienne, un bel escalier en bois mène aux 4 chambres, vraiment plaisantes et spacieuses, avec leurs pierres apparentes. Elles ont toutes l'AC, un frigo, la télé, une salle de bains impeccable et un balcon. Accueil attentionné de Lulla et de Joseph, vigneron à ses heures. Les amateurs pourront même goûter sa production ! Une adresse bien sympathique et idéalement située.

Kalliopi *(plan II, A1,* ***58****) : 62, odos Théotokopoulou. ☎ 28-21-08-78-67. 69-72-42-56-55. • kalliopi-chania.gr • Avr-oct. Résa recommandée. Env 50-65 € selon saison. CB refusées.* Dans une belle et ancienne maison turque en bois, 5 chambres sobres et pas bien grandes, mais agréables, certaines avec vue sur la mer. Toutes disposent de l'AC, d'un frigo, TV et petite salle de bains nickel. Lits en fer forgé. Thé, café et gâteau fait maison à disposition. Terrasse sur le toit. Une petite adresse à la fois simple, calme, parfaitement placée, et tenue par un hôte souriant.

Contessa Hotel *(plan II, A1,* ***62****) : 15, odos Théofanous. ☎ 28-21-09-85-66. 69-73-97-41-71. Doubles* *env 50-60 €, avec petit déj.* Vieux bâtiment vénitien, bien conservé dans son jus. Les chambres aussi ! Ce qui signifie que l'ensemble a du cachet, mais reste vieillot : meubles anciens, salles de bains rustiques, TV vintage. Joli hall voûté qui a su respecter le style crétois traditionnel. Nos chambres préférées ont 5 fenêtres, 3 lits et une belle vue sur le port.

De chic à très chic

Alcanea Hotel (plan II, A1, **60**) : *2, odos Aggelou. ☎ 28-21-07-53-70. 69-51-68-96-99. • ariahotels.gr • Doubles 75-260 € selon confort et saison.* Cet adorable boutique-hôtel, idéalement situé à l'entrée du vieux port, est installé dans une magnifique demeure de l'époque vénitienne... qui accueillit le bureau d'Elefthérios Vénizélos pendant 24 ans. Historique ! Rénové du sol au plafond, l'édifice a conservé tout son charme d'antan (plancher, escalier, cheminées...) et offre 8 chambres de très bon confort, certaines avec balcon et vue (attention, la moins chère donne sur un mur). Décoration raffinée, avec quelques touches de modernité, comme les salles de bains résolument design. Patio à l'arrière destiné aux hôtes qui ne disposent pas d'un balcon. Quelques tables au bar dans la rue pour le petit déj ou un café à toute heure en profitant du spectacle du port. Quant à l'accueil, relax, il est tout simplement charmant. Encore un coup de cœur !

Amphora Hotel (plan II, A1, **63**) : *2, parodos Théotokopoulou 20. ☎ 28-21-09-32-24. • amphora.gr • Doubles 75-130 € selon taille, vue et saison ; suites 90-150 €.* On le reconnaît à ses volets bleus. Ancienne demeure d'époque vénitienne revisitée par les Turcs et restaurée en respectant le style originel. De plus, joliment meublée avec superbes parquets et boiseries, plafonds peints. La terrasse commune offre une vue imprenable sur le port. Certaines chambres à l'étage sont très spacieuses et profitent d'une belle vue dégagée. Petit bémol pour les salles de bains, plutôt modestes. Au rez-de-chaussée, autour de la petite cour, se trouvent les chambres les moins chères. Excellent accueil, ambiance décontractée. Une bonne adresse, à condition d'être conscient que les restos sur le quai génèrent pas mal d'animation !

Dans les quartiers de Kastelli, Splanzia et Evraïki

Ce sont les quartiers à l'est du port et de l'odos Halidon. Très bien pour dormir, un peu à l'écart de l'agitation du port. Et c'est là qu'on trouve encore le plus d'adresses aux tarifs abordables.

De bon marché à prix moyens

Pension Mme Bassia (plan II, A2, **64**) : *45-51, odos Bettolo. ☎ 28-21-50-27-50. • mmebassia.gr • Doubles 35-60 €.* Le nom du lieu est bien connu des routards. Si la vieille pension a reçu un petit coup de jeune avec un effort de déco, une salle de bains et la clim dans chacune des chambres, l'ensemble a quand même gardé un côté vintage vraiment désuet. Certaines ont un balcon sur rue (un peu bruyante) et celles du haut bénéficient d'une petite terrasse commune. Les plus économiques ont les toilettes sur le palier. Cuisine à disposition, ainsi que café ou thé à toute heure de la journée. Du bon et du moins bon donc : bien pour une courte étape.

Dans l'odos Bettolo, nombreuses autres ***pensions,*** mais attention aux homonymies...

De prix moyens à chic

Hanim Lounge & Studios (plan II, A1, **51**) : *19, odos Agion Déka. ☎ 28-21-00-88-99. • chaniastudios.com • Dans une petite rue tranquille, derrière la cathédrale. Tte l'année. Doubles 50-80 € selon saison, studio env 100 €.* Petite structure centrale comprenant 7 chambres (dont 2 avec balcon) et un grand studio pour 4, répartis sur les 3 étages. Déco sobre et élégante, bon confort général (toutes, sauf le studio, sont dotées d'une kitchenette). Belle vue depuis les chambres plus élevées... et surtout depuis la super terrasse commune sur le toit ! Mais le plus inattendu, c'est le petit déj crétois garanti bio, particulièrement soigné. Excellent accueil.

Vranas Studios *(plan II, A1-2, **66**) : pl. Mitropoléos. ☎ 28-21-05-86-18. • vranas.gr • À l'angle de Agion Déka et de Kallinikou Sarpaki. Tte l'année. Doubles 40-80 € selon saison.* Hôtel agréable dans un quartier piéton qui a son charme si on apprécie l'animation. Chambres spacieuses et modernes, bien aménagées, avec douche ou baignoire, coin cuisine, AC et balcon pour certaines. Rapport qualité-prix avantageux et accueil sympathique.

Erato Studios *(plan II, A1, **57**) : 17, odos Lithinon. ☎ 28-21-04-55-11. 📱 69-77-44-46-65. • eratostudios@gmail.com • Mars-oct. Doubles 50-70 € selon saison (ajouter 5 € pour avoir vue sur mer), quadruples 85-100 €.* Grande maison jouxtant le port, entièrement rénovée. Ne cherchez donc pas les poutres anciennes, elles ont disparu ! En revanche, les 5 studios sont spacieux, disposent d'une belle hauteur sous plafond (mezzanine pour certains) et donnent sur des balcons pour 3 d'entre eux. Sinon, la terrasse commune est impeccable pour surveiller l'activité du port. Bon confort (clim, salle de bains propre...) et accueil souriant.

Kasteli Studios *(plan II, B1, **67**) : 39, odos Kanévaro. ☎ 28-21-05-70-57. • pensionkasteli.gr • De mi-mars à nov. Doubles 50-70 €, AC inclus ; studios pour 2 pers 60-100 € (2 à 3 nuits min). Parking privé gratuit (ce qui n'est pas si fréquent !).* Bâtiment moderne sans charme particulier, proposant des chambres classiques, simples et pas bien grandes, mais d'une propreté immaculée, toutes avec douche, w-c et balcon, ainsi que des studios équipés d'une kitchenette. L'une d'elles possède une courette avec vue sur quelques ruines. Loue aussi des appartements dans d'adorables maisons, à deux pas, avec mobilier familial ancien et confort récent. Pour chacun, 2 ou 3 chambres, cuisine entièrement équipée, AC et TV. Le sympathique patron n'est pas avare de bons conseils.

De plus chic à très chic

Ionas Boutique Hotel *(plan II, B1, **61**) : à l'angle de Sarpaki et Sorvolou. ☎ 28-21-05-50-90. • ionashotel.com • Doubles env 90-150 € selon taille et saison, avec petit déj.* Bien cachée dans une ruelle discrète pleine de cachet, cette belle demeure en encorbellement est l'adresse de charme par excellence : seulement 9 chambres et suites pour préserver l'intimité des hôtes, une déco soignée, et des équipements au top (il y a même un ascenseur !). Très relax, à l'image des transats alignés sur la terrasse ombragée à l'étage. Accueil très sympathique.

Splanzia Boutique Hotel *(plan II, B1, **68**) : 20, odos Daskalogianni. ☎ 28-21-04-53-13. • splanzia.com • Tte l'année. Doubles 100-160 €, avec petit déj.* Un petit hôtel élégant, chic sans être prétentieux, installé dans l'ancienne demeure d'un pacha turc. Aménagement résolument contemporain et très confortable, meubles design, déco épurée et relaxante, jeux de lumière, lits à baldaquin, tapis orientaux. Les chambres, avec ou sans balcon, donnent sur une paisible courette arborée (bien agréable pour prendre le petit déj !) ou sur la rue. Un vrai petit luxe, à des prix encore raisonnables. Et un petit déjeuner dont vous vous souviendrez !

Pandora Suites *(plan II, A1, **69**) : 29, odos Lithinon. ☎ 28-21-04-35-88. • pandora-hotel.com • Selon taille et saison, doubles 90-115 € et familiales (4 pers) 140-160 €, avec petit déj.* Un hôtel élégant situé dans une jolie maison ancienne restaurée avec goût. On franchit d'abord un lourd portail métallique, pour accéder à une ravissante et paisible courette, puis à un hall d'accueil plus frais. Les 11 petits appartements et chambres sont tous différents, joliment décorés, hauts de plafond et pleins de charme. Certains avec salon, vitraux anciens, balcon, coin cuisine équipé. Les chambres donnent soit sur le port et la mer, soit sur la cour à l'arrière (très agréable). Bar-terrasse sur le toit, avec vue imprenable sur le port. Rue tranquille, mais petit hic : on entend parfois les décibels de la boîte juste en dessous (côté port), sauf pour celles de l'arrière.

Dans le quartier de la gare routière

Arkadi Hotel *(plan I, A2,* ***54****) : platia 1866. ☎ 28-21-09-01-81. • arkadi-hotel.gr • Tte l'année. Selon saison, doubles env 60-80 €, avec petit déj.* Bien situé à 150 m de l'entrée de la ville ancienne et de la gare routière, un hôtel moderne d'une soixantaine de chambres fonctionnelles, climatisées et insonorisées, mais sans charme particulier. Une solution pas trop onéreuse pour une arrivée tardive. Accueil vraiment aimable. Parking possible (mais emplacements limités).

Où manger ?

La plupart des restos se trouvent en fait dans le cœur historique et touristique de la ville. Il y en a presque à chaque coin de rue, et vous n'aurez que l'embarras du choix. Parfois trop racoleurs, mais les *ouzeria* et *rakadika* au bord de l'eau sont quand même agréables pour siroter un raki en grignotant des *mezze*... Signalons cette originalité de Hania : les restos installés dans des ruines. C'est beau, aéré et, de toute façon, on n'a pas grand risque de se prendre la pluie !

Dans le quartier de la gare routière

De très bon marché à bon marché

– ***Place des taxis*** *(platia 1866 ; plan I, A2) :* plusieurs petites échoppes pour manger une *pita*. Également 2 crêperies quasi homonymes face à face au croisement avec l'odos Halidon : préférer l'enseigne rouge, *Roxani. Ouv 24h/24.* On choisit la garniture élément par élément, à la grecque.

– ***Marché couvert*** *(plan II, B2) : tlj sf dim ; mar, jeu et ven jusqu'à 21h ; lun, mer et sam jusqu'à 14h.* On peut y acheter ses provisions ou manger dans les petits ***restaurants*** du marché.

Bougatsa Iordanis *(plan I, B2,* ***32****) : 24, odos Apokoronou.* Incontournable si vous voulez goûter à la spécialité qu'est le *bougatsa* (feuilleté à la crème). Salle sobre pour se régaler sur place.

Bakaliarakia *(plan I, A2,* ***31****) : 10, odos Zimprakakidon. ☎ 28-21-07-50-03. En face de l'hôtel* Nefeli. *Tlj sf dim. Repas env 10-15 €.* Fréquenté essentiellement par des Grecs, c'est le genre de *mezedopoleio* qui pourrait passer inaperçu. Pourtant, en dépit de son emplacement dans un quartier quelconque, il vaut le détour : déco sympa d'épicerie-brocante un brin rétro, petites tables beiges à tiroirs, service appliqué et une carte principalement végétarienne (avec un peu de poisson : *bakaliarakia* signifie « petites morues »). Copieux et bon marché. Une belle adresse loin des foules.

À l'est, dans les quartiers de Evraïki, Kastelli, Chionès et Splanzia

Prix moyens

Chalkina *(plan II, B1,* ***80****) : 29-30, Akti Topazi. ☎ 28-21-04-15-70. Tlj 12h-3h. Plats 6-9 €.* Des rangées de tables posées sur le quai, face aux voiliers. La carte de ce *rakadiko* très populaire propose une kyrielle de *mezze* différents, style tapas en plus copieux. Foie au romarin, moules à la vapeur, légumes farcis, poulpe grillé, brochette de porc XXL... et plein d'autres délices finement cuisinés. On souhaiterait presque que les portions soient moins généreuses pour pouvoir goûter plus de plats ! Vins crétois à découvrir. Mais avec la musique live tous les jours à partir de 22h, c'est carrément la fête ! Une adresse vraiment sympa.

To Pigadhi tou Tourkou *(The Well of the Turk ; plan II, B1, **82**) : 1, odos Kalinikou Sarpaki. ☎ 28-21-05-45-47. Tlj sf mar, le soir slt. Résa souhaitable. Env 15-20 €.* Comme son nom l'indique, situé à Splanzia, au cœur du quartier turc, dans une jolie bâtisse agrémentée d'une terrasse qui déborde généreusement sur les adorables ruelles piétonnes. À la carte, une cuisine réputée qui s'inspire des saveurs des quatre coins de la Méditerranée (Maroc, Égypte, Liban, Tunisie). Plats très bien présentés et produits de qualité préparés avec un savoir-faire consommé. Service parfois un peu approximatif en fonction de l'affluence.

Chrisostomos *(plan II, B1, **86**) : odos Defkalionia & Ikarou. ☎ 28-21-05-70-35. Ts les soirs à partir de 18h. Résa conseillée. Repas 15-20 €.* Face à un vilain parking en retrait du port, une terrasse protégée par un rideau de verdure. Cuisine crétoise du terroir, mais sans poisson. Tout est succulent, des amuse-bouches à la moussaka parfumée à la cannelle en passant par les *mezze,* le chevreau rôti fondant à souhait, les grillades, avec une mention spéciale pour le pain maison. Service impeccable sur fond de musique crétoise. Une valeur sûre.

Faka *(plan II, B1, **83**) : ☎ 28-21-04-23-41. Tlj dès 11h. Repas env 15-20 €.* Une taverne accueillante juste en retrait du port, mais déjà à l'abri de la foule. Quelques tables sur la place ombragée, pour régaler les habitués d'une nourriture crétoise, parfois originale, comme ces pissenlits ou les beignets de fleurs de courgettes. Spécialités de *boureki,* tourte et riz à la crétoise.

To Stachi *(plan I, B1, **33**) : 5, odos Defkaliona (indiqué Defkalionos), à l'entrée de l'anse de Koum Kapi. ☎ 28-21-04-25-89. Tlj, midi et soir. Plats 6-10 €, qu'on va choisir en cuisine.* Cadre banal, mais saveurs subtiles dans ce resto végétarien tendance bio et labellisé *Slow Food*. C'est ici qu'il faut goûter un *boureki,* ou des *hortopitès,* et faire confiance aux inspirations du jour du chef. Pain maison. Peut-être une des meilleures tables de la ville dans son genre...

Chic

Glossitsès *(plan I, B1, **34**) : 4, Akti Enosséos, à l'ouest du vieux port. ☎ 28-21-05-90-74. Résa conseillée le soir. Compter 20-30 €.* Terrasse très agréable située sur la partie la plus calme du port. Carte simple, surtout composée de produits de la mer. Les ingrédients, en majorité bio et achetés dans les fermes locales, sont très frais, cuisinés simplement et sans fioritures. Une bonne adresse pour les amateurs de poissons et autres crustacés. Ambiance détendue. Un bon rapport qualité-prix.

Salis *(plan II, B1, **89**) : 3, Akti Enosséos. ☎ 28-21-04-37-00. Plats env 9-20 €.* C'est la belle adresse du coin. Pas seulement pour sa situation idéale sur le port ni pour sa déco contemporaine aérée et chaleureuse, mais pour sa cuisine soignée qui change de la taverne rustique. Ici, les produits sont frais, proviennent pour beaucoup du potager de la maison, et sont suffisamment travaillés pour réaliser des plats à la fois beaux et bons. Qu'il s'agisse d'un carpaccio, d'un tartare, d'une simple brochette, ou du poisson du jour, tout a du goût et un petit quelque chose en plus dans la présentation. Avec le vin *ad hoc* (la carte en compte plus de 300 !), la bonne soirée est garantie !

À l'ouest, dans le quartier de Topanas

Bon marché

O Kormoranos *(plan II, A1, **84**) : 46, odos Théotokopoulou. Avr-oct. Plats env 4-9 €.* Une terrasse au calme, quelques plats tout simples et des pâtisseries. Voici un café-boulangerie à succès, bien pratique pour manger sur le pouce sans se ruiner. Sert également des petits déj.

De prix moyens à chic

To Maridaki *(plan II, B1, **81**) : 33, odos Daskayolannis & Kalinikou*

Sarpaki. ☎ 28-21-00-88-80. Tlj sf dim 12h-minuit. Plats 7-15 €. Au coin d'une rue passante dans un quartier un peu excentré, un fameux resto de poisson au décor design épuré dans les tons gris. Quelques tables dehors (si on ne craint pas le bruit) et tables à hauts tabourets à l'intérieur pour voir les chefs au travail. La cuisine de marché, revisitant les traditions crétoises, est fraîche, inventive et savoureuse. Le vin blanc bien gouleyant provient d'un producteur local. Un vrai coup de cœur et une addition raisonnable.

Tamam *(plan II, A1, **85**) : 49, odos Zambéliou. ☎ 28-21-09-60-80. Tlj midi et soir. Plats env 7-15 €.* Une adresse plébiscitée pour son décor original, car elle occupe un ancien hammam turc (1645). Murs d'origine et tables avec plateau de marbre logées jusque dans le petit bassin (vide, bien sûr...). Très frais, ce qui est bien agréable après le sauna du centre-ville. On peut aussi choisir de s'installer en terrasse dans la ruelle bien aérée. Dans tous les cas, on y mange une cuisine fraîche et copieuse. Prendre, par exemple, la salade composée *Tamam* avec avocat et noix, la viande d'agneau cuisinée dans de la sauce tomate et du yaourt ou quelques spécialités d'Asie Mineure. Très touristique, mais ça vaut le coup.

Taverna Enetiko *(plan II, A1, **93**) : 57, odos Zambéliou. ☎ 28-21-08-82-70. Tlj midi et soir. Env 15 €.* Cette taverne n'a pas le charme de sa voisine *(Tamam)* mais on y est plus au calme, la terrasse est plus large, et on y mange convenablement. Les plats grecs, crétois, et végétariens sont sans surprise, mais bien copieux. Bon accueil.

To Mikio *(plan II, A2, **88**) : 24, odos Skoufon. 📱 69-45-86-16-41. Tlj en saison, sf dim midi. Env 15-20 €.* En retrait de l'agitation au fond d'une ruelle adorable, une petite taverne familiale toute simple comme on les aime. Juste une vingtaine de tables posées devant de jolies maisons patinées par le temps, des plats traditionnels goûteux à base de produits frais, des salades croquantes à souhait et un accueil à l'image du lieu, simple et discret. Bravo !

Semiramis *(plan II, A1, **87**) : 8, odos Skoufon. ☎ 28-21-09-86-50. Tlj en saison. Plats env 9-16 €.* Un puits, une petite cascade au fond, le tout dans une ancienne maison qui fait un peu penser à une hacienda avec sa vaste terrasse romantique. Affluence fréquente, on risque d'attendre un peu. Dans l'assiette, que du bon : l'agneau à la crétoise ou *mixed souvlakia* tendres à souhait. Musique live le soir, souvent accompagnée en chœur par les convives crétois.

Encore plus à l'ouest

Psarotaverna Angistri *(hors plan I par A1) : 17, Akti Papanikoli. ☎ 28-21-07-24-13. Prendre la rue qui longe la mer à l'ouest ; le resto se trouve au tout début de Neo Chora Beach. Plats 7-20 €.* Un bon restaurant de poisson (mais pas que !) fréquenté par les Crétois. Grande salle impersonnelle et terrasse, face à la plage. Kostas, à l'accueil, a vécu 30 ans au Québec et parle bien le français. Sinon, pour faire son choix, on peut toujours s'aider des dessins des poissons ! Sympa pour changer de quartier et sortir du centre touristique.

Où boire un café ou un thé ?
Où manger de bonnes pâtisseries ?

Tsédakis *(plan II, B2, **91**) : 9-11, odos Tsoudéron. ☎ 28-21-04-46-61. Derrière le vieux marché. Tlj 8h-23h.* Une bonne pâtisserie, dotée d'une salle agréable et d'une terrasse de poche. Bien pour une pause autour d'un café et d'un gâteau et, en hiver, pour goûter aux délicieux *loukoumadès*.

Kipos *(plan I, B2, **93**) : dans le jardin public. Tlj 8h-1h.* Idéal pour un verre au calme sous la tonnelle fleurie, ou dans la superbe salle Belle Époque haute de plafond, avec son Gramophone, sa caisse enregistreuse et son vieux poste TSF. Véranda au fond avec des jeux de société et vidéo. Toilettes d'époque, elles aussi. Pas de quoi se déranger exprès, mais environnement bien agréable si vous êtes dans le coin.

Où boire un verre ? Où sortir ?

Platanos *(plan II, B1,* ***103****) : platia 1821 (ou Agiou Nikolaou). À côté de l'église Saint-Nicolas.* Pour boire un raki et grignoter quelques *mezze* aux portes du tranquille quartier « turc », qui mérite d'être exploré. Un bar fréquenté par les locaux qui jouent au *tavli* (backgammon grec) en sirotant un café, à l'ombre des platanes (vaillants parce qu'irrigués des siècles durant par l'aqueduc vénitien).

Sinagogi Bar *(plan II, A1,* ***104****) : parodos Kondilaki. Tlj en saison 13h-3h du mat.* Dans les anciens jardins de la Synagogue, en plein air. Gentiment branché et vite plein comme un œuf. Les cocktails, entre autres, sont excellents.

À l'est du port *(plan I, B1,* ***108****),* une ribambelle de cafés à la mode qui s'alignent sur plus de 500 m, comme le ***Mikro Café.*** S'y retrouve toute la jeunesse branchée et/ou alternative de Hania, qui passe allégrement de l'un à l'autre tout au long de la soirée. C'est sympa et beaucoup moins touristique que sur le port.

Sinon, de nombreuses ***boîtes*** et autres ***cafés*** branchés sur le port vénitien *(plan II, A1,* ***109****).* Essayer notamment ***Aroma,*** un café-bar à côté de la mosquée, avec une très belle salle voûtée. Mais autant siroter son café, qui a vraiment goût de café, en terrasse, pour s'oublier devant la foule qui déambule. Un peu à l'arrière, ***Klik,*** le bar-boîte scandinave favori pour les fêtards et les arpenteurs de *dance floor,* jusqu'à l'aube. Atmosphère cosmopolite.

Achats

Magasin d'échecs de Mme Diamantopoulos *(plan II, B2,* ***110****) : 51, odos Potié. ☎ 28-21-04-22-17. En contrebas de l'odos Skridlof. Tlj (y compris dim, en principe).* Les amateurs et collectionneurs de jeux d'échecs trouveront leur bonheur dans cette boutique aux allures de fascinant bric-à-brac. Mme Diamantopoulos très âgée, mais toujours présente, propose des copies de figurines de toutes les époques, de toutes les formes et de toutes les matières : en métal, en bois, en verre, en bronze, en onyx ou en terre cuite... Elle se charge, si vous le désirez, de les expédier en France. Un lieu très attachant.

Verekinthos Craft Village : *au niveau de l'échangeur pour Souda. • verekinthos.com • De Hania, prendre la direction de Réthymnon et, au moment de rejoindre la nationale, un panneau indique le « village ».* Ce lieu un peu en perte de vitesse a néanmoins l'avantage de présenter l'artisanat de Crète : poterie, bijoux, cuir, tissage, broderie, etc. On peut y voir quelques artisans travailler et acheter leurs productions. Dommage quand même d'avoir installé ce « village » en pleine zone industrielle...

À voir

La vieille ville (Topanas) : *longer le port, côté ouest, et pénétrer au hasard dans les étroites ruelles.*

Le quartier est bordé, à l'ouest, par la deuxième muraille vénitienne et le bastion Schiavo, construits au XVIe s après le raid de Barberousse. Coincé entre les remparts, c'est un dédale de petites rues bordées de maisons pittoresques. Malgré les destructions de la dernière guerre et les bâtiments abandonnés, ça vaut le coup de s'y perdre de bon matin, quand les touristes sont encore au lit. Tantôt une splendide maison vénitienne à balcons de pierre, tantôt un bâtiment en bois, souvenir de l'occupation turque. Observez bien les détails architecturaux tout en saluant (« *Ya sas !* ») les commerçants qui ouvrent leurs boutiques.

– Ne manquez pas l'*odos Théotokopoulou (plan II, A1),* l'une des rues les plus typiques de la vieille ville.

– Par le porche du *musée de la Marine (plan II, A1),* on accède *(slt en sem 8h-14h ; GRATUIT)* à la place et aux remparts de la *citadelle Firkas,* qui surplombe le port. Ancienne caserne et prison vénitienne, c'est ici qu'on hissa en 1913 le drapeau symbolisant le rattachement définitif de l'île à l'État grec. Visite qui ne vaut guère que pour la balade et la vue, les bâtiments étant fermés aux visiteurs et les fouilles ne présentant pas grand intérêt.
– L'*odos Kondilaki* était l'une des voies principales d'Evraïki, l'ancien quartier juif. Les 270 membres de la communauté furent arrêtés brutalement fin mai 1944, embarqués sur un bateau à destination du Pirée pour être ensuite envoyés en déportation, mais ils n'arrivèrent jamais à destination, leur bateau, le *Tanais,* ayant été coulé au large de Santorin par une torpille d'un sous-marin britannique. La vieille synagogue *(plan II, A1),* rénovée, se visite en semaine *(donation suggérée : 2 €).* Elle se trouve dans une jolie ruelle parallèle (et très discrète), la *parodos Kondilaki,* derrière le resto *Konaki.*
– *Le bastion Schiavo (plan II, A2) :* grimper en haut de la fortification abandonnée, laissée à l'état de friche, pour admirer la belle sur toute la ville. Bien au calme, on y domine la rumeur de la cité.
– L'*odos Halidon (plan II, A1)* aligne aujourd'hui nombre de bijoutiers-joailliers et échoppes de souvenirs. Intéressant comme une rue commerçante, pas plus...

Le port vénitien *(plan II, A1)* **:** il a retrouvé tout son charme, en particulier grâce à la commission des architectes qui s'est occupée de sa restauration. L'empreinte turque est partout présente avec plusieurs minarets et la superbe coupole de la mosquée des Janissaires (1645) qui occupe la meilleure place. Le café grec du matin ou le raki du soir, à l'une des terrasses sur les quais, sont des moments incontournables de la vie haniote. Et pour la meilleure photo, le mieux est encore de se rendre au phare.
S'il n'y a pas de bateaux dans le grand bassin, c'est pour éviter qu'ils ne soient projetés sur les quais (très bas) les jours de grand vent. Et ne vous inquiétez pas, ce n'est pas l'effet du raki, il y a bien de vraies gondoles certains soirs.

Les quartiers de Kastelli *(plan II, A-B1),* **de Chionès** *(plan II, B1)* ***et de*** **Splanzia** *(plan II, A-B1)* **:** *ce sont les quartiers à l'est du port.*
– *Kastelli,* le premier cœur de la cité, s'élève sur une colline. Violemment bombardé lors de la dernière guerre, le quartier a eu peine à se relever. Quelques bâtiments sont encore à l'état de ruines. Il a néanmoins conservé un charme réel, une atmosphère très douce, loin des bruits du port.
– S'enfoncer dans les *rues Lithinon* et *Kanévaro* à la recherche des vestiges de l'époque vénitienne. Les constructions postérieures ont souvent intégré des éléments anciens (arches, fenêtres, etc.). L'effet est curieux. Face au nº 34 de la rue Kanévaro, fouilles minoennes (1984) protégées d'un toit. Un pan de mur byzantin intègre, lui, des colonnes et autres éléments de temples antiques (entre autres morceaux hérités d'autres époques, déchiffrez le puzzle !). D'autres fouilles face au nº 24. *Rue Sifaka,* vestiges de la première muraille vénitienne.
– Dans le quartier de *Chionès,* les arsenaux vénitiens, quasiment intacts, donnent une bonne idée de la puissance de la cité des Doges.
– Pour finir, la rue Sifaka mène à *Splanzia,* ancien quartier turc, qui vit au doux rythme de son petit peuple, de ses artisans et minuscules échoppes pittoresques. Un véritable labyrinthe de ruelles étroites où l'on peut encore trouver quelques témoignages de l'architecture ottomane.
– *Platia 1821,* l'église Agios Nikolaos, dont le beau campanile s'est vu adjoindre un minaret pendant l'occupation turque, un mélange des genres intéressant. Sur la place, quelques agréables cafés où les hommes commentent avec animation leurs parties de backgammon. Les platanes ont servi de potences pour l'évêque orthodoxe de Hania, pendu par les Turcs avec quelques-uns de ses partisans.

Le marché *(plan II, B2)* **:** *dans le centre-ville, pl. Vénizélou. Tlj sf dim : mar et jeu-ven 8h-21h ; lun, mer et sam 8h-14h.* Un des rares marchés couverts de

Crète, en forme de croix. Animé plutôt le matin ou en fin de journée. On y trouve quelques petits restos, simples et pas trop chers. Entre les bouchers et les vendeurs de légumes, de nombreuses boutiques vendent du miel, des herbes, des aromates ainsi que de l'huile d'olive, du vin et des produits régionaux. Si vous cherchez des marchés plus authentiques, rendez-vous devant la préfecture le lundi, à l'ouest des remparts le jeudi (Néo Chora) et à l'est le samedi (sur odos Minoos). Couleurs et odeurs garanties.

Le Musée archéologique (plan II, A1) : *30, odos Halidon. ☎ 28-21-09-03-34. Avr-oct, tlj 8h-20h ; hors saison, tlj sf lun 8h-15h. Entrée : 4 € ; réduc ; gratuit moins de 18 ans.* Installé dans l'ancienne basilique San Francesco du XIVe s, un des plus beaux édifices vénitiens de la ville, avec ses nefs voûtées et ses ravissantes fenêtres gothiques. Elle fut un temps, bien entendu, transformée en mosquée. Concernant les collections, riches et variées, elles rassemblent des céramiques, des terres cuites, des sarcophages minoens, des mosaïques romaines, des bijoux mortuaires, des armes, etc. Noter, au centre du musée, ces figurines en argile représentant des taureaux, offertes aux dieux pour remplacer le sacrifice d'animaux bien vivants (c'est plus rentable !). Dans une autre vitrine, sur la droite, très beaux vases à parfum en verre. Enfin, n'oubliez pas de jeter un coup d'œil dans la courette pour y admirer une belle fontaine ottomane et conique (10 côtés). Une très belle visite.

Le Musée byzantin (plan II, A1) : *78, odos Théotokopoulou. ☎ 28-21-09-60-46. Tt au bout de la rue, ou en contournant les remparts de la citadelle. Tlj sf lun 8h-15h. Entrée : 2 € ; réduc ; gratuit moins de 18 ans.* Ce musée de poche, installé dans une jolie église restaurée, abrite quelques mosaïques byzantines et quelques belles icônes dont deux représentant saint Georges terrassant le dragon. Pour les passionnés essentiellement.

Le musée de la Marine (plan II, A1) : *sur le port, à l'extrémité ouest, sur l'akti Koundourioti. ☎ 28-21-09-18-75. • mar-mus-crete.gr • Lun-sam 9h-17h (14h en hiver), dim 10h-18h (14h en hiver). Entrée : 3 € ; réduc ; gratuit moins de 6 ans. Billet combiné avec le chantier naval traditionnel* Néorio Moro *: 4 €.* Difficile de rater ce bâtiment de couleur ocre rouge, précédé par une impressionnante ancre de marine et une hélice. À l'intérieur, le musée se révèle franchement vieillot et dépassé, mais débordant de belles choses à admirer : lampes de phare, cartes anciennes, matériel de scaphandrier, outils de navigation, collections de coquillages, et même une intéressante série de maquettes retraçant les grandes victoires navales de l'antiquité. À l'étage, changement de registre, on s'intéresse essentiellement à la fameuse bataille de Crète en 1941, avec une ribambelle de maquettes, des uniformes… et une amusante reconstitution du poste de commandement d'un destroyer ! Accès à la citadelle Firkas par le porche (voir plus haut).

Les docks de Néorio Moro (plan I, B1) : *sur le port. Mai-oct, lun-sam 9h-17h, dim 10h-18h. Entrée : 2 € ; réduc ; gratuit moins de 6 ans.* Cette ancienne cale sèche vénitienne abrite une fameuse embarcation, le *Minoa*, une réplique fidèle d'un navire de l'époque minoenne (1500 av. J.-C.) qui connut son heure de gloire en 2004 en transportant la flamme olympique de La Canée au Pirée. C'est un bateau commercial à rames d'environ 18 m de long, avec voile latine et étrave décorée de dauphins. Remarquez le minuscule poste d'équipage tendu de peaux de vache, l'ancre constituée d'une lourde pierre attachée à un cordage, le pélican de bois sculpté et l'absence de gouvernail. Autour du bateau, de courtes expositions évoquent l'histoire de la construction navale grecque, tandis qu'un film retrace le périple du *Minoa* vers Le Pirée.

L'église catholique de l'Assomption (plan II, A1-2) : *tenue par des frères franciscains italiens, elle est située odos Halidon, en retrait de la rue, en face de la place de la cathédrale. Messes lun-sam à 19h, dim à 10h. Rens : ☎ 28-21-09-34-43.* Dans la cour intérieure se trouve également la visite suivante.

La Maison crétoise *(Musée folklorique ; plan II, A2)* **:** *46 B, odos Halidon. ☎ 28-21-09-08-16. Accès par l'église catholique (lire ci-avant). Lun-sam 9h-18h, dim 11h-16h. Entrée : env 2 € ; enfants gratuit. Feuillet en français.* Un tout petit musée un peu fourre-tout qui présente des collections d'ouvrages brodés, de métiers à tisser, d'outils agricoles et également une cuisine crétoise reconstituée. Un peu kitsch et vite vu, mais vraiment mignon.

Le jardin public *(plan I, B2)* **:** *odos Tzanakaki. Toujours ouv. GRATUIT.* Un endroit calme et ombragé agréable, avec un beau café au milieu. Dans le jardin, pas loin de l'énorme *Ficus elastica* (planté en 1870 par le pacha turc qui fonda le jardin), quelques enclos avec des animaux, dont la fameuse *kri-kri,* une sorte de chèvre des gorges de Samaria. Cet animal est aujourd'hui protégé.

Les plages

Elles se trouvent à l'ouest de la ville.

La plus proche, ***Néo Chora Beach,*** équipée de transats, est accessible en partant du port et en longeant la mer pendant 20 mn, après le musée de la Marine. Sur le quai, des petits restos de poisson font face aux bateaux de pêche.

À environ 5 km à l'ouest de la ville, quelques petites plages *(Chryssi Akti, Agios Apostolis)* desservies par les bus municipaux bleus qui partent de la *platia 1866* (station de bus *Kalamaki*).

Agia Marina **:** *à 9 km à l'ouest de la ville. Prendre le bus marqué « Agia Marina » ou « Kastelli » de la gare routière.* Longue, propre, ombragée, et sable ocre. Évidemment très fréquentée, on a même du mal à entrevoir le sable sous les parasols (en été, la plage est carrément recouverte de transats et donc pas vraiment fréquentable...). De plus, les promoteurs ont construit à tour de bras, et le bord est affreusement bétonné.

3 km après Agia Marina, plage de ***Platanias.***

DANS LES ENVIRONS DE HANIA (LA CANÉE)

Il peut être intéressant de louer un scooter à Hania, mais nous le répétons : la conduite dans la région est dangereuse. Nombreux accidents chaque année !

Vers le village de Malaxa (Μαλαξα) **:** *à 14 km au sud-est de Hania.* Balade à faire seulement si vous avez un véhicule. En allant vers ce village, 1 km avant d'arriver, sur la gauche, vue superbe sur la ville et sur la presqu'île.
– Le petit village de Malaxa, au milieu des oliviers, offre le visage d'un endroit un peu hors du temps.

Aptéra (Απτερα) **:** *à une dizaine de km à l'est de Hania, prendre à droite 1 km avt l'embranchement pour Kalyvès (panneaux). Tlj sf lun 8h30-15h. Entrée : 2 € ; réduc.* Un vaste ensemble de vestiges encore bien conservés, répartis autour d'un ancien monastère construit avec des pierres de réemploi. Dans l'une des salles, une petite exposition offre des explications intéressantes sur l'histoire de la cité (ce qui n'est pas si répandu...). Ne pas se contenter des premières ruines, mais continuer sur 500 m jusqu'à celles d'une villa romaine. Puis vestiges d'un temple, d'habitations, d'impressionnantes caves et de citernes d'eau de 3 000 m^3 et des bains publics datant surtout de la période romaine (la fondation d'Aptéra remonte à la fin de l'époque minoenne, début de l'époque dorienne). De l'autre côté du site, ne pas rater également l'amphithéâtre dont on devine parfaitement les contours. Enfin, à 500 m, une imposante et sévère forteresse turque très bien conservée, d'où l'on jouit d'une vue exceptionnelle sur la baie de Souda et les montagnes Blanches. On comprend aisément son rôle stratégique. La plupart des objets découverts sur le site sont visibles au Musée archéologique de Hania.

➢ ***Platanias-Meskla-Thérissos*** *(Πλατανια-Μεσκλα-Θερισσος)* **:** *en véhicule slt, excursion de 60 km en tout (prévoir au moins ½ journée). Noter que cette balade peut être faite dans le sens inverse et qu'elle est jalonnée de tavernes, donc pas de souci pour le ravitaillement !* Quitter Hania par le boulevard Kissamou et tourner à gauche aux avant-derniers feux, direction Galaria et Périvolia, puis Thérissos. Sur une petite dizaine de kilomètres, l'ancien torrent aujourd'hui asséché laisse à peine place à la route (superbe, donc !) avant de parvenir à ***Thérissos.*** En 1905, en désaccord avec le prince Georges, le haut-commissaire de la Crète pendant la période d'autonomie, Vénizélos organise un soulèvement à Thérissos qui se traduit par la constitution d'un gouvernement provisoire. On peut encore voir la maison où séjourna ce gouvernement ainsi qu'une statue du grand homme sur la place. Petit bourg anodin qui revêt une importance particulière dans l'histoire de la Crète. Petit musée de la Résistance pour les férus d'histoire et nombreux sentiers de randonnée.

|●| ***O Andartis :*** *250 m avt la place de l'église. Tlj midi et soir.* Taverne typique, appréciée pour ses spécialités de viandes cuites à la vapeur et fumées (mouton *tsigariasto,* porc *singlino*), et ses excellents fromages locaux (goûter à la *graviera saganaki*).

Puis la route (direction Zourva) monte jusqu'à un col, offrant de magnifiques points de vue à pic dans un décor assez aride. On parvient au hameau de *Zourva,* accroché à flanc des montagnes Blanches, qui propose quelques tavernes accueillantes. Magnifiques points de vue sur le golfe de Hania. Descente assez abrupte vers ***Meskla,*** un petit village noyé dans la verdure. On peut y voir l'église Saint-Sauveur, toute décrépie, alors que des peintures murales se devinent encore sur les murs. Face à l'église, de superbes platanes tricentenaires.
De Meskla à Fournès, prendre la route qui suit le torrent pour se retrouver au milieu des orangeraies.

➢ Depuis Fournès, détour possible vers un ***parc botanique*** *(Botanical Park). À quelques km sur la route d'Omalos, près d'Askordalos.* 📱 *69-76-86-05-73.* • *botanical-park.gr* • *Bus tlj au départ de Hania à 9h30, retour à 14h30. Mars-nov, tlj 9h jusqu'à 1h avt le coucher du soleil. Entrée : 6 € ; réduc.* Heureuse initiative que d'avoir planté, sur les cendres du grand incendie de 2003, des centaines d'espèces d'arbres du monde entier. Ils sont disséminés le long de deux parcours éducatifs (de 1h ou 2h, selon votre disponibilité) dans les collines voisines. Le midi, il est possible de consommer certains des fruits et légumes de ce « jardin » (et d'ailleurs) au restaurant qui domine le site.

LA PRESQU'ÎLE D'AKROTIRI *(ΑΚΡΩΤΗΡΙ)*

Pour ceux qui sont motorisés seulement. La presqu'île est mal desservie par le bus (seuls Stavros et Sternès sont directement accessibles par bus, pas les monastères). Plate en son centre, cette péninsule s'élève à son extrémité nord et les falaises qui la bordent recèlent des grottes qu'utilisèrent les pirates et les ermites. Pas trop développée, la partie nord-ouest de la presqu'île abrite quelques jolies plages de sable fin et une suite de petits monts abrupts. C'est une région de villégiature pour les habitants de Hania, et plusieurs scènes du film *Zorba le Grec* ont été tournées dans cette microrégion. Autrefois en grande partie propriété de la famille Vénizélos, elle a vu se dresser à partir de 1897, malgré l'opposition armée des grandes puissances, un important camp stratégique et militaire pour l'union de l'île à la Grèce. Dans la partie est, on trouve plusieurs petits villages, hélas troublés par le passage des avions avec l'aéroport de La Canée (civil et militaire) tout proche.

La tombe de Vénizélos (Ταφος Βενιζελου) : *à l'ouest de la presqu'île, au sommet de la colline de Profitis Ilias (indiqué « Venizelos grave »).* Elefthérios Vénizélos (voir la rubrique « Personnages » dans « Histoire, culture, environnement ») a connu une carrière politique exceptionnellement longue. Son fils Sophocle repose à son côté dans un parc populaire planté de pins où les Crétois viennent se marier. De l'esplanade, vue à 180° sur la baie de Hania.
– En contrebas, un café-bar moderne, le *Koukouvagia,* très apprécié pour ses gâteaux maison et son incontournable coucher de soleil.

Le monastère d'Agia Triada (Μονη Αγιας Τριαδας) : *à 4 km de Stavros. En voiture, suivre la direction de l'aéroport, puis les panneaux au rond-point précédent ce dernier. Sinon, en principe, 2 bus/j., lun, mer, ven. Tlj 8h-19h (hors saison 8h-14h et de 16h au coucher du soleil). Entrée : 2,50 €. Tenue correcte exigée.* Il a été fondé au XVIIe s. Isolé au milieu des oliveraies et au bout d'une longue allée de cyprès, il profite d'une belle vue sur les montagnes et la plaine environnante. L'entrée par deux porches imposants dévoile une église richement décorée d'une façade à pilastres, couleur sable chaud, et surmontée d'un campanile et de trois dômes disposés en quinconce. Le petit musée comporte deux salles : vêtements liturgiques, ornements et calices, manuscrits et icônes anciennes des XVIe-XVIIIe s. Messe orthodoxe en fin de journée avec chants.

Le monastère de Gouvernéto (Μονη Γουβερνετου) : *à 4 km du monastère d'Agia Triada (panneaux depuis le monastère). En principe, ouv tlj sf mer et ven 9h-12h, 17h-19h (18h hors saison).* On y arrive par une très jolie route à travers la montagne, parfois taillée à même la roche et parsemée par endroits de nids de poule. Édifié au XVIe s, il dégage une allure carrée massive avec ses tours d'angle. Aujourd'hui, seule une poignée de moines réside en quasi autarcie dans les quelques bâtiments très simples qui encadrent une charmante église. Un chemin mène à la grotte de Katholiko (voir ci-après).

La grotte de Katholiko (Σπηλαιο Καθολικου) : *un chemin aménagé en escalier y conduit. Compter 15-20 mn de descente assez facile.* Le premier monastère de Crète fut fondé ici probablement aux alentours des VIe-VIIe s av. J.-C., par saint Jean l'Ermite. À l'intérieur de cette vaste grotte, au centre, beau puits rectangulaire creusé dans la roche et chapelle à l'extérieur. On y vient en foule le 7 octobre. C'est un des lieux de pèlerinage les plus remarquables de Crète. Les pèlerins mangent ou boivent dans des sortes d'écuelles taillées dans la roche.

Le monastère de Katholiko (Μονη Καθολικου) : *pour le voir, continuer le chemin après la grotte de Katholiko (voir ci-dessus). Compter 30 mn de marche.* Le sentier débouche sur une belle gorge et sur un pont en pierre menant au monastère abandonné. On voit encore des bâtiments et des habitations. En continuant le sentier dans le lit du torrent pendant 10 mn, on atteint une mini-crique aux eaux translucides où l'on cachait naguère les bateaux. Attention, oursins entre les rochers ! Cela dit, on y vient plus pour le cadre que pour la baignade.
– *Un conseil :* faire cette balade aux heures les plus fraîches de la journée. Gourdes et bonnes chaussures obligatoires.

Stavros (Σταυρος) : *au bord de la mer, au nord-ouest de la presqu'île d'Akrotiri, à 13 km de Hania par une bonne route. Relié à Hania par 5-8 bus/j.* Ce village, plus balnéaire que traditionnel, est assez peu connu des touristes (mais très fréquenté par les familles en fin de journée). Belle plage dans la crique principale, près du village. Mer fermée et peu de vagues. Des scènes du film *Zorba le Grec* (la danse sur la plage) y ont été tournées ; vous reconnaîtrez le pain de sucre sur lequel Zorba tente en vain de hisser une sorte de téléphérique.

Kalathas *(Καλαθάς)* **:** *à 3 km au sud de Stavros, côté ouest de la presqu'île, accès par le bus de Stavros.* Un port miniature adorable avec une petite plage familiale de sable fin.

Marathi *(Μαραθι)* **:** *en voiture, direction aéroport, puis Pithari et enfin emprunter la route de Sternès (indiquée sur ttes les cartes). Bus également depuis Hania, 5 fois/j. 11h-20h.* Très belle plage de sable très fin. Très touristique, avec plusieurs tavernes et un petit port.

➢ De la plage de Marathi, on peut entamer des balades sur des sentiers côtiers. Prévoir de l'eau et de bonnes chaussures. Très beaux paysages entre mer et montagne.

LA CÔTE OUEST

• Carte Le département de Hania (La Canée) *p. 198-199*

KOLYMVARI (ΚΟΛΥΜΒΑΡΙ) (73006) 1 100 hab.

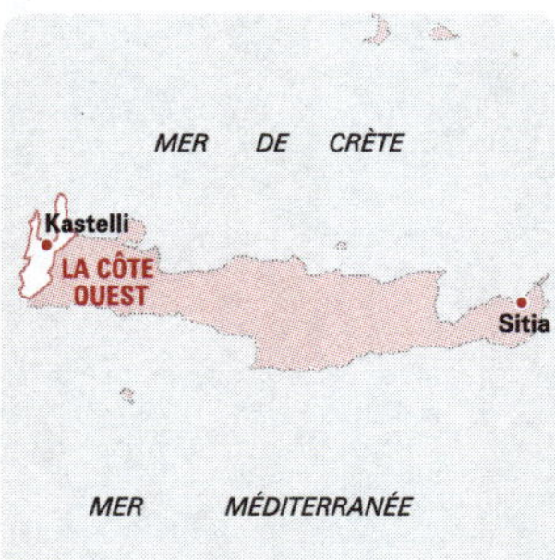

Cette petite station balnéaire sans relief, quasiment à mi-distance entre Kastelli et Hania, n'a guère d'intérêt que pour un arrêt déjeuner face au petit port de pêche. On peut aussi visiter le monastère-forteresse de *Gonia,* où l'armée ottomane débarqua en Crète en 1645 pour se lancer à la conquête de l'île. Du monastère, une route s'enfonce dans la presqu'île de Rodopos, au nord : ne cherchez pas plus loin, les beautés du coin sont à découvrir au fil de cette route (qui se transforme vite en piste).

Où manger ? Où boire un verre ?

|●| *Restaurant Diktyna :* *dans le vieux village en direction d'Afrata. ☎ 28-24-02-26-11. Tte l'année sf certains jours de retour de pêche. Env 15-20 €/pers.* Authentique resto de poisson à la déco... marine, tenu par une famille de pêcheurs. Ils possèdent leur bateau, donc poisson frais garanti. Belle vue sur le port depuis le joli balcon en bois à l'arrière. Faites peser votre poisson sur la balance et comptez 50-60 € le kilo en moyenne (il y a moins cher, ça dépend bien sûr des arrivages). Bon accueil en général, mais le service peut être parfois un peu long et désinvolte.

|●| *Taverna Nikiforos :* *en front de mer, dans le village. ☎ 28-24-02-34-80. Plats env 7-15 €.* Une entrée donnant sur la rue principale, et côté mer, une terrasse-salle ouverte sur le large. Cette taverne familiale et populaire propose un grand choix de poissons frais, servis frits, grillés ou cuisinés. On y trouve aussi tous les plats traditionnels, sur une carte longue comme le bras. On ne fait pas le détour exprès, mais ça dépanne bien, et chacun y trouve son compte ! Accueil charmant.

🍷 *Kafénio :* *à côté du resto* Diktyna. Vous le reconnaîtrez facilement avec ses jolies colonnettes, assez anciennes, sous lesquelles les vieux du village aiment se retrouver à l'heure de l'apéritif. Bonne atmosphère à cette heure-là ou à celle, plus raisonnable, du petit déj. Terrasse devant, et balcon donnant sur le port derrière. Accueil simple et sympa.

Où dormir ?
Où manger dans les environs de Kolymvari ?

🏠 🍽 ***Rock on the Waves :*** *à* ***Ravdoucha,*** *au pied de la péninsule de Rodopos, côté ouest. Du village, descendre sur 3 km une route assez vertigineuse en lacet. ☎ 28-24-02-31-33. • wavesontherock.eu • ravdouchabeachstudios.gr • Avr-oct, et taverne ouv le w-e en hiver. Doubles env 30-42 € selon saison ; apparts selon taille env 40-65 € (min 2 nuits en saison). Plats env 7-13 €. CB refusées.* Situation géniale pour cette adresse isolée sous une falaise, face à une paisible plage de galets, comme un petit bout du monde. À l'étage de la taverne, 5 chambres fonctionnelles et bien équipées (clim, salle de bains, kitchenette et balcon) et, dans un bâtiment voisin, 7 appartements modernes et pimpants de très bon confort, avec cuisine et terrasse, le tout très bien tenu. Ravitaillement possible à Kolymvari *(15 mn),* mais comment résister à la très bonne cuisine crétoise préparée par Rodo, à base de produits du jardin et de poisson frais ? Accueil plein de gentillesse. Et surtout, un excellent rapport qualité-prix.

🍽 ***Tis Litsas ta Kamomata :*** *au centre d'****Afrata.*** *📱 69-76-22-87-78. Tlj 10h-22h. Plats env 7-10 €.* Tout petit resto familial dont le nom peut se traduire par « Tout ce que fait Litsa ». De la terrasse, largement en surplomb de la rue, magnifique vue panoramique sur l'ouest de la presqu'île. Quant à Litsa, qui parle bien le français, elle mitonne une délicieuse cuisine traditionnelle essentiellement à base de légumes et de viande locale : mouton, chèvre, lapin. C'est très goûteux, peu onéreux, et l'accueil est adorable. Vin de leur production. Vente de produits locaux, d'artisanat et de cartes postales dans la boutique.

À voir dans le coin

★ ***Le monastère de Gonia*** (Μονη Γωνιας) **:** *sur un promontoire à moins de 1 km au nord du village, dans la direction d'Afrata. ☎ 28-24-02-22-81. Tlj 9h-20h (l'hiver, tlj sf sam mat 8h-12h, 15h30-17h30). GRATUIT, sf pour le musée (2 €). Tenue correcte de rigueur.* Monastère-forteresse bâti au XVIIe s dans un site majestueux. Cour intérieure garnie d'orangers et de vignes. Belle collection d'icônes postbyzantines XVe-XVIIe s, de vêtements sacerdotaux et d'art liturgique. Tout au fond, une porte donne accès à une terrasse surplombant la mer et le golfe de Hania. Grande fête populaire le 15 août.

★★ ***La presqu'île de Rodopos :*** *en continuant vers le nord à partir du monastère.* Au village d'***Afrata,*** la route s'élève vite et offre un magnifique panorama sur la baie de Kolymvari. Du village, une route descend une gorge bien verte et mène à une petite crique, qui révèle au dernier moment une paillote. Bain très agréable. Sur la façade ouest, après un plateau d'oliveraies, on arrive sur les petites anses de ***Ravdoucha*** (accès depuis une route en lacet sur 3 km, au sud de Rodopos), correctes pour la trempette. On y trouve quelques tavernes et un hébergement bien au calme.

➢ ***Les petits villages de l'intérieur :*** ne pas hésiter à partir à la découverte de ces villages esseulés. Prendre, par exemple, plein sud, la route de Spilia. Un peu avant Episkopi, une petite route à droite mène à l'***église de Rotonda*** *(10h-13h et 14h-19h)* : il s'agit d'une église byzantine, consacrée à l'archange Michaël, dont l'architecture est unique. La coupole a cinq niveaux ou étages. Très belles

fresques à l'intérieur. Des fouilles ont permis d'établir que l'église actuelle a été bâtie sur les ruines d'une basilique paléochrétienne (Ve s), sans doute la plus ancienne de Crète.
On peut reprendre la route principale jusqu'à ***Déliana*** *(Δελιανα)*, village au sud duquel commencent des gorges. Faciles d'accès.
En rentrant sur Kolymvari, faire un petit détour par ***Pano Vouvès*** *(Πανω Βουβες)* : au centre du village, un olivier entouré de toutes les attentions... Il aurait environ 3 000 ans !

VÉNÉRABLES OLIVIERS

Au cours des randos, il n'est pas rare de croiser des oliviers aux impressionnants troncs tordus. Beaucoup d'entre eux sont multicentenaires, et on pense même que certains auraient plusieurs milliers d'années et pourraient avoir connu l'époque minoenne ! Une campagne a été lancée en 2009 pour en dresser l'inventaire et les protéger.

KASTELLI (ΚΑΣΤΕΛΙ) (73400) 4 275 hab.

Petite bourgade commerçante un peu endormie à une quarantaine de kilomètres à l'ouest de Hania, Kastelli (qui s'appelait Kissamos il n'y a pas si longtemps – on trouve encore écrit Kastelli Kissamou) est située à l'origine à l'intérieur des terres, mais les constructions s'étendent maintenant jusqu'à la plage. Pas beaucoup de charme en soi, mais pas antipathique non plus. On trouve de nombreux hébergements et, dans les environs, deux campings vraiment agréables. La ville possède deux ports en direction de l'ouest : un de pêche (à 1 km), l'autre pour les ferries (à 3,5 km), lesquels permettent d'ailleurs de gagner le sud du Péloponnèse. Ultime porte de la Crète, Kastelli se révèle donc une étape avantageuse pour les destinations de la côte ouest, comme Phalassarna ou l'île d'Élafonissi, et pour profiter des deux presqu'îles qui ferment son golfe (Gramvoussa et Rodopos).

UN VIN POUR LE FUTUR

Issu d'un cépage ancien appelé romeiko, le vin de Kastelli a la réputation de bien vieillir. À la naissance d'un enfant, il est de tradition de sceller un tonneau de ce vin qui ne sera ouvert qu'à sa majorité ou le jour de ses noces.

Arriver – Quitter

En bus

Station de bus : *dans la rue parallèle à la route principale, au niveau de* Maria Beach Rooms & Studios. *☎ 28-22-02-20-35.* Bus un peu moins nombreux le w-e.
➢ ***De/vers Hania :*** bus env ttes les heures 6h30-23h.
➢ ***De/vers Phalassarna :*** 8 bus/j. 9h30-20h30.

En bateau

Port d'embarquement : *à* ***Akrotiri Kavonissi,*** *à 3,5 km à l'ouest de Kastelli, sur la route de Phalassarna.* Les billets s'achètent à Kastelli, à l'agence *Horeftakis Tours, odos Skalidi* qui part de la place centrale du village *(☎ 28-22-02-38-88)* ; ou au port (mieux vaut acheter les billets à l'avance dans ce cas). Les traversées sont assurées de fin juin à oct par la compagnie *Lane (• lane-kithira.com •),* avec un ferry (à l'ancienne). L'agence loue également des voitures.
➢ ***Pour Cythère et le Pirée :*** en principe, liaisons 4 fois/sem (1 fois/sem, il poursuit ensuite sur Gythion, ou, en été, sur Kalamata, sud du Péloponnèse puis Le Pirée).

Adresses utiles

✉ **Poste :** *dans la rue principale, sur la droite en venant de Hania. Lun-ven 7h30-14h30.*

■ **Distributeurs de billets :** *sur la rue principale.* Plusieurs banques avec distributeurs.

Où dormir ?

Campings

⛺ **Camping Nopigia :** *situé à 5 km à l'est de Kastelli, à* ***Nopigia.*** *☎ 28-22-03-11-11. • campingnopigia.gr • Bus ttes les heures de Hania ou de Kastelli ; 2 arrêts à 300 m et 800 m du camping. Ouv mai-sept. Forfait pour 2 env 18,50-21,50 € selon saison.* Au bord de l'eau, mais pas de plage de sable (plutôt des rochers et des cailloux...). Cela dit, le site a beaucoup de charme, avec une petite touche presque bucolique, loin de la route. Le camping est calme, ombragé sous les tamaris et très propre, avec des emplacements délimités par des géraniums géants. On est un peu à l'étroit tout de même au cœur de l'été. Sanitaires corrects. Resto en self-service, bar et minimarché. Belle piscine face à la mer gratuite pour les clients, payante pour les autres. Location de tentes (pour 2 ou pour 4). Excellent accueil.

⛺ **Camping Mithimna :** *au niveau de* ***Nopigia,*** *à 1 km à l'est de Kastelli (sortie de la nationale étroite et en angle droit !). ☎ 28-22-03-14-44 ou 45. • campingmithimna.gr • Les bus de Kastelli s'arrêtent sur la New Road (à 300 m à pied) ou sur la Old Road (1 km à pied). Avr-oct. Forfait pour 2 env 19-22 €.* Calme, convivial et situé sur une vraie plage de sable, ce vaste camping ombragé dispose d'emplacements très convenables et de sanitaires propres. Ambiance sympa, à l'image de la bonne taverne (dont la terrasse donne sur la mer), du billard et du Baby-foot. Également des studios, des appartements et des tentes équipées (avec matelas, électricité et frigo !) à louer. Location de voitures et de mobylettes un peu chère. Accueil enjoué et décontracté.

De bon marché à prix moyens

Maria Beach Rooms & Studios : *vers l'extrémité ouest de la plage. ☎ 28-22-02-26-10. • mariabeach.gr • Avr-nov. Doubles standard 50-65 €, avec petit déj ; studios et apparts 2-4 pers env 50-95 €.* Si vous voulez être directement au bord de la plage, cet agréable petit complexe hôtelier de couleur ocre est idéal. Les chambres les plus anciennes, en retrait derrière le café, n'offrent pas toutes la vue sur la mer, contrairement aux appartements (pouvant accueillir 3-5 personnes), mais permettent d'être au calme. Sans déco particulière, mais tout est vraiment nickel et fonctionnel. Presque un petit luxe, à des prix honnêtes. Bon accueil. Petit déjeuner possible au café-restaurant de l'hôtel. Parasols et transats, ambiance bronzette !

Rooms Argo : *sur la partie gauche du front de mer, non loin du centre, à hauteur de la taverne* Papadakis *(même proprio). ☎ 28-22-02-35-63. • papadakisargo.gr • De mi-avr à fin oct. Doubles env 30-50 € selon saison, avec petit déj.* Petite construction moderne face à la mer. Dans les étages, 8 chambres pour 2-4 personnes avec salle de bains, AC, TV et frigo, vue sur le large ou pas, avec ou sans balcon. Sans charme, pour ne pas dire un brin austère et vieillissant, mais fonctionnel et propre. Pratique pour une étape.

LA CÔTE OUEST

Où manger ?

|●| **Taverna Papadakis :** *pl. Telonio, sur le front de mer, côté ouest par rapport à la place principale. ☎ 28-22-02-23-40. Env 10-15 €/pers.* Dans cette grande taverne familiale stratégiquement située sur la

promenade piétonne, large choix de plats préparés et grillades de viande ou poisson et langoustes. Les classiques sont connus sur le bout des doigts, et le chef a des talents de pâtissier. Les Grecs y viennent, le pope aussi, c'est l'institution du coin depuis des lustres ! Service efficace et souriant.

The Cellar : *sur le front de mer, côté est. ☎ 28-22-02-37-00. Avr-fin oct, à partir de 9h pour le petit déj. Repas 15-20 €.* Tables nappées de carreaux bleus et blancs, bien alignées face à la mer. Très populaire, avec un choix de plats crétois classiques tout à fait convenables, comme la seiche au fenouil et olives noires, ou l'agneau au four. Une bonne adresse sans mauvaises surprises, idéale pour profiter du coucher de soleil sur la baie.

À voir

Le Musée archéologique : *sur la place centrale. ☎ 28-22-08-33-08. Tte l'année, tlj sf lun 8h-15h. Entrée : 3 €.* Ce musée, bien conçu, est une bonne surprise dans un endroit si inattendu. Il expose de manière chronologique les découvertes de la région, de la préhistoire au début de l'ère chrétienne. En plus des habituelles poteries et statues, avec des explications en anglais, quelques pièces remarquables, fort bien mises en valeur. Parmi nos préférées : une touchante stèle funéraire de 50 av. J.-C. représentant une *dexiosis* (un père et sa fille se serrant la main, classique scène d'adieu), un minitemple ressemblant à ces petites chapelles que l'on voit au bord des routes, un torse de Dionysos, une statue d'un satyre affublé d'une peau de panthère, une statuette d'Hercule portant un gourdin... Et, à l'étage, de superbes mosaïques romaines représentant les quatre saisons sous forme de médaillons, très bien conservés, ainsi que des panthères tirant un char.

À voir dans le coin

Le port de pêche : *à 1 km à l'ouest de la ville, sur la route de Phalassarna.* Petit port animé par les couleurs chaudes des bateaux et les bouquets de filets sur le quai.

Polyrrinia (Πολυρρηνια) **:** *au sud de Kastelli, à 7 km.* Il s'agit des ruines d'une ville prospère dans l'Antiquité dont les puits sont toujours en activité. Découvrez la vue splendide à 360° du haut de l'acropole. C'est sublime ! Vestiges de murs cyclopéens et ruines romaines. Rendez-vous jusqu'à la chapelle émouvante avec son cimetière. Chaque tombe possède une vitrine pour y déposer des fleurs à l'abri du vent. Le village de Polyrrinia ne manque pas d'intérêt non plus (avec, notamment, un artisan qui travaille le bois d'olivier).

La presqu'île de Gramvoussa (Γραμβουσα) **:** *accès en bateau si l'on ne souhaite qu'aller à la plage (voir plus loin). Un bus matinal venant de Hania termine également sa course au départ de la presqu'île, après un arrêt à Kastelli. Ceux qui souhaitent l'explorer par leurs propres moyens trouveront, peu après Trahilos (bus de Kastelli), une route pour Kalyviani.*
Ce tout petit village est plutôt mignon avec sa rigole qui le traverse de part en part, sa statue, son église et son *kafénio* attachant avec quelques tables sous un vieux platane. De là, monter plein nord (la direction de la presqu'île n'est pas indiquée, mais il suffit de suivre les pancartes pour l'hôtel *Balos Beach*). Après l'hôtel, une piste débute, à flanc de montagne. Elle est en assez bon état sur les 7,6 km (aller) de sa longueur, mais compter 30 bonnes minutes au moins, pour louvoyer entre les nids de poule et ne pas abîmer la voiture *(petit droit de passage : 1 €/adulte, 0,50 €/enfant).* Au bout de la piste, un parking et une cantine. Un chemin pédestre, bien aménagé, mène à la plage de Balos en 25 mn supplémentaires (un peu plus dur au retour évidemment, ça monte !). Au bout de 5 mn de marche, magnifique

point de vue sur deux îlots sauvages, *Iméri Gramvoussa* et *Agria Gramvoussa* (le plus au nord). Le premier est coiffé d'une forteresse vénitienne, aujourd'hui en ruine. Le coin était un repaire de pirates jusqu'au début du XIXe s. Kazantzakis raconte que son arrière-grand-père, le crâne rasé au-dessus du front, portant la tresse, s'attaquait aux bateaux qui passaient au large, qu'ils soient chrétiens ou musulmans. La raison de ces actes était que les rebelles crétois qui avaient libéré ce petit bout de Crète du joug turc disaient ne pas avoir d'autres moyens de subsistance !
– En bas du chemin, magnifique ***plage de Balos*** *(Μπαλος),* avec son grand lagon et ses langues de sable. Le site est vraiment gigantesque et envoûtant. Malheureusement, l'été, c'est envahi de touristes qui débarquent tôt le matin pour y passer la journée. Location de transats sur place, mais ce n'est franchement pas donné.
– L'îlot juste en face peut, en principe, être rejoint à pied (1 m d'eau). Possibilité d'arriver à cette plage par bateau à partir d'***Akrotiri Kavonissi,*** le port de Kastelli (à 3,5 km à l'ouest de la ville). *Infos auprès de **Gramvoussa-Balos Cruises** : ☎ 28-22-02-43-44. • cretandailycruises.com • Compter env 27 €/pers et 13 € pour les 3-12 ans.* Départs tlj mai-oct (jusqu'à 4 départs/j. en hte saison). Départs avec halte le midi sur l'île de Gramvoussa, puis baignade dans le petit lagon de Balos et retour direct entre 17h45 et 19h30. En revanche, mieux vaut le savoir, en saison c'est la foule des grands jours et la fiesta à bord !

Randonnées pédestres

Si on le souhaite, on peut organiser des randos avec *Strata Walking Tours,* basé à Kastelli *(rens à la taverne* The Cellar *sur le front de mer ; ☎ 28-22-02-42-49 ; • stratatours.com •).* Propose notamment de « faire » les 11 gorges de la région...

➢ Possibilité de se rendre à ***Phalassarna*** moitié en bus, moitié à pied. Longue balade de quelques heures. Prendre un bus à Kastelli pour Sfinari ou Platanos. Descendre un peu avant Agios Géorgios, à l'embranchement pour *Néo Horio.* Piste pour ce dernier. Du village de Néo Horio, emprunter une autre piste pour le minuscule patelin de *Pipériana* (demander, car rares sont les pancartes et multiples sont les chemins). De Pipériana, petit sentier (se faire préciser lequel) menant directement à la plage de Phalassarna au sable rose grâce aux coraux. Arrivée superbe sur la baie. Se munir d'un sac léger, de l'eau et des chaussures fermées.

PHALASSARNA (ΦΑΛΑΣΑΡΝΑ) (73400)

À environ 17 km à l'ouest de Kastelli. L'une des plus belles plages de la côte ouest. La baie, composée en fait de plusieurs plages, est vraiment immense. Pour s'y rendre, la route musarde dans de jolis paysages et passe par Platanos. Panorama impressionnant, surtout en fin de journée, avant d'amorcer la descente vers Phalassarna. En bas, pas de véritable village, quelques hôtels, pensions et tavernes, deux vastes plages et, hélas, une étendue d'immenses serres en plastique dans un environnement aride. La présence d'un site archéologique à proximité bloque en principe tous les projets immobiliers.
Il y a foule le week-end, quand les habitants de Hania viennent à la plage. On ne compte alors plus les parasols alignés... Attention, *dernières pompes à essence* à Platanos ! La suivante, vers le sud, se trouve dans le village d'Élos. De même, pas de distributeur à disposition ; encore une fois, il faut se rendre à Platanos.

Arriver – Quitter

➢ ***De/vers Hania et Kastelli :*** 8 bus/j. en saison ; départs de Hania 8h30-19h30 (9h30-20h30 de Kastelli). Retour sur Hania, via Kastelli, tout de suite après l'arrivée à Phalassarna.

Où dormir ? Où manger ?

Prix moyens

Stathis & Anastasia : *en bas du « village », sur la droite. ☎ 28-22-04-14-80. 69-86-73-16-77. • stathisanastasia.com • Selon saison, doubles 30-50 €. Studios 3 pers avec cuisine 35-55 € ; apparts 40-65 €. CB refusées. Réduc de 5 € sur présentation de ce guide.* Une charmante pension de famille où l'on est accueilli à la crétoise, avec un petit verre de raki ou quelques fruits (souvent les deux !). Anastasia chouchoute ses hôtes, toujours prête à suggérer une idée de balade pour la journée. Une vingtaine de chambres et d'appartements, avec AC ou ventilo, simples et plaisants, avec, depuis les terrasses, une jolie vue sur la montagne et la mer. Une adresse à la fois modeste et fort sympathique, à l'image de la maîtresse de maison... et de la bouteille de la cuvée du patron offerte à l'arrivée !

Petritos : *en descendant vers la côte, prendre à gauche à la fourche (panneaux). ☎ 28-22-04-15-97. 69-73-77-36-31. • petritos.gr • Selon saison, doubles env 35-45 €.* Coup de cœur pour ce petit établissement familial pimpant, où l'on est reçus comme des amis : chambres nickel et tout confort avec un petit effort de déco (belles salles de bains, parfois avec des baignoires à remous), excellent petit déj servi dans un kiosque avec vue sur la mer (en supplément, mais ça vaut le coup)... et il y a même une jolie piscine ! On est bien ici !

Rooms Aqua Marine : *en allant vers la plage sur la droite, face à l'hôtel Phalassarna Beach. ☎ 28-22-04-14-14. 69-73-61-34-72. • aquamarine.gr • Tte l'année. Selon saison, doubles 40-45 € ; également 2 apparts avec kitchenette 60-65 € selon saison ; avec petit déj (léger !).* Sympathique maison au milieu de la végétation, bercée par le chant des cigales. Décontractez-vous, ambiance routard ! Confort simple et entretien parfois un peu moyen pour les petites chambres claires, avec balcon, ventilo, AC *(5 € en sus),* douche, w-c, et frigo pour certaines. Cuisine commune équipée, barbecue à disposition, table de ping-pong... Une bonne petite adresse pour qui est prêt à troquer un peu de confort pour plus de convivialité (on y organise même des vendanges en septembre !).

Taverna-hotel Adam : *route de gauche en arrivant au « village ». ☎ 28-22-04-15-51. • adam-apartments.gr • Avr-oct. Doubles 38-50 € selon saison, AC inclus.* Dans de petits bâtiments voisins de la taverne, une adresse sans chichis de 8 chambres un peu datées mais convenables, avec belle vue sur Big Beach (pas très loin à pied). Toutes avec salle de bains, miniterrasse fleurie et frigo. Confort standard. Resto sous une agréable tonnelle, servant une honnête cuisine traditionnelle *(plats env 7-9 €).*

Panorama : *1re route à gauche en bas de la descente, avt d'arriver dans le village. ☎ 28-22-04-13-36. 69-72-80-11-67. • falasarna.gr • De mi-avr à fin oct. Doubles 50-65 €, triples 65-75 €, avec petit déj. Plats 6-11 €.* Tenues par une équipe charmante, cet hôtel convivial dispose de chambres spacieuses et confortables, avec vue plongeante sur la mer turquoise. Également des appartements pour 3 et 4 personnes, bien équipés. Piscine très agréable, profitant du même panorama. Grande terrasse au resto, proposant une bonne cuisine familiale sans prétention (en été, ne pas manquer les feuilles de vigne et les fleurs de courgette farcies) et du poisson frais.

LA CÔTE OUEST

🏠 🍽 ***Pension Sunset :*** *hôtel au bout de la route, surplombant la plage. ☎ 28-22-04-12-04. • sunset.com.gr • Avr-oct. Doubles env 40-45 € ; apparts 50-65 € selon saison. CB refusées.* Chambres toutes simples mais correctes, avec clim et salle d'eau. Demander le côté mer, c'est quand même plus glamour (belle vue plongeante sur 2 criques, difficile de faire mieux !). Également des bungalows pour 4, avec coin cuisine équipé et petite terrasse fleurie, ainsi que des villas pour 6 *(100-200 €)*. En revanche, environnement peu séduisant côté cour qui sert de vaste parking. Au resto, une cuisine familiale à prix modérés, servie sur une très agréable terrasse à l'abri d'énormes figuiers et vue superbe sur la mer. Accueil aimable.

Plus chic

🏠 ***Kavousi Resorts :*** *dans la descente pour Phalassarna, prendre la direction du petit port, puis surveiller sur la gauche. ☎ 28-22-04-12-51. 📱 69-42-80-20-65. • kavousi.gr • Studios 2 pers 30-60 € (également des studios pour 3 pers) ; apparts 60-80 €.* Mignonne adresse de construction récente tenue par la chaleureuse famille Marthadaki, qui vous mettra immédiatement à l'aise. Studios et appartements propres, bien conçus et confortables (cuisines un peu justes, cela dit), avec balcon privatif ou terrasse. Vue sur toute la baie et sur un adorable petit jardin fleuri. Un lieu très tranquille, et finalement pas si cher (sauf pour le petit déj, un peu surévalué).

🏠 ***Apartments Doma :*** *en bas de la station, à droite. ☎ 28-22-04-17-26. 📱 69-72-84-19-89. • domaapts.gr • De mai à mi-oct. Quelques studios (pour 2) 42-60 €, apparts (2-6 pers) 50-95 € selon période et taille.* De construction récente, un ensemble à taille humaine bien agréable, avec ses hamacs suspendus dans les arbres du jardin. Chambres et appartements bien aménagés et nickel, tous avec balcon (ouverts à l'étage, bien camouflés au rez-de-chaussée, selon l'intimité recherchée).

Où manger dans les environs ?

Au départ des hébergements de Phalassarna, les adresses suivantes requièrent d'être motorisé.

🍽 ***Captain Nicolas*** *(Capétan Nikola)* ***:*** *au sud de Phalassarna, près du petit port. ☎ 28-22-04-12-69. Repas env 10-15 € (plus pour le poisson au poids).* À deux pas du rivage (d'ailleurs, quelques tables sont carrément posées sur le sable), une taverne réputée pour son poisson. Les autres plats sont plus quelconques, mais fort convenables. Clientèle d'habitués, familles locales en majorité. Service efficace et très rapide ! Cascade de desserts offerts (*kalitsounia*, pastèque et raki).

🍽 ***Taverna Vassilis :*** *dans la partie sud de Phalassarna. ☎ 28-22-04-15-29. Revenir au croisement en bas de la descente et prendre la route de droite en venant de la plage. Tlj midi et soir. Plats 7-15 €.* Agréable terrasse ombragée ouverte sur un jardin un peu kitsch orné de statues à l'antique et d'amphores. Vue superbe sur la mer au loin. Bonne cuisine, goûteuse et bien servie, qu'il s'agisse des plats de viande ou des poissons et crustacés, disponibles selon arrivage.

🍽 ***Zaharias :*** *dans* ***Platanos,*** *route de Phalassarna. ☎ 28-22-04-12-85. Tlj, mat, midi et soir. Plats 6-12 €.* Pour une petite halte sur la route. Ambiance sympa, avec du mobilier coloré en terrasse et un accueil sans chichis (et francophone, si le patron est là) d'une famille de producteurs maraîchers. Bons légumes donc, en partie bio, auxquels s'ajoute du poisson frais (si c'est congelé, c'est précisé) à tarifs intéressants, y compris l'espadon.

À voir. À faire

⛱ Au programme : farniente et encore farniente ! La superbe ***plage*** est très étendue, assez découpée : sable fin, blond et inévitables chaises longues et parasols (mais il reste de la place pour poser sa serviette...). La plus grande partie est surnommée *Big Beach,* avec son eau turquoise en été, mais l'on trouve encore de petits bouts de plage moins visités entre les rochers. La propreté peut donc être aléatoire, en fonction de dégazages occasionnels de pétroliers passant au large.

Au nord de la plage, au milieu des serres de tomates, les vestiges du ***site antique*** fondé par les Doriens au VIIIe s av. J.-C. *(après le dernier parking à hauteur du Sunset, continuer la piste sur 1,5 km env).* Le long du massif rocheux, quelques murs, bassins et éléments de quais ont été révélés, et l'on trouve un petit champ de fouilles : le port antique de Phalassarna a été mis à sec à la suite de l'élévation de la région de 6 m, lors d'un séisme vers 365 apr. J.-C. !

DE PHALASSARNA À ÉLAFONISSI

La route vers le sud, après Phalassarna, est impressionnante. Rocaille, falaises et vues plongeantes. Dans la descente, on passe par *Sfinari,* village tranquille accroché sur une colline en pente douce et noyé dans la végétation, entre deux massifs rocheux. Cette région est encore assez isolée, prévoyez carburant et ravitaillement.

Sfinari *(Σφηναρι)* **:** une plage de galets très ventée en contrebas du village, à 300 m environ, et quelques serres et cultures en terrasses. Rien à voir de particulier, mais calme assuré et camp de base propice à quelques balades dans les environs.
➢ ***De/vers Kastelli :*** 1 bus/j. en principe.

Aires de camping : *au bord de la plage de Sfinari, en contrebas du village.* En fait, ce sont de petits espaces accordés gratuitement par les restos si vous allez manger chez eux. Extrêmement rudimentaire. Douches sur la plage. Le restaurant ***Fish Tavern Sunset,*** en plus de proposer de beaux poissons au barbecue, est le seul à offrir un terrain de camping en retrait, tout au fond, avec un peu d'ombre (w-c dans le resto). Sinon, le *Thalami* offre une aire relativement ombragée, sous les eucalyptus.

Petites pensions et tavernes dans le village, sur la route principale ou sur la plage. On recommande notamment ***Thalami*** *(chez Georgakakis),* une taverne familiale en bord de mer, où l'on déguste les produits maison à petits prix. Agréable terrasse au-dessus de la plage (mais si ça souffle, c'est à la limite du supportable !).

➢ La route en corniche reprend, bordée de fleurs au printemps, s'élevant rapidement via de sauvages vallées intérieures, certaines joliment cultivées, d'autres abandonnées aux lauriers-roses.
On passe à ***Kambos*** *(Καμπος)* d'où il est possible de faire une balade dans les gorges de Kambos (compter 3h30 aller-retour).

À la sortie de Kambos, sur la droite, une route descend sur ***Afrotolaki*** *(Αφροτολακοι).* À 3 km, petite plage de galets et sa crique de mer bleue, mais pas idéale pour la baignade. Principal avantage, c'est assez calme et peu fréquenté.

Livadia : en revenant vers Kambos, on poursuit la route principale sur 3 km avant de bifurquer vers la mer et le village de Livadia. On est là à mi-chemin du sentier de randonnée européen E4 qui commence au village de Kambos et se poursuit Chrissoskalitisa et Élafonissi. Cet itinéraire offre un panorama exceptionnel en bord de mer, avec toute la beauté sauvage de la Crète et ses variations incroyables de paysages, alternant les champs d'oliviers et les roches volcaniques noir et rouge battus par les vagues que l'on découvre au-delà du petit port de Livadia. Derrière les rochers, un groupe de petits lacs aux eaux vertes. Les criques de sable et de galets sont idéales pour une baignade rafraîchissante, mais on peut se contenter de la plage de galets à l'intérieur du port.

De retour vers la montagne, on passe ensuite par plusieurs petits villages (parfois à moitié désertés), à flanc de montagne. Au village de ***Kéfali*** *(Κεφαλι)*, tout mignon avec son église blanche qui domine la vallée, deux routes : celle qui va rejoindre la route principale de Paléochora et celle qui se dirige vers Élafonissi.

Le monastère de Chryssoskalitissa *(Μονη Χρυσοσκαλιτισα)* **:** *avr-oct, ouv en principe tlj 7h (7h30 sept)-20h ; hors saison, tlj 8h-12h, 14h-16h. Entrée : 2 € ; réduc ; gratuit moins de 11 ans.* La route se poursuit sur 10 km jusqu'à ce monastère, juché sur un promontoire rocheux au-dessus de la mer. En été, le défilé de cars gâche un peu la visite. En 1824, il fut, dit-on, épargné d'un pillage certain par les troupes ottomanes, par l'intervention miraculeuse d'un essaim d'abeilles. Le monastère fut utilisé comme prison par les Allemands durant la Seconde Guerre mondiale. Aujourd'hui, il n'est plus habité, mais sa visite permet de jeter un coup d'œil à l'église (retable, autel doré...), au musée de poche aménagé dans les anciennes cellules (icônes du XVIe au XIXe s, mobilier...), et de profiter de la vue sur la côte depuis le chemin de ronde. Sympa, mais vite vu et un peu court en explications.

Taverna Sunset : *sur la route du monastère, env 500 m avant ce dernier. ☎ 28-22-06-11-10. Plats env 7-10 €.* Quelle bonne trouvaille que cette petite auberge familiale, dont la terrasse cachée derrière la maison profite d'une superbe vue panoramique sur le monastère. Idéal pour déguster une savoureuse cuisine traditionnelle, mitonnée avec les légumes du jardin et les viandes de la ferme, et bien sûr accommodée avec l'huile de la maison. Vraiment bien, jusqu'à l'accueil, gentil comme tout.

ÉLAFONISSI (ΕΛΑΦΟΝΗΣΙ) (73001)

De Moni Chryssoskalitissa, par une route de 6 km en direction du sud. Elle passe au travers des oliveraies, longe une forêt de cèdres et aboutit à Élafonissi, une presqu'île située à quelques dizaines de mètres de la plage. Encore un lieu magnifique et marqué par l'Histoire. Le 5 mai 1824, 850 femmes, enfants et vieillards pourchassés par les Turcs y trouvèrent refuge. Les Ottomans, avec leurs chevaux, franchirent le gué et massacrèrent les Crétois, à l'exception des jeunes femmes envoyées en Égypte pour y être vendues comme esclaves. On dit que le sable de la plage est rose depuis cet événement tragique. Paysage austère (peu d'arbres, relief limité), mais plage superbe. Eau exceptionnellement claire, un vrai lagon. Élafonissi se gagne à pied par une langue de sable formant une sorte de gué ou à la nage, selon les années ou la période. Spot de windsurf également (mais apporter sa planche !). Autant le lieu peut être franchement dissuasif en été par sa surpopulation et ses rangées interminables de voitures garées à touche-touche, autant, hors saison, il nous retient avec ses petits airs d'atoll délicieux. Le mieux est de dormir à proximité pour profiter des lieux avant 10h ou après 16h. Si vous venez aux heures d'affluence, vous pourrez tout de même trouver votre petit coin de paradis sur la presqu'île. Si, si ! Encore du monde sur la première crique, mais plus on avance vers la gauche, plus elles sont tranquilles ! L'eau est idéalement chaude pour y barboter des heures durant. Des rochers par endroits, apportez vos masques et tubas, sans oublier votre bouteille d'eau ou autres provisions.

Enfin, noter qu'il n'y a pas de route directe pour rejoindre rapidement Paléochora (ou alors une très mauvaise piste que nous vous déconseillons plus que vivement) ; il faut repasser par Kéfali et Élos, à moins d'y aller à pied (voir notre rando expliquée plus loin...) ou en bateau.

Arriver – Quitter

➢ ***De/vers Hania :*** 1 bus/j. à 9h au départ de Hania. Retour d'Élafonissi à 16h.

➢ ***De/vers Paléochora :*** pour ceux qui séjournent dans cette petite station balnéaire (voir plus loin « Le sud-ouest de la Crète »), en principe 1 liaison/j. en bateau (sf dim) en saison slt (mais elle n'est pas toujours assurée). En bus, départ de Paléochora à 10h, retour à 16h. Attention, horaires sujets à changements d'une année sur l'autre.

Où dormir ? Où manger ?

Élafonissi Resort (famille Kalomirakis) : *sur la gauche, dans la descente vers la plage. ☎ 28-22-06-12-74. 69-83-51-61-37. • elafonisi-resort.com • Avr-début nov. Doubles 35-60 € ; bungalows pour 4 pers 50-80 €. Plats classiques 10-15 €.* Le site est vaste. Car il y a d'une part l'auberge d'origine, avec le restaurant au rez-de-chaussée, et d'autre part différents bâtiments dispersés dans la propriété parmi les oliviers. Selon ses besoins (taille, confort), on loge dans l'une ou l'autre structure dans des chambres sobres, spacieuses et plaisantes, avec une belle vue sur la baie pour la plupart. Une vraie cure de repos ou de désintoxication, c'est selon ! Cuisine familiale, poisson de toute fraîcheur. Petite supérette en bas. Excellent accueil. De loin la meilleure adresse du coin.

Rooms et taverna Panorama : *la dernière sur la gauche dans la descente à 250 m de la plage. ☎ 28-22-06-15-48. • elafonisi-village.gr • Avr-oct. Doubles 50-60 €. Plats classiques 6-10 €.* Une dizaine de chambres et studios, de type bungalow en pierre, pas bien grands, pas tout jeunes, mais correctement tenus, avec frigo, AC, salle de bains et petite terrasse devant le jardin de cactus. Lits de repos pour bronzer. Rien de bien folichon, mais elles sont tranquilles et suffisamment éloignées de la taverne. Terrasse extra pour celle-ci d'ailleurs, bien ombragée et dominant la baie en format cinémascope. Un « panorama » de plus, mais pas n'importe lequel. En revanche, l'accueil est inégal, c'est dommage.

1 ou 2 ***cantines*** servent des boissons et brochettes sur la plage. Douche et w-c accessibles pour les clients.

Randonnée pédestre

➢ ***Paléochora :*** pour ceux qui voudraient rallier Paléochora autrement qu'en bateau *(départ en principe tlj en saison, vers 16h-16h30)* ou en voiture. Compter environ 4h pour 12 km de marche jusqu'à la plage de Krios. Suivre toujours le sentier de randonnée E4 (chaque panneau portant un losange ou tout autre support du type cairn est visible depuis le précédent). D'Élafonissi, faites-vous préciser le début du chemin, car l'accès n'est pas facile à trouver. Départ au niveau de l'embarcadère (à gauche de l'île quand on est face à la mer, au bout de la plage). Début difficile, dans les rochers, avec une végétation rare et piquante. À mi-chemin, petite église blanche et ruines au loin, pas besoin d'aller la voir. On arrive sur *Krios Beach* (galets, douche), près de Koundouras. De là, tenter l'auto-stop (5 km) ou attendre un bus, cette partie de la marche devenant vraiment sans intérêt, on traverse un canyon de serres en plastique. *Attention au soleil :* prévoyez de l'eau et, si vous ne vous sentez pas d'attaque, laissez tomber !

LA ROUTE JUSQU'À PALÉOCHORA

De *Kéfali* (sud de Sfinari) à *Strovlès,* joli itinéraire, mais pas mal de monde en saison. Pompe à essence à *Élos* et une autre un peu plus loin. Au sud de Strovlès, trois routes : la principale passe par Kakodiki. La plus courte, via Sarakina, a été récemment goudronnée et rejoint la mer un peu à l'ouest de Paléochora.

Milia : *à env 4,5 km de* ***Vlatos.*** *☎ 28-21-04-67-74. • milia.gr • Bien indiqué depuis le centre du village de Vlatos (les 2,5 derniers km sont carrossables mais pas goudronnés). Tte l'année. Résa indispensable. Doubles env 80-115 € pour 2 selon confort, petit déj compris ; suites 3-4 pers 122-134 €. Au resto (ouv midi et soir aux non-résidents), repas 13-20 €.* Nous sommes ici très loin des usines à touristes. Il s'agit d'un ancien village de montagne, abandonné dans les années 1950, puis racheté et entièrement restauré par les actuels propriétaires pour le métamorphoser en hôtel hors normes ! Chaque maison abrite désormais des chambres uniques, avec cheminées (et chauffage central pour l'hiver !), meubles rustiques et belles salles de bains. L'électricité est fournie par des panneaux solaires, et c'est l'eau des montagnes qui coule au robinet. Le village est lové dans la verdure, les fleurs et des arbres plusieurs fois centenaires (châtaigniers, oliviers, chênes...), avec une rivière en contrebas. L'auberge (qui fait également office de réception), à l'extrémité du village, s'intègre parfaitement à l'environnement ; murs de pierre, plafond aux poutres apparentes, tables de ferme et grande cheminée. Le petit déj est entièrement fait maison et à volonté (avec yaourts, gâteaux, confitures, etc.). Menu du jour en fonction des saisons (on s'adapte !) et quelques plats végétariens préparés avec les légumes du jardin. Le tout bio (à 80 %) et local. Accueil agréable de Tassos et de Giorgios, les deux patrons, qui parlent l'anglais et organisent toutes sortes d'activités (cours de cuisine, randonnées...).

LE SUD-OUEST DE LA CRÈTE

• Carte Le département de Hania (La Canée) *p. 198-199*
• Carte Le département de Réthymnon *p. 178-179*

PALÉOCHORA (ΠΑΛΑΙΟΧΩΡΑ) (73001) 1 900 hab.

• Plan *p. 237*

Petit port dans le sud-ouest de l'île, à 1h de route (très jolie, mais sinueuse) de la côte nord. Il fut pendant longtemps un refuge apprécié des hippies et beatniks, au temps béni de la « route ». Évidemment, tout ça a bien changé et les *rooms for rent* ont poussé comme crocus au printemps. Cependant, le village a gardé un certain équilibre entre développement touristique et mode de vie authentique. C'est sans doute dû à son relatif enclavement et à sa taille modeste, mais peut-être aussi grâce à ce passé, qui affleure encore un peu à la surface... De mai à octobre, la rue Vénizélou est fermée à la circulation, du moins une partie de la journée, et investie par les terrasses.

Paléochora est dominée par les ruines (mais vraiment des ruines !) d'un fort vénitien du XIIIe s et présente deux ouvertures sur la mer : d'un côté, une très belle plage de sable fin et, de l'autre, une plage de galets plus calme, où se concentrent les chambres à louer avec vue. Voilà, rien d'autre à y faire si ce n'est flâner dans ses charmantes ruelles, siroter un verre à ses terrasses en

contemplant le soleil couchant et puis filer à la crétoise vers les petits ports de Sougia, Agia Rouméli et Loutro, accessibles par bateau. Le coin étant parfois très venté en été, il arrive que soient suspendues les liaisons maritimes : bien vérifier les prévisions météo avant d'envisager une excursion en mer. Le sirocco, sec et chaud (et pas très agréable quand il s'ajoute à la canicule !), n'a en effet pas très long à traverser depuis la Libye.

Arriver – Quitter

En bus

Station de bus *(hors plan par B1)* **:** *odos Vénizélou (la rue principale).* ☎ *28-23-04-19-14. Fréquents changements d'horaires ; pour plus de précautions, consulter • e-ktel.com •*

➢ ***De/vers Hania :*** aller, 6 bus/j., 5h15-20h ; retour, 5 bus/j. 7h30-22h.

➢ ***De/vers Élafonissi :*** 1 bus/j., départ à 10h, en principe retour à 16h. Là aussi changement pour récupérer le bus venant de Hania. Durée : 1h30.

➢ ***Pour Omalos et les gorges de Samaria, via Sougia et Agia Irini :*** en été, théoriquement, 1 départ tôt le matin à 6h15.

En bateau

Les bateaux ne circulent guère que d'avril ou mai à octobre. Il y a bien quelques liaisons hivernales, y compris pour Gavdos, mais slt quand le temps le permet. D'autre part, les fréquences et les horaires changent régulièrement. Vérifiez sur le site *• anendyk.gr •* ou, sur place, auprès des agences et de l'office de tourisme. Seulement 2 petits ferries (à l'ancienne), le *Daskalogiannis* et le *Samaria,* qui transportent les voitures. Possibilité de débarquer son véhicule à Sougia, Chora Sfakion et Gavdos, mais pas à Loutro. Inutile à Agia Rouméli, à moins que vous n'y dormiez, puisque ce port n'est relié par aucune route au reste de l'île. On peut réserver un passage de la voiture par tél ou e-mail la veille du trajet. À ces 2 ferries vient s'ajouter le *Neptune,* beaucoup plus petit, qui ne prend que des passagers.

➢ ***De/vers Sougia, Agia Rouméli, puis Loutro et Chora Sfakion :*** départ du port tlj vers 8h30 (juil-août, bateau supplémentaire à 7h). Durée : env 40 mn pour Sougia, 1h30 pour Agia Rouméli. Dans ce port, un autre bateau prend le relais pour Loutro et Chora Sfakion. Même schéma pour le retour, qui peut s'effectuer dans la journée (départ à 17h30 d'Agia Rouméli). Horaires légèrement différents en avr et 15-31 oct. L'hiver, fréquence beaucoup plus limitée. Attention, ces horaires peuvent changer d'une année sur l'autre (voir plus haut). Ttes les agences vendent des billets : on peut recommander ***Selino Travel Agency*** *(plan B2, **1** ;* ☎ *28-23-04-22-72),* tt près du port.

➢ ***De/vers Gavdos :*** se renseigner à l'agence ci-avant ou à la compagnie *Anendyk* *(☎ 28-21-09-55-11).* En principe, liaison slt lun et mer à 8h30, via Sougia et Agia Rouméli. Retour dans la foulée, donc prévoir au min 1 nuit sur place. Encore une fois, ces infos, juste indicatives, peuvent changer d'une année sur l'autre.

Adresses utiles

ℹ ***Office de tourisme*** *(plan B1)* **:** *petit bureau sur le port.* ☎ *28-23-04-15-07. En principe, ouv slt en hte saison tlj sf mar 8h-14h.* Petit plan de ville gratuit. Horaires des bateaux.

✉ ***Poste*** *(plan A1)* **:** *dans la rue qui borde la plage de sable. Lun-ven 7h30-14h30.*

■ ***Distributeurs de billets et change :*** *plusieurs distributeurs sur odos Vénizélou (plan B1). Change possible à l'**Agricultural Bank of Greece** et à la **Bank of Hania.***

■ ***Location de voitures, scooters et motos :*** ***Notos*** *(Tsiskakis Travel ; plan B1, **3**),* ☎ *28-23-04-21-10. • notoscar.com •* Propose également des tours dans les gorges de Samaria, Agia Irini, etc.

■ ***Laveries*** *(plan B1)* **:** *odos Vénizélou, à côté de Notos.*

■ ***Stations-service :*** *à l'entrée de la*

ville, dans une allée bordée de tamaris. Également sur la route côtière ouest (vers Koundouras), après la plage de sable.

Où dormir ?

Beaucoup d'offres à Paléochora. En vous infiltrant dans les ruelles, vous verrez les nombreuses pancartes « *Rooms to rent* ». Chambres, pour la plupart, avec balcon et vue sur la mer dans des maisons populaires.

Campings

Camping Paléochora *(hors plan par B1)* **:** *à 2 km de la ville vers l'est, le long de la plage de galets. ☎ 28-23-04-11-20. 📱 69-70-88-31-29. • campingpaleochora.gr • Du port, à pied, longer la mer (vers la gauche face à la mer). Avr-oct. Réception 9h-12h. Forfait pour 2 env 20 €.* Un petit camping coincé entre mer et falaises, plutôt rudimentaire côté confort (peu d'ombre, terrain caillouteux, eau chaude aléatoire...), mais globalement tranquille et sympa. Taverne conviviale pour l'apéro. Bon accueil.

Camping Gramméno *(hors plan par A1)* **:** *à 3,5 km de la ville, dans la direction de Koundouras (env 3-4 bus/j.). ☎ 28-23-04-21-25. • grammenocamping.gr • Tte l'année. Forfait pour 2 env 21 €.* Petit camping tranquille, aménagé au bord d'une belle plage de sable. Assez caillouteux et relativement peu d'ombre, mais quelques tonnelles et des bambous ici ou là permettent de se protéger du soleil. Location de mobile homes. Barbecue à disposition, épicerie et petit resto. Accueil charmant.

Bon marché

Castello *(plan A2,* ***14****)* **:** *à l'extrémité sud de la plage de sable face à l'est. ☎ 28-23-04-11-43. Avr-oct. Doubles env 35-40 €. CB refusées. Résa impérative en hte saison.* Situé dans l'un des coins les plus tranquilles de la ville, ce petit hôtel profite d'un bel emplacement en surplomb de la plage. Vue géniale, surtout depuis la terrasse du café carrément posée dans le sable ! Quant aux chambres, elles sont très bien tenues, simples, claires avec balcon (ou non) et vue sur la mer. Bonne literie et AC. Accueil cordial du propriétaire anglophone. Un très bon rapport qualité-prix.

Anonymous Homestay *(plan A1,* ***12****)* **:** *en plein centre. ☎ 28-23-04-15-09. • anonymoushomestay.com • Rens à l'arrière, ou à la boutique de vêtements Zic Zac, à côté de To Stéki. Tte l'année. Doubles env 25-30 € (AC en sus). CB refusées.* Ruelle calme et centrale. Jolie maison crétoise en pierre avec des volets bleus et à l'arrière un paisible jardinet touffu, où les enfants peuvent jouer à l'aise. Tout autour, une poignée de chambres au confort basique, équipées de ventilateur au plafond et d'un réfrigérateur. Pas bien grand dans l'ensemble, mais correct. Évitez toutefois celle qui donne sur la rue. Appartement pour 4 à 6 personnes également *(55-60 €)*. Plusieurs sanitaires communs. Coin cuisine à disposition. Accueil plein d'hospitalité et ambiance conviviale, entre auberge de jeunesse et pension de famille.

Rooms Zygos *(plan A1,* ***13****)* **:** *face à la plage de sable. ☎ 28-23-04-24-02. • zygos-paleochora.gr • Avr-oct. Chambres ou studios 2-3 pers env 35-40 € ; apparts 4 pers 55-60 €. CB refusées.* Répartis autour d'un agréable jardinet fleuri, ou aménagés au-dessus d'un restaurant familial plein d'activité, une bonne vingtaine de chambres, studios ou appartements avec TV satellite, coffre, AC, sèche-cheveux et cuisinette dans la plupart. Évidemment, sur l'arrière, c'est plus tranquille... et très appréciable pour se relaxer en terrasse ou sur les balcons ! Bonne ambiance, chaleureuse.

Studios George *(plan A1,* ***18****)* **:** *dans le centre, mais en retrait de l'agitation, en face de l'hôtel Glaros. ☎ 28-23-04-11-42. • studiosgeorge.gr • Avr-oct. Doubles env 30-45 €. CB refusées.* La réception se situe au rez-de-chaussée sur la gauche.

Adresses utiles

- Office de tourisme
- **1** Selino Travel Agency
- **3** Notos (location de voitures, scooters et motos)

Où dormir ?

- **12** Anonymous Homestay
- **13** Rooms Zygos
- **14** Castello
- **15** Rooms Blue Sky
- **16** Spamandos Rooms
- **18** Studios George
- **20** Aris Hotel
- **21** Lissos
- **23** Studios Yiorgos

Où manger ?

- **31** Taverne Apospérida
- **32** To Pérasma
- **33** The Third Eye
- **34** Samaria
- **35** Kiparaki
- **36** Methexis
- **44** Boulangerie – pâtisserie Vakakis

Où boire un verre ? Où prendre le petit déj ? Où manger un gâteau ?

- **41** Jetee Beach Bar
- **42** Votsalo
- **43** Ayos
- **44** Boulangerie-pâtisserie Vakakis
- **45** Breakfast Buffet Café

Dans une grande bâtisse blanche, une douzaine de chambres en crépi blanc, simples et impeccablement tenues, toutes avec balcon, AC, TV satellite, frigo, et kitchenette. Accueil souriant.

Prix moyens

Lissos *(hors plan par B1,* ***21****) : un peu après la station de bus, à 100 m du centre et à 2 mn de la plage.*

☎ 28-23-04-11-22. 📱 69-78-58-35-22. • lissos-hotel.gr • Doubles et studios 38-55 € selon saison. Un hôtel familial pimpant, tenu par la charmante Mylène (française) et son mari Manolis, qui sont toujours de bon conseil pour donner des idées de balades dans la région. On a le choix entre des chambres spacieuses, claires et impeccables (toutes différentes en style et en taille), et des studios bien conçus (2-3 personnes), équipés de kitchenette. Certains d'entre eux occupent une annexe moderne située à 5 mn à pied. Idéal pour ceux qui recherchent un peu plus d'intimité ! Une excellente adresse.

Rooms Blue Sky (plan A1, **15**) : *dans le centre. ☎ 28-23-04-13-73. Réception au bout de l'étroit passage sur le côté gauche. Avr-oct. Doubles 40-45 € selon saison. CB refusées.* Cachée au fond d'un passage discret et calme, une petite pension familiale collée à une superbe bougainvillée. Les chambres sont très simples, avec AC en option *(5 €)* et balcon tout de même, mais douches minuscules. Accueil souriant de Maria, la propriétaire. Une bonne petite adresse, pas renversante mais tranquille.

Spamandos Rooms (plan B2, **16**) : *petite maison agréable face à la mer, reconnaissable à ses fenêtres arrondies. ☎ 28-23-04-11-97. 📱 69-45-80-17-95. Mai-nov. Doubles 35-40 € selon saison. CB refusées.* À deux pas du centre, une poignée de petites chambres simples et rustiques, mais toutes climatisées et impeccables. Les moins chères, au rez-de-chaussée, se partagent des sanitaires communs. Les autres, à l'étage, sont équipées de salle de bains, parfois de balcon, et profitent pour certaines d'une jolie vue sur mer. Accueil charmant.

De prix moyens à chic

Aris Hotel (hors plan par B2, **20**) : *dernier hôtel au sud de la plage de galets, dans une rue parallèle (derrière le resto Methexis). ☎ 28-23-04-15-02. • arishotel.gr • Tte l'année. Doubles env 40-90 € selon saison, avec petit déj.* Attention, ne pas confondre avec les *Studios Haris* du front de mer ! Ce petit établissement moderne et coloré est vraiment plaisant, avec un jardin fleuri bien agréable où vous pourrez même faire la sieste sur un transat. Les 25 chambres, bien entretenues et joliment aménagées, possèdent toutes l'AC et un balcon, la plupart avec une vue (réduite) sur la mer, les autres sur le jardin. Atmosphère relax, sans TV... mais avec des vélos à disposition pour partir en balade !

Studios Yiorgos (plan B2, **23**) : *dans une rue parallèle à la plage. ☎ 28-23-04-24-38. 📱 69-38-09-89-76. • paleochora-holidays.com • Tte l'année. S'il n'y a personne, se renseigner au* Water's Edge Café, *sur le front de mer, juste sous la maison. Doubles 40-65 € avec AC et kitchenette ; apparts 5-6 pers 55-80 €.* Un petit immeuble pimpant de 3 étages, tout en blanc et bleu, avec piscine de poche pour faire trempette et même un ascenseur ! La vue sur la mer s'améliore logiquement avec les étages. Toutes les chambres, très confortables, disposent soit d'une terrasse (top en haut), soit d'un balcon. Agréable déco contemporaine. Machine à laver à disposition. Excellent rapport qualité-prix.

Où manger ?

La plupart des restos n'ouvrent que d'avril à octobre et, sauf exception, ce qu'on y propose n'a rien de vraiment renversant : honnêtes tavernes à prix modérés, mais cartes sans originalité.

De bon marché à prix moyens

Boulangerie-pâtisserie Vakakis (plan B2, **44**) : *voir plus bas « Où boire un verre ? Où prendre le petit déj ? Où manger un gâteau ? ». Env 5 €.* Adresse tout indiquée pour une petite pause salée en terrasse (salade, sandwichs, crêpes), ou dans une salle lumineuse face au port. Simple et efficace.

To Pérasma (plan B1, **32**) : *à l'endroit le plus large de la rue Vénizélou. ☎ 28-23-04-21-40. Plats 4-8 € et à emporter.* Petite *psistaria* (grill) de quartier qui sert en terrasse de savoureux *souvlakia* et *pitès,* ainsi que des plats (salades, *gyros*) tout à fait honnêtes. Légumes frais du jardin. Fruits et *tsikoudia* maison servis en digestif. Ambiance sympathique et sans prétention de petit *kafeneio*.

The Third Eye (plan A2, **33**) **:** *à deux pas de la plage de sable. ☎ 28-23-04-12-34. Ouv 9h-15h et 18h-23h. Plats env 7-9 €.* Resto végétarien qui marche fort, très apprécié pour ses belles terrasses à l'écart des foules, et surtout pour ses bons plats d'inspiration grecque, indienne, asiatique et arabe. Dans les assiettes, ratatouille, *samoussas,* nems, *burritos,* légumes au gingembre, etc. Pour une soirée un rien branchée, tendance bio, et à prix corrects.

Samaria (plan A1, **34**) **:** *en plein centre. ☎ 28-23-04-15-72. Plats 7-10 €.* Les salles sobres en grosses pierres apparentes et à ciel ouvert ont fière allure. On a l'impression de manger dans une ruine élégante... ce qui est presque le cas puisque la maison a dépassé les 3 siècles d'existence. Au fond, un jardinet bien tranquille pour les enfants, avec tourniquets et balançoires. Dans l'assiette, une cuisine traditionnelle sans grandes surprises mais correcte. Une adresse pleine de charme, même si le service n'est pas toujours à la hauteur.

Taverne Apospérida (hors plan par B1, **31**) **:** *sur la droite dans la rue Vénizélou, à 500 m de l'entrée de la ville. ☎ 28-23-04-18-22. Tte l'année, le soir slt. Plats env 6-10 €.* À l'écart de l'agitation touristique, une petite cour en retrait de la route permet de déjeuner sous les oliviers. Éclairage gentiment romantique. Bonne cuisine, copieuse, comme le lapin *stifado* ou les bonnes fritures.

Prix moyens

Kiparaki (plan A1-2, **35**) **:** *en plein centre. ☎ 28-23-04-22-81. Tlj, le soir slt. Plats env 10-12 €.* Une adresse qui sort du lot. D'abord, parce que la minuscule terrasse fleurie garantit quiétude et sérénité aux quelques convives ; ensuite, parce que la cuisine de madame fait dans le léger ! Elle renouvelle sa carte en fonction du marché et mitonne en direct poisson, viande et plats végétariens en mêlant saveurs asiatiques et méditerranéennes selon l'humeur. Qu'il s'agisse d'un poisson au curry ou d'un porc à la crème d'ouzo, tout est bon, accompagné de légumes, et servi avec le sourire par monsieur (francophone). Simple et sain !

Methexis (hors plan par B2, **36**) **:** *tt au bout du front de mer, au sud. Résa conseillée. ☎ 28-23-04-14-31. Plats 7-15 €.* L'endroit est agréable, en dehors du centre sans en être trop éloigné. La grande terrasse permet de profiter au calme d'une belle vue sur une crique de rochers et la mer, en dégustant une bonne cuisine traditionnelle et la sélection du jour de grillades de viande et de poisson (on peut aller le choisir). Le revers de la médaille, c'est qu'il y a souvent foule.

Où manger dans les environs ?

To Scholio : *à* ***Anydri,*** *à 5 km à l'est de Paléochora par la route du camping. ☎ 28-23-08-30-01. Avr-oct, tlj à partir de 9h. Plats env 6-10 €.* La carte tient sur un tableau noir, posé contre un énorme olivier. On mange dans la cour, bordée de bancs d'école, avec la vue sur la mer, tout en bas. Vous l'aurez compris, *scholio,* en grec, signifie « école ». Dans l'assiette, les grands classiques crétois, des plats au four : une cuisine simple et goûteuse (voire très relevée), qui récompense largement le petit détour depuis Paléochora (d'autant que la route est belle !). Service pas très efficace en cas d'affluence, mais un coup de cœur pour la cuisine.

Taverne Gramméno : *à env 5 km de Paléochora, sur la route de Koundouras, sur la droite. ☎ 28-23-04-15-05. Tte l'année. Plats 7-12 € ; choix de 12 mezze pour 2 pers 28-32 €.* Ici, on ne voit pas la mer, mais s'attabler à l'une des 2 terrasses vaut le coup : le lapin au fromage frais, les escargots, le ragoût de chèvre qui fond dans la bouche, ou encore les asperges sauvages aux œufs en font l'une des meilleures adresses de la région. Sans oublier le fameux *mezze*, composé de 12 plats froids et chauds... Bonne musique grecque en fond sonore pour oublier la proximité de la route, cela dit peu passante. Beaucoup de monde le week-end.

Où boire un verre ? Où prendre le petit déj ? Où manger un gâteau ?

Jetee Beach Bar *(plan A1,* ***41****) : au nord de la plage de sable.* Happy hour *18h-19h.* Une petite allée ombragée de lauriers-roses conduit à ce bar-paillote branché, au style mi-balnéaire mi-jet-set, avec ses fauteuils en osier et le plancher au sol. On se croirait presque aux tropiques. Ah oui, au fait, le *Jetee* est posé sur la plage ! Musique douce pour déguster un petit déj ou un cocktail, selon l'heure.

Votsalo *(plan B1,* ***42****) : au nord du port, au commencement de la plage de galets. ☎ 28-23-04-23-69. Tlj 7h-22h.* Un café dont la terrasse, braquée sur la mer, est parfaite pour le petit déj ou un verre en fin d'après-midi. Également des jus, yaourts, glaces et milk-shakes.

Ayos *(plan B2,* ***43****) : à l'angle de la rue principale.* Une belle terrasse qui donne sur la rue, piétonne en été, et une bonne ambiance en fin de journée. Large choix de bières bien fraîches à la pression et des cocktails. Service agréable.

Breakfast Buffet Café *(hors plan par B1,* ***45****) : à 100 m du centre, en face de l'hôtel* Lissos. *☎ 28-23-04-17-71. Tlj 7h-12h. Petit déj-buffet 7 €.* Du sucré et du salé à gogo (omelettes, saucisses, féta, cakes...), complété avec des jus de fruits frais et du café, le tout à volonté : imbattable pour le prix ! Avec un tel festin, pas besoin de chercher un resto pour le déjeuner ! D'autant que le cadre de café chaleureux incite à jouer les prolongations en terrasse...

Boulangerie-pâtisserie Vakakis *(plan B2,* ***44****) : près du port. Tlj sf dim ap-m 7h-23h.* Pour se composer soi-même son petit déj, déjeuner sur le pouce en terrasse d'une crêpe salée et d'un panini, ou préparer son excursion du jour, cette fameuse boulangerie est un incontournable ! Pour les gourmands, large choix de gâteaux de toutes sortes. Une adresse fiable.

À faire

Après la plage, n'oubliez pas de grimper aux ***ruines de la forteresse*** *(plan A-B2),* mais pas en plein soleil ! Rien d'inoubliable concernant les ruines, mais panorama sur la ville et ses deux ouvertures vers la mer.

Les plages

Comme Paléochora est construite sur une sorte de presqu'île, on y trouve deux plages : d'un côté (est), le port, et, à une petite distance, une plage de galets, appelée ***Halikia*** (c'est-à-dire « cailloux ») ; de l'autre (ouest), une belle plage de gros sable ***(Pachy Ammos),*** l'une des plus agréables de l'île, avec douches qui peut être certains jours très venteuse. Beaucoup de monde en saison, mais aussi pas mal de place.

Pour ceux qui veulent s'éloigner un peu, à l'ouest, agréables plages de ***Gramméno*** (galets et sable), délimitées par quelques rochers, à 3 km en direction de Koundouras. Plus loin, à la sortie de Koundouras, quand le goudron s'arrête, plage de ***Krios*** (à environ 10 km).

À l'est, à 1,5 km environ de Paléochora, quitter la route d'Anydri pour celle qui longe la mer (elle se transforme vite en piste sablonneuse). 2,5 km plus loin, on arrive à ***Gialiskari,*** avec un petit cap et deux plages (sable et galets), et, l'été, deux petites *cantinas* pour les campeurs qui s'installent derrière. Sympa à vélo, même s'il faut être prêt à avaler de la poussière !

Excursion en bateau

➢ ***Élafonissi :*** *en saison slt, 1 départ/j. à 10h en principe (vérifier). Retour d'Élafonissi vers 16h-16h30 (attention, le bateau n'attend pas).*

Randonnées pédestres

➢ ***Élafonissi :*** *possibilité de joindre la presqu'île d'Élafonissi (voir plus haut « Élafonissi » dans la partie « La côte ouest »).* Le trek commence véritablement à *Koundouras.* S'y rendre en bus, en stop, en taxi ou même en voiture jusqu'à la plage de Krios (route empierrée mais praticable ; cela dit, il faudra la récupérer !) pour éviter les étendues couvertes de serres en plastique. Au bout de la plage, on repère le premier signe du sentier E4. Pas d'eau en route. Belle balade dans des paysages sauvages. Compter quand même 4h de marche. Possibilité de revenir en bateau jusqu'à Paléochora ; mais vérifier que le bateau est bien programmé (voir plus haut « Excursions en bateau »).

➢ ***Le village de Sougia :*** *une autre agréable randonnée par un sentier balisé, toujours ce fameux sentier de randonnée E4, qui s'écarte de la côte à mi-chemin. Compter 5-6h de marche, parfois éprouvante avec les déclivités, mais sans difficultés techniques. Attention :* certaines marques sont effacées, et il faut emporter beaucoup d'eau. Tous les ans, il y a des accidents dus à la négligence des randonneurs, car il n'y a pour ainsi dire pas de point d'eau sur le parcours (uniquement à Lissos). Partir très tôt. Le chemin part de Paléochora ; pour y accéder, prendre la route du camping. 300 m après celui-ci, au niveau du virage sur la gauche, prendre le chemin de la plage qui descend sur la droite et qui longe la côte (peu agréable : passage incessant de voitures en saison qui vont à Glikari Beach). Ensuite, c'est balisé. Ça grimpe modérément (sauf vers la fin). Pas toujours facile avec le sac à dos à cause des rochers. Après Lissos (arrêt recommandé, voir « Randonnées pédestres » à Sougia), le sentier suit des gorges avant d'atteindre Sougia et la mer.

➢ On peut visiter les ***gorges de Samaria*** (voir plus loin le chapitre « Les gorges de Samaria ») au départ de Paléochora. Des agences organisent le tour en été *(théoriquement en saison, départ 2-3 fois/sem à 7h, arrivée à Omalos vers 8h, retour par bateau d'Agia Rouméli ; sinon, 1 bus/j. en été pour Omalos vers 6h15 ; il est préférable de se renseigner à l'office de tourisme).*

ITINÉRAIRE EN VOITURE JUSQU'À SOUGIA

Compter une trentaine de kilomètres. La route musarde allégrement dans une jolie nature balisée de charmants villages, à un rythme hors du temps. L'itinéraire proposé ci-après est intégralement asphalté. Pour ceux qui feraient l'aller-retour Paléochora-Sougia et voudraient varier les plaisirs, il existe un autre itinéraire, par Anydri, Prodromi, Maza, où l'on retrouve la route principale. Autre solution si vous n'aimez pas les virages : faire la liaison en bateau Paléochora-Sougia, en embarquant la voiture.

Azogirès *(Αζογυρες)* **:** ne pas confondre avec l'autre Azogirès, un peu plus à l'ouest. En altitude, un village rural paisible entre Paléochora (7 km) et Sougia, au milieu des oliveraies. Paisible aujourd'hui, mais sachez qu'il fut peuplé de hippies dans les années 1960-1970 ! Certains y sont restés, manifestement (on en trouve encore à l'*Alpha Kafeneion,* voir ci-après). Une petite rivière descend en cascades sous de grands arbres, parfait pour se rafraîchir au plus fort de la chaleur. On peut explorer deux grottes (Sourès et Charakas) – demander des lampes de poche au *kafenion* – et visiter un monastère et son musée.

Faites donc un arrêt nostalgie à l'***Alpha Kafenion*** *(☎ 28-23-04-16-20)* au cœur du village, où les habitués jouent au *tavli* en silence. Mangez-y la fameuse « omelette de Sofia » (3 œufs, des tomates, des oignons, des patates et de la feta), du nom de cette charmante grand-mère qui, en son temps, dépannait ainsi les hippies désargentés ! C'est désormais son petit-fils qui vous accueille.

L'itinéraire suit ensuite une vallée et son ruisseau, sous les voûtes d'oliviers. On passe par ***Téménia*** *(Τεμενια),* réputé pour la pureté de son eau (mise en bouteille et diffusée dans tout l'ouest de la Crète). À la sortie du village, direction Sougia, un chemin à droite conduit à une petite église byzantine à coupole et à fresque (Sotiras Christos) dont une partie daterait du XIIIe s.

SOUGIA (ΣΟΥΓΙΑ) (73009) 140 hab.

Minuscule village en bord de mer, au sortir d'une énième gorge, au milieu des falaises. Très fréquenté en saison, il y règne néanmoins une tranquillité langoureuse qui invite à prendre tout son temps... La chaleur, parfois très humide, y est peut-être pour quelque chose ! On passe des heures aux terrasses des cafés, remplies de jeunes et de moins jeunes, le soir, à écouter de la musique. Mais ce qu'on préfère, c'est la grande plage de galets et de sable cendré (pas top pour les petits, cela dit), bercée par la mélodie des transistors des bateaux de pêche, qui captent les radios libyennes. Le village, encastré entre des falaises rocheuses, est entouré d'une réserve naturelle et d'un riche sous-sol archéologique, autant de facteurs propres à décourager tout projet immobilier d'envergure. Tant mieux !
Également quelques criques peuplées de naturistes et de chèvres sauvages !

– Important (notamment si vous débarquez à Sougia en ferry avec votre voiture) : il n'y a pas de station-service (ni de distributeur !).

Arriver – Quitter

En bus

➢ ***De/vers Hania :*** 2-3 bus/j. à 7h, 12h30 et 18h30 (4 bus lun-sam et 3 le dim depuis Hania).
➢ ***De/vers Paléochora :*** 1 seul bus à 9h depuis Sougia, mais 3 bus/j. depuis Paléochora.
➢ ***Vers Omalos (gorges de Samaria) :*** en été, bus tlj à 7h.

À pied

➢ ***De/vers Paléochora :*** voir plus haut, à Paléochora, les « Randonnées pédestres ». Arrêts baignade en cours de route.
➢ ***De/vers Agia Rouméli :*** 12h de randonnée. Autant dire que la balade ne s'improvise pas ! Voir le chapitre sur Agia Rouméli.

En bateau

➢ ***De/vers Paléochora, Agia Rouméli et Chora Sfakion :*** lire plus haut « Arriver – Quitter » à Paléochora pour plus de détails. Le port est situé à l'extrémité ouest de la plage, on marche un peu. Panneau d'information sur les horaires, à droite sur le front de mer. La vente des billets se fait uniquement au port (le guichet ouvre un peu avant l'arrivée des bateaux).

Où dormir ?

Plein de chambres à louer. Cela dit, le standing est globalement modeste, et en été, surtout en août, c'est vite complet. Le camping sauvage est toléré sur la partie est de la plage, après la rivière. Un peu d'ombre, des douches et quelques bars tranquilles. *Attention,* il est déconseillé de boire l'eau du robinet.

Bon marché

☗ ***Oceanis :*** *face à la plage sur la gauche du front de mer.* ☎ *28-23-05-11-76.* • *oceanis@sougia.info* • *Avr-oct. Doubles 40-45 €.* Ce petit établissement convivial est idéalement situé, et dispose de chambres propres de 2 à 4 personnes, donnant sur la mer ou sur l'arrière (pas génial), avec un petit effort de déco qui change de l'ordinaire. Demander d'ailleurs à en voir plusieurs, elles sont assez différentes. Celles du rez-de-chaussée, très agréables, ouvrent sur la vaste terrasse commune équipée de salons de jardin cosy. Super pour apprécier comme il se doit la vue sur le large ! Possibilité d'utiliser la machine à laver. Gentil accueil de Maria.

☗ ***Lissos :*** *en bordure de la rivière, à l'est du village* ☎ *28-23-05-12-44.* 📱 *69-77-98-85-64.* • *sougiaroomslissos.gr* • *Doubles et studios env 30-50 € selon saison et standing.* Une agréable maison où glycines et bignones courent de balcon en balcon. Au total, 20 studios et chambres, dont certaines bénéficient à la fois d'une vue sur mer et sur la rivière (à sec en été !). Celles à l'arrière sont plus aérées. Toutes avec AC et frigo, certaines avec kitchenette. Cuisine à disposition. Une bonne adresse tranquille et nickel, tenue par un patron sympathique.

De prix moyens à plus chic

☗ ***Idomeneas Apartments :*** *dans la rue principale, à l'entrée du village.* ☎ *28-23-05-15-40.* • *idomeneas-sougia.gr* • *Avr-nov. Studios et apparts env 40-70 € selon saison et taille.* L'adresse la plus éloignée... n'est guère qu'à 5 mn à pied de la plage ! Un inconvénient plus que mineur, surtout compte tenu des bonnes prestations de cette structure récente, où les studios pimpants et tout confort (TV, frigo, cuisine, clim...) se révèlent d'un excellent rapport qualité-prix. Que du bon, même l'accueil !

☗ ***Captain George :*** *légèrement à l'écart du centre, par la rue principale (panneau à droite en arrivant).* ☎ *28-23-05-11-33.* 📱 *69-47-60-58-02.* • *g-gentek@otenet.gr* • *Doubles env 40-45 €, studios 41-55 €.* Une grosse maison joliment située dans un grand jardin au pied de la montagne... mais pourtant pas bien loin de la mer. Stratégique et calme donc ! Quant aux chambres et studios, ils sont simples et datés, mais corrects (balcon, AC ou ventilo). Évitez toutefois celles de l'entresol, sombres et franchement tristounes. Accueil sympathique de la famille qui tient la barre. Giorgos, le capitaine, tient aussi celle d'un caïque qui peut vous emmener vers Lissos (voir plus bas).

☗ ***Villa Rinio (Pension « El Greco ») :*** *dans la petite rue en face du poste de police.* ☎ *28-23-05-11-86.* • *elgreco_sougia@yahoo.gr* • *Avr-oct. Doubles 40-45 € selon saison.* Dans un coin champêtre, face à un champ d'oliviers. C'est la 1re maison de cette petite rangée de pensions modestes, toutes assez similaires et plus ou moins aux mêmes prix. Celle-ci a retenu notre attention pour ses chambres meublées de surprenants lits anciens en fer. Si vous n'y trouvez pas de place, sonnez chez le voisin *El Greco* (même proprio). Chambres plus petites dans l'ensemble, mais claires, impeccables et suffisamment confortables. Accueil sympa.

☗ ***Syia Hotel :*** *sur la gauche en arrivant dans le village.* ☎ *28-23-05-11-74.* • *syiahotel.com* • *Avr-oct. Studios*

60-80 € selon saison, avec petit déj ; apparts 3-4 pers 80-100 €. C'est l'adresse un peu chic du coin, dans un bâtiment moderne très récent, à 150 m de la plage. Elle propose des chambres et studios, ainsi que des appartements lumineux et climatisés, de belle dimension, à la déco soignée et parfaitement équipés (excellente literie, salle de bains nickel, balcons...). Le plus, c'est le professionnalisme du patron, qui pousse le sens du service jusqu'à proposer des navettes et dispenser d'excellents conseils pour organiser excursions et randonnées. Prix plus élevés que la moyenne, mais justifiés.

Où manger ? Où prendre le petit déjeuner ? Où boire un verre ?

Polifimos : *en haut de la rue principale, derrière le poste de police.* ☎ *28-23-05-13-43. Plats 6-11 €. Musique live vers 21h certains soirs.* De la rue, on ne devine pas la ravissante terrasse cachée à l'arrière de la maison et largement ombragée par la vigne. Un bel endroit pour passer une soirée romantique, d'autant que la cuisine, sans faire d'étincelles, se défend bien : grillades (agneau, bœuf à la chypriote, etc.), assortiment de *mezze, feta psiti* (feta au four), porc mariné... Très agréable.

Rébétiko : *rue principale.* ☎ *28-23-05-15-10. Plats 6-11 €.* Une vaste terrasse ombragée, quelques vieilles pierres et d'anciens murs restaurés : voilà pour le cadre, agréable. Quant à la cuisine, convenable, elle offre l'éventail classique des spécialités crétoises. En revanche, c'est très touristique, et le service s'en trouve parfois débordé.

Lyvikon : *le dernier resto sur la droite en bord de mer. Plats env 6-15 €.* Grande terrasse couverte, face au large. Plats copieux : assortiment de *mezze* généreux (1 pour 2 suffit), beignets de courgettes, moussaka moelleuse, pêche du jour grillée. Classique et correct.

Lotos : *face à la plage, au carrefour avec la rue principale.* Stratégiquement situé, un snack-bar avec son ambiance gentiment lounge, son mobilier style cinéma et une clientèle jeune. Large éventail de copieux petits déj (anglais, continental, grec...), mais aussi toutes sortes de crêpes, sandwichs et autres plats simples pour dépanner. Bon cocktails.

Raki Bar : *dans la rue principale.* C'est le bar le moins touristique, puisque sans vue sur la mer, mais l'ambiance locale est bien sympa. Tables en bois épais, perchées juste au-dessus de la rue.

Randonnée pédestre

➢ **Le port antique de Lissos** (Λισσος) **:** *1h30 de marche pour y aller. Possibilité de prendre un* taxi-boat *pour revenir, avec l'hôtel* Captain George *(voir plus haut « Où dormir ? »). 69-47-60-58-02.* Emporter de l'eau. Un peu de grimpette à certains endroits. Le sentier est parfois balisé par des cairns et des marques rouges au sol. Le début de la randonnée se fait à l'extrémité ouest du village, juste après le port de Sougia, en s'engageant dans un petit vallon qu'on ne peut rater. Après une falaise qu'on longe sur la droite, il faut quitter le lit de la rivière pour prendre, sur la gauche, le chemin qui continue à être balisé en rouge. Halte intéressante à **Lissos,** où une petite chute d'eau procure un peu d'eau potable, en complément de celle que vous aurez emportée. Ruines d'un stade, d'un théâtre et de bains romains. On peut à priori visiter le temple et sa mosaïque, mais il n'est pas sûr qu'il y ait un gardien pour vous ouvrir... Vous trouverez peut-être la grille ouverte. Jolie plage de galets à proximité.

DANS LES ENVIRONS DE SOUGIA

➢ ***Le canyon d'Agia Irini*** (Φαραγγι Αγιας Ειρηνης) **:** *de Hania, prendre le bus pour Sougia qui passe par Agia Irini ; à défaut, pour Paléochora, descendre à Rodovani, puis attraper le bus pour Hania et descendre à Épanochori, à 23 km au nord de Sougia (c'est le dernier village avt Agia Irini). Entrée payante : 2 € (dernière entrée à 14h). Hébergement possible (voir plus loin).* Le matin, descendre à ***Agia Irini,*** à 1 km d'Épanochori. Au petit pont (on pourra vous renseigner davantage au snack-buvette), prendre la gorge et descendre sur 7 km (dénivelée : 450-500 m). Rando facile au milieu des pins, cyprès et érables, avec une descente, ombragée le matin car à l'abri des parois du canyon. Eau potable et aires de repos. À l'endroit où le lit de la rivière s'élargit, surveiller à droite l'oasis. Il y a des champs verts avec un oratoire. Au sortir de la gorge vers Sougia, les 5 km restants se font au soleil. Au total, compter 3-4h de marche, jusqu'à Sougia.

Une bonne adresse confortable pour se reposer ou pour randonner, à la sortie d'***Épanochori*** (Επανοχωρι) : ***Studios Eriki.*** *Épanochori (73009), en contrebas de la route principale, par une petite route secondaire à droite. ☎ 28-23-05-10-00. 69-72-53-70-74. • eriki.eu • De mars à mi-nov. Double 35 € ; studio 45 € ; appart 3-4 pers 58 €. CB refusées.* Marie-Noëlle Protopapadakis, belge et crétoise d'adoption depuis plus de 30 ans, propose dans sa grande maison à flanc de montagne 3 grands studios de 40 m² entièrement équipés, avec terrasse, salle de bains, coin cuisine, et chauffage central (et même un poêle pour l'un d'entre eux !). Décoration chaleureuse d'inspiration traditionnelle, livres et babioles laissés par les gens de passage : ça change des appartements impersonnels ! Entrée des gorges d'Agia Irini à 500 m.

Dans le village, plusieurs ***tavernes.***

➢ Si vous allez ensuite à ***Omalos*** (gorges de Samaria) en voiture, prendre la route de droite 5,4 km après Agia Irini au nord. Jolie route, avec d'impressionnants points de vue de chaque côté sur des vallées, des gorges et la mer au fond, mais attention aux petits éboulis de temps à autre... On passe au pied d'un parc éolien. Omalos est à 15 km de l'embranchement (et non 12 km comme indiqué). En fin de parcours, on traverse un plateau de montagne où il fait nettement plus frais : vieilles étables, maisons éparses, bienvenue à la montagne !

LES GORGES DE SAMARIA (ΦΑΡΑΓΓΙ ΣΑΜΑΡΙΑΣ)

• Carte *p. 247*

Une randonnée assez exceptionnelle dans les gorges les plus profondes d'Europe : un canyon d'un peu plus de 16 km de long pouvant atteindre 300 m de haut et de seulement 2,50 m de large au point le plus étroit, les fameuses « portes de Fer ». Prévoir de 5 à 7h en comptant les pauses, selon que vous prendrez ou non le temps d'admirer le paysage. La dénivelée totale est de 1 250 m. Sur les 4 premiers kilomètres, elle est de 800 m.

Vous y suivrez la trace des rebelles crétois et des dieux... ou, plus prosaïquement, celles des *kri-kri,* des chèvres sauvages endémiques protégées, et puis celles des touristes-randonneurs marchant devant ou derrière vous si vous y êtes en plein été ! La balade est de toute beauté, mais ceux qui veulent un peu plus de solitude peuvent opter pour les gorges d'Aradéna, moins connues et presque aussi spectaculaires quoique un peu plus difficiles. À vous de choisir...

Comment s'organiser pour les transports ?

Liaisons en bus

Attention ! Les horaires peuvent changer d'une année sur l'autre. Mieux vaut vérifier sur place ou consulter le site de la compagnie de bus *KTEL*. • *e-ktel.com* •

➢ ***De Hania :*** 3 bus/j. de la gare routière. Départs en été en principe à 6h15, 7h45, 8h45 (sous réserve de modifications). En principe, un peu moins de bus en mi-saison. Si vous décidez de ne pas retourner à Hania après la randonnée (ce qui néanmoins est largement faisable en 1 j.), veillez à ce que l'on ne vous vende pas un A/R (ça arrive !). Soyez en avance. Compter 1h de trajet. Les bus se rendent à Omalos et, en principe, continuent jusqu'à Xyloskalo, au point de départ des gorges, à env 4 km au sud d'Omalos. Si vous dormez à Omalos, les hôteliers assurent gratuitement le transfert le matin pour leurs clients.

Si vous arrivez à Agia Rouméli à la sortie des gorges, avant 17h30, vous pouvez prendre le bateau soit vers Chora Sfakion, soit vers Sougia, où vous attendent des bus qui reviennent sur Hania. Il y a même une navette qui peut vous épargner les 3 derniers kilomètres à la sortie des gorges *(1,50 €/pers)* et ainsi gagner du temps.

➢ ***De Paléochora :*** en principe, 1 bus à 6h15 en saison.

➢ ***De Sougia :*** en principe, 1 bus à 7h en saison.

Avec une agence de voyages

Bien sûr, de nombreuses ***agences*** proposent 1 journée d'excursion dans les gorges. Voir dans les « Adresses utiles » de Hania et de Paléochora notamment. En revanche, c'est généralement l'A/R dans la même journée et pas mal de monde...

En voiture

Plusieurs possibilités, si vous êtes motorisé, de rejoindre Sougia très tôt, d'y laisser le véhicule, de prendre le bus pour Omalos (il part de Sougia à 7h), faire la rando des gorges jusqu'à Agia Rouméli, prendre le bateau pour Sougia à 17h30 et récupérer son véhicule. Ou alors, laisser le véhicule à Omalos (Xyloskalo), descendre les gorges, prendre le bateau pour Sougia, y dormir, ce qui peut s'avérer plaisant et prendre un bus pour Hania passant par Omalos. Ces horaires ne sont valables qu'en saison, bien entendu.

En taxi

Un aller Hania-Omalos coûte dans les 70 €. Intéressant à 4.

Que faire de ses bagages ?

Pour ceux qui reviendront à Hania, laisser ses bagages à la consigne des bus de Hania et ne garder que le strict minimum. Impossible de laisser les sacs et valises à Omalos, sauf accord avec un hôtelier local (ils proposent d'emporter vos bagages à Agia Rouméli, moyennant finances, si vous constituez un petit groupe).

Infos pratiques sur la randonnée

Pour éviter l'affluence, on vous le répète, soit dormir sur place à *Omalos* pour démarrer dès l'ouverture du parc, soit prendre le 1er bus de *Hania.* Mais l'intérêt, c'est vraiment d'être dans les tout premiers à descendre, surtout si vous voulez voir les bouquetins. On peut aussi commencer vers 12h pour éviter les cars (les premiers arrivent dès 7h30 et le flux ne s'arrête qu'après 11h), mais il fait vraiment chaud et vous devrez peut-être dormir à Agia Rouméli.

– ***Période d'ouverture et horaires :***

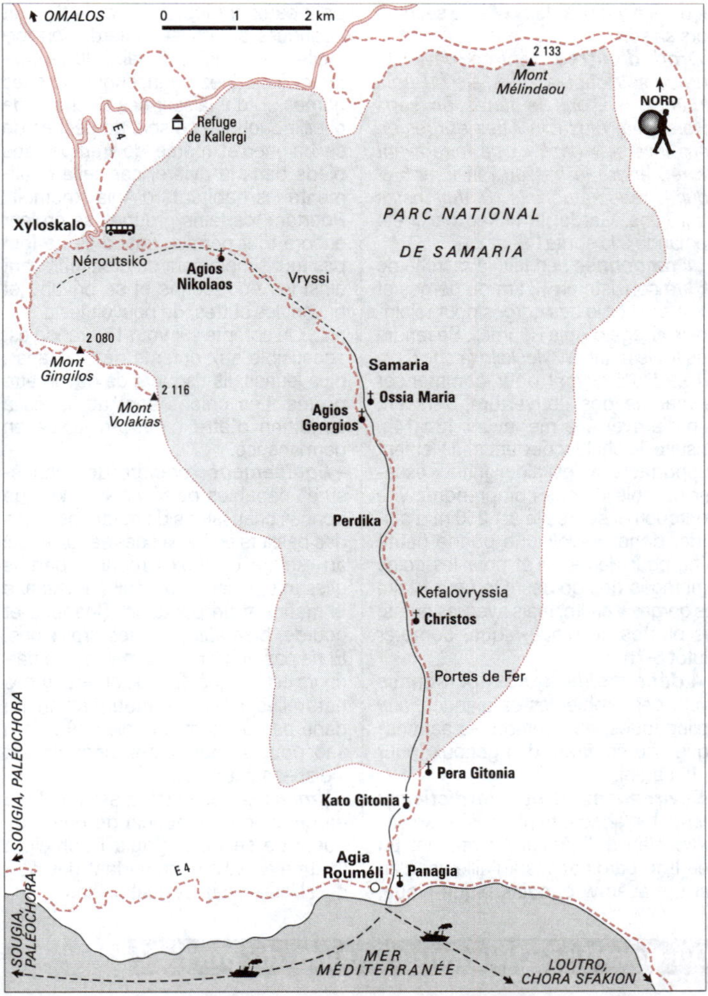

LES GORGES DE SAMARIA

gorges ouv en principe mai-oct (selon météo) 7h-17h. Consulter avt le départ • west-crete.com/samaria-gorge.htm • Il arrive que l'accès soit autorisé dès avr. Après 14h, vous ne pouvez faire que les 2 premiers kilomètres et revenir à votre point de départ (sinon on vous enferme dans le parc, et bonne nuit !), tout ça pour le même tarif d'entrée. Idem en remontant. Le site peut aussi être fermé s'il a beaucoup plu (risques d'éboulements) ou en cas de grosse chaleur. Ce sont les gardiens du site qui décident d'avancer ou de retarder éventuellement les dates d'ouverture, en fonction des conditions météo. En hiver, les eaux montent et rendent impossible toute randonnée. De toute façon, il n'y a pas de poste de secours hors saison.

– ***Droit d'entrée :*** *entrée payante, que ce soit depuis Xyloskalo ou Agia Rouméli (si vous le faites en sens inverse, lire plus loin « Les gorges en sens inverse » dans « Que faire avant de reprendre le bateau ? »). Env 5 €/ adulte ; réduc étudiants ; gratuit moins de 15 ans.* Garder le ticket, car il est demandé à la sortie !

– ***La randonnée :*** en fait, la marche de 16 km consiste en 13 km de gorges et 3 km à la sortie des gorges pour rejoindre le village d'Agia Rouméli. Se rendre très tôt le matin à *Xyloskalo* *(à env 5 km au sud d'Omalos)* pour commencer la marche dès l'ouverture, vers 7h, afin d'arriver à la mer avant 13h-14h. Ensuite, la chaleur devient difficilement supportable. Xyloskalo signifie « escalier de bois » (vous comprendrez vite pourquoi) et se trouve à 1 250 m d'altitude, donc prévoir une bonne petite laine pour démarrer et pour les coins ombragés des gorges. On peut « faire les gorges » en 4h, mais avec les arrêts, les photos, le pique-nique, compter plutôt 6-7h.

– ***À déconseiller :*** aux personnes ayant des problèmes cardiaques, aux épileptiques, aux personnes asthmatiques ou souffrant des genoux (pour la 1re partie).

– ***Environnement et interdictions :*** respecter absolument ce site splendide, bien qu'il fasse maintenant un peu trop parc national (d'ailleurs, c'en est un, avec w-c, coins pique-nique, panneaux indicateurs, buvettes et boutiques à l'arrivée). Interdiction formelle d'y camper, de faire du feu, de fumer (imaginez un incendie dans les gorges...), d'y laisser ses déchets, de cueillir quoi que ce soit, de pêcher, de se baigner et même de tremper ses pieds dans la rivière, car celle-ci alimente les habitants d'Agia Rouméli ! Pourtant, certains groupes se croient encore tout permis, quand ils ne font pas tout simplement du bruit, effrayant ainsi les bouquetins et se privant (et privant les autres) de pouvoir les admirer... On compte sur vous ! La rando est accessible aux enfants dès 7-8 ans ; plus jeunes, ils risquent de devoir être portés. Les chiens sont autorisés à condition d'être tenus en laisse en permanence.

– ***Équipement :*** prendre des chaussures capables de résister 16 km (de bonnes chaussures de randonnée, pas des baskets en toile ni des sandalettes) au régime cailloux + rochers parfois glissants, ainsi qu'un pull (nécessaire le matin) et un pantalon. Chapeau et gourde, bien sûr, plus des provisions. Et ne pas oublier l'eau, même si le parcours est jalonné par quelques sources naturelles pour les étourdis (on ne parle pas de la rivière, bien sûr)... Un sac pour emporter ses déchets est indispensable.

– ***Urgences :*** pendant la saison, il y a en principe un médecin de garde au poste de secours d'Agia Roumeli, à l'entrée du village en sortant des gorges. Utile en cas de petit pépin.

Où dormir ? Où manger avant de partir ?

Seulement à **Omalos** *(Ομαλος),* un hameau (à peine quelques maisons) isolé sur le plateau, à 5 km de l'entrée des gorges. Déjà, le paysage commence à être impressionnant, avec des sommets dépassant 2 000 m. À Xyloskalo, il n'y a que le guichet d'entrée dans les gorges, un petit centre d'information, un snack-buvette sur le parking et un resto, pratique pour boire un verre (*dictamos* ou thé des montagnes, c'est l'occasion !) et profiter de la vue d'enfer sur les gorges.

Hôtel-restaurant Exari : *à **Omalos.** ☎ 28-21-06-71-80. 📱 69-76-03-86-51. • exari.gr • Tte l'année. Double env 40 €, avec petit déj. Repas env 10-15 €.* Rendez-vous de nombreux randonneurs, cette auberge rustique est un endroit simple, mais accueillant, avec un feu de bois à l'intérieur quand il fait frais. Une bonne vingtaine de chambres sommaires et fonctionnelles, avec quand même une salle de bains et un petit balcon. Parfois un peu humides, prévoir de quoi passer la nuit au chaud. Cuisine tout aussi rustique, à prix raisonnables mais sans trop de saveur. Huile d'olive, viande, légumes et fromage viennent de la propriété, le reste est à base de surgelés. Le patron, Giorgos, peut d'ailleurs vous faire visiter sa fromagerie à la demande. Le matin, il conduit gratuitement ses hôtes à l'entrée des gorges avec son minibus. Il peut même emporter vos bagages jusqu'à Agia Rouméli (ou ailleurs) si vous constituez un groupe *(compter environ 50 € par groupe jusqu'à 4 ou 5 personnes).* Si vous voyagez en individuel, il y a parfois la possibilité de joindre ses bagages à ceux d'un groupe déjà constitué (le mieux, en fait, c'est de téléphoner avant de venir). Vente de cartes de rando et de livres sur la faune et la flore.

Hôtel-restaurant Neos Omalos : *en face du précédent, à* ***Omalos.*** *☎ 28-21-06-72-69. 69-77-64-79-05. • neos-omalos.gr • Tte l'année, mais slt le w-e fin oct-mars. Double env 37 €. Plats env 6-10 €. Petit déj offert sur présentation de ce guide.* Version nettement plus confortable que le précédent, style refuge alpestre avec des lambris qui réchauffent les murs de la grande salle du resto et du salon TV. Chambres assez neutres mais propres et confortables, avec salles de bains, balcon et TV. À table, bonne cuisine traditionnelle, comme la savoureuse moussaka préparée dans les règles. L'affable patron conduit également gratuitement ses clients le matin à l'entrée des gorges (bien insister pour partir au plus tôt). Propose aussi des sandwichs à emporter pour la rando. Possibilité pour les groupes de négocier la livraison des bagages à Agia Rouméli ou ailleurs *(compter 50 € : même principe que chez* Exari*).*

Où dormir ? Où manger à l'arrivée à Agia Rouméli (Αγια Ρουμελη) ?

Autrefois s'élevait ici une petite cité antique, Tara (ou Tarra), connue pour son temple d'Apollon. Selon une tradition mythologique, Apollon lui-même, après avoir tué le serpent Python à Delphes, serait venu à Tara se faire purifier par le prêtre et devin Karmanor. Aujourd'hui, Agia Rouméli compte une grosse centaine d'habitants qui se partagent la manne touristique. Entre deux bateaux qui débarquent ou qui viennent chercher les randonneurs du jour, le calme y est très appréciable. Non seulement la mer de Libye permet des virées en kayak et des baignades sur quelques plages de petits galets bien agréables, mais les possibilités de balades sont multiples et méconnues. Les amateurs de rando pourront découvrir tranquillement ce coin encore sauvage, car délaissé par la majorité des touristes qui se contentent de filer une fois la descente des gorges bouclée. Finalement, pourquoi ne pas rester un peu ? Réserver absolument le week-end. Attention : pas de banques et les supérettes y sont bien chères, même pour l'eau.

Pachnes House : *bien à l'écart, dans le haut du village ; depuis la sortie des gorges, prendre tout de suite à droite. ☎ 28-25-09-13-12. 69-34-61-99-39. • pachnes.gr • Avr-oct. Double 38 €, avec petit déj (32 € sans petit déj). Repas env 10-15 €.* Si après une longue marche vous pouvez patienter un peu avant de voir la mer, n'hésitez pas à reposer vos guibolles sur la terrasse ombragée de cette excellente adresse. D'abord, parce que c'est une étape très chaleureuse et confortable, tenue par l'adorable Stélios et Claire, son amie française (chambres spacieuses, claires et modernes, avec AC, grand balcon... et des lits originaux conçus par monsieur !). Ensuite, parce que c'est une très bonne table, où l'on mange pour un prix vraiment dérisoire de copieuses et savoureuses portions de viande (poulet au citron, côtes de porc, saucisse de pays), et les salades de Claire à la touche « française », plus variées qu'à l'habitude (avocat, chou). Une adresse discrète, mais essentielle, lieu de rencontre de nombreux trekkeurs.

Calypso : *face au port et*

surplombant la plage. ☎ *28-25-09-13-14.* 📱 *69-36-76-13-03.* • *calypso.agiaroumeli.gr* • *Avr-oct. Double env 35 € avec AC ; chambre à 3 lits env 40 €. Repas 7-13 €.* 📶 *Réduc à partir de 3 nuits.* Un établissement pimpant, tenu par une sympathique famille francophone (Maria, la maman, est suisse !). Les chambres, sobres, claires et suffisamment confortables (clim, frigo...), profitent pour la plupart d'une belle vue sur la mer, tandis que la grande terrasse est idéale pour contempler le large en se régalant d'une savoureuse cuisine de tradition. Essayez absolument le chevreau cuit dans l'huile d'olive, un délice ! Mais le vrai plus, c'est l'accueil : Andreas, natif du village, donne volontiers plein de tuyaux sur les randos, propose des balades avec son bateau et organise même l'acheminement des bagages. Quant aux sportifs, ils peuvent louer des kayaks et des *stand up paddle (env 15 €/j.)* ! Un excellent QG.

Pension Paralia : *aller jusqu'au quai et la plage.* ☎ *28-25-09-14-08.* • *taverna-paralia.com* • *Avr-oct. Double env 35 €. Plats 6-12 €.* 📶 Nikos et Manolis, deux frères charismatiques, reçoivent fort bien et proposent une dizaine de chambres impeccables avec AC, TV, salle de bains moderne et balcon. Vraiment bien, d'autant que, pour une fois, il y a un vrai effort de déco pour les plus récentes ! Évidemment, vue imprenable sur la mer des chambres (sauf une !) et de la belle terrasse du resto. Rapport qualité-prix imbattable !

Rooms Panorama : *après le débarcadère, prendre la 2e rue sur la gauche.* ☎ *28-25-09-13-67.* 📱 *69-72-07-80-87.* • *elenivlondaki@hotmail.gr* • *Avr-oct. Doubles 25-30 € selon saison ; quadruples 45-50 €.* 📶 Une dizaine de chambres fonctionnelles et impeccables avec douche et w-c, AC, TV, balcon et frigo. Préférer celles face à la mer, au 2e étage, pour profiter du... panorama, bien sûr. Accueil décontracté. Bon rapport qualité-prix.

Pension Livikon : *à l'arrière du village.* ☎ *28-25-09-13-63. Avr-oct. Doubles 25-35 € avec AC.* 📶 Au pied de la montagne, une pension tranquille entourée d'un jardinet. Dans les étages, 15 chambres assez petites et sans chichis, mais quand même avec salle de bains, clim et balcon. La vue de celles donnant sur les toits, malgré la mer au loin, est moins séduisante que de l'autre côté, vers la montagne (on a presque le nez dans le rocher). Bon accueil familial.

Studios Artémis : *dans un grand bâtiment à l'extrême ouest du port.* ☎ *28-25-09-13-77.* • *agiaroumeli.com* • *Avr-oct. Doubles env 40-45 € ; pour 4, jusqu'à 65 €.* 📶 Les studios sont tenus par la très sympathique Athina, avec vue sur la montagne d'un côté, la mer de l'autre. Bien conçus, ils disposent d'un grand balcon, d'une vraie cuisine ouverte bien équipée et d'une mezzanine spacieuse pour le coin couchage. Efficace, confortable et lumineux : un bon plan.

Tarra : *sur le côté est du port.* ☎ *28-25-09-12-31. Plats env 7-11 €.* Bon resto sur l'une des plus agréables terrasses du village, en surplomb de la mer. Spécialités locales de chèvre à l'huile d'olive et d'agneau avec pommes au four. Accueil souriant (et en français pour l'un des proprios) et bonnes infos à glaner sur les randos et balades.

Rousios : *à la sortie est du village par la rue qui longe la mer.* ☎ *28-25-09-13-73. Plats env 6-12 €.* Le dernier resto du village en direction des gorges dispose de 2 belles terrasses en pierre, fleuries, ombragées et joliment décorées. Parfait pour déjeuner au calme d'une assiette de grillades, ou de spécialités classiques crétoises accompagnées de pain maison. Une bonne étape, même si le service est parfois un peu juste en période de forte affluence.

La randonnée

Très beau point de vue dès le départ. La descente (sans risque et sans frayeur par des escaliers constitués de racines de pin, prudence si le sol est mouillé) suit un petit chemin bien balisé, se faufilant au milieu d'une flore étonnante, entourée d'un

cirque de cimes spectaculaires. Après 600 m de dénivelée dans le lit du torrent à crapahuter sur des amas rocheux où sont coincées des branches d'arbres, on aboutit à la petite église d'Agios Nikolaos. Les sources qui jaillissent de la montagne sont parfaitement potables. Ne pas se laver les pieds avec du savon dans le ruisseau, car c'est l'eau qu'ils utilisent à Agia Rouméli.
Dans les gorges, un pont relie le sentier aux ruines de *Samaria,* village abandonné. Là, vous aurez effectué les sept premiers kilomètres. Le nom de Samaria provient de l'église bâtie par les Vénitiens au XIVe s et dédiée à sainte Marie d'Égypte (*Ossia Maria* en grec). Dans cette zone, on peut encore admirer les derniers spécimens de *kri-kri,* ces chèvres sauvages aux allures de bouquetins, qui vivent en liberté. Elles sont assez faciles à apercevoir, à condition de ne pas les effrayer et d'avoir l'œil un peu exercé (jumelles bienvenues si les biquettes sont un peu loin). L'animal a une fourrure qui peut se confondre avec la roche mais possède une ligne noire sur le dos et des cornes à peu près identiques à celles d'un bouquetin, c'est-à-dire annelées et pouvant atteindre 80 cm de long. En 1960, la Crète tout entière ne comptait plus que 200 spécimens, alors qu'aujourd'hui on en dénombre 10 fois plus qui batifolent sur les hauteurs, dans le parc national, abritant une quinzaine d'autres espèces endémiques. Sur la rive gauche, plus bas, l'église d'Ossia Maria.
Les gorges se rétrécissent ensuite jusqu'au km 12, où vous arrivez aux fameuses « portes de Fer » *(Sideroportés)* : 2,50 m de large entre des parois atteignant 300 m de haut ! On y distingue les ondulations des couches géologiques. Les Crétois affirment fièrement que l'occupant turc n'a jamais pu les franchir. En 1770, 200 soldats sfakiotes écrasèrent même une tentative de l'armée ottomane. Aux heures de pointe en été, vous aussi vous risquez de faire la queue pour passer !
Et puis les derniers kilomètres se font à plat, dans le lit caillouteux de la rivière bordé de lauriers-roses, dans un paysage à la *Et pour une poignée de dollars...* Vous traverserez pour finir l'ancien village d'Agia Rouméli, désert, en dehors de quelques troupeaux de moutons. Une crue de la rivière, dans les années 1950, a contraint les habitants à évacuer les lieux et à reconstruire leur village un peu plus loin, en bord de mer.

➢ ***Une variante vers le sommet :*** on peut faire une autre belle balade en montant par un chemin bien indiqué, à droite de l'entrée des gorges. On arrive au *col de Linoséli* en à peine 2h de marche puis, pour les plus courageux, au mont ***Gingilos*** à 2 080 m (environ 1h plus tard), d'où l'on domine le plateau d'Omalos et la mer, au nord et au sud. Attention : au col, prendre le sentier à gauche, assez mal balisé (points rouges). C'est une marche qui demande une bonne condition physique (haute montagne quand même), attention au début aux quelques passages en corniche au-dessus du vide (sujets au vertige, s'abstenir !), puis plus facile après le col de Linoséli, mais compter environ 5-6h de marche aller-retour. Sachez que, parmi les arbres du secteur, on trouve notamment l'« érable de Montpellier », l'un des plus jolis qui soient !

Que faire avant de reprendre le bateau ?

Plage d'Agia Rouméli : bien agréable, avec du sable gris et des galets très fins, parfaits pour se masser les pieds (moins coûteux que le *fish spa,* en tout cas !). Si l'on arrive au bas des gorges à temps, ça permet de se baigner avant de prendre le bateau. On peut aussi en profiter pour s'offrir une session de kayak ou de *stand up paddle* (location à la pension *Calypso*). Si cette plage est trop fréquentée (ce qui est parfois le cas l'été en fin d'après-midi), continuez plus loin, après l'héliport. Quelques rochers cachent une autre plage aux eaux limpides. Plus loin encore, des grottes, mais parfois difficiles d'accès.

➢ ***Les gorges en sens inverse :*** *ouv 7h-14h (parfois 15h selon le coucher de soleil) ; après 14h, 2 km de parcours autorisés slt, puis retour sur vos pas (voilà ce* *qu'on appelle « the easy way »). Entrée : 5 € ; tarif réduit étudiants ; gratuit moins de 15 ans.* Pour les randonneurs qui aiment les grosses montées. C'est moins douloureux pour les genoux, et on ressent plus de fierté après la montée. Il faut partir tôt le matin pour éviter les grosses chaleurs. Possibilité de dormir à Omalos à la fin. Les gorges proprement dites étant en fin de parcours, on peut se contenter d'une excursion en partant d'*Agia Rouméli...* Accès en bateau de Chora Sfakion, de Paléochora et de Sougia. De là, remonter les gorges jusqu'aux endroits les plus spectaculaires, à savoir les fameuses « portes de Fer » (lire plus haut le paragraphe « La randonnée »), puis faire demi-tour. La balade fait environ 8 km aller-retour. Il faut se rendre au poste de contrôle à 15 mn de marche d'Agia Rouméli.

Randonnées pédestres dans la région des gorges

Pour les infos sur les randonnées dans le coin, on suggère de se renseigner à la pension *Calypso* (voir plus haut « Où dormir ? Où manger à l'arrivée à Agia Rouméli ? »).

➢ ***L'ascension du Mélindaou :*** à 2 133 m. Compter 5-6h A/R. À 1h15 à pied de Xyloskalo. Prendre le sentier qui monte à gauche de la route (quand on fait face aux gorges) juste avant l'entrée aux gorges. À la fin du sentier, tourner à droite sur la piste sur laquelle il débouche, et la suivre en montant jusqu'au refuge de ***Kallergi.*** Continuer sur cette même piste après le refuge (maintenant ça descend) sur environ 2,5 km jusqu'à un petit col au terrain élargi. Parvenu au col, monter par la piste sur la gauche (laisser celle qui descend depuis ce même carrefour) sur environ 900 m. Face aux débris d'un ancien kiosque en bois, laisser la piste et prendre sur la droite le chemin E4 (balisage jaune et noir). Après 2,5 km, le E4 se poursuit tout droit en direction du refuge de ***Katsiveli.*** Prendre le sentier qui monte davantage, légèrement sur la gauche, en direction du sommet qu'on atteint après 600 m de grimpette. La descente peut s'effectuer par le même chemin ou par un chemin plus en pente (départ faisant un angle de 30° avec l'arrivée du premier).
Emportez beaucoup d'eau, ne partez pas seul et avertissez quelqu'un au départ de l'itinéraire que vous comptez prendre !

➢ ***Loutro :*** possibilité de rejoindre ce joli port de pêche (voir le chapitre qui lui est consacré) depuis Agia Rouméli. Attention, on longe la falaise en plein cagnard ! Compter 5-6h l'aller. Prévoir beaucoup d'eau et partir le plus tôt possible le matin. Après environ 1h30 de balade, vous arriverez à l'église Agios Pavlos, avec une taverne. L'église, construite par saint Jean l'Étranger, dit-on, date de la fin du Xe s. Remonter dans la pinède au-dessus de la taverne pour retrouver le chemin. Possibilité de faire une halte à *Marmara Beach* (point de départ des gorges Aradéna), à Lykos puis Finika, toujours en bord de mer, pour une petite baignade. De Loutro, également d'autres promenades possibles.

➢ ***Agia Rouméli-Sougia :*** compter au moins 12h. Prévoir 6 l d'eau par personne. Cette rando, la plus belle de toute la côte sud de la Crète, est réservée aux randonneurs expérimentés en bonne condition physique. Le sentier est balisé de bornes jaune et noir marquées E4, mais ce marquage n'est pas toujours évident. Nombreux cairns jalonnant le parcours. Il est impératif de se renseigner sur place sur la faisabilité de cette section et, mieux encore, de se faire accompagner par un guide professionnel. Du port d'Agia, monter jusqu'à la bergerie et passer le portail pour rejoindre le sentier (demander, c'est tout près), puis poursuivre parallèlement à la mer. Après 4h30, on descend vers la superbe plage de Domata (grotte ombragée) où il est possible de dormir. Le parcours reste ensuite assez proche de la mer. À une citerne très visible (eau non potable et citerne à sec en été), quitter impérativement les hauteurs et longer la mer par les rochers. Là, danger : sur 5 km, les randonneurs sont exposés à des risques de chutes. On remonte le canyon et, peu après, un sentier

en lacet, visible à gauche, grimpe jusqu'à un petit fortin à demi ruiné. Il faut compter 6h pour l'atteindre. On redescend en apercevant *Sougia* au loin. Le sentier, plus évident, suit d'abord la mer puis contourne une falaise en remontant un petit vallon. On glisse en descente en amont de *Sougia.* On peut aussi dormir, en route vers les gorges de Tripiti, au promontoire de Pikilassos, sur le toit d'une vieille chapelle orthodoxe, la *Profitis Ilias* (on peut la voir depuis le bateau).
Remarque : ceux qui font la balade depuis Sougia et qui ne se sentent pas taillés pour 12h de marche peuvent faire demi-tour à cet endroit : c'est déjà une belle promenade de 6-7h. Dans le sens inverse, à Sougia, le chemin est un peu compliqué à trouver au départ ; ne pas hésiter à demander des explications aux habitants, notamment à l'épicier de la supérette.

Liaisons en bateau au départ d'Agia Rouméli

Prendre son billet de bateau dès l'ouverture du guichet à l'agence du village. Attention, les fréquences et horaires sont donnés à titre indicatif. À vérifier.

➢ ***Pour Loutro et Chora Sfakion :*** 3 bateaux/j. en saison en principe à 8h30 (passagers slt), 11h30 et 17h30. Compter 45 mn pour Loutro, 1h de trajet jusqu'à Chora Sfakion. Là, le bus pour Hania attend l'arrivée du bateau. Compter 1h30 de bus pour Hania. Si vous avez embarqué avec une voiture, le débarquement est interdit à Loutro, il faut la laisser au port de Chora Skafion et revenir sur Loutro avec le bateau suivant, ou mieux, affréter (à plusieurs de préférence) une petite embarcation qui vous y emmènera en 15 mn. Négociez ferme le prix.

➢ ***Pour Sougia et Paléochora :*** 1 départ/j. en saison à 17h30. Vérifier là encore, surtout hors saison.

LOUTRO (ΛΟΥΤΡΟ) (73011) 55 hab.

Entre Agia Rouméli et Chora Sfakion, le bateau s'arrête une dizaine de minutes à Loutro. C'est d'ailleurs le seul moyen de s'y rendre, à moins de solliciter vos mollets ! Ce tout petit village croquignolet, avec ses maisons blanches aux volets bleus, est encore plus charmant hors saison. En été, en effet, il y a beaucoup de monde en journée (après le départ du dernier bateau, ça se calme). La minuscule plage aux eaux limpides et turquoise est alors couverte de vacanciers installés sur les chaises longues et sous les parasols à louer. Pour aller d'un bout à l'autre de la petite baie, il faut se faufiler entre les chaises et les tables agglutinées le long de la mince grève. Il n'empêche qu'ici il n'y a pas de voitures, l'unité architecturale, de type quasi cycladique, a été respectée, et le raki dégusté sous les tamaris repousse la déprime d'un an, comme dit l'autre... Les adeptes de calme absolu pousseront à pied jusqu'aux criques de Finika ou Marmara (lire plus bas)...

Infos utiles

– Topless et camping sauvage interdits !
– Pas de banques, mais les CB sont de plus en plus acceptées dans les pensions et tavernes.
– Pour acheter son ticket de bateau, il y a un guichet sur le port, ouvert peu de temps avant le départ. Pas de vente sur le bateau même et, attention, il n'attend pas. Navettes négociables vers Chora Sfakion.

Où dormir ? Où manger ? Où boire un verre ?

Presque toutes les maisons louent des chambres en saison. Confort à peu près identique partout. Quant aux prix, entre le printemps et la pleine saison, ils sont multipliés par 2.

Nikolas & Gabriella Rooms : *tt au bout de l'anse, côté est, la dernière maison avt la plage. ☎ 28-25-09-13-52. Avr-oct. Doubles 30-50 € selon taille et saison.* Ces chambres nickel et confortables ne sont peut-être pas les plus grandes du village (les plus spacieuses sont au 2e étage, tandis que celles du rez-de-chaussée ne disposent pas de balcon), mais sa situation en bout de quai, sa vue sur les eaux turquoise de la plage en contrebas, et sa terrasse ombragée dégagent un charme certain. On a aimé la douceur du lieu.

Pension Loutro Bay : *à mi-distance sur le quai. ☎ 28-25-09-13-70. • loutrobay@hotmail.com • Réception à la boutique de souvenirs au rdc. Avr-oct. Doubles 40-45 € (60 € pour les « deluxe »).* Une petite pension conviviale, dont les chambres fraîches et pimpantes donnent toutes sur la mer et sont convenablement équipées. On trouve même un coffre dans chacune ! Mais pour se faire plaisir, mieux vaut choisir les deluxe, à la déco plus soignée et bénéficiant de grands balcons. Accueil très souriant d'Andreas et de Maria.

Hôtel-restaurant Ilios : *quasiment à l'opposé du débarcadère, sur le quai. ☎ 28-25-09-14-60. • ilios.loutro.gr • Avr-oct. Doubles env 30-55 € selon situation et confort (chambre ou studio).* L'*Ilios* fait bien les choses : ses chambres rénovées disposent de salles de bains modernes et d'un bon niveau de confort (clim, coffre, balcon...). Même les moins chères valent le coup. Plus petites, sans TV et sans balcon, elles sont néanmoins nickel et se partagent une terrasse donnant sur la mer. Côté resto, c'est tout aussi sérieux, avec de bons plats du jour et des poissons bien cuisinés, à déguster face au large. Accueil efficace et souriant.

Hôtel Porto Loutro : *sur le quai, en surplomb du débarcadère. ☎ 28-25-09-14-55. • hotelportoloutro.com • Avr-oct. Doubles 45-90 € selon saison, avec petit déj.* La maison possède 2 établissements, l'un sur le quai *(Loutro on the Beach),* l'autre au-dessus du débarcadère *(Loutro on the Hill).* C'est ce dernier qui mérite le détour : plus calme, car à l'écart du passage, il profite d'une superbe vue panoramique sur la crique. Quant aux chambres, elles sont nickel et tout confort, avec clim et balcon.

Studios Niki : *parmi les maisons les plus en hauteur, par un chemin à droite du minimarché* Sofias. *☎ 28-25-09-12-13. 69-72-29-99-79. • loutro-accommodation.com • Selon saison, studios 45-60 €.* À l'écart de l'agitation du port, 15 studios pour 2 personnes, tous avec balcon. Une retraite idéale, bien au frais et confortable. Dalles au sol, poutres apparentes : un soin particulier a été apporté à la déco et au choix des matériaux (locaux), ce qui est rare... Également une villa avec 3 chambres *(125 € la nuit).*

Rooms Pantelitsa Manoussoudaki : *en retrait du front de mer, sur les hauteurs derrière le minimarché* Sofias. *☎ 28-25-09-13-48. • pantelitsa-rooms.gr • Doubles et studios env 40-50 €. CB refusées.* Au calme, des chambres et studios sobres, propres et bien aménagés, avec douche, clim et balcon regardant la mer. Accueil moyen en revanche.

Madarès : *sur le port, à 50 m du débarcadère. ☎ 28-25-09-11-66. Ouv en saison slt. Plats 6-12 €.* Comptoir où choisir ses mets (possibilité de plats à emporter). Tomates farcies, pâtés aux épinards, et plein de plats du jour à déguster avec le clapotis des vagues.

Notos : *à côté de l'*Ilios. *☎ 28-52-09-15-01. Ouv en saison dès le petit déj. Plats 6-10 €.* Une petite terrasse légèrement surélevée et en retrait, qui permet d'être un peu plus au calme et surtout un peu moins serré que sur la grève ! Quelques grands classiques à la carte, auxquels s'ajoutent des *mezze* savoureux.

🍷 ***Café Bistro Christina :*** *un des 1ers établissements du quai.* Superbe terrasse qui s'avance sur le bleu de l'anse. Très sympa pour un petit déj ou un verre en fin d'après-midi. Il y a du passage (le débarcadère est juste à côté), mais aussi de la place !

Où dormir ? Où manger dans les environs ?

À l'ouest de Loutro, plusieurs criques se font suite, accessibles à pied uniquement : Finika, Lykos et Marmara (l'arrivée des gorges d'Aradéna). Quelques pensions dans un calme privilégié. Pour s'y rendre, voir le chapitre « Randonnées pédestres » ci-après.

Randonnées pédestres

➢ ***Chora Sfakion :*** à droite du port (sur la partie est), on retrouve le petit chemin qui va à Chora Sfakion (2h de marche pour 6 km). Nombreuses plages de galets, mer un peu dangereuse. Seconde moitié du parcours plus difficile et fatigante, notamment quelques passages vraiment déconseillés à ceux qui sont sujets au vertige. Sur la dernière plage (*Glyka Nera,* en anglais *Sweetwater*) jaillissent des sources d'eau douce, fraîche mais presque dépourvue de sel. Naturistes et campeurs s'y retrouvent. Le camping sauvage y est toléré. Petite taverne à prix raisonnables. Possibilité de rejoindre cette plage en caïque au départ de Loutro, départ tous les matins vers 10h30. À pied, compter entre 30 mn et 45 mn.

Vers l'ouest

Possibilité de suivre le sentier muletier menant au débouché des ***gorges d'Aradéna,*** vers l'ouest, en 1h environ, via les anses de Finika et Lykos. En été, un caïque fait théoriquement la liaison de Loutro (au poil pour revenir !).

➢ **Finika** *(Φοινικα)* **:** *à pied, monter au-dessus de Loutro à partir de la taverne Stratis (derrière le minimarket Sofias) et redescendre (magnifique parcours).* Sur le chemin, un peu à l'écart, ruines de l'ancien château de Loutro. Autre solution, un peu plus longue : suivre le chemin côtier (petite porte à refermer derrière soi) et suivre le fléchage bleu en deuxième partie de parcours, dans les rochers. Dans les deux cas, compter 30-40 mn, mais les tongs sont fortement déconseillées ! Une balade en principe accessible également par bateau (se renseigner à Loutro ou au centre de plongée de Chora Sfakion). Cette anse bien fermée abritait un port dans l'Antiquité. C'est aujourd'hui une plagette ombragée par des tamaris. Une pension-taverne l'exploite en bonne partie (mais plutôt joliment).

➢ ***Lykos*** *(Λυκος)* ***:*** *à 15 mn de Finika.* Après le portail bleu de la pension, prendre le chemin tout de suite à gauche. On crapahute un peu en montant et en redescendant. Quand on vous disait de prévoir de solides baskets ! Dans cette crique, plus ouverte, donc plus sauvage et moins agréable pour la baignade à cause d'une barre de rochers plats et glissants, quelques maisons aux volets bleus et deux tavernes proposant des chambres. Typique, pas de touristes, très peu d'habitants, vue magnifique... De là, on peut rejoindre en haut le petit village de ***Livaniana*** *(Λιβανιανα).* Lire le chapitre consacré aux gorges d'Aradéna un peu plus loin. Situation idéale pour un isolement maximal (même si ici une piste descend d'Anopolis : compter une petite heure).

➢ ***Marmara Beach :*** en continuant le long de la côte pendant 30 mn, on parvient à ***Marmara,*** la plage à l'arrivée des gorges d'Aradéna. Il peut y avoir du monde, même là ! Pourtant la plage est caillouteuse et le sentier difficile. Retour possible en caïque l'été. Il existe aussi une navette pour Marmara Beach qui part plusieurs fois dans la journée *(5 €),* se renseigner à Loutro avant la rando.

Petite cantine sur place et possibilité de dormir dans les bungalows du ***Marmara Beach*** (chez Chrissostomas). Très sympa et pas trop cher. Éviter cependant le bungalow collé aux toilettes. On peut aussi dormir sur la plage.

LES GORGES D'ARADÉNA (ΦΑΡΑΓΓΙ ΑΡΑΔΑΙΝΑΣ)

Les fondus de treks peuvent enchaîner directement après les gorges de Samaria. Moins connues et un peu plus difficiles, mais souvent considérées comme au moins aussi spectaculaires, les gorges d'Aradéna conviendront à ceux qui trouvent celles de Samaria trop fréquentées. Compter environ 6h30 en tout pour faire la boucle entière et revenir au point de départ récupérer sa voiture.

Sinon, sans faire les gorges, le *village d'Aradéna* se révèle une superbe destination en soi. Abandonné et assez émouvant avec son église construite à flanc de falaise. Site magique à la tombée de la nuit, quand vous êtes seul avec les chèvres... et le vide ! Depuis 1986, un pont métallique perché à 138 m (c'est haut !) permet de franchir les gorges et de gagner le village directement. Cela n'empêche d'ailleurs pas certains marcheurs de continuer à utiliser l'ancien chemin muletier, comme auparavant. Balade au fond de la gorge et remontée très agréables. Pour les amateurs, possibilité de sauter à l'élastique avec des clubs locaux (se renseigner à l'office de tourisme à Hania ou dans la presse spécialisée) ! Possibilité également de continuer à pied (ou en voiture, la route ayant été asphaltée) vers le petit *village d'Agios Ioannis,* ou de faire plusieurs autres balades, moins difficiles que les gorges elles-mêmes. Enfin, entre Anopolis et Aradéna, il y a un embranchement pour la plage de Finika, par le village de Livaniana : la piste est correcte, mais longue.

Infos et conseils utiles

- Évitez les jours de pluie (et ceux qui suivent) et faites attention aux chèvres si elles se trouvent au-dessus de votre tête. Dans les 2 cas, risques réels de chutes de pierres !
- Soyez prévoyant, aucun point d'eau en route. En saison, buvette à Aradéna, à côté du pont.
- Il est déconseillé de faire cette balade en solitaire car, en cas d'accident, peu de passants pourront jouer les bons samaritains.

Le trek

➢ ***Dans le sens de la montée (de la côte vers l'intérieur) :*** si l'on vient d'Agia Rouméli (fin des gorges de Samaria) ou de Chora Sfakion, prendre le bateau (quotidien en été) pour *Loutro.* De là, se rendre à la plage de Marmara à l'ouest. Compter un peu moins de 1h de marche ou prendre l'unique bateau qui la dessert en été (à vérifier quand même à l'arrivée du ferry). Le début du trek se fait dans le lit de la rivière, à l'ombre de hautes falaises. Éviter de toucher les buissons de lauriers-roses en route, certains d'entre eux sont toxiques. À 30 mn de marche, les gorges s'élargissent, et vous devriez apercevoir le village d'*Aradéna.* Suivre les cairns et les signes peints. Arrivé à un chêne vert, possibilité de prendre à droite vers Livaniana : suivre le panneau. En continuant tout droit, un autre chemin à droite permet de rejoindre ce petit village. Le prendre pour arriver devant un panneau interdisant le passage. Sur le versant gauche de la falaise a été aménagé un escalier qui mène vers le pont surplombant la gorge d'Aradéna et le petit village abandonné : final grandiose ! Si vous allez vers Anopolis, partez vers l'est et non vers l'ouest, sinon vous allez vous retrouver à Agios Ioannis, soit à la fin de la route ! D'Anopolis, il vous reste 13 km jusqu'à Chora Sfakion (un seul bus par jour et peu de voitures mais on peut toujours essayer le stop). Si vous avez encore du jus dans les jambes, vous pouvez toujours redescendre à Loutro à pied (voir ci-après la rubrique « Randonnées pédestres » à Anopolis).

➢ ***Dans le sens de la descente :*** il faut d'abord se rendre à Anopolis, puis à Aradéna.
– Si vous partez de *Loutro,* prenez le sentier au nord-est qui permet de rejoindre Anopolis en 2h environ (à partir de la dernière maison en ruine). Attention, ça grimpe sec et ça cogne dur (éviter les heures les plus chaudes et lire aussi le trajet expliqué ci-après, mais en sens inverse, dans « Randonnées pédestres » à Anopolis).
– Si vous venez de *Chora Sfakion,* prenez l'unique bus qui se rend chaque jour à Anopolis, en principe vers 15h30. C'est le bus qui vient de Hania, son terminus est Anopolis où habite le chauffeur. Le plus simple est de louer un taxi à plusieurs sur la place du village pour aller jusqu'à Aradéna ou alors essayer d'y aller en stop (mais peu de voitures). Compter dans les 25 € en taxi. Petit tuyau : les hôteliers de Chora Sfakion vous emmèneront bien volontiers jusqu'à Aradéna ; arrangez-vous la veille au moment de négocier votre chambre. Mais ne vous faites pas d'illusions, ils vous demanderont le même prix que le taxi !
– À pied, d'*Anopolis,* suivre la route goudronnée qui conduit jusqu'au village abandonné d'Aradéna (de 40 à 50 mn de marche). Grosse chaleur, sur le plateau.
– À Aradéna, arrivé à la hauteur de l'église construite au bord de la falaise, vous apercevez un chemin muletier qui descend au fond des gorges. Ensuite, toujours en direction du sud, il n'y a plus qu'à les suivre, des points jaunes servent de repères. Lire plus haut pour la description du trek. Tout au bout, une plage bien méritée, celle de Marmara, où l'on peut loger (lire plus haut à Loutro « Randonnées pédestres ») avant de terminer la randonnée jusqu'à *Loutro.* De Loutro, prendre le bateau (quotidien en été) pour *Chora Sfakion* ou *Agia Rouméli et Sougia.* On peut aussi aller à pied à Chora Sfakion en prenant le sentier qui longe la mer (2h de marche pas très facile).

ANOPOLIS (ΑΝΩΠΟΛΙΣ) (73011) 240 hab.

Anopolis, la « ville d'en haut », est un lieu de court séjour tout à fait authentique. Il se « touristise » doucement mais... vraiment très doucement ! Pour s'y rendre depuis Chora Sfakion, on grimpe les lacets d'une impressionnante route en corniche de 12 km, avec des à-pics de 150 m de haut taillés dans la roche, des paysages somptueux avec des chèvres perchées sur les rochers et des rapaces qui planent dans le ciel. À 800 m d'altitude, le village est étalé sur un plateau tranquille. En 1941, il fut rasé par les Allemands. Quelques auberges (où trônent en bonne place les vieux du village), une boulangerie et puis une épicerie sur la place principale. On y trouve la statue de Daskaloyannis, le héros malheureux de la révolte de 1770, qui était du coin. Continuer absolument vers Aradéna, ne serait-ce que pour frissonner en haut du formidable pont suspendu dans le vide qui a subitement rapproché ces deux villages.

Où dormir ? Où manger ?

🏠 🍽 ***Taverna & Rooms Platanos :*** *sur la place du village, en face de la statue du grand homme. ☎ 28-25-09-11-69. • anopoli-sfakia.com • Doubles env 25-30 € selon période, AC inclus ; petit déj en sus. Repas env 10-15 €. CB refusées.* Une auberge de village typique, avec sa terrasse ombragée où l'on sert une authentique et copieuse cuisine crétoise, et, à l'étage, une poignée de chambres neutres et pas bien grandes, mais nickel et confortables (clim, frigo, salle de bains). Accueil sympa.

🏠 ***Appartements Yannis Orfanoudakis :*** *s'adresser à la boulangerie du village, sur la gauche avt d'arriver sur la place ; les apparts sont à 50 m. ☎ 28-25-09-11-89. • crete.xenonas-anopoli.gr • Studio 35 € pour 2 et 50 € pour 4.* Wifi. Épatant ! Car le sympathique boulanger du village loue également des studios au rapport qualité-prix imbattable. Modernes, vastes et tout confort (cuisine, frigo, fer à repasser, TV, etc.), ils occupent des bâtiments récents à l'architecture méditerranéenne plutôt réussie. Bien au calme, avec un environnement fleuri agréable, c'est un excellent point de chute. Accueil adorable et touchant de Giannis (n'oubliez pas de goûter à ses *sfakiana paximadia*).

Randonnées pédestres

➢ On peut faire l'***ascension du Pachnès*** depuis Anopolis (environ 6h de montée). Se renseigner chez Yannis, le boulanger, au village avant de partir, car il y a là-haut un refuge hyper sommaire, s'équiper d'un matelas de sol et de préférence de sa tente, l'eau n'est pas garantie, emporter ses provisions. Suivre la route tout droit vers les montagnes, au lieu de prendre à gauche vers Aradéna. Après un embranchement où l'on prend la route principale à droite, le chemin commence sur la gauche. Il est indiqué par une flèche. Si on le rate, on peut le rattraper dans le premier virage en épingle à cheveux vers la droite. Le chemin est difficile à suivre car très caillouteux. De temps à autre, il est balisé par des cairns ou des cercles colorés. Suivre toujours le chemin le plus caillouteux. Après le premier puits, le sentier oblique à gauche. Pas facile mais c'est une jolie rando.
Au delà d'Aradéna, on peut facilement rejoindre le mignon hameau de ***Agios Ioannis,*** isolé au pied du versant boisé du mont Pachnès. Prendre à gauche après l'église et loger à l'unique auberge du coin.

🏠 🍽 ***Hostel Alonia :*** *📱 69-38-79-26-95. • alonia.gr • Double 30 €. Repas env 10-15 €.* Wifi. Auberge rustique au bout du monde, tenue par les adorables Antonis et sa femme qui proposent 7 chambres avec douche, dans des petits bâtiments indépendants. Elles disposent d'une terrasse, de meubles fabriqués par monsieur, et d'un poêle à bois, bien utile pour les soirées fraîches en dehors de l'été. Salle commune conviviale, façon refuge de montagne, pour savourer le petit déj et les succulents repas du soir mitonnés par Anna. Un QG idéal pour se relaxer au son des cloches des troupeaux entre deux randos.

➢ Possibilité également de rejoindre ***Loutro*** depuis Anopolis, en 2h environ. Petit panneau à l'entrée du village indiquant un chemin sur la gauche qui se faufile à travers les maisons. On peut aussi partir de la place centrale d'Anopolis (plus facile). Au niveau du hameau en impasse, prendre le sentier qui part à droite et ouvrir la barrière. Attention, la descente se fait en plein soleil, et le chemin est souvent glissant à cause des cailloux et du sol qui s'effrite un peu. Prendre de bonnes chaussures et de l'eau. De plus, il faut s'attendre à une bonne dénivelée, mais le point de vue plongeant et constant sur le petit port de Loutro est assez mignon. Dans l'autre sens, il est vraiment plus difficile et plus long de remonter (surtout en plein cagnard !), d'autant que le sentier se distingue nettement moins à la remontée. Il vaut donc mieux prévoir un retour en bateau à Chora Sfakion. Dans ce cas, mieux vaut être venu en bus jusqu'à Anopolis, sinon vous allez devoir vous payer un taxi pour revenir chercher votre voiture. À moins de reprendre le bus le lendemain mais, vérifiez les horaires, il n'y en a qu'un par jour en saison !

CHORA SFAKION (ou SFAKIA ; ΧΩΡΑ ΣΦΑΚΙΩΝ ou ΣΦΑΚΙΑ)

(73011) 260 hab.

Ne disposant que de deux petites plages, le village de Chora Sfakion est avant tout un point de passage pour ceux qui reviennent des gorges de Samaria ou ceux qui se rendent à Anopolis et à Aradéna. On a donc une petite bourgade avec ses enfilades de restos qui ont opportunément posé leurs terrasses ombragées sur le quai, où l'accueil s'avère assez lourdement commercial, sinon racoleur. Ce port de pêche recèle pourtant un certain charme, dans une baie naturellement abritée au pied de la montagne aride avec en décor, en face, l'ancienne forteresse vénitienne et, au loin, l'île de Gavdos. Vous l'aurez compris, en haute saison, mieux vaut se contenter d'y faire une brève escale.
Autre petit bémol : on y pratique volontiers le surbooking. En haute saison, vous risquez donc d'être « déplacé » dans une chambre d'un hôtel voisin (ou une annexe) que vous n'avez pas réservée. Demandez à la voir avant d'accepter et négociez le prix à la baisse si cela ne vous convient pas.

UN PEU D'HISTOIRE

Le pays de Sfakia, coincé entre les montagnes Blanches et la mer, longtemps accessible par les seules gorges d'Imbros (ou alors par voie de mer), ne toléra jamais les envahisseurs. Les Vénitiens n'arrivèrent jamais vraiment à faire régner leur loi. Il faut dire que ces farouches Sfakiotes descendraient en droite ligne des Doriens, envahisseurs de la Grèce il y a environ 3 000 ans, dont les Spartiates, eux aussi durs au mal, étaient de dignes représentants. C'est d'Anopolis que partit la révolte de 1770, menée par Daskaloyannis (voir la rubrique « Histoire » dans « Hommes, culture, environnement »). Et quand les troupes alliées, surtout des Australiens et des Néo-Zélandais, en 1941, durent chercher leur salut dans la fuite, c'est du port de Chora Sfakion qu'elles embarquèrent vers l'Égypte. À l'est du port, sur le quai, un monument commémoratif rappelle cette évacuation.

Arriver – Quitter

Attention, le parking de la place du rond-point est payant en été ! Stations-service sur les hauteurs. Les billets de bus s'achètent à la guitoune d'infos touristiques, sur la place. Horaires affichés à l'arrêt de bus (parking au-dessus, par l'escalier).

En bus

➢ ***De/vers Hania :*** en été, env 4 bus/j. vers Hania. En principe, le dernier attend le bateau arrivant d'Agia Rouméli. 4 bus/j. (5 ven-dim) dans l'autre sens. Hors saison, 1-2 bus/j.

➢ ***De/vers Réthymnon via Vryssès :*** mêmes bus que Hania et changement à Vryssès.

➢ ***Pour les gorges d'Aradéna :*** 2 bus/j. à 9h et 15h30 pour Anopolis (voir le chapitre qui leur est consacré).

En bateau

Attention, les bateaux ne circulent quotidiennement qu'entre avril ou mai et octobre environ. D'autre part, les fréquences et les horaires changent régulièrement. Horaires dans la petite cahute blanche au-dessus du 1er débarcadère. Bien demander d'où part le bateau, car certains trajets pour Loutro se font à bord du *Neptuna,* lequel amarre tout au fond du port à 10 mn à pied.

➢ ***De/vers Loutro, Agia Rouméli, Sougia et Paléochora :*** en été, env 7 bateaux/j. pour Loutro et 3/j. pour Agia Rouméli, où un autre bateau prend le relais pour Sougia et Paléochora. Durées : env 30 mn pour Loutro et 1h45 pour Agia Rouméli.

➢ ***Pour l'île de Gavdos :*** juil-août, liaisons en principe ven, sam et dim. Départs vers 8h30, retour vers 14h30. Moins de bateaux en mai, juin et sept. Compter 2h de trajet. Horaires soumis à modifications évidemment. *• anendyk.gr •*

Adresses et infos utiles

■ ***Guichet d'information :*** *petit kiosque sur la place. En principe, juin-oct, tlj 9h30-13h, 16h-18h30.* Renseignements, vente des tickets de bus. Mettez la main sur l'excellente carte éditée par la municipalité.

■ ***Distributeurs de billets :*** *sur la place.* Parfois à sec le week-end. Prévoir du liquide...

■ ***Sfakia Tours :*** *sur la place du rond-point.* ☎ *28-25-09-12-72. • sfakia-tours.com • Loue des véhicules : compter 45-55 €/j. selon taille de la voiture ; tarifs dégressifs pour plusieurs jours.*

🚗 ***Taxis :*** *sur la place du rond-point. S'il n'y a personne, s'adresser au minimarket* Amiradakis, *parmi les restos sur le quai.* ☎ *28-25-09-12-69. Compter env 25 € pour aller à Anopolis ou Aradéna.*

■ ***Pharmacie :*** *sur la place.*

✉ **Poste :** *sur la place. Lun-ven 7h30-14h.*

■ ***Notos Mare Diving Center :*** *au bout du port, à l'extrême gauche en regardant la mer.* 📱 *69-47-27-01-06 et 69-55-19-76-01. • notosmare.com • Ouv Pâques-oct. Plongée 50-70 € selon niveau.* Organise des plongées de toutes sortes (baptêmes, grottes, de nuit, etc.). Excellente visibilité dans ces eaux cristallines parfois rafraîchies par des sources. Propose également des journées en bateau vers Domata, Agios Pavlos, *Sweetwater Beach* et les gorges d'Aradéna (plage de Marmara)... Une bonne formule quand on manque de temps.

Où dormir ? Où manger ?

🏠 ***Stavris Hotel :*** *dans la petite rue derrière le quai aux restos.* ☎ *28-25-09-12-20. • hotel-stavris-sfakia-crete.com • Avr-oct. Doubles 33-40 € ; studios 37-45 €.* 📶 Grande bâtisse blanche aux volets bleus, en hauteur. Chambres petites et simples, mais agréables pour celles avec vue sur la mer. En face, l'hôtel *Alkyon,* tenu par la même famille, propose des hébergements similaires, aux mêmes prix, mais dont les balcons côté mer donnent directement sur le port. Petit déj (en supplément) à prendre au vert, sur une placette paisible. Pas mal donc, à condition de tomber un bon jour. Sinon, l'accueil bourru peut être dissuasif.

🏠 ***Apartments Eleana :*** *en haut du village, sur la route d'Anopolis.* ☎ *28-25-09-12-65. • sfakia-accommodation.com • De mai à mi-oct. Env 35-45 € pour 2 et 3 pers.* Une des maisons les plus joliment fleuries de Sfakia. L'énorme jasmin parfumé et d'innombrables plantes en font une oasis délicieuse de fraîcheur. Les appartements de 2 ou 3 chambres sont assez vastes, tous avec AC et balcon donnant sur le village et la mer en contrebas, et pour une fois aménagés avec un brin de déco. Un petit chemin ravissant traverse le village pour conduire, en 5 mn, à la plage. Une bonne adresse, un peu vieillotte mais bien tenue.

🍽 ***Taverna Nikos :*** *sur la place du rond-point, face à la mer.* ☎ *28-25-09-11-11. Tte l'année. Plats 6-12 €, plus* *cher pour du poisson grillé.* Voici peut-être l'adresse de resto la plus originale du port. Le jovial patron vous proposera à l'ardoise quelques produits intéressants selon les arrivages de poissons. À la carte, spécialités de *tartes sfakian* (crêpes de fromage au miel), de *kalitsounia* et plusieurs préparations à base de lapin ou d'agneau. Ne délirons pas, c'est bon, mais pas inoubliable non plus.

Taverne Livikon : *sur le port, en plein centre.* ☎ *28-25-09-12-11. Mars-oct, 8h-1h. Repas env 12-15 €, plus cher pour du poisson grillé.* Vaste terrasse abritée du vent, en surplomb des vagues. Réputé à juste titre pour son agneau braisé à la sauce au yaourt, mais d'autres gourmandises, comme les excellentes feuilles de vigne farcies, méritent la dégustation. Bon accueil.

Café-resto Delfini : *le 1er resto sur la place du rond-point. Ouv 7h-2h.* Vue sur le port, dans un espace très ouvert et plaisant. Un peu cher tout de même pour y dîner, mais idéal pour boire un verre en terrasse ou déguster une *sfakiani pita,* sorte de tourte à la viande.

Également 2 ou 3 ***épiceries*** et 2 ***boulangeries*** (sympa, mais vérifiez bien les prix).

Où boire un verre ?

Théa : *idéalement situé sur les collines surplombant la baie (à 1 km en direction de l'est) ; à pied, un sentier coupe à droite après l'hôtel-resto* Panorama. *Tlj à partir de 9h jusque... tard.* Ce bar possède LA terrasse pour voir le coucher de soleil (*Théa* veut dire « vue »). Ambiance lounge et boissons un brin plus chères qu'ailleurs, mais c'est justifié. Le soir, on aperçoit même les lumières de Loutro. Un lieu inattendu et inoubliable.

Randonnées pédestres

➢ ***Les gorges d'Imbros*** (*Φαραγγι Ιμπρου*) **:** une alternative aux gorges de Samaria. C'est une rando plus courte. Prendre le bus pour Hania (à 7h ou 11h, en principe) et descendre à Imbros, à environ 10 km de Chora Sfakion. Sinon, de Hania, trajet en 1h30 (s'asseoir à droite du bus, c'est plus joli). Là commencent ces gorges longues de 8 km, et que l'on descend en 2 ou 3h, selon son rythme. Puis 4 km environ de goudron par une grande descente pour rejoindre Chora Sfakion. Si l'on est en voiture, on peut se garer au croisement de la route pour Frangokastello, tout en haut de la côte. Attraper le bus pour Hania quand il passe, descendre à Imbros et après les gorges, retour direct à son véhicule. On peut aussi utiliser les services d'un taxi. Sachez que dans le village de *Komitadès,* peu après le carrefour pour Frangokastello, un nombre incroyable de tavernes y racolent le touriste pour qu'il se gare gratuitement sur les parkings et déjeune ensuite sur place, au retour des gorges...

Bon, revenons à nos moutons. L'accès aux gorges est payant : 2 €. C'est une marche facile. À la sortie du village d'Imbros, au niveau de l'oratoire, tourner à gauche dans le chemin et prendre le sentier qui croise le lit d'un ruisseau. Entrez dans la gorge sur la droite. Celle-ci s'élargit après 2h30 de marche environ et l'arrivée se fait à Komitadès, dont on vous a parlé plus haut. Noter, en chemin, les jolies sauges de Jérusalem qui éclosent aux beaux jours...

➢ ***Loutro :*** pas de route, juste un petit chemin longeant la mer à travers la montagne. Pour le trouver, prendre la route d'Anopolis sur quelques kilomètres ; au niveau du premier virage en épingle à cheveux, un petit sentier part en biais (il indique *Glyka Nera,* la plage *Sweetwater,* par laquelle on passe). Se renseigner et lire le chapitre sur Loutro pour le descriptif plus précis de la randonnée.

GAVDOS (ΓΑΥΔΟΣ)

(73011) 150 hab.

Cette petite île, à 40 km de la côte, a été pendant des années le territoire le plus au sud de l'Europe ! Du moins de l'Europe des 15, avant que Chypre ne rejoigne le club. C'est un gros caillou (30 km²), à seulement 170 milles nautiques de Tobrouk en Libye : c'est dire qu'il y fait chaud en été. De moins en moins peuplée (une trentaine d'habitants l'hiver alors qu'elle en a compté jusqu'à 8 000 !), l'île se repeuple le temps de la saison touristique, principalement avec de jeunes Grecs qui viennent goûter au plaisir du camping sauvage et du naturisme.

Presque un autre bout du monde. Ceux qui ont connu la Crète dans les années 1970 disent que Gavdos leur rappelle l'île à cette époque.

LA GROTTE DE LA NYMPHE

Gavdos est une des (nombreuses) îles dont la tradition dit qu'elle aurait pu abriter les amours mythologiques d'Ulysse, de retour de Troie, et de la nymphe Calypso. Cette dernière, qui l'avait recueilli après son naufrage, le retint auprès d'elle dans sa grotte, pendant 7 ou 10 ans selon les sources. Il fallut une intervention divine pour dire à Calypso que la récréation était terminée. Elle devait accepter de laisser partir le héros pour Ithaque, où l'attendait la fidèle Pénélope. Quant au calypso, cette musique vient bien des îles également, mais là il s'agit des Antilles.

Arriver – Quitter

Bateaux depuis ***Paléochora*** et ***Chora Sfakion :*** *voir au départ des villes concernées.*

– Sept-fin avr, les liaisons sont moins nombreuses, le mauvais temps se mettant souvent de la partie, il est conseillé d'être très prudent si l'on doit prendre l'avion quelques jours plus tard. Quand la mer est vraiment agitée, mieux vaut avoir le cœur bien accroché.

Où dormir ? Où manger ?

À Gavdos, on trouve où dormir – quelques chambres chez l'habitant et tavernes –, où manger, ainsi que des scooters et des vélos à louer (on ne conseille pas les voitures, le principal loueur mettant à disposition, contre monnaie sonnante et trébuchante, de véritables épaves). Possibilité de faire du camping sauvage (là, ça ne risque rien) et de dormir sur les plages vierges et ombragées de cèdres.

À Sarakiniko (Σαρακινηκο)

Taverne I Gavdos : *le bus qui fait la liaison Karavé (le port)-Sarakiniko vous dépose juste à côté. ☎ 28-23-04-11-06. Doubles env 40-45 €. Repas env 10-15 €.* Plats de poisson, en fonction de la pêche du jour, ou viandes, et spécialités crétoises. Bon accueil de Kiki, la propriétaire. Propose également des chambres très correctes derrière le restaurant.

Taverne I Nychterida : *à 100 m de la précédente. Prix similaires.* Pour ce qu'il y a dans l'assiette, ça se ressemble aussi beaucoup !

À Agios Yannis (Αγιος Γιαννης)

C'est ici que la plupart des adorateurs du soleil vont planter leur tente, dans les dunes. Une unique ***taverne*** là où la piste s'arrête.

🏠 🍽 ***Sofia's Restaurant :*** 📱 69-47-00-35-33. • sofiaroomsgavdos.com • Mai-oct. Compter env 12-15 €. 📶 Classique cuisine de taverne servie sur une agréable terrasse. Également des chambres.

À voir. À faire

À vrai dire, pas grand-chose. Il n'y a pas d'ombre, marcher en pleine chaleur est assez difficile, même si les distances sont relativement courtes. Prévoir beaucoup de bouteilles d'eau. Mais on peut se bronzer sur plusieurs plages (maillot très optionnel) : c'est d'ailleurs l'activité principale pratiquée sur l'île. Les amoureux des phares ne manqueront pas d'aller jeter un œil à celui d'***Ambélos,*** sur la façade ouest de l'île : construit en 1880 par la Compagnie française des phares ottomans, il était, à l'époque, le deuxième phare le plus puissant au monde, visible jusqu'à une distance de 42 milles nautiques. Détruit par des bombardements allemands pendant la Seconde Guerre mondiale, il a été reconstruit et rénové récemment.

⛱ Les plus belles plages sont celles de ***Sarakiniko*** (la plus proche du port) et d'***Agios Yannis.*** Le bus local emmène à Sarakiniko et à Agios Yannis depuis le port de Karavé. Korphos est aussi pas mal (bus également). Pour les autres, comme celle, très belle, de ***Potamos,*** au nord-ouest, il faut non seulement être motorisé, mais en plus marcher une fois que la piste se termine.

➢ Il faut quand même aller à la plage de ***Trypiti*** *(Τρυπητη),* tout au sud de l'île, soit en gagnant Vatsiana (de là, 1h de marche), soit à partir de Korphos (également 1h de marche ; attention falaises : les personnes sujettes au vertige feront mieux de choisir le premier itinéraire). La plage de galets de Trypiti n'est finalement pas le principal objectif de la balade, qui est la chaise géante (2,50 m de hauteur environ) plantée sur un éperon rocher, à l'extrémité de la baie. Impossible de la manquer : c'est au-dessus des arches. On vous y apprend que c'est là le point le plus au sud de l'Europe (bon, la pancarte sera peut-être remplacée maintenant que Chypre est dans l'Union européenne) et le conseil qui est donné tombe sous le sens : « *Smile and relax* ».

FRANGOKASTELLO (ΦΡΑΓΚΟΚΑΣΤΕΛΛΟ)

(73011) 150 hab.

À une dizaine de kilomètres à l'est de Chora Sfakion. En bordure de cette longue plaine, un lagon protégé et peu profond, ainsi qu'une superbe plage de dunes et d'un très joli sable (ce qui n'est pas si fréquent !), à 500 m vers l'est. Pas de centre véritable, mais des maisons éparpillées dans un environnement quasiment sans arbres. On ne peut pas louper le décor de théâtre improbable de ce curieux château fort, posé en bord de mer. D'ailleurs, les Vénitiens qui le construisirent en 1371 ne l'occupèrent jamais ! Ils l'avaient édifié pour montrer leur puissance, mais la forteresse brilla par son inutilité, sauf lors de la terrible bataille qui s'y déroula le 18 mai 1828. Aujourd'hui encore, sa visite (payante...) n'est pas du tout indispensable (expos photos quelconques dans une tour) !

Fin mai ou début juin, on raconte sur place qu'il est possible de voir à l'aube, du côté de la mer, des formes évoquant les ombres de soldats grecs, filant d'est en ouest. Ce sont les *Drossoulitès* (« ombres de rosée » en v.f.), considérés comme les âmes errantes d'un corps expéditionnaire grec, réfugié dans

la forteresse, après la bataille rangée sous les murs. Craignant de se faire prendre à revers par les redoutables guerriers sfakiotes, Moustafa Pacha, commandant l'armée turque, laissa partir les survivants qui, visiblement, rôdent toujours.

Où dormir ? Où manger ?

Taverne-Hôtel Oasis : *à 800 m à l'ouest du château, en venant de Chora Sfakion. ☎ 28-25-09-21-36. • frangokastelloapts.com • Avr-oct. Studios et apparts 2-4 pers 40-60 € selon saison.* Jolie petite adresse, avec une belle vue sur la végétation et la mer en toile de fond. Logements tout en longueur avec coin cuisine, très bien tenus, et petite terrasse sous les arbres, bien isolée des voisins par des plantes. Un studio plus petit à côté de la réception, moins cher. Accueil par un couple charmant. Taverne accueillante avec poisson frais si la pêche a été fructueuse et spécialités locales, et surtout une vue superbe depuis la terrasse. Une bonne adresse familiale et conviviale.

Studios et appartements Paradisos & Fata Morgana : *à 500 m à l'est du château. ☎ 28-25-09-20-78 ou 77. • fata-morgana.gr • paradisos.gr • Entrée repérable à ses petits drapeaux. D'avr à mi-nov. Studios 45-55 € ; apparts 4-6 pers env 50-95 €.* Dans une oliveraie de 18 ha au bord de la plus belle plage du coin, un complexe séparé en 2 secteurs mais gérés par la même famille. Un grand espace aux constructions aérées et coquettes, aménagé en jardin fleuri, avec plusieurs bâtiments de différentes tailles qui abritent appartements et studios pouvant accueillir de 2 à 6 personnes. Tous sont très bien équipés et se distinguent par une agréable déco. Un petit air de village de vacances, avec laverie, tennis *(payant)*, vélos *(gratuits)*, aire de jeux pour les enfants, et des parasols à disposition pour la plage. Taverne au-dessus des dunes. Très bonne adresse pour les familles, avec en plus, un accueil francophone. Fait aussi location de voitures *(• tracercarrentals.com •)*. Un coup de cœur dans son genre.

Studios Stavris : *à 1,5 km à l'ouest du château, par la route littorale, et à 50 m de la mer. ☎ 28-25-09-22-50. • studios-stavris-frangokastello.com • Avr-oct. Studios env 35-45 € ; apparts 4 pers 60-75 €.* Bâtiment fonctionnel proposant de petits studios bien conçus et tout équipés (clim, TV, coffre...) pouvant communiquer entre eux, très pratiques pour les familles. Belle vue sur la mer depuis les balcons et les terrasses. D'ailleurs, gros avantage, vous avez la plage pour vous tout seul, ou presque, directement au bout du jardin ! Minimarché pas loin. Accueil sympa.

Taverna Stavros : *☎ 28-25-09-22-05. Ouv midi et soir. Plats env 6-15 €.* Directement sur la plage, juste après les *Studios Stavris*, une adresse on ne peut plus tranquille et isolée. Des plats simples en fonction du marché du jour. Grande terrasse ombragée à deux pas des transats et de la mer. Un petit côté « pieds dans l'eau » très agréable, loin des foules estivales.

Taverna Vatalos : *un peu en retrait, sur la plage du même nom, 2 km à l'ouest de Frangokastello. ☎ 28-25-09-22-63. Plats 6-13 €.* Ce n'est pas le charme de la terrasse (bien que surélevée et avec vue sur la plage, au-delà du petit parking), mais la qualité de la cuisine traditionnelle, goûteuse et soignée, qui attire les touristes et les locaux quand ils décident de s'offrir une petite sortie. Spécialités d'agneau bien mijoté, excellentes préparations de poulpe et poisson frais évidemment. Une très bonne adresse, sans chichis, pleine de générosité.

Où se baigner ?

La grande plage de sable fin, au pied du château, forme un lagon assez agréable. Peu profonde, idéale pour les enfants. À 500 m environ, en direction de Plakias en longeant la côte par une piste, on arrive sur une autre magnifique plage de sable : d'immenses dunes qui tombent à pic dans une baie calme et peu fréquentée.

Randonnées pédestres

➢ Possibilité de balades à pied dans les petits villages de montagne, ***Skaloti*** et ***Kapsodassos.***

LA ROUTE DE FRANGOKASTELLO À SELLIA

• Carte Le département de Réthymnon *p. 178-179*

➢ Route de montagne en lacet (tiens donc !) tout du long jusqu'à ***Rodakino*** *(Ροδακινο),* village calme perché. À Rodakino, on se retrouve dans le département de Réthymnon. À 2 km en contrebas, plage de *Koraka* (sable gris et galets), avec chambres à louer et tavernes. En longeant le littoral par la droite, sur 2 km, belles petites criques en bord de route, puis petite plage adorable au lieu-dit ***Polyrizo*** (pas toujours indiqué sur les cartes, mais connu comme tel). Quelques pensions, restos, bars et même un gros hôtel, mais le tout est plutôt bien intégré, car la végétation est dense (Polyrizo signifie « beaucoup de racines » : il y a de nombreuses sources dans le coin).

Pension Panorama : *à **Polyrizo**, au-dessus de la route, sur la droite (escalier bleu). ☎ 28-32-03-17-88. Avr-oct. Chambres et studios 35-40 € (AC en sus, mais pas forcément utile, car ça souffle et les chambres sont fraîches).* Katerina est une adorable dame à l'accueil discret. À 150 m plus haut et à droite de la taverne, ses 8 chambres et 6 studios avec AC sont très basiques mais n'usurpent pas leur nom, les plus intéressantes étant d'ailleurs celles en hauteur : la nature environnante fait plaisir à voir. Dans sa petite taverne rustique et sans chichis, on se régale : au-delà d'une moussaka mémorable, tous les produits sont frais et préparés dans les règles. Goûter au chevreau *tsigariasto,* aux *dolmadakia* avec yaourt, accompagné de blettes du jardin. Une adresse pour ceux qui aiment le calme, la tranquillité... et la bonne cuisine de terroir.

➢ De Rodakino à ***Sellia*** *(Σελλια),* route en corniche spectaculaire. Larges panoramas sur la côte découpée et la baie de Plakias. Puis la route suit des gorges superbes. À Sellia commence une très belle descente, comme si l'on fondait littéralement sur Plakias.

PLAKIAS (ΠΛΑΚΙΑΣ)

(74060) 150 hab.

Une petite station balnéaire où les tour-opérateurs envoient volontiers leurs clients, sans doute parce qu'on peut y passer des vacances « plage et soleil » pas trop chères. Du coup, ça donne un petit côté *cheap* à l'ensemble, aussi bien en matière d'architecture (le petit port de pêche a été remplacé par une marina banale) qu'en ce qui concerne l'atmosphère, ni typique ni franchement festive. Rien à dire néanmoins, le site est superbe, et il y a de la place pour tout le monde : longue plage cernée de pics rocheux et que surplombent quelques villages de semi-montagne. Plage de sable, mais zone de galets un peu casse-gueule avant de pouvoir nager ; des sandalettes de caoutchouc pour garder l'équilibre ne sont pas superflues. La crique de Damnoni, non loin de là, a aussi les faveurs des amateurs de farniente, comme celle de Souda, après le nouveau port, vers l'ouest.

Arriver – Quitter

Arrêt sur le parking au début de la plage, les horaires sont affichés. Voici, approximativement, les fréquences relevées pour l'été (en hiver, attention, beaucoup moins de bus).

➢ ***De/vers Réthymnon :*** jusqu'à 5 bus/j. en sem en saison (2 ou 3 en hiver), 4 le w-e. Compter 1h de trajet.

➢ ***De/vers Prévéli :*** 6 bus/j. l'été.

➢ ***De/vers Agia Galini :*** liaisons en bus avec Réthymnon, changer à Spili.

Adresses utiles

Poste : *dans la petite rue qui part à l'angle de* Monza Travel *sur le port.* Fait le service *Western Union.*

■ Plusieurs ***distributeurs*** de billets, mais ne fonctionnant pas toujours. Pour nos amis suisses et canadiens, plusieurs ***bureaux de change.***

■ ***Médecin :*** *dans la rue de la poste. ☎ 28-32-03-17-70. 69-73-43-49-34 (24h/24). Consultations tlj sf dim 9h-13h et 17h30-20h30.*

■ ***Pharmacie :*** *à côté du cabinet du médecin. Ouv lun-sam 9h-13h30, 17h-20h30 ; dim 10h30-13h30, 17h30-20h30.*

■ ***Location de vélos, de scooters et de voitures :*** *un peu partout sur le front de mer, notamment chez* ***Anso,*** *près du petit pont.*

Taxis : *petit guichet vert pistache face à la pharmacie.*

Où dormir ?

Camping

Camping Apollonia : *à l'entrée du village en venant de Réthymnon et à 100 m de la plage. ☎ 28-32-03-13-18. Mai-oct. Forfait pour 2 env 22 €.* Ne vous fiez pas à l'entrée vieillotte du camping. Derrière, le terrain se révèle plutôt agréable, ombragé par les eucalyptus et les oliviers, et bien abrité du vent. Piscine gratuite pour les clients, bar, ping-pong et jeux pour les enfants. Blocs sanitaires pas tout jeunes mais corrects. Machines à laver, cuisine à disposition et épicerie. Accueil sympa.

Très bon marché

Youth Hostel : *à 500 m du front de mer, en retrait de la station. Prendre la petite rue qui part à l'angle de* Monza Travel, *sur le port, puis suivre les panneaux. ☎ 28-32-03-21-18. 69-83-07-10-23. • yhplakias.com • Ouv de mi-mars à mi-nov. Env 10-11 € la nuitée (2 nuits min à la résa, mais négociable selon disponibilités de dernière minute). CB refusées.* Voici une petite AJ à l'atmosphère particulièrement relax dans une oliveraie. À tel point qu'on n'y accepte pas les groupes de plus de 10 personnes. Uli, le gérant très chaleureux, tient à ce que le lieu reste un endroit d'échange et de rencontre et non un simple hébergement bon marché. Bungalows-dortoirs dans un environnement assez intime, avec un grand jardin fleuri et ombragé où sont dispersés des hamacs. Les 6 chambres (mixtes !) comptent 8 lits et des casiers (ouverts). Propreté exemplaire, bonne literie, machine à laver. Seul bémol : il faut se contenter d'un réchaud d'appoint pour faire la popote. Un peu juste.

De bon marché à prix moyens

Castello Apartments : *prendre la petite rue de la poste qui part du front de mer au centre (panneau), puis tourner à gauche et à droite. ☎ 28-32-03-11-12. • castello-plakias.com • Avr-nov. Doubles 34-40 €, studios env 36-50 €, apparts 55-65 € selon confort et saison. AC en sus. CB refusées.* Une adresse qu'on aime bien pour son grand jardin paisible et bien entretenu, et pour son architecture limite kitsch mais sympa comme tout aux allures de château (il y a même une échauguette et des créneaux !). À l'intérieur, c'est déjà plus sobre : chambres, studios et apparts fonctionnels et bien équipés, tous avec balcon. Possibilité de petit déj. Patron discret, respectant le rituel de la sieste, c'est vous dire le stress qui règne ici...

Plus chic

Plakias Bay Hotel : *tt au bout de la plage vers l'est, un peu en hauteur. ☎ 28-32-03-12-15. • plakiasbay.com • Avr-oct. Doubles env 70-85 €, avec copieux petit déj-buffet. Dîner env 15 €.* Un hôtel atypique. D'abord, la situation : au calme à l'écart du centre, sur une hauteur à deux pas de la plage. Génial ! Ensuite, les chambres : colorées, à la fois rustiques et confortables (salle de bains, AC, frigo, balcon et vue sur le large... mais pas de TV !), elle ne manquent pas d'originalité. Enfin, l'ambiance : très relax, à l'image du piano dans le salon commun, de la superbe terrasse arborée où l'on sert le petit déj et les repas du soir, et de l'accueil chaleureux et convivial. Un coup de cœur, malgré des prix un peu plus élevés que la moyenne.

Alianthos Garden : *tt au bout de la plage vers l'est. ☎ 28-32-03-12-80. • alianthos.gr • De fin mars à mi-nov. Doubles env 90-150 € selon saison et vue, avec copieux petit déj-buffet. Dans une mignonne annexe, chambres « budget » pour 50-70 € en profitant des infrastructures, et également des apparts.* Hôtel moderne chic de grande capacité pour la station mais encore à taille humaine, avec des chambres au design de bon goût et tout le confort de sa catégorie. AC, TV satellite, frigo, balcon et excellente literie. Salles de bains parfois riquiqui. Piscine et pataugeoire pour les petits, aire de jeux et parasols sur la plage. Mais ce qui fait le plus de cet hôtel, c'est le sens de l'accueil du personnel. Une excellente adresse dans son genre.

Où manger ?

Restaurant Kri-Kri : *non loin du petit pont, devant le parking du front de mer. ☎ 28-32-03-22-23. Repas env 10-15 €.* Beaucoup de succès pour cette grande terrasse. Rien d'extraordinaire dans l'ensemble, mais les assiettes sont copieuses et la carte variée. Toutes sortes de *souvlakia* (d'agneau, de chèvre...), des *gyros,* des pizzas au feu de bois et des plats internationaux pour ceux qui voudraient faire une pause dans leur régime crétois (et votre ligne, alors ?). Hyper touristique, mais efficace.

Taverna Menousa : *au bout de la rue de la poste, à droite. ☎ 28-32-03-13-13. Plats 8-13 €.* Taverne fleurie, tranquille et familiale, dont la jolie salle à la déco marine permet de s'échapper des adresses surpeuplées du front de mer. Rien d'inoubliable, mais quelques poissons frais, tel l'espadon *(xifias),* des salades et de délicieuses viandes.

Taverna Harakas : *à côté du petit pont, en plein centre. Plats env 5-12 €.* Adresse banale, face au parking, mais le cadre est agréable, on y parle le français et on y sert des plats corrects pas chers. Également des plats végétariens.

Taverna Tassomanolis : *du côté ouest du front de mer dans le virage. ☎ 28-32-03-12-29. Plats 5-15 €.* Cette taverne marine annonce la couleur : ici, on fait dans le poisson, à choisir parmi la pêche du jour. Simplement grillé comme il le faut, c'est un délice. Quelques viandes aussi. Service souriant mais vite débordé s'il y a foule. Vend aussi, avec le bateau de *Captain Tassos,* des tickets pour des excursions vers la plage de Prévéli. Départ à 10h30, retour à 15h.

Taverna Siroko : *un peu après le précédent en venant du centre. ☎ 28-32-03-20-08. Repas env 17 €.* Une taverne composée de terrasses sur 3 niveaux, comme au théâtre, pour que tout le monde profite de la belle vue sur la baie. Cuisine traditionnelle assez fine, plats soigneusement mijotés comme le délicieux ragoût de lapin, et même des salades autres que... grecques ! Accueil adorable.

Où boire un verre ? Où sortir ?

La grande occupation, le soir, c'est la balade sur le front de mer en observant l'animation des terrasses. Le choix est large, mais la variété... assez limitée.

Ostraco Bar : *au port, dans le coin des terrasses les plus touristiques.* Pour un petit déj, un p'tit ouzo ou un cocktail avant le dîner. Café au rez-de-chaussée, snack en terrasse et, à partir de 21h, bar au balcon et *live music*.

Frame : *à côté du petit pont, à l'étage du supermarché. Tlj de 10h à tard.* Une terrasse ouverte à la déco design, couleurs de lagon, vastes espaces lounge et mobilier du type grand distributeur suédois... L'endroit branché de Plakias.

Antoni's Place : *en retrait de la plage, sur la route vers l'est, au niveau du camping. Tlj en été.* Bar de plage bien agréable avec sa tonnelle couverte de vigne et du gazon sous les pieds.

Mes'tin Ammo : *au bout de la plage, vers l'est.* Un bâtiment en dur doublé d'une cahute en paille sur la plage style bar tropical, pour boire un verre en musique les pieds dans le sable. Ambiance décontractée, jusque tard le soir.

DANS LES ENVIRONS DE PLAKIAS

Souda (Σουδα) : *à 3,5 km vers l'ouest.* Une jolie anse, abritée, mais très fréquentée (par des familles). Sur la route en venant de Plakias, de nombreuses criques en contrebas. Quelques chambres à louer et taverne sur place. Attention, ne vivant quasiment que du tourisme, hors saison, entre novembre et début avril, la majorité des adresses sont fermées.

Phoenix Hotel : *un peu avt* ***Souda,*** *au-dessus des petites criques. ☎ 28-32-03-13-31. • hotelphoenix-crete.com • Avr-oct. Doubles env 40-50 € selon saison, avec petit déj. Clim en sus. Pas de TV.* Petit hôtel moderne, coloré et tranquille, très bien situé à proximité de Plakias et en surplomb de la mer. Une vingtaine de chambres simples et fonctionnelles, avec vue sur la mer ou sur la montagne. Conviendra à ceux qui ont un véhicule.

Damnoni (Δαμνονι) : *à 3 km à l'est de Plakias. On peut y aller à pied (un chemin débute au* Plakias Bay, *à l'est de la plage), en voiture, et parfois en kaïki (petit bateau) pour la journée. À pied, prévoir une lampe de poche, il y a un passage très sombre creusé dans le rocher.* Cette belle plage de sable coupée par un cours d'eau est fort logiquement l'une des préférées des touristes et des locaux. Sports nautiques sur place.

Damnoni Paradise (Sokratès) : *en allant vers la plage, prendre le petit chemin carrossable sur la droite qui pénètre dans les roseaux et les oliviers. ☎ 28-32-03-14-80. • damnoniparadise.gr • Mai-oct. Résa conseillée longtemps à l'avance. Chambres, studios et apparts équipés env 35-60 € selon taille, confort et saison.* Une adresse assez exceptionnelle, d'une vingtaine de chambres, cachée dans une végétation touffue quasi tropicale, avec un beau jardin fleuri, des palmiers et une petite passerelle qui enjambe un ruisseau. Un charme fou ! Chambres modernes très propres, certaines de plain-pied sur le jardin, d'autres avec des salles de bains carrelées en pierre, mais toutes de bon confort (pas de TV ici, cela dit). Très tranquille, à l'image du patron et de ses trois sœurs.

En venant de Plakias, par la 1re route à droite au croisement de la route pour Myrthios *(Damnoni Bay Hotel)*, on trouve quelques adresses accrochées à la colline et surplombant la mer, face à une minuscule chapelle perchée sur un piton rocheux.

Taverna Violakis : *face à la plage de Damnoni. Tlj, midi et soir. Plats env*

7-15 €. Belle terrasse de carte postale, avec ses petites chaises bleues sous les tamaris et la plage juste de l'autre côté du chemin. Bonne cuisine, sérieuse et consistante (*papoutsakia*, purée de fèves, *gavros* frais). Serveurs très sympathiques.

Autre plage : *à 5 km, dans le village de* ***Lefkogia,*** *prendre à droite entre les tavernes et suivre une petite route en mauvais état de nouveau à droite, en direction de Skinaria (ou Shinaria).* Belle petite crique, calme et abritée du vent, avec une plage de sable.

Taverna Stelios : *dans le bourg de* ***Lefkogia.*** *☎ 28-32-03-18-66. Taverne avec une grande salle en surplomb de la route principale. Repas complet env 10-15 €.* Cette petite taverne sans prétention est bien connue pour sa cuisine authentique servie dans une salle modeste. À la carte : spécialités comme le veau *stifado,* ou la chèvre sauce tomate ou citron, des grillades, toutes sortes d'entrées, desserts succulents. Accueil très chaleureux et qualité des plats en accord.

Taverna Mariou : *près du petit village de* ***Mariou,*** *au-dessus de Plakias, sur la gauche, dans un virage sur la route en direction d'Assomatos. ☎ 28-32-03-18-55. Plats env 7-15 €.* Deux bonnes raisons pour grimper jusque-là : d'abord, depuis la terrasse, la vue panoramique est grandiose sur le golfe de Plakias, ensuite et surtout la qualité de la table mérite largement des louanges. Cuisine authentique, à prix modérés : fleurs de courgette farcies, porc mariné dans le vinaigre et fumé aux herbes aromatiques, agneau aux artichauts, côtes d'agneau braisées au thym et à la marjolaine... un vrai régal ! Service familial souriant.

Myrthios (Μυρθιος) **:** *charmant village haut perché au-dessus de Plakias, à 4 km de Damnoni.* Faire un petit tour dans les ruelles anciennes, toutes en escalier. Quelques boutiques d'artisanat (bijoux, bois d'olivier, poteries, céramiques, etc.) et des tavernes avec vue plongeante.

AnnaView Apartments : *dans la partie basse du village, sur la route principale. 📱 69-73-32-47-75. • annaview.com • Tte l'année. Apparts 2-4 pers env 50-100 € selon taille et saison.* Carton plein pour cette excellente adresse : les appartements modernes sont très joliment personnalisés dans un style contemporain, le confort est au top, et la vue depuis les terrasses ou les balcons est vraiment géniale. Parfait, comme l'accueil.

Taverna Plateia : *dans la partie basse du village, sur la route principale. ☎ 28-32-03-15-60. Avr-oct, tlj, tte la journée. Plats env 6-13 €.* Domine toute la baie de Plakias et de Damnoni. Un bel espace avec une salle sobre et moderne, et surtout une large terrasse couverte dont les rambardes en verre permettent de mieux profiter du spectacle. On peut n'y faire qu'une halte, ne serait-ce que pour y boire un verre au coucher du soleil, mais ce serait dommage de ne pas profiter de l'excellente cuisine crétoise. Service soigné.

Vrisi : *à la sortie du village vers Plakias, à droite par une petite route sur 200 m. ☎ 28-32-03-13-99. Avr-oct, tlj, tte la journée. Plats env 7-15 €.* C'est l'adresse chic du coin, où l'on vient en amoureux profiter de la vue sublime sur la mer, au loin en contrebas, et de la belle terrasse cosy à la déco élégante (banquettes de pierre, coussins, fauteuils en osier...). Très romantique ! Et comme la cuisine est à la hauteur, dans un registre crétois soigné, la bonne soirée est garantie. Même les parents seront à la fête, puisqu'il y a un espace de jeux pour les enfants !

Assomatos (Ασωματος) **:** *à 10 km à l'est de Plakias et à 6 km à l'est de Myrthios.* Un autre village très intéressant, principalement grâce au surprenant *musée Papa Michalis Georgoulakis. (☎ 28-32-03-16-74. Avr-oct, 10h-17h. Entrée : 3,50 € ; gratuit moins de 16 ans.)* Papa Michalis, c'était le pope et la mémoire du village. Une vraie personnalité, mort à 87 ans en 2008. Il a commencé de constituer sa collection dès l'âge de 25 ans. Sa famille a eu la riche idée de le pousser à ouvrir dans huit pièces de sa propre maison cet incroyable musée, un véritable bric-à-brac où s'empilent toutes sortes de trésors. Il y en a partout ! Des documents et objets sur l'histoire de la Crète, des armes de la Seconde Guerre mondiale (lire les « Dix commandements pour le peuple crétois », signés de l'occupant allemand), mais aussi des objets religieux et du quotidien. Icônes, vieilles lampes, billets de banque, les chaussures de sa fille « jusqu'à l'âge de 18 ans », des outils agricoles, un frigo première génération, un poste de radio... Voir aussi l'émouvant bureau du père du pope où trône un arbre généalogique du côté maternel (famille Hatzidakis, celle du compositeur Manos !), sur papier millimétré. Le tout est exposé avec beaucoup de fantaisie. Aujourd'hui, ce sont son fils et sa belle-fille (allemande) qui accueillent les visiteurs. Boutique, expos temporaires et fréquents concerts de musique traditionnelle, dans la cour, le soir.

Depuis Assomatos, demander l'accès à la ***rivière.*** C'est celle qui débouche des gorges de Kourtaliotiko et rencontre la mer quelques kilomètres plus bas, à la plage de Prévéli. Beaucoup d'eau, même en été, et baignade très agréable en contrebas du village. Succession de petits lacs et de petites planques sur la grève ombragée... Halte rafraîchissante.

LES MONASTÈRES DE PRÉVÉLI
(ΜΟΝΗ ΠΡΕΒΕΛΗΣ)

Situés à 12 km à l'est de Plakias. Le premier monastère sur votre route, après le vieux pont vénitien, est nettement moins fréquenté et dégage par conséquent beaucoup de charme, mais ne présente pas l'intérêt du monastère principal. Ne manquez pas néanmoins de vous y arrêter, ne serait-ce que pour profiter de l'environnement et contempler la vue avec la rivière et le pont en arrière-plan. Le second, quelques kilomètres plus loin, est habité et fait partie de tous les circuits de visite dans le coin. On l'appelle le « monastère de derrière » (Pisso Moni Prévéli) et sa fondation remonte probablement au XVIe s. Il est niché sur un promontoire très venteux, presque un nid d'aigle. Juste avant d'arriver, jetez un coup d'œil au monument dédié à la résistance crétoise avec un pope armé d'une mitraillette, rappelant que les moines ont aidé les troupes alliées à évacuer la Crète en 1941.
ATTENTION, sur cette route, les rafales de vent peuvent être très violentes.

Arriver – Quitter

En bus

➢ ***De/vers Réthymnon :*** en principe, 3 bus/j. Pour Agia Galini, il est possible de se faire déposer, en le demandant au chauffeur, à l'arrêt où le bus Réthymnon-Agia Galini vous récupérera.

➢ ***De/vers Plakias :*** 6 bus/j. en été. Ou 1 bateau/j. avec la plage de Prévéli.

➢ Liaisons en bateau pour la plage de Prévéli depuis Agia Galini, slt en saison.

À voir. À faire

Le premier monastère : *juin-sept, tlj 9h-18h (plus tôt en demi-saison). Entrée : 2,50 € ; gratuit moins de 18 ans.* Appelé Kato Moni Prévéli (le « monastère d'en bas »), dédié à saint Jean-Baptiste, il a été en partie réhabilité après les destructions de 1941. Aujourd'hui, on déambule sur des allées au pavage grossier parmi des bâtiments parfois encore en ruine, pour découvrir une petite église avec une iconostase où l'on reconnaît l'archange saint Michel, et un minimusée qui retrace les guerres de libération contre les Turcs et la bataille de Crète en 1942. Également quelques objets liturgiques et des pièces d'artisanat. L'ensemble, rugueux et un peu oublié, ne manque pas de charme.

Le deuxième monastère : *ouv généralement de fin mars à fin mai, tlj 9h-18h30 ; juin-sept, tlj 9h-13h30, 15h30-19h (dim et j. fériés 8h-19h) ; en oct, tlj 9h-18h. ☎ 28-32-03-12-46. • preveli.org • Entrée : 2,50 € ; gratuit moins de 18 ans. Tenue correcte exigée (sinon, on fournit de quoi couvrir les jambes nues des dames...). Si vous arrivez vers 17h, vous aurez en principe l'occasion d'assister à la messe orthodoxe. Petite taverne à l'entrée.* Isolé dans un environnement aride et sévère, ce monastère dédié à saint Jean l'Évangéliste a fière allure. Pour autant, ne vous attendez pas à une visite inoubliable. On n'est pas à Sainte-Catherine dans le Sinaï, par exemple ! Une aile est véritablement conservée, avec ses curieuses cheminées, mais autrement ça reste très touristique. Petit *musée* présentant quelques objets sacrés (dont un crucifix aux vertus miraculeuses, vénéré par les orthodoxes), des vêtements liturgiques, de belles icônes, des manuscrits et une poignée d'armes utilisées par les popes pendant la libération de la Crète. Puis une petite église datant de 1836, avec un retable richement ornementé, un chandelier en argent, un trône épiscopal et de belles sculptures en bois doré.

La plage de Prévéli ou Palm Beach : un site exceptionnel, avec pas mal d'ombre, et ce mini-estuaire appelé « lac », peuplé de canards sauvages, qui isole une langue de sable et déverse ses fraîches eaux dans la mer de Libye. Snack-bar en dur dans un coin, discret. Bons petits plats pour dépanner.
Voici les trois possibilités pour s'y rendre.

➢ Accès par une petite route goudronnée, avant le monument aux résistants. Au bout, on parvient à un parking payant *(2 €/véhicule)* dont les bénéfices sont reversés... au monastère ! Depuis le sommet de la falaise, il vous faudra encore compter une bonne volée de 438 marches et une quinzaine de minutes pour descendre. Et probablement davantage pour le retour !

➢ Également accessible par une longue piste carrossable (mais très caillouteuse) de 6 km depuis le vieux pont vénitien situé 500 m plus bas que le monastère abandonné. On traverse la rivière pour suivre une piste sur la rive gauche avec l'indication « Palm Beach-Limni Prévéli ». Il faut encore marcher une quinzaine de minutes environ. On peut aussi faire l'intégralité de ce trajet à pied en 1h30 environ depuis le pont, mais pas un arbre, beaucoup de vent et de poussière, surtout en été !
Il est possible de rejoindre une piscine naturelle propice à la baignade en traversant la palmeraie et en marchant 20 mn jusqu'au début des gorges.

➢ Enfin, on peut aussi y aller en bateau au départ de Plakias et d'Agia Galini.

HOMMES, CULTURE, ENVIRONNEMENT

ARCHÉOLOGIE

Comme le reste de la Grèce, la Crète a été – et est encore – du pain bénit pour les archéologues. Il a fallu attendre que les Turcs plient bagage et abandonnent le sol crétois (en 1898) pour que des archéologues puissent fouiller en toute liberté ce que recelait ce sol, riche de promesses selon la tradition. Schliemann, le génial découvreur de Troie et de Mycènes, était venu traîner ses guêtres du côté d'Héraklion, en 1886, mais cette fois sans succès. Il avait voulu acheter des terres, situées dans les environs d'un lieu-dit nommé Knossos, parce qu'un riche négociant en huiles et savons, passionné depuis l'enfance d'archéologie, y avait découvert de grandes jarres quelques années auparavant. La transaction échoua ; Schliemann mourut mais bientôt un autre archéologue entra en lice : l'Anglais Arthur Evans. Ce dernier réussit à acquérir les terrains convoités, au nez et à la barbe des Français qui étaient aussi sur le coup, et les fouilles débutèrent au printemps 1900. En six campagnes, de 1900 à 1905, l'essentiel du site de Knossos était mis au jour et, le retentissement autour des découvertes d'Evans lançait véritablement l'archéologie crétoise.

CRÉTOMANIE

Les découvertes archéologiques de Sir Arthur Evans, au tout début du XXe s, bénéficient d'un engouement considérable. On organise des expos et des croisières sur Knossos. On écrit des romans historiques et des pièces de théâtre. Le monde découvre une époque ancienne totalement ignorée.

En 1900 également, des archéologues italiens fouillaient dans la Messara, à Phaistos et à Agia Triada. En 1901, c'est une Américaine, Harriet Boyd-Hawes, qui découvrait Gournia (à l'est d'Agios Nikolaos), et les Britanniques emboîtaient le pas en s'attaquant en 1902 aux sites de l'extrême Est (Palékastro). Les Grecs, plutôt en retard, se rattrapaient bientôt avec Malia. Et les Français dans tout ça ? Rien, du moins jusqu'en 1921, date à laquelle le découvreur de Malia, Joseph Hatzidakis, dut abandonner la partie et confier son site à l'École française d'Athènes, qui le fouille toujours.

Aujourd'hui, si l'on ne fait plus de découvertes majeures spectaculaires (les plus importantes datent de 1961-1962 à Zakros, à l'extrême est de l'île, avec la découverte du quatrième grand palais minoen par l'archéologue grec Nikolaos Platon, et de 1976, à Kommos, près de Matala, où le port de Phaistos a été exhumé des sables), on continue néanmoins à progresser dans la connaissance des sites. Chaque pays garde jalousement son pré carré, chaque école d'archéologie exploitant son ou ses sites et communiquant plus ou moins bien (voire pas du tout !) au grand public les résultats des recherches.

BOISSONS

Les habitants de la Crète consomment du ***vin*** depuis près de 4 000 ans ! Du temps des Minoens, il était entreposé dans des jarres volumineuses. Il existe quatre appellations crétoises (AOC) reconnues par l'Union européenne : Peza, Archanès, Dafnès et Sitia. Ce sont des vins rouges, principalement, plus rarement des blancs : parmi les meilleurs, l'*arhanès* (cépage *kotsifali*), le *mandilari* de couleur rubis (réputé dans les îles de la mer Égée), le *dafnès* et le *sitia* (cépage *liatiko*). Pour en savoir plus, rendez-vous à Péza (arrière-pays d'Héraklion) ou à Sitia pour la visite de sites de production viticole (et la dégustation, mais souvenez-vous, même en vacances, on consomme avec modération, sinon on confie le volant à quelqu'un qui n'a pas succombé à la tentation du breuvage). Ajoutez à ces crus répandus de nombreux vins de table ordinaires mais bons. Dans le même registre, le *chima krassi,* le vin du patron, vous laissera parfois un petit goût de vin cuit. On a bien aimé le vin blanc (frais et fruité). Quant au vin résiné *(retsina),* il n'est pas spécifiquement crétois, mais que les amateurs sachent qu'on en trouve du très bon sur l'île. N'oubliez pas que c'est le vin de table le plus typiquement grec et le meilleur marché. Dans l'Antiquité, on enduisait de résine les jarres en terre cuite afin d'en améliorer l'étanchéité. Le vin en prenait le goût, et on a gardé les bonnes habitudes.

Et l'***ouzo,*** là-dedans ? En Crète, même si on en boit, il laisse souvent la place au ***raki*** (ou ***tsikoudia***), une eau-de-vie qui coule à flots. Contrairement à l'ouzo et au raki turc ou libanais, le raki crétois n'est pas anisé. Il titre près de 40° et rappelle, par exemple, la grappa italienne. Le terme de *tsikoudia* était généralement utilisé en Crète mais, sous l'occupation turque, celui de *raki* s'est largement répandu. On vous en proposera souvent un petit carafon *(karafaki)* en fin de repas, avec de la pastèque par exemple. Attention à ne pas abuser ! Comme l'a joliment écrit Lawrence Durrell : « Il vous remplit d'une curieuse fulguration byzantine si on en boit à pleins seaux. La gueule de bois qui en résulte vous fait sentir comme les tristes saints des icônes qui ne sont pas dans leur assiette parce qu'ils la portent derrière leur tête. » Vous êtes prévenu !

LE BON USAGE

L'ouzo, sans lequel on n'imagine pas la Grèce, n'est pas une boisson bien ancienne, puisqu'on l'a « inventée » à la fin du XIXe s seulement. Le mot qui le désigne n'est pas d'origine grecque, mais italienne : à l'époque, sur les caisses de produits destinés à l'exportation, on écrivait « Uso... » (« à l'usage de ») suivi du nom de la ville d'expédition. Le nouveau breuvage aurait ainsi été baptisé.

Café = café turc (avec le marc). Attention, si vous désirez du café bien de chez nous, le mot utilisé là-bas est *nescafé.* Mais ça ne vaudra jamais un café turc, avec le marc au fond de la tasse... Évitez cependant de dire café « turc », vous risqueriez d'être mal vu. Demandez plutôt un café « grec » *(éna elliniko, parakalo !)* ; ou, si vous préférez un café-filtre, demandez *éna kafé filtrou* ou *éna kafé ghaliko.* Ça passe beaucoup mieux. Goûtez aussi au café glacé, bien rafraîchissant, que l'on appelle *frappé (éna frappé parakalo).* C'est excellent : comme le café grec, on le commande très sucré *(glyko),* moyennement sucré *(métrio),* sec *(skéto)* ou avec du lait *(mé ghala).* Le café est, la plupart du temps, servi avec un verre d'eau, une tradition encore largement respectée. Le chocolat instantané est plutôt cher, se rabattre sur les paquets de cacao grec. Pas vraiment fameux, mais à défaut de Banania...

– Attention, lorsque vous commandez un jus d'orange, précisez un *chimo portokali* (oranges pressées) ; sinon, on vous apportera une boisson gazeuse à l'orange *(portokalada).* Si vous avez des doutes, précisez encore que vous le voulez *fresko.* On peut juste regretter que ce soit devenu une boisson très chère dans un pays qui produit autant d'oranges !

– Dans les cafés, on peut rester autant de temps qu'on le désire après avoir pris une consommation.

CIVILISATION MINOENNE

La civilisation crétoise préhellénique, généralement appelée minoenne (du nom du roi légendaire Minos), n'a pas livré tous ses secrets et ne les livrera sans doute jamais. Découverte par un homme, Arthur Evans, qui avait le sens de la mise en scène, cette civilisation a aussitôt séduit l'Europe. Un Britannique ne s'est-il pas écrié devant les splendeurs qui lui étaient révélées : « Le monde n'a retrouvé le degré de propreté des Minoens qu'avec le vaste mouvement anglais en faveur de l'hygiène à la fin du XIXe s » ? Rien que ça ! Et c'est vrai qu'ils portent beau, ces Minoens représentés sur les fresques.

Des Minoens ronds-de-cuir ?

Les Crétois semblent avoir été plutôt pacifiques. On tire cette conclusion de l'absence supposée de fortifications défensives autour des palais. Les textes antiques ne mentionnent pas de combats ayant mis aux prises Crétois et peuples des environs, du moins avant les invasions qui ont abouti au renversement du pouvoir minoen. A-t-on embelli cette culture ? Peut-être... Des découvertes faites à Archanès (dans la région d'Héraklion) ont révélé qu'on pratiquait peut-être des sacrifices humains. La question est controversée : il semble qu'un tremblement de terre ait causé la mort d'êtres humains dans un sanctuaire, au moment même où était célébrée une cérémonie sacrificielle, sans que l'on puisse savoir si cela était accidentel, en raison d'une série de séismes, ou bien un acte habituel. La culture brillante, illustrée par les fresques de Knossos et divulguée

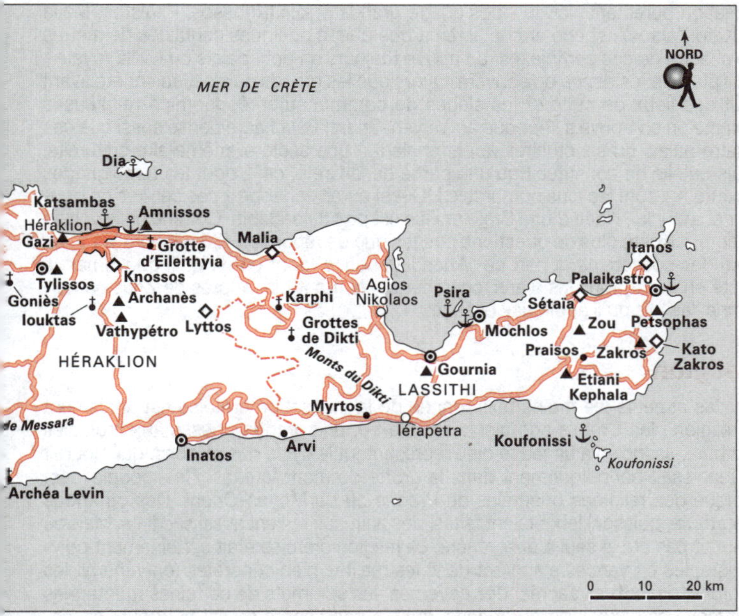

LES SITES MINOENS

par les nombreux témoignages d'un art raffiné, avait-elle un côté obscur ? Ce n'est pas impossible.

Par ailleurs, cette civilisation laisse beaucoup de questions ouvertes. Les tablettes de *linéaire B* qui ont été déchiffrées ne livrent aucun renseignement sur la vie culturelle des Minoens. On n'y parle que de problèmes matériels (comptage des troupeaux, inventaire des biens, dénomination des bergers, etc.), ce qui ne renseigne finalement que sur une organisation bureaucratique bien terre à terre. Il n'empêche que cette écriture est une preuve du haut développement de la culture crétoise, progrès incontestable depuis les premières tentatives d'écriture en Crète. Selon les chercheurs, le *linéaire B* est indiscutablement un dialecte grec, dont on ne sait s'il est né en Crète, dans le prolongement du *linéaire A,* ou s'il a été importé par les envahisseurs mycéniens. Evans, qui a découvert une partie des tablettes en terre crue recouvertes d'inscriptions en *linéaire B,* est mort avant leur décryptage : peut-être aurait-il été déçu par ces comptes d'apothicaires.

Organisation politique

L'organisation politique du territoire reste également obscure. Knossos était-il un palais dominant toute la Crète, capitale d'un pouvoir unifié, ou ne contrôlait-il que la partie centrale de l'île ? La deuxième hypothèse a les préférences des chercheurs. Des découvertes assez récentes faites à Hania (La Canée) montrent que la cité de Kydonia a peut-être joué un rôle important, insoupçonné jusqu'alors.

Kydonia aurait donc pu être un autre centre de pouvoir dont on n'a pas retrouvé de vestiges monumentaux. Quels rôles jouaient les petits palais ou « villas » (comme Agia Triada, près de Phaistos) ? Selon l'archéologue français Paul Faure, l'interprétation purement « civile » des quatre grands palais (Knossos, Phaistos, Malia et Kato Zakros) est une erreur : il remarque que, à quelques centaines de mètres de chacun de ces complexes, on trouve toujours un petit palais ou « villa royale » où il place la résidence du souverain alors que les grands palais auraient été avant tout des lieux de culte et les sièges de communautés économico-religieuses comme on en trouve à l'époque au Moyen-Orient. Paul Faure pense aussi que ces quatre palais ou sanctuaires appartenaient à une seule et même aire culturelle, mais qu'elle ne constituait qu'une partie de la Crète, celle dont les témoignages aujourd'hui sont les plus nombreux. L'Ouest aurait échappé à ces centres de pouvoir et, pour lui, l'idée d'une Crète unifiée est peu défendable. Comme on le voit, là encore, il existe plus de questions posées que de réponses. Et on ignore jusqu'au nom des souverains, à part ce Minos légendaire, dont on dit qu'il gouvernait la Crète en allant, tous les 9 ans, chercher sur le mont Ida, auprès de Zeus en personne, les lois qu'il appliquait ensuite...

Religion

Un des aspects les moins mal connus de la civilisation crétoise est finalement la religion : les Crétois adoraient, semble-t-il, une grande déesse aux multiples attributs, associée à un jeune dieu représentant le cycle des saisons, qui mourait et renaissait périodiquement dans la grotte du mont Iouktas. Ce « couple » est typique des religions orientales du Proche ou du Moyen-Orient. Des offrandes (nourriture, boisson) leur étaient faites, des animaux étaient aussi sacrifiés. Mais ce n'aurait pas été le seul à être vénéré. La religion crétoise était certainement polythéiste, les croyances s'ancrant dans les réalités bien concrètes (on vénérait les sources, des arbres sacrés, des cavernes, les sommets de certaines montagnes saintes). Les dieux indo-européens, dont le panthéon grec est tiré pour l'essentiel, apparaissent également vers la fin de la période minoenne, sans doute sous l'influence mycénienne.

CUISINE

Quand on débarque pour la première fois en Crète, on a tendance à se contenter de reprendre les plats grecs classiques. Cependant, on aurait tort d'ignorer les délicieuses spécialités crétoises, si souvent diététiques. Le problème, c'est que les restaurateurs ne sont pas légion à proposer dans leur établissement des plats tirés de la tradition culinaire crétoise et que la « malbouffe » fait en Crète autant de ravages qu'ailleurs. On commence donc par faire un topo de la cuisine grecque en général avant de se concentrer sur le meilleur, c'est-à-dire la cuisine crétoise.

Les restaurants

– Les Grecs, dans leur majorité, ne vont pas au restaurant dans un but gastronomique, mais pour s'y sentir bien et passer un bon moment en compagnie. Le standing est donc une notion qui ne s'applique pas vraiment aux restos grecs : nappes en papier la plupart du temps et aucun souci de service ou de présentation... Et on vous apporte parfois tous les plats en même temps... Mais ce qui compte, c'est qu'on mange bien, bon marché et plutôt copieusement dans la plupart des tavernes les plus simples, qu'on rencontre un peu partout. Éviter les endroits où se concentrent tous les touristes, c'est en général le résultat du racolage, sauf, bien entendu, si l'adresse est indiquée dans votre *Routard* préféré. Attention, toutefois, à bien se faire préciser les prix s'ils ne sont pas affichés, pour éviter les malentendus.

– En théorie, il y a une différence entre la taverne et le restaurant *(estiatorio).* La première est plus conviviale que le second. Dans la pratique, l'appellation restaurant « fait mieux » aux yeux de certains, mais ce n'est pas forcément aussi net.
– Une troisième appellation vient parfois recouvrir les deux précédentes : *psistaria* (grill), à ne pas confondre avec *pitsaria,* la pizzeria locale.
– La *psarotaverna* (taverne de poisson) est théoriquement un endroit où l'on ne mange que du poisson : mais bien souvent, comme le poisson est plutôt cher, on y trouve aussi des plats de viande.
– On voit également les Grecs manger dans les *ouzeria* (pluriel de *ouzeri*), parfois appelés aussi *mezédopolia* ou encore *ouzadika,* voire en Crète *rakadiko* et *tsikoudiadiko.* Les *mezze* (ou encore *pikiliès,* lorsqu'ils sont plus consistants) qui accompagnent le raki peuvent constituer un vrai petit repas.
– Il existe enfin les *zakharoplastia* où l'on mange des pâtisseries.
Attention, dans les restaurants et dans les supermarchés, la chaîne du froid n'est pas encore toujours bien respectée. Sans parler des coupures de courant intempestives qui peuvent aggraver le problème.

Quelques plats grecs

Les Grecs n'ont pas été sous la domination turque pour rien, car c'est dans la cuisine que l'influence orientale se fait peut-être le plus sentir : que d'huile ! Comme les Grecs préfèrent manger les desserts l'après-midi, autour d'un café, ou en fin de soirée, la plupart des tavernes ne servent pas de dessert, sauf, dans le meilleur des cas, du *karpouzi* (pastèque), du *peponi* (melon), parfois gracieusement offerts en fin de repas, ou du *yaourti mé méli* (yaourt au miel), qui sont alors offerts à la fin du repas (pas de carte des desserts). Voici deux termes importants en ce qui concerne la viande et le poisson, que vous rencontrerez entre parenthèses sur les menus : ντοπιο *(dopio),* qui veut dire « de pays » ; et κατεψυγμενο *(katépsigméno),* qui veut dire « congelé », souvent abrégé κατ.

Entrées

– *Salade grecque (khoriatiki) :* tomates, concombre, poivron vert, olives et feta, sans oublier l'oignon, avec plus ou moins d'huile d'olive. L'entrée, presque incontournable, reste bon marché, et on y pioche à plusieurs. On trouve de plus en plus d'autres salades (crétoise, *mermizéli* – cette dernière de Kalymnos –, etc.) avec d'autres fromages, ou avec de la roquette, des câpres...
– *Mélitzanosalata :* salade d'aubergines (un léger goût de brûlé indique qu'elle n'est pas industrielle).
– *Tzatziki :* yaourt, concombre et ail pilé avec de l'huile d'olive et de la menthe.
– *Feta :* le célèbre fromage grec, au lait de brebis, qu'on fabrique dans notre pays également ainsi qu'un peu partout en Europe. Si vous en trouvez en barrique de bois, elle sera d'origine grecque. Sinon... Mais ce risque de confusion appartient maintenant au passé : la Cour européenne de justice a, en effet, définitivement attribué, en 2007, le terme de « feta » au seul fromage grec. Ne se mange pas qu'en salade, peut aussi se déguster frite dans de l'huile d'olive *(feta saganaki).*
– Beaucoup d'autres petites entrées également comme la *skordalia* (ail-pommes de terre), la *tyrokaftéri* (avec du fromage pimenté), la *khtypiti* (variante du *tzatziki,* avec du poivron grillé).
– *Poulpe* (*khtapodhi* en grec, *octopus* en anglais) *:* se mange sous diverses formes, par exemple en amuse-gueules au début du repas comme les moules *(mydhia).* Dans les ports, on voit souvent les poulpes en train de sécher au soleil. Un délice dans l'assiette, soit froid et vinaigré *(xydato),* soit chaud, cuit sur le gril *(psito).* On trouve, mais assez rarement, des boulettes où le poulpe remplace la viande *(khtapodokeftédès).*

– *Calamars (kalamaria) :* ne constituent pas non plus un plat de résistance à part entière, mais les portions sont généralement plus copieuses que celles du poulpe et moins chères. Les calamars sont désormais le plus souvent congelés. Il arrive qu'on trouve sur la carte le *thrapsalo,* gros calamar entier, parfois farci.

Plats cuisinés (ou plats « à la casserole »)

– *Moussaka :* ce célèbre plat est préparé avec de la viande hachée disposée en couches avec des aubergines, le tout recouvert d'une béchamel, plus ou moins légère ! Les pommes de terre ne sont pas nécessaires, mais les Crétois semblent apprécier la recette ainsi. Parfois, la moussaka est servie dans une terrine, et c'est plutôt bon signe.
– *Pastitsio :* on remplace les aubergines par des macaronis, et le tour est joué.
– *Mélitzanès papoutsakia :* aubergines farcies à la viande et gratinées.
– *Kolokithia tiganita :* courgettes coupées en petites tranches et frites.
– *Domatés* ou *pipériés (yémista) :* tomate et/ou poivron farcis au riz. Le plus souvent, on sert un poivron et une tomate.
– *Dolmadès (feuilles de vigne farcies) :* on en trouve facilement en conserve, c'est alors une entrée froide, qui peut, même ainsi, s'avérer délicieuse. Beaucoup plus rarement, on tombe sur des feuilles de vigne plus grosses, chaudes, farcies à la viande hachée et recouvertes d'une sauce citronnée aux œufs *(avgholémono).*
– *Horta* (prononcer *khorta,* presque *rhorta*) *:* herbes cuites de la montagne. On trouve aussi, dans le même registre (verdure), les *vlita.*

Viande

Il peut être utile de connaître les termes indiquant comment la viande est préparée : *vrasto* (bouilli), *psito* (rôti), *sti skara* (sur le gril), *sti souvla* (à la broche), *sta karvouna* (barbecue au charbon de bois), *tiganito* (frit).
– Le *souvlaki,* dont la réputation n'est plus à faire : le plus souvent sous la forme d'une grande brochette de porc ou de bœuf (on trouve également parfois de petits *souvlakia*). Pas très cher.
– *Brizola :* côtelette de porc ou de bœuf.
– *Païdakia :* côtelette d'agneau.
– *Bifteki* (faux ami) *:* c'est bien de la viande, mais pas du bifteck. Haché et assaisonné, ça ressemble au hamburger, en meilleur, car souvent parfumé avec des herbes.
– *Keftédès :* parfumées à la menthe et à l'origan, elles sont aussi à base de viande hachée mais sous forme de boulettes. Le mode de cuisson est différent : les *keftédès* cuisent au four ou dans une casserole, tandis que le *bifteki* est un plat *tis oras* (à la minute) qui est préparé sur le gril.
– *Soutzoukakia :* des cousines de *keftédès,* en principe en forme allongée évoquant les saucisses. Plat originaire d'Asie mineure : les *soutzoukakia smyrnéika* (de Smyrne) se doivent d'être parfumées au cumin.
– *Kokoretsi :* du foie et parfois des abats cuits à la broche, spécialité de la Grèce continentale. Hmm !
– *Giouvetsi* (ou *youvetsi*) *:* viande mijotée, en sauce (rouge) avec des pâtes (*kritharaki* ou *hilopita*).
– *Stifado :* ragoût de viande (lapin ou bœuf) aux oignons. Le terme est aussi utilisé pour des ragoûts de poisson.

Poisson

Le poisson, à l'exception du *gavros,* des *gopès,* variante des sardines, ou encore du *kolios* (maquereau), n'est pas du tout bon marché, contrairement à ce que l'on pourrait croire. Ou alors, il faut l'acheter sur le port au petit matin et le cuisiner soi-même. Voici quelques poissons avec leur nom en anglais, qui figure souvent sur la carte.

– *Glossa (sole) :* sole.
– *Barbounia (red mullets) :* rouget ou mulet barbu.
– *Tsipourès (mullet/giltheads) :* sorte de daurade.
– *Xifias (sword fish) :* espadon, excellent en steak ou en brochettes.
– *Lavraki (bass) :* bar.
– *Garidès (shrimps) :* crevettes.
– *Lithrinia (mullet) :* mulet.
– *Sardellès :* sardines.

Au restaurant, comme le prix est indiqué au kilo, il est tout de même conseillé d'aller suivre le déroulement des opérations en cuisine et de s'assurer que ce qu'on commande correspond bien à l'idée qu'on s'en fait.
Malheureusement, le « vrai » poisson se fait rare : des poissons d'élevage, notamment les daurades grises *(tsipourès),* risquent de vous être proposés – et ce n'est qu'au goût que vous vous en rendrez compte ! Quant aux crevettes, calamars et poulpes, plus vous serez près d'un lieu touristique, moins vous aurez de chances qu'ils soient frais. Il doit d'ailleurs être spécifié sur le menu s'ils sont surgelés ou non.

Plats végétariens

– *Briam :* sorte de ratatouille (pommes de terre, courgettes, poivrons et tomates).
– *Imam baïldi :* un plat d'origine turque, comme tant d'autres (aubergine farcie d'oignons, de tomates et d'herbes).
– *Yémista (orphana) :* lorsque la tomate et le poivron sont farcis mais sans viande, on les appelle avec humour *orphana* (les « orphelins »).

Pâtisseries

Le *baklava* et le *kadaifi* sont les mêmes que ceux de la rue de la Huchette à Paris, mais en moins cher ! Goûter aussi au *rizogalo* (riz au lait saupoudré de cannelle) et au *galaktobouréko,* un feuilleté fourré d'une sorte de crème anglaise en plus compact, ou encore au *revani* (ou *ravani*), un gâteau de semoule bien spongieux. Pas mauvais non plus, l'*amigdaloto* (pâte d'amande et de sucre).

Manger sur le pouce pour pas cher

On trouve partout le (petit) *souvlaki* que l'on mange avec un morceau de pain, ou, plus nourrissant, le *gyros me pita* (viande de porc, parfois de poulet, cuite à la broche et découpée, avec de l'oignon et d'autres choses, dans une sorte de galette). Tout cela est bien meilleur que les hamburgers ou autres pizzas industriels. Le kebab se trouve également de plus en plus.
N'oubliez pas non plus la *tiropita,* feuilleté au fromage, ou encore la *spanakopita,* où des épinards remplacent la feta. On les trouve dans les boulangeries ou pâtisseries.
Les yaourts grecs, célèbres dans le monde entier, ne devraient pas vous décevoir. Certes, la plupart du temps, on vous servira du *Total* de la marque *Fagé,* plutôt correct et que vous pourrez acheter dans n'importe quel supermarché.
On trouve évidemment tous les fruits méditerranéens. Pas de figues pour les pauvres juillettistes... Enfin, le fruit du pauvre, qu'on vend par camions entiers dans les villes, le *karpouzi* (pastèque), pas toujours facile à trimbaler dans le sac à dos. Le *peponi,* le melon grec à l'intérieur vert, est déjà beaucoup plus facile à caser.
Une coutume sympa en Grèce : au resto, si vous sentez que le courant passe avec les clients d'une autre table, appelez le patron et faites-leur servir une bouteille. Rapprochement garanti, et vous perdrez un peu l'étiquette de touriste.

La cuisine crétoise

La cuisine crétoise est assez bien connue désormais ainsi que ses effets (voir plus loin « Les bienfaits du régime crétois »). Il serait dommage de passer à côté pendant votre séjour. Tous les restaurants ne proposent pas une cuisine exclusivement crétoise (c'est pourquoi nous avons commencé par parler de cuisine grecque en général, après tout, la Crète n'a aucune intention séparatiste !) mais on aurait tort de ne pas s'intéresser à cette variante de la cuisine grecque.

– ***Les olives et l'huile d'olive :*** bien sûr, les olives ne sont pas une spécialité proprement crétoise, mais l'olivier, omniprésent dans le paysage crétois (on en dénombre 35 millions, soit près de 60 par habitant), est l'arbre sacré depuis l'Antiquité (près de la moitié de la production grecque d'huile d'olive est crétoise). Ici, on utilise peu de beurre et peu de graisse animale. L'huile d'olive les remplace efficacement, car elle est bien meilleure pour la santé. Chaque Crétois consommerait en moyenne 35 l d'huile d'olive par an. La récolte commence fin octobre-début novembre. Elle se prolonge parfois jusqu'au mois de janvier pour les olives noires. L'huile d'olive est dite « vierge » lorsqu'elle est issue de la première pression à froid des fruits : elle ne contient alors que 2 % d'acide oléique maximum. Si ce taux est inférieur ou égal à 1 %, on lui attribue le label « extra-vierge », ce qui est bien meilleur pour votre santé.

– ***Les mezze :*** ce sont des amuse-gueules servis dans les tavernes à l'heure de l'apéritif. Concombres ou tomates à la croque au sel, pois chiches grillés, fèves fraîches et bien sûr petites olives marinées.

– ***Les soupes :*** très bonnes soupes paysannes préparées à partir des légumes dits « secs », haricots secs, pois chiches ou lentilles. Il y a aussi des soupes aux *trahanas.* Ce sont des petites pâtes en forme de grains de riz confectionnées à partir de semoule de blé et de lait caillé.

– ***Les légumes :*** l'île cultive et consomme beaucoup de légumes. Tomates, haricots verts, aubergines, oignons, pommes de terre, choux, artichauts (ceux du Lassithi sont réputés pour être les meilleurs et, comme sur le plateau, ils sont plus tardifs en raison du climat, on peut encore en profiter en juillet). On trouve aussi des légumes cousins de la courgette : les *bamiès.*

– ***Les légumes secs :*** en premier lieu la *fava* (purée de gesses), mais aussi les lupins *(thermi),* les lentilles, les pois chiches *(révithia).*

– ***Les poissons :*** préparés en soupe, frits, ou grillés. Au restaurant, le poisson est cher, et son prix est affiché au kilo. Ne pas manquer la *kakavia,* sorte de soupe de poisson, mais avec de gros morceaux de poisson (qui revient moins cher que s'il était grillé). La préparation de la *kakavia* demande du temps, et il est conseillé de la commander 2 ou 3h à l'avance au restaurant.

Comme ailleurs en Grèce, il faut goûter aux poulpes *(khtapodia)* ou aux calamars.

– ***La viande :*** en raison de la quasi-inexistence de l'élevage bovin en Crète, la viande de vache, de veau ou de bœuf est importée de Grèce continentale. Résultat : les steaks de bœuf sont servis à la table des restos, mais ils sont plus chers que les morceaux d'agneau ou que la viande blanche (volaille). Goûter le *stifado,* un délicieux veau aux oignons cuisiné façon ragoût.

– ***Les chaussons fourrés*** (ou *pitas*) ***:*** encore une belle spécialité crétoise. Délicieux et pratique pour manger sur le pouce. On peut ainsi découvrir les *bougatsès* (chausson à la crème vanille saupoudrée de cannelle), les *tiropitès,* un chausson à la feta bien connu sur tout le territoire grec, les *hortopitès* (aux légumes verts sauvages ramassés au printemps), les *vlita* (feuilles d'amarante, une espèce d'épinard) à l'huile d'olive et au citron et les *kalitsounia* (au *mizithra,* avec du sucre, des œufs et de la cannelle). Les *kalitsounia* (ou *kaltsounia*) sont le dessert traditionnel crétois, à l'origine préparé pour Pâques. Ils se présentent sous différentes formes, selon la région de Crète. Dans la région de Chora Sfakion (Sfakia), mais pas seulement, on trouve également les crêpes sfakiotes, fourrées au fromage et parfois avec du miel.

– ***Les escargots*** (*saligaria* ou *hokhlii*) ***:*** en ragoût, à l'ail, cuit avec des plantes sauvages, l'escargot est un des délices de la table crétoise. Il peut aussi être préparé pour l'apéritif ou en hors-d'œuvre : les escargots *boubouristi* sont frits à l'huile et arrosés de vin ou de vinaigre. Selon les nutritionnistes, ce mollusque serait un des facteurs alimentaires de l'excellente santé des Crétois (beaucoup de protéines,

15 % de matières grasses et des quantités significatives d'acide linoléique qui fait diminuer le risque d'affections cardiaques). Mieux vaut consommer les escargots en été : les Crétois n'ont pas tellement l'habitude de les nettoyer, et l'avantage en cette saison, c'est que, quand l'escargot a passé un certain temps dans un sac plastique aéré, il s'est autonettoyé !

- ***Les herbes et les aromates :*** ils relèvent les plats crétois et leur donnent une saveur originale. On peut en acheter sur les marchés et dans certaines boutiques spécialisées. Il faut citer le *dictame,* qui pousse naturellement sur les pentes des montagnes crétoises et nulle part ailleurs ou presque. Cet aromate passe pour disposer à l'amour... et soigne également beaucoup d'affections. L'origan, la sauge et le romarin sont très souvent utilisés dans la cuisine.
- ***Les fromages :*** outre la traditionnelle feta (qui n'est pas crétoise), l'île produit le *kephalotyri* (sec et salé), la *graviera* (sorte de gruyère) et surtout la *mizithra* (à partir du lait de brebis, qui sert de base à de nombreuses préparations).
- ***Le koukouvayia*** (ou ***dakos***)***:*** c'est du pain durci et aillé, recouvert de tomates fraîches écrasées, d'olives et de feta. On l'appelle parfois *paximadi* (c'est le nom du pain durci) ou encore *kouloukopsomo,* le nom variant selon le coin de Crète où l'on se trouve.

Les bienfaits du régime crétois

Si vous désirez vivre mieux et plus longtemps, mangez et vivez comme les Crétois le font depuis plus de 4 000 ans. C'est en Crète, en effet, que l'espérance de vie serait l'une des plus longues. Les études scientifiques les plus sérieuses, menées depuis 50 ans, le prouvent. Il n'est pas rare de rencontrer, dans un modeste hameau de quelques dizaines d'habitants, plusieurs centenaires encore assez verts et en bonne santé. Les spécialistes sont formels : la Crète a échappé (du moins jusqu'à la fin du XXe s...), plus que partout ailleurs dans le monde occidental, à ce terrible fléau que constituent, pour les pays industrialisés, les maladies cardiovasculaires. Les Crétois consomment très peu de graisse, peu de lait, peu de beurre, et beaucoup d'huile d'olive qui contient très peu d'acides gras saturés. Elle a des vertus protectrices, notamment pour le cœur et le foie.

Les Crétois consomment également beaucoup de produits végétaux : des légumes classiques (aubergines, courges, haricots, tomates, etc.), des légumes dits « secs » (pois chiches, fèves, pois de gesse, lentilles), des céréales complètes (blé, orge) et aussi, au printemps, des légumes rares comme le pourpier et ceux cités plus haut. Les habitants de l'île mangent assez peu de viande et presque seulement de la viande ovine (agneau) ou du poulet. La consommation de poisson est importante, mais autrefois on le réservait pour les périodes de jeûne.

Enfin, pas un jour sans fruit. Orange et raisin tiennent le haut du pavé, mais il ne faut pas négliger l'apport des fruits secs. Tout comme les yaourts qui doivent être sucrés au miel naturel (et non avec du sucre raffiné). Le vin, consommé avec modération, apporte quant à lui des polyphénols et du tanin, excellents contre les affections cardiovasculaires.

Le régime crétois a été testé à Lyon dans les années 1990 par le Dr Serge Renaud sur un échantillon de 600 personnes victimes d'un accident cardiaque. Le résultat a été édifiant : réduction de plus de 70 % des crises cardiaques. Selon ce spécialiste français : « Le régime crétois prévient de façon spectaculaire les rechutes après un premier infarctus... Il pourrait également protéger du cancer. »

Malheureusement, nul n'est prophète en son pays... Les jeunes Crétois (et leurs parents) semblent bien avoir oublié les préceptes des anciens : une étude publiée en 2004 montre que 33 % des jeunes Crétois de 7 à 11 ans souffrent d'obésité ! La même recherche montre que la consommation de viande rouge a été multipliée par 5 en quelques années et que même la consommation d'huile d'olive est en recul ! Si cette tendance se confirme, on pourra bientôt réécrire les paragraphes qui précèdent à l'imparfait et le régime crétois sera à la mode un peu partout, sauf en Crète !

– Pour en savoir plus sur le miracle du régime crétois, lire *Le Régime santé,* de Serge Renaud (éd. Odile Jacob) ou *Le Régime crétois,* de Dominique Laty et du Dr Jacques Fischer (éd. Hachette). Plusieurs livres pratiques (incluant des recettes) ont également été publiés et sont en vente sur place. Citons *La Cuisine crétoise,* de Maria et Nikos Psilakis, publié en Crète (éd. Karmanor) et traduit en différentes langues, dont le français. Outre une introduction très complète, 265 recettes, couvrant toute l'étendue du spectre culinaire, sont proposées. Signalons aussi, de Myrsini Lambraki, *Plantes, herbes, légumes verts, fruits* (les clés du régime méditerranéen), en français, édité par l'auteur et disponible un peu partout en Crète.

CURIEUX, NON ?

– La Grèce est l'un des rares pays à célébrer deux fêtes nationales : le 25 mars commémore la révolution de 1821 et le 28 octobre le « non » à l'ultimatum italien de 1940.
– Les Grecs ont une manière bien à eux de dire « oui » ou « non » : un hochement de tête vers le haut pour le non, une inclinaison de la tête vers le bas et de côté pour le oui.
– Sur les routes nationales, les conducteurs qui roulent à moins de 90 km/h ont l'habitude de se déporter à droite et donc de circuler sur la bande d'arrêt d'urgence.
– Rares sont les conducteurs de 2-roues à porter un casque. En revanche, on voit souvent la passagère d'une moto ou d'un scooter le gobelet de café à la main : ce serait plus difficile avec un casque sur la tête...
– Les Crétois d'un certain âge ont souvent dans la main un chapelet, le *komboloï,* dont ils égrènent inlassablement et machinalement les « perles » (en bois ou en ambre). À défaut, même un trousseau de clés peut faire l'affaire !
– Au retour de la messe de Pâques, les œufs de Pâques peints en rouge sont « choqués » l'un contre l'autre : celui qui conserve son œuf intact aura, dit-on, de la chance toute l'année !
– Dans les villages, même dans ceux disposant d'un magasin de fruits et légumes, passent quotidiennement des vendeurs ambulants au volant d'une camionnette, qui énumèrent par haut-parleur, sur le même ton monocorde, la liste de leurs marchandises à vendre.

ÉCONOMIE

Tourisme : le nouveau dieu local

Jusque dans les années 1970, la Crète vivait principalement de l'agriculture quand, soudain, le tourisme a changé la donne économique, sur cette île magnifique hantée par les dieux, les cigales, le soleil et la mer... Cela n'a pas été sans heurts pour les paysages (bétonnage d'une partie de la côte nord) et la culture crétoise et, si l'intégration dans l'Europe a, certes, relevé le niveau de vie, elle a dans le même temps augmenté le coût de celle-ci. Cependant, le taux de chômage en Crète est nettement moins élevé que dans le reste de la Grèce. Alors, malgré les excès dus au tourisme de masse, c'est bien une manne qui est tombée miraculeusement sur l'île. À la fin des années 1990, on comptait en moyenne de 2 à 2,5 millions de touristes par an (en revanche, les premières années du XXIe s ont vu un net recul de la fréquentation).

Une terre fertile, elle aussi bénie des dieux

Comme les dieux font bien les choses, ils ont donné à la Crète un sol d'une très grande fertilité, et même l'un des plus riches de Grèce ! L'île jouit en effet d'un climat tempéré, et vous verrez assez souvent des serres en plastique (la moitié des cultures sous serre en Grèce se fait en Crète) sous lesquelles poussent nombre de légumes, tomates, concombres, aubergines, ainsi que de nombreux agrumes et productions fruitières telles que mandarines, melons, pastèques, kiwis, avocats ou bananes. Sans

parler des vignes qui permettent la fabrication du vin crétois depuis plus de 4 000 ans (voir la rubrique « Boissons »). Et puis, bien sûr, les champs d'oliviers à perte de vue qui, comme chacun sait, offrent la fameuse huile d'olive crétoise, réputée et exportée dans le monde entier. Les productions agricoles représentent donc la plupart des exportations de la Crète. Enfin, signalons un cheptel important de chèvres et de moutons, exploités pour leur viande, mais aussi pour leur lait et leur laine.
Côté industries, c'est plus maigre. En fait, les principales activités dans ce secteur consistent à conditionner les produits agricoles et à les exporter sur le continent. Autres sources de revenus : la mise en bouteilles de l'eau minérale, le marbre, l'artisanat, les machines agricoles et quelques entreprises technologiques tournées vers l'export.

La crise grecque

Évidemment, la Crète n'a pas échappé à la tourmente qui a fait la une de l'actualité et emporté l'économie grecque. La crise de la dette a bouleversé la vie des Grecs au quotidien. Pour en comprendre les ressorts, il faut remonter quelques années en arrière.

Une économie poussive... et grise

Officiellement, la Grèce avait réussi à satisfaire aux fameux critères de convergence du traité de Maastricht, ce qui lui avait permis d'adopter l'euro début 2002. Dès 2004, les statisticiens d'*Eurostat* révélaient qu'en réalité la Grèce transgressait les règles du fameux pacte de stabilité... Déficit record (7,9 % du PIB l'année des J.O.) et dette au-delà des 100 % du PIB. Le gouvernement Karamanlis (2004-2009) assurait avoir réduit ce déficit, mais la crise internationale est arrivée... On sait depuis ce qui est advenu...
La Grèce était leader en Europe, devant l'Italie, pour la part occupée par son économie souterraine (au moins 30 %)... Fin 2006, le gouvernement grec tentait de réviser de 25 % son PIB à la hausse, afin de prendre en compte cette économie parallèle et « alléger », artificiellement, son taux d'endettement. Mais *Eurostat* a largement retoqué la manip'... Toutefois, les Grecs ne semblaient pas vivre si mal après tout... La Grèce, il est vrai, se plaçait, avec l'Irlande, parmi les tout premiers pays bénéficiant des subsides de Bruxelles (45 milliards d'euros accordés pour la période 2000-2006). Sauf que, derrière cette façade, se cachait une tout autre réalité...
Si l'on excepte le tourisme et la marine marchande, l'économie grecque n'est guère connue pour ses performances. Principal handicap : un secteur public pléthorique et peu efficace. Près de 800 000 fonctionnaires ont été recensés en 2010, résultat d'un clientélisme traditionnel (« tu fais embaucher mon gendre, je vote pour toi »). Quant aux dépenses militaires, gonflées par un voisinage tendu avec la Turquie, elles comptent parmi les plus élevées d'Europe.
Faute de leviers pour agir sur sa politique économique (pas de dévaluation possible depuis l'adoption de l'euro), le pays n'a cessé, ces dernières années, de perdre de sa compétitivité, qui n'avait jamais été extraordinaire. La faiblesse des exportations et un PIB représentant seulement 3 % du PIB de la zone euro ne lui permettent pas de jouer à armes égales avec les « grands ».
Un des principaux problèmes de l'État grec est aussi la difficulté à faire rentrer les recettes. La fraude fiscale, présentée comme un « sport national », est pratiquée au plus haut niveau, et l'évasion fiscale n'est pas en reste. La priorité gouvernementale affichée dans la lutte contre ces dérives n'y fait rien pour l'instant... Reste que, si l'on quitte les hautes sphères pour les

FAKELAKI

Le mot signifie « petite enveloppe », celle que l'on offre en douce, en guise de corruption. Tous les secteurs sont touchés : santé, éducation, justice, police, urbanisme... Ici, le fisc est le moteur de la fraude car « en Grèce, payer ses impôts, c'est être un con », dit-on. Résultat, l'État est pauvre.

campagnes grecques, on y croisera plus d'habitants vivant de leur potager que d'évasion fiscale... On parle également beaucoup de corruption au quotidien. On donne une « enveloppe » au médecin pour qu'il s'intéresse à votre cas prioritairement, au fonctionnaire du fisc pour qu'il vous laisse tranquille... et parfois même à quelqu'un placé devant vous dans une salle d'attente, pour passer devant lui ! Beaucoup d'argent circule en Grèce, mais pas en direction des services de l'État. Des causes historiques expliquent cette défiance envers l'État. Lorsque le pays est devenu indépendant vers 1830, il s'est vu imposer des têtes couronnées de dynasties européennes étrangères qui ne se sont jamais vraiment acclimatées, puis des gouvernements sans grand pouvoir, qui ont toujours préféré le clientélisme à l'État-providence. Bref, la Grèce n'a guère connu, à l'exception de Vénizélos, de chefs de gouvernement ayant une vision du pays. On a gouverné à courte vue, sans poser de bases solides.

Le feuilleton de la crise

Fin 2009, les « vrais » chiffres de l'économie sortent : la dette publique atteint environ 120 % de la richesse nationale, et le déficit du PIB est de 12,7 %. Début 2010, Papandréou annonce un classique plan de rigueur. Le problème est que la Grèce a rapidement besoin de se financer, et des doutes apparaissent déjà sur sa capacité à y parvenir. Des fonds spéculatifs parient sur une explosion du prix des contrats d'assurance censés prémunir les acheteurs d'emprunts d'État contre le défaut de paiement de ce dernier. Et la machine infernale s'emballe. L'Allemagne rechigne à approuver un plan européen d'aide à la Grèce, car l'opinion publique outre-Rhin est remontée contre ces « cigales » d'Européens du Sud qui mettent en péril le travail des « fourmis »... Le plan d'aide à la Grèce (ou de sauvetage) prend la forme d'un prêt de 110 milliards d'euros sur 3 ans, le FMI y contribuant à hauteur de 30 milliards. En échange, on demande de nouveaux sacrifices à la Grèce, en lui fixant comme objectif de réduire ses dépenses de 30 milliards d'euros sur la période 2011-2013... après 4,8 milliards pour la seule année 2010. L'Allemagne et la France sont les deux plus gros contributeurs. En échange de cette manne, Athènes est quasiment mise sous tutelle. Les membres de la « troïka » UE-FMI-BCE viendront régulièrement ausculter le malade et déterminer si la potion amère est suffisante ou s'il faut encore alourdir le traitement. Le pays est à genoux, on frise l'absurde. Pour les Grecs, le choc est immense. Un double sentiment de colère et d'humiliation est partagé par une grande partie de la population – qui se demande comment le pays a pu en arriver là, tout en sachant confusément pourquoi. S'en mêle un sentiment de culpabilité collective et de fatalisme. Les Grecs ont la gueule de bois : pendant des années, ils ont pu profiter des taux très bas des banques qui leur prêtaient à tout-va, l'endettement privé venant s'ajouter à l'endettement public.

UN CADASTRE SANS CADRE

La Grèce est pratiquement le seul pays européen à n'avoir pas réussi à se doter d'un cadastre vraiment efficace. On a pourtant commencé à s'en préoccuper en 1995, mais le résultat tarde à venir... Les conséquences sont terribles : impôts fonciers ridicules, constructions sans permis, contestation des actes de propriétés, absence de plans d'urbanisme...

Pour arriver à passer de 13,6 % de déficit à moins de 3 % à l'horizon 2014, tout l'arsenal des mesures classiques s'applique : réforme des retraites, baisse des salaires, hausse de la fiscalité, suppression des 13e et 14e mois chez les fonctionnaires – qui étaient des compensations à la faiblesse des salaires. Le coup social est énorme et injustement réparti : ceux qui voient leurs revenus amputés d'un pourcentage non négligeable ne sont pas les plus riches du pays, loin de là. La réduction, voire la suppression des fameuses « primes », combinée avec la hausse de la TVA, touche directement le pouvoir d'achat des classes populaires et moyennes, avec comme conséquence logique une contraction de la consommation et la récession.

Tire-t-on sur une ambulance ?

Si certains des particularismes de l'économie grecque sont indéfendables, accabler la Grèce de tous les maux est injuste et cruel. L'économie du pays est aussi victime des dérives du libéralisme, des failles de la construction européenne et d'une politique monétaire faite par et pour l'Allemagne. Faut-il rappeler qu'un des plus gros scandales politico-économiques de ces dernières années en Grèce (2007) a été l'affaire Siemens ? Le groupe allemand versait d'énormes pots-de-vin à certains hommes politiques grecs... Quand il y a des corrompus, il y a aussi des corrupteurs... Et certains pays qui ont fait la morale à la Grèce au sujet de ses dépenses inconsidérées, notamment en matière militaire, la poussaient en même temps à leur acheter des frégates ou des avions de combat.

Austérité encore...

Dès le printemps 2011, le scénario le plus pessimiste prend corps : le déficit budgétaire s'est encore creusé. La machine infernale s'emballe à nouveau. Tergiversations des Européens, rumeurs sur une sortie de la Grèce de la zone euro... Un nouveau plan d'aide, d'un montant similaire au premier, s'avère nécessaire. Et, avec lui, de nouvelles mesures d'économies. Mais, entre-temps, l'opinion publique grecque a eu le temps de réaliser les ravages causés par les mesures précédentes. La perspective de voir brader le pays par des privatisations nombreuses à hauteur de 50 milliards d'euros, la défiance profonde à l'égard du personnel politique, tous partis confondus, nourrissent le mouvement des Indignés qui, en mai 2011, occupent la place du Parlement. N'empêche, fin juin, les députés votent un nouveau plan d'économies pluriannuel de 28,4 milliards, couvrant la période 2012-2015. L'illusion démocratique est maintenue, et les mesures d'austérité renforcées : abaissement du seuil d'imposition, augmentation des taxes, nouvelles réductions des salaires et des retraites du secteur public... Le « défaut » de paiement – autrement dit la faillite du pays – est évité pour un temps. En revanche, le divorce entre la société et la classe politique est total. Une fois l'automne arrivé, sans trop de surprise, le gouvernement grec annonçait des chiffres décevants (euphémisme) : déficit budgétaire à nouveau supérieur à celui estimé, récession également plus importante, production industrielle en chute libre. La troïka se fâchait, menaçait de ne pas verser la tranche suivante de l'aide financière et quittait même la Grèce, histoire de remettre davantage de pression : elle exigeait, là aussi sans surprise, de nouvelles mesures renforçant l'austérité comme l'abaissement du salaire minimum, davantage de privatisations, la révision des conventions collectives dans le privé et le licenciement de nombre de fonctionnaires...

En octobre, changement de discours des Européens, du moins en partie : on découvrait alors que la stratégie adoptée ne menait nulle part (sauf à l'appauvrissement durable des Grecs et à la mise en péril de la zone euro) et qu'il fallait donc envisager ce qui, jusqu'alors, était rejeté avec véhémence : un défaut de paiement partiel, dont il restait à fixer la hauteur ; ce sera 50 % de décote de la dette (en clair, le tiers de la dette totale du pays, environ 350 milliards d'euros, sera effacé, les prêteurs, banques et fonds d'assurance perdant la moitié de leurs créances, soit 100 milliards). Problème : cette faillite « contrôlée » qui ne dit pas son nom, arrivant après des mesures ayant rendu le pays exsangue, annonce des lendemains qui ne chantent pas.

DETTE EN L'AIR

L'Allemagne, aujourd'hui si dure avec la Grèce, n'a jamais remboursé un prêt forcé de 476 millions de Reichsmarks contracté par les nazis auprès de la Grèce en 1941 au titre de l'Occupation... Cet emprunt avait été, en effet, « oublié » par l'accord de Londres en 1948, car on souhaitait éviter de répéter l'humiliation subie par l'Allemagne après la Première Guerre mondiale en chargeant trop la barque. Sans compter les intérêts, cette somme correspond à 14 milliards de dollars...

...et toujours

Et, comme attendu, 2012 confirme les craintes : économie toujours plus sinistrée (taux de chômage atteignant 25,1 % à la mi-2012), récession accrue (- 7 % en 2012), réformes structurelles exigées restant à venir... Le nouveau gouvernement formé en juin 2012 se retrouve sommé, dès l'été, de mettre en œuvre un énième plan d'économies de 11,6 milliards d'euros, qui va se traduire, une fois de plus, par de nouvelles coupes dans les salaires et les retraites... Refrain connu, jusqu'à l'absurde... En 5 ans, l'économie grecque s'est contractée d'un tiers, et la baisse des salaires de 2009 à fin 2012 a été de 30 %. Toutefois, fin 2012, l'étau est (un peu) desserré... Pourtant, malgré les propos rassurants (« le plus dur est derrière nous... »), le vote par le Parlement, en avril 2013, d'une nouvelle baisse du salaire minimum pour les jeunes (490 € désormais, contre 586 € pour leurs aînés) en disait plus que les propos officiels. Le chômage, lui, a atteint les 28 % en 2013 et, s'il a un peu baissé depuis, restait en 2016 à 26 %. Chez les moins de 25 ans, il atteint même le sommet effrayant de 60 % (50 % en 2016). Quant au système de santé, après 4,5 milliards d'euros de coupes, il se retrouve sinistré. Conséquence directe, parmi d'autres, le doublement du nombre de personnes contaminées par le VIH.

Le changement dans la continuité

Début 2015, Syriza conquiert le pouvoir sur un programme de refus de l'austérité. Les négociations se tendent avec les créanciers, le gouvernement appelle les électeurs à trancher par referendum... pour, finalement, entériner un 3e « plan d'aide » encore plus brutal que celui contre lequel les urnes s'étaient prononcées une semaine plus tôt ! On ne parle plus de troïka, mais ce sont bien les mêmes créanciers qui délivrent un nouveau prêt de 86 milliards sur 3 ans, en échange de nouvelles mesures d'austérité et de libéralisation de l'économie, et de la création d'un fonds de privatisations de 50 milliards d'euros. C'est à peine si le paquet de 35 mesures, votées en août, alors que beaucoup de Grecs étaient en vacances, a eu le temps d'être débattu à l'assemblée... La potion est la même que les précédentes. Évidemment, en 2016, la dette est toujours abyssale (185 % du PIB) et les créanciers reviennent à la charge dès mai 2016, exigeant de nouvelles mesures d'économie avant de verser la prochaine tranche du « plan d'aide ». Au programme, une nouvelle augmentation des taxes (2e hausse de la TVA en 2 ans), une accélération des privatisations, et une énième réforme des retraites, avec hausse des cotisations et baisse des pensions, la 11e depuis 2010 ! Enfin, puisqu'il faut aller toujours plus loin, le parlement adopte même un mécanisme de correction automatique en cas de (probable) « dérapage » budgétaire. Plus besoin d'en débattre, les prochaines mesures d'austérité s'appliqueront automatiquement. Quant à la réduction du montant de la dette, toujours plus insoutenable, elle est reportée à 2018.

ENVIRONNEMENT

Les écolos, en Grèce comme en Crète, n'ont jamais vraiment décollé aux élections. Dommage, car, s'ils représentaient une véritable force politique, ce serait le signe d'une prise de conscience de la population vis-à-vis des questions d'environnement.

> **PROSTASIA**
>
> *C'est le nom officiel du ministère de l'Environnement. Même étymologie que... « prostate » : qui se tient en avant, et aussi qui a un but de protection.*

Un des problèmes sensibles reste la question des décharges publiques (attention, on ne dit pas que c'est là un problème spécifiquement grec, il suffit de voir ce qu'il en est dans le sud de la

France...). On ne compte pas le nombre de décharges publiques que l'on trouve sur le bord des pistes ou des sentiers qui devraient fleurer bon la nature. Ou plutôt si, on les compte : 1 400 en Grèce (on n'a pas les chiffres pour la seule Crète). La Grèce a d'ailleurs été condamnée par la Cour européenne de justice à payer une lourde amende (20 000 € par jour !) pour manquement « à l'obligation d'éliminer les déchets sans mettre en danger la santé de l'homme »... On ne saurait trop vous recommander, comme partout, de faire attention à ne pas jeter vos sacs plastique dans la nature, vous risqueriez de les retrouver, pour votre plus grand déplaisir, l'année d'après !

Bon, il ne faut pas non plus se focaliser sur un seul point, fût-il sensible. L'énergie éolienne en Crète est en avance sur pas mal d'autres pays de l'Europe communautaire, ce dont on se rend compte quand on est dans l'est (au-dessus de Sitia) ou le sud de l'île (au-dessus de la plaine de la Messara). Sauf que de grands projets, surdimensionnés, pilotés par des énergéticiens comme EDF, ont vu le jour, afin de transformer la Crète en un centre énergétique, produisant bien plus que ce qui est nécessaire pour sa propre consommation. Ces projets gigantesques de fermes éoliennes (mais aussi solaires), dont les infrastructures nécessitent de très lourds travaux qui dénaturent les paysages crétois, sont combattus localement par des associations, regroupées notamment autour d'un collectif, *Leftera Vouna (Montagnes Libres)* qui appelle à la résistance. La Crète compte également de nombreux espaces naturels Natura 2000 (environ 90).

Et si vous souhaitez favoriser un tourisme durable lors de vos voyages, on ne saurait que trop vous recommander de contacter l'Association pour le tourisme équitable et solidaire *(• tourismesolidaire.org •)* et de consulter le *Routard Tourisme responsable.*

FRANCOPHONIE

Français et francophones travaillant en Crète, le plus souvent dans le secteur du commerce ou du tourisme, ont eu l'idée de se regrouper. Ils éditent un fascicule *(La Francophonie en Crète)* qui les fait connaître. Cette brochure est en principe disponible à l'office de tourisme grec à Paris.

Il existe deux associations d'amoureux de la Crète qui font beaucoup pour faire connaître la grande île en France :

■ ***Crète, Terre de rencontres :*** *34, rue des Mares-Yvon, 91700 Sainte-Geneviève-des-Bois. ☎ 01-60-16-91-47. • creteterrederencontres.info •* Une association qui, gratuitement ou moyennant une modique somme d'adhésion, vous fournira toutes les informations dont vous avez besoin. Site internet très intéressant, avec un journal à télécharger.

■ ***Association Alsace-Crète :*** *8, rue des Cigognes, 67000 Strasbourg. ☎ 03-88-32-82-90. • alsace-crete.net •* Parmi les activités de cette association, des conseils, des recettes de cuisine et des infos en général, loin du tourisme de masse. Site internet très intéressant également avec un journal à télécharger.

GÉOGRAPHIE

Par sa superficie (8 335 km²), la Crète est la plus grande des îles grecques et la cinquième île de la Méditerranée, juste derrière la Corse (8 720 km²). Cette bande de terre étirée (260 km de longueur), étroite (entre 12 et 57 km de largeur), est une sorte de gros bloc montagneux qui cache de charmants plateaux. Les montagnes de Crète sont le témoin de la jonction des Alpes dinariques et du Taurus : il y a environ 25 millions d'années, une bande de terre continue a émergé, s'étendant du sud-est de l'Europe à l'Asie Mineure : 15 millions d'années plus tard, les eaux de la Méditerranée ont inondé la région égéenne, qui devient alors la mer Égée, les terres les plus hautes « surnageant » dans ce nouvel environnement. Les forces tectoniques ont provoqué dans l'île de gigantesques plissements, des escarpements impressionnants. La présence de roches calcaires (les quatre cinquièmes de l'île) et de roches dites « métamorphiques » (chargées de métaux) ont façonné la Crète et son histoire : le calcaire est troué par l'eau (qui circule de manière souvent capricieuse dans le sous-sol), et les ressources minérales ont contribué au développement de la civilisation minoenne. L'île compte neuf plateaux de hauteur et de superficie variables, le plus élevé étant celui de Nida à 1 400 m et le plus connu celui du Lassithi à une altitude moyenne de 887 m, avec ses terres fertiles (4 000 ha qui permettent deux récoltes par an). L'érosion a percé de nombreuses grottes (plus de 3 000) et gorges qui constituent autant de randonnées merveilleuses. Trois massifs s'imposent, avec plus de 60 sommets qui dépassent les 2 000 m. Parmi les plus hauts : à l'est le Dikti (2 148 m), au centre le Psiloritis, ou Timios Stavros (2 456 m), et à l'ouest les montagnes Blanches, avec le mont Pachnès qui culmine à 2 452 m. Quelques plaines fertiles (dont la Messara) donnent de beaux agrumes, et les oliveraies couvrent de vastes espaces. Sur la côte sud, vous verrez des milliers de serres, où poussent tomates, concombres et toutes les primeurs.

La flore crétoise est également d'une exceptionnelle richesse : 2 170 espèces, dont 311 qui ne se rencontrent pas ailleurs en Grèce et 57 espèces asiatiques inconnues du reste de l'Europe.

Enfin, n'oublions pas que la Crète a quelques petites îles satellites dont les plus importantes sont Gavdos (29,6 km²), Chrissi (4,8 km²) et Koufonissi (4,2 km²), ces deux dernières étant inhabitées (mais des excursions dans la journée y sont organisées, pour profiter de leurs plages).

UTILITÉ ET DANGERS DU LAURIER-ROSE

Les buissons de laurier-rose bordent généreusement les routes crétoises et forment dans les montagnes des bouquets colorés qui indiquent la présence de ruisseaux. Il convient pourtant de se méfier et de ne pas boire l'eau qui ruisselle en aval de ces bosquets. Toutes les composantes du laurier-rose sont toxiques, l'ingestion de ses feuilles est d'ailleurs mortelle. C'est pourquoi les pâtures et les champs sont clôturés par des haies de laurier-rose, les bovins et les moutons évitent de les approcher.

HISTOIRE

L'homme ne semble pas avoir habité la Crète avant 6000 ou 7000 av. J.-C. Mais quand les îles de la mer Égée commencent à se peupler au début du Néolithique, c'est en Crète que la colonisation débute, avec deux à quatre millénaires d'avance sur les autres îles.

Le peuplement a dû se faire par l'est. Les premiers ports en activité étaient ceux de Kato Zakros et de Palékastro, et on a aussi retrouvé des traces d'activité sur les îles de Mochlos et Psira, dans les environs de Sitia, alors que Knossos en était encore à un stade peu développé. À cette époque, on pense que les Crétois commercent avec Chypre (pour le cuivre), ainsi qu'avec Milos, où ils s'approvisionnent en obsidienne.

La Crète minoenne

L'âge d'or de la Crète a fait couler beaucoup d'encre. De nombreuses interrogations subsistent, qui entretiennent le mystère autour d'une civilisation brillante. Vers 2000 av. J.-C., alors que s'établissent des liens avec l'Égypte, le centre d'activité en Crète se déplace vers les sites de Knossos au nord et Phaistos au sud. Cette nouvelle phase se caractérise par l'apparition de « palais » (période protopalatiale). Ce sont des édifices monumentaux, organisés autour d'une cour aux vastes dimensions, où l'on rend un culte aux dieux et aux déesses et où l'on exploite et redistribue les richesses agricoles. Pas de fortifications défensives, comme si l'on n'y craignait pas d'offensive ennemie. Autour de ces palais se développent villes ou villages, selon l'importance du site, et d'importantes agglomérations se constituent. Les premiers palais sont détruits vers 1700 av. J.-C., sans doute à cause d'un séisme dévastateur. Rapidement reconstruits, ils atteignent alors leur apogée (période néopalatiale). Architecturalement, ils sont plus raffinés. L'écriture appelée *linéaire A* fait son apparition vers 1600 av. J.-C. et est étroitement liée à l'organisation des palais, puisque utilisée à des fins administratives. À cette époque, des Crétois sont allés établir des comptoirs en dehors de la Crète, dans les Cyclades, dans les îles du Dodécanèse, sur les côtes du Péloponnèse et sans doute plus loin encore. Quant à Minos, selon la légende fils de Zeus, il a peut-être été un terme générique donné à plusieurs souverains crétois d'une même dynastie qui aurait régné de 1700 à 1400 av. J.-C.

Mystère crétois : l'écriture des Minoens. Dès ses premières fouilles, Evans retrouve de nombreuses tablettes d'argile qui l'amènent à distinguer trois types d'écriture bien différents : un système qu'il appellera « hiéroglyphique » parce qu'il lui trouve des ressemblances avec les hiéroglyphes égyptiens, mais il s'agit plutôt de pictogrammes. Leur utilisation s'étend de 2000 à 1600 av. J.-C. Un deuxième système, le *linéaire A,* a été sans doute utilisé de 1900 à 1450 av. J.-C. Ces deux types d'écriture n'ont pas été déchiffrés mais ils sont toujours étudiés, en particulier le *linéaire A*. Un troisième système, qui découle du deuxième, apparaîtra vers 1450 av. J.-C., le *linéaire B,* le seul des trois à avoir été déchiffré, en 1952, par le Britannique Ventris, grâce aux nombreuses tablettes trouvées en Grèce continentale, à Pylos (Péloponnèse). En fait, Ventris, ce Champollion moderne, utilisa les travaux de quelques défricheurs et réussit à trouver la clé (il était un ancien décrypteur de la RAF). On sait ainsi que la langue parlée en Crète à partir de 1450 av. J.-C. était une forme archaïque du grec. Mais on ne sait pas si cette langue est née en Crète ou sur le continent, chez les Mycéniens.

Que se passe-t-il vers 1450 av. J.-C. ? On a longtemps supposé qu'une catastrophe naturelle avait causé la fin de la brillante civilisation minoenne. Les tenants de l'explication de type cataclysmique n'en démordent pas, à grand renfort de recherches et d'analyses provenant de différentes disciplines. Si l'explosion du volcan de Santorin, désormais datée autour de 1600-1625 av. J.-C., a bien été l'une des deux plus violentes qui se soient produites en 10 000 ans, provoquant sans doute une succession de tsunamis, elle ne peut avoir entraîné directement la chute de la civilisation minoenne, mais le climat en Crète a certainement été affecté, et ce sur une certaine durée (les relevés faits dans la calotte glaciaire au Groenland et sur des arbres retrouvés dans les tourbières en Irlande attestent de changements climatiques perceptibles à l'autre bout de l'Europe), entraînant de mauvaises récoltes et provoquant peut-être la famine. Tous ces changements inattendus auraient affaibli le pouvoir minoen, prêt à tomber comme un fruit mûr sous les coups des premiers assaillants venus. De nombreux indices laissent, en effet, penser à une invasion de l'île par de nouveaux maîtres, les Mycéniens (ou Achéens), qui prennent le pouvoir et s'installent parfois là même où les Minoens étaient établis. La thèse des luttes intestines se terminant par un K.-O. (et un chaos) général n'est pas non plus exclue, les Mycéniens n'ayant plus qu'à s'emparer de l'île sans grande résistance, faute de combattants. Quoi qu'il en soit, Knossos va rester un site actif pendant deux ou trois siècles encore, avec des hauts et des bas, avant de sombrer dans l'oubli, mais les autres grands sites sont abandonnés (période postpalatiale). Ailleurs sur l'île, des constructions moins luxueuses que les palais minoens sont édifiées pour les seigneurs mycéniens. Les historiens parlent d'une « mycénisation » profonde de l'île. Toutefois, dans le domaine religieux, les deux cultures auraient plutôt eu tendance à se mêler pour produire une sorte de syncrétisme, la population gardant ses divinités et intégrant celles apportées par les Mycéniens...

La chute des palais mycéniens

Une nouvelle vague d'envahisseurs pointe le bout de son nez, vers le XIIIe s av. J.-C., d'abord en Grèce continentale : ce sont les Doriens. Après avoir envahi le Péloponnèse, ils se rendent aisément maîtres de l'île, sans doute vers 1100 av. J.-C. On pense que les descendants des Minoens, appelés *Étéocrétois* (les Crétois authentiques), prennent alors le maquis et se réfugient dans les montagnes de l'est, pour échapper aux nouveaux envahisseurs. Les Mycéniens à leur tour sont donc balayés. Le *linéaire B* disparaît, des sites comme celui de Malia semblent ne plus être occupés. On ignore même à peu près tout de la période qui s'ouvre : ce sont, selon l'expression consacrée, les « siècles obscurs ». La Crète revit quelques décades de gloire vers 650-600 av. J.-C., période où la civilisation dorienne s'épanouit, mais le VIe s av. J.-C. est une période de destruction pour cause de guerre civile, les cités rivales se déchirant sans répit. Les Crétois ne s'uniront que dans l'infortune, quand l'ennemi romain s'intéresse à l'île : c'est trop tard, la Crète tombe dans leur escarcelle entre 69 et 67 av. J.-C.

La Crète romaine, arabe et byzantine

Au moins, les Romains apportent la paix sur l'île. La Crète est alors rétrogradée au rang de partie de la Cyrénaïque (province d'Afrique du Nord, la Libye actuelle) avant de retrouver sa place de province à part entière. Quand l'Empire byzantin prend le relais de l'Empire romain, la Crète reste rattachée à la Grèce, mais elle est une proie facile pour les Sarrasins qui convoitent ces grandes îles, potentiellement riches, que sont la Sicile et la Crète.

Les Byzantins vont donc céder l'île aux nouveaux conquérants arabes pour un peu moins de 150 ans, de 824 à 961. Une de leurs tentatives pour la reconquérir se termine tragiquement : en 826, les troupes envoyées par Constantinople reprennent bien Handaka (le nom arabe d'Héraklion, nouvelle capitale de l'île, qui va donner Candie, nom longtemps donné à la ville), mais, le soir de la victoire venu, ils arrosent un peu trop copieusement leur succès. Les Arabes, qui s'étaient repliés, reviennent et massacrent les libérateurs en train de cuver leur vin ! C'est au siècle suivant que les Byzantins, en y mettant cette fois les moyens, reprennent possession de l'île. Leur stratège, Nikiphoros Phokas, s'attaque à Héraklion : la première bataille, devant la ville, se solde par la mort de 40 000 Arabes, et le siège qui s'ensuit se termine dans un bain de sang, moyennant quoi la Crète va vivre à peu près tranquille pendant deux siècles et demi. Phokas rentre fissa à Byzance pour se faire couronner empereur, et les Byzantins envoient en Crète de grandes familles qui vont constituer la base d'une aristocratie féodale durable.

La Crète vénitienne

Arrive ensuite la période des croisades, qui suit le schisme entre catholiques et orthodoxes. Le destin de la Crète bascule quand, lors de la quatrième croisade, les chefs de guerre latins, catholiques, s'emparent de Constantinople (on est en 1204) et pillent la richissime capitale de l'empire d'Orient, ce dernier étant en partie dépecé.

> **PROSFORO**
>
> *Il s'agit du pain levé pour dire la messe. Les catholiques utilisent de la farine sans levain pour les hosties. Cette différence fut l'une des grandes bagarres à l'origine du schisme entre orthodoxes et catholiques...*

Boniface de Montferrat, un des chefs de l'expédition militaire, ne sait pas trop quoi faire de cette grande île qu'est la Crète, alors il la vend, pour une bouchée de pain (1 000 marcs d'argent ainsi que des domaines agricoles en Macédoine), au vieux doge vénitien Dandolo, qui, de toute façon, tirait déjà dans l'ombre les ficelles de

l'expédition. Venise acquiert alors en peu de temps un véritable empire colonial. Les Francs perdent assez rapidement la plupart de leurs possessions en Grèce, mais les Vénitiens ne lâchent pas prise.
De nombreuses familles vénitiennes viennent s'installer en Crète, cette colonisation entraînant des révoltes sporadiques, déclenchées par les grandes familles byzantines, le plus souvent soutenues par le peuple qui n'apprécie pas l'établissement de ces catholiques de rite latin. On estime à environ 10 000 les colons vénitiens s'établissant dans l'île, venus en trois vagues pendant la première moitié du XIIIe s, les Crétois étant à l'époque environ 150 000. Quand il le faut, pour réprimer les révoltes (on en dénombre 27 pendant la « vénétocratie »), les Vénitiens envoient des renforts supplémentaires, plutôt efficaces dans la répression. Une seule fois, une révolte s'apparente à un soulèvement révolutionnaire, quand des nobles vénitiens et crétois unissent leurs forces contre la Sérénissime accusée de prélever des impôts trop lourds. Les chefs du soulèvement seront tous décapités... Cet épisode est néanmoins le signe d'une hellénisation progressive de la composante vénitienne en Crète.
Côté culture, les traces de l'occupation vénitienne restent aujourd'hui encore nombreuses : noms de famille, forteresses, loggias, ports, fontaines... Au cours du XVe s, les églises seront couvertes de fresques peintes et les façades des monastères de gracieux motifs. La littérature grecque de l'époque est en grande partie une littérature crétoise.
Il est alors assez facile d'aller étudier en Italie, et nombreux sont ceux qui, malgré le fossé religieux, profitent de l'ouverture sur l'Europe que propose Venise. Le Greco, originaire de l'île, peignit au XVIe s de nombreuses icônes en Crète, avant de poursuivre sa carrière à Venise, puis en Espagne (voir la rubrique « Personnages »).

JOUER AVEC LE FEU !

Au cours du siège interminable, pour se défendre, les Vénitiens eurent l'idée d'imprégner des tissus par un liquide infesté par la peste bubonique. Le risque était considérable car on ne savait pas vraiment comment arrêter l'épidémie. On préféra les canons, bien moins dangereux.

La Crète ottomane

Les Ottomans commencent à pointer le bout de leur nez en Méditerranée orientale au milieu du XVIe s. Le pirate Hayredin Barberousse fait une rapide incursion en Crète en 1538, semant la désolation sur son passage. Chypre est conquise en 1570, et il devient clair que leur prochaine étape sera la Crète. En 1645, le sultan envoie 400 vaisseaux et 30 000 hommes qui débarquent dans la région de Hania (La Canée). Toutes les villes tombent assez rapidement, sauf Candie (Héraklion). Commence alors un siège incroyable, long de 21 ans, où les Vénitiens, unis aux Crétois, font le gros dos. Cela mériterait une inscription au *Guinness des records*, dans la catégorie « le plus long siège de l'histoire » (voir le chapitre consacré à Héraklion).
La Crète a perdu beaucoup d'habitants : on ne dénombre plus dans l'île que 60 000 chrétiens et 30 000 musulmans. Revanchards, les Vénitiens, qui ont réussi à conserver quelques places fortes, tenteront de reprendre l'île. Sans succès. Les Crétois encaissent le choc de la « turcocratie » et, quand la coupe est pleine, on repart dans une nouvelle série de révoltes. Une de celles qui ont le plus grand retentissement a pour point de départ, en 1770, Chora Sfakion, au sud de l'île. Les Russes, qui s'intéressent à la région, ont approché un chef local, Daskaloyannis, lui promettant leur soutien. Évidemment, rien de tel ne se fera, et les 2 000 combattants sfakiotes se retrouveront face à 15 000 Turcs bien armés. Daskaloyannis, lui, finit en martyr, écorché vif sur la grand-place d'Héraklion.

Alors que la Grèce continentale, enfin une toute petite partie de la Grèce actuelle, gagne son indépendance entre 1821 et 1830, la Crète, au grand désespoir de sa population chrétienne, reste dans le giron turc. Le sultan a demandé du renfort pour faire face aux révoltes prévisibles, et c'est un Égyptien, Mehemet Ali, qui se voit confier les rênes de la Crète en 1830 pour une dizaine d'années. Les Crétois ont de plus en plus l'impression d'être les oubliés de l'histoire. En 1856, le traité de Paris oblige le sultan à appliquer en Crète l'égalité religieuse et civile entre musulmans et orthodoxes, mais, sur le terrain, peu de progrès sont visibles. Les îles Ioniennes obtiennent à leur tour leur rattachement à l'État grec en 1862. On pense que le moment de la libération tant attendue est au bout du chemin, et un nouveau soulèvement, qui va durer 3 ans, se déclenche en 1866.

L'insurrection de 1866-1869

À l'ouest, au centre et à l'est, sous le commandement de trois chefs proclamant le même mot d'ordre, *Enossis i Thanatos* (« l'Union ou la Mort »), la lutte pour l'indépendance n'a jamais été menée de manière aussi résolue, malgré l'absence de soutien des grandes puissances européennes. Mais les Crétois remportent peu de succès militaires. Pire, l'aventure tourne parfois à la catastrophe. Le massacre d'Arkadi fait la une des journaux européens en novembre 1866. Une tragédie : près de 900 Crétois (dont de nombreuses femmes avec leurs enfants) meurent dans l'explosion de la poudrière du monastère. Maigre résultat pour les Crétois : une loi organique qui leur accorde quelques privilèges, bien loin de ce qu'ils réclament. Humiliation supplémentaire : l'affaire est réglée par la conférence de Paris (1869), sans même que la Grèce soit invitée à y participer. Les « grandes puissances » qui traitent de la question le font avant tout pour servir leurs intérêts, au premier rang l'Angleterre, qui voit la situation crétoise dans le cadre plus général de la question d'Orient : il faut assurer la pénétration économique en Orient de la Grande-Bretagne. Les Français, bien que partie prenante, ne pèsent pas très lourd dans la négociation. Victor Hugo, de Guernesey, s'était bien élevé contre le sort qui était fait aux malheureux Crétois dans une lettre ouverte, début 1867, par laquelle il répondait à un appel lancé par les insurgés. En vain, la Crète est sacrifiée. Il lui faudra encore attendre près de 30 ans pour que son statut évolue réellement.

Sous la pression des puissances occidentales, l'autonomie est acquise en 1898. La Grèce se mobilise alors, envoie des troupes en Crète, mais aussi en Épire et en Macédoine, ce qui tourne rapidement à la déroute militaire pour les Grecs. Les grandes puissances interviennent en effet, pour maintenir une sorte de statu quo sur place, ce qui revient à prendre le parti des Turcs. Mais de nouvelles violences, toujours causées par les Turcs, vont encore faire couler le sang. Le 25 août 1898, de nombreux Crétois sont tués à Héraklion, mais surtout, pour l'opinion internationale, 17 soldats anglais trouvent la mort ainsi que le vice-consul représentant la Grande-Bretagne. C'est la goutte d'eau qui fait déborder le vase. Quelques semaines plus tard, l'armée turque doit quitter l'île, mais cette dernière reste encore sous la souveraineté du sultan. La Grèce, ruinée économiquement, doit même payer 4 millions de livres à la Turquie. Un haut-commissaire, le prince Georges (fils du roi de Grèce), est nommé.

Elefthérios Vénizélos et le rattachement à la Grèce

Un jeune homme fait alors son apparition sur la scène politique : Elefthérios Vénizélos, né en 1864 dans les environs de La Canée. Il fait partie du gouvernement autonome constitué autour du prince Georges et ne se satisfait pas du statut de la Crète. Antiroyaliste viscéral, il supporte mal la tutelle du fils cadet du roi de Grèce. Le jugeant trop remuant, Georges se sépare de lui, mais Vénizélos n'est pas du genre à se laisser évincer. En 1905, il suscite la révolte de Thérissos, où il fonde un gouvernement provisoire, ce qui conduit le prince Georges à céder sa place.

Mais il faut attendre 1913 pour voir le rattachement à la Grèce. Entre-temps, en 1910, Vénizélos est devenu Premier ministre de la Grèce et il a préparé en secret une alliance avec la Serbie et la Bulgarie pour faire tomber la Turquie affaiblie. La première guerre balkanique (1912-1913) permet à la Grèce d'arracher enfin la Crète à l'Empire ottoman, par ailleurs en état de décomposition avancée. Le 1er décembre 1913, le drapeau grec peut enfin flotter en Crète. Quelques années plus tard, Grecs et Turcs procéderont à un échange de population, 32 000 Turcs ou musulmans abandonnent ce qui était aussi leur île, souvent à contrecœur, pour laisser la place à 34 000 réfugiés grecs d'Asie Mineure.

CRISES DE FOI

Tous les Crétois ne se sont pas révoltés contre les Turcs en prenant les armes. Jacques Lacarrière, dans L'Été grec*, évoque le défi que certains lançaient à Dieu : « Si tu ne libères pas la Crète d'ici un an, on renie notre foi et on se fait tous musulmans. » Comme rien ne venait, « des villages entiers passaient à l'islam ». Conséquences lointaines et dramatiques : en 1922, quand Grecs et Turcs ont fait un échange de populations, certains musulmans, contraints de quitter la Crète, étaient tout aussi crétois que ceux qui restaient...*

La bataille de Crète

La Crète redevenue grecque n'en a pourtant pas fini avec les invasions, puisqu'il lui reste à connaître celle des nazis pendant la Seconde Guerre mondiale. En mai 1941, Goering lance l'opération Merkur, une attaque éclair sur l'île, dans le cadre de l'invasion de la Grèce, décidée par Hitler en avril. 17 000 parachutistes largués de 1 100 avions allemands sautent sur la Crète. C'est la première opération aéroportée d'envergure de l'Histoire. Les Forces alliées en déroute (Britanniques, Australiens et Néo-Zélandais) se sont repliées sur la Crète, et l'état-major ne sait pas très bien s'ils doivent tenir la Crète ou se replier en Égypte. Mais les Allemands ont très mal préparé leur affaire et perdent beaucoup d'hommes : on a parlé de 15 000 morts, dont 4 000 soldats d'élite, chiffres sans doute exagérés, les historiens s'accordant aujourd'hui sur 7 000 hommes. Une semaine après le début de l'attaque allemande, ordre est finalement donné aux Britanniques de quitter la Crète, et les troupes prennent le sentier des montagnes Blanches pour embarquer, au port de Chora Sfakion (sud de l'île), en direction de l'Égypte. Churchill, dans ses *Mémoires,* estime que Goering « ne remporta qu'une victoire à la Pyrrhus, car les forces qu'il a[vait] dépensées auraient facilement pu lui donner Chypre, l'Irak, la Syrie et peut-être la Perse ». Les résistants crétois mèneront la vie dure aux forces nazies, qui se vengeront non moins durement sur la population (nombreux villages brûlés en représailles). De nombreux agents secrets les aideront, principalement anglais. Les Allemands vont rester en Crète jusqu'à la fin de la guerre et même au-delà à La Canée. La garnison allemande refusa en effet de se rendre à cause de la peur que lui inspiraient les Crétois, et préféra attendre l'arrivée des Anglais pour capituler le 12 mai 1945 !

UN GÉNÉRAL EN DÉROUTE

Le 26 avril 1944, alors que le général nazi Kreipe rejoignait son quartier général installé à Knossos, dans la villa même qu'Arthur Evans s'était fait construire, il fut enlevé par la résistance crétoise. Le militaire allemand fut conduit, à pied et au terme d'un voyage de 18 jours, sur la côte sud d'où il fut embarqué pour l'Égypte. Le peuple crétois subit de lourdes représailles à la suite de ce courageux et surprenant fait d'armes.

Une Crète apaisée

Depuis ces temps tragiques, la Crète a retrouvé la paix, étant (relativement) peu touchée par la guerre civile en Grèce (1945-1949). L'île connaît un développement sans précédent, l'un des plus forts du pays, en grande partie grâce aux fonds communautaires européens (merci, Bruxelles...).
Ces dernières années, la vie politique en Crète a en gros suivi le cours de la vie de la nation : l'île a même produit sa propre petite dynastie politique, moins connue sur le plan international que le tandem Karamanlis-Papandréou : Konstantin Mitsotakis (né à La Canée en 1918) a été Premier ministre de 1990 à 1993. Son oncle n'était autre qu'Elefthérios Vénizélos ! Et sa fille, Dora Bakoyanni, a été maire d'Athènes et ministre des Affaires étrangères de Karamanlis (elle a ensuite été exclue de son parti, la Nouvelle Démocratie, et a fondé l'Alliance démocratique).

La crise politique de 2009-2012

En 2009, Georges Papandréou (parti socialiste) devient Premier ministre. Il succède à Konstantin Karamanlis (Nouvelle Démocratie). Élu sur un programme de relance « verte », il forme un gouvernement composé pour l'essentiel de technocrates plutôt jeunes.
Assez rapidement, il apparaît que la situation du pays est grave. Et c'est le Pasok qui se retrouve contraint d'appliquer un plan d'austérité sous la pression des milieux d'affaires et de Bruxelles...
Manifestations et grèves générales ont beau se succéder à un rythme rapide, les réformes passent aisément à l'Assemblée nationale. Les élections locales de l'automne 2010 confirment la désaffection, pour ne pas dire le rejet, vis-à-vis de la classe politique traditionnelle, accentué par les scandales à répétition. L'abstention atteint un niveau record (alors que le vote est théoriquement obligatoire).
En 2011, avec l'aggravation de la crise économique, le désaveu vis-à-vis de la classe politique monte encore d'un cran. Le mouvement des Indignés espagnols trouve vite son équivalent grec en mai-juin. La place du Parlement se transforme, l'espace de quelques jours, en une agora où s'imagine, se débat un autre monde. Athènes essuie plusieurs jours d'émeutes.
Fin octobre 2011, Papandréou annonce l'organisation d'un référendum sur le plan de « sortie de crise ». Mais les dirigeants européens lui tordent alors le bras pour qu'il revienne sur sa décision : il démissionne, et des élections législatives anticipées sont annoncées. Papandréou s'efface, Vénizélos, de la vieille garde du Pasok, prend la tête du parti, pendant qu'un banquier est chargé de conduire un gouvernement technique. En mai 2012, le Pasok ne recueille plus que 13 % des voix, devancé par la Nouvelle Démocratie (18,85 %) et l'alliance Syriza (16,78 %), parti de la gauche radicale mené par le jeune Alexis Tsipras. Aube dorée, une formation d'extrême droite fascisante, voire néo-nazie, fait son entrée au Parlement. Il faut retourner aux urnes à la mi-juin, faute de coalition pour gouverner. Syriza gagne 10 % de suffrages par rapport à mai, la Nouvelle Démocratie, elle, en gagne près de 11 %, ce qui ne lui permet pas encore d'atteindre les 151 sièges, mais de s'en rapprocher. Et le Pasok, en compagnie d'un petit parti de gauche modérée, passe un accord avec Antonis Samaras, le leader de la Nouvelle Démocratie, pour former un gouvernement.

2013-2016

À l'automne 2013, à la suite de l'assassinat d'un rappeur antifasciste par un membre d'Aube dorée, le gouvernement se décide enfin à agir : plusieurs dirigeants d'Aube dorée, dont le leader et d'autres députés, sont interpellés, et le parti est accusé d'être une « organisation criminelle ». La levée de l'immunité parlementaire de 6 des 18 députés a été votée en octobre 2013.

Fin 2014, le gouvernement Samaras, à bout de souffle, convoque des élections législatives anticipées. Sans grande surprise, fin janvier 2015, la gauche dite radicale, incarnée par Syriza, remporte les législatives. Alexis Tsipras devient Premier ministre, le seul chef de gouvernement vraiment à gauche de l'Union européenne. Toutefois, avec 149 députés, Syriza doit s'allier avec un parti de droite souverainiste pour disposer de la majorité absolue.
Commencent alors des négociations entre le nouveau gouvernement et les bailleurs de fonds, qui piétinent et même s'enlisent. Arrive l'échéance de fin juin, date à laquelle, pour rembourser le FMI (1,6 milliard d'euros), la Grèce doit recevoir de l'argent frais. La Grèce n'effectue pas son remboursement et est déclarée en « défaut ». Les négociations sont alors apparemment rompues, et les Grecs sont alors consultés par référendum : 61,31 % des votants disent non à la proposition faite le 25 juin par les créanciers.
Mais Tsipras n'utilise pas ce résultat qui pourtant valide sa politique : il ne souhaite pas la sortie de la Grèce de la zone euro, contrairement à la frange la plus à gauche de son parti et revient à la table des discussions. Du coup, son ministre des Finances, qui est sur une ligne politique différente, démissionne. Cette volte-face semble incompréhensible, surtout si l'on considère que l'accord finalement signé est plus mauvais pour les Grecs que celui de fin juin (voir plus haut « Économie »), mais Tsipras est un politique, pas un économiste... Il craint que la rupture avec l'Union européenne n'entraîne la Grèce dans un chaos non maîtrisable et se résout à la signature d'un accord auquel il dit ne pas croire...
Sur fond de désaccord sur la dette entre les créanciers (le FMI demandant sa restructuration à laquelle plusieurs pays européens s'opposent), le Parlement grec fait adopter en août le nouveau plan d'aide, grâce aux voix de l'opposition. Syriza s'est en effet divisé et la défection d'une trentaine de députés hostiles à l'accord rend inévitable la tenue de nouvelles élections législatives en septembre, une fois la démission de Tsipras annoncée en août.
La campagne est très courte et Tsipras gagne son pari en l'emportant, avec plus de 35 % des suffrages, devant la Nouvelle Démocratie (28 %). Il forme aussitôt un nouveau gouvernement avec le même parti de droite souverainiste. Avant d'entériner, au printemps 2016, comme ses prédécesseurs, un nouveau plan drastique d'austérité imposé par les créanciers, tandis que, dans les rues d'Athènes, la grève des opposants bat son plein. L'alternative Syriza a vécu.

JOURNÉE TYPE À LA GRECQUE

Le rythme de la journée d'un Grec n'est pas vraiment le même que celui d'un Européen non méridional. Ça commence tôt, avec une longue matinée qui se termine par le *méssiméri* (midi), notion assez vague (de 13h à 15h) qui sert à prendre un en-cas ; puis c'est la sieste (facilement jusqu'à 17h-17h30, silence dans les rangs !) qui précède l'après-midi *(apoghevma),* période où l'activité reprend (en gros jusqu'à 20h). Le « petit soir » *(vradaki)* est consacré à la *volta,* la promenade sur le port ou sur la place ; c'est l'heure des civilités, et surtout pas l'heure de manger (cf. la *passeggiata* en Sicile). Ensuite, la soirée peut commencer, le repas ne débutant pas avant 22h le plus souvent.

MÉDIAS

Votre TV en français : TV5MONDE, la première chaîne culturelle francophone mondiale

Avec ses 11 chaînes et ses 14 langues de sous-titrage, TV5MONDE est distribuée dans plus de 190 pays du monde par câble, satellite et sur IPTV. Vous y retrouverez de l'information, du cinéma, du divertissement, du sport, du documentaire...

Grâce aux services pratiques de son site voyage • *voyage.tv5monde.com* •, vous pouvez préparer votre séjour, et une fois sur place, rester connecté avec les applications et le site • *tv5monde.com* • Demandez à votre hôtel le canal de diffusion de TV5MONDE et contactez • *tv5monde.com/contact* • pour toutes remarques.

Télévision

Le paysage audiovisuel grec n'a pas grand-chose d'original : les chaînes privées sont celles qui font le plus d'audience. Mais, pendant l'été 2016, le gouvernement a organisé une mise aux enchères afin de réglementer ces chaînes privées. Le gouvernement a au passage empoché 246 millions d'euros. Il ne reste donc plus que 4 chaînes privées nationales (contre six avant), l'idée étant de mettre fin aux collusions existant entre politiques, banques et médias. Les chaînes *Skaï* et *Antenna (ANT1)* ont gardé leur place, et deux autres nouveaux opérateurs sont arrivés. Les chaînes qui ont perdu ces enchères pourront continuer leur activité sur Internet ou en région. Quant à *Mega,* naguère la première par l'audience, elle n'a pas été retenue pour le processus de sélection des enchères. Toutefois, le conseil d'État a annulé la procédure à l'automne 2016 : tout est à refaire...

Les chaînes publiques de l'ERT ont perdu d'importantes parts de marché, et l'ensemble du groupe de télé et radiodiffusion a été supprimé par décret gouvernemental en 2013 ! Depuis 2015, l'ERT émet à nouveau, mais sans grands moyens.

Beaucoup de séries étrangères (qui livrent une rude concurrence aux séries grecques) et des films le plus souvent sous-titrés. Quant aux chaînes privées régionales ou thématiques, elles sont nombreuses.

Si vous voulez vous informer sur l'actualité, sachez que le journal du soir est diffusé assez tôt, pour la Grèce du moins (20h), et durent longtemps (1h), bien souvent pour pas grand-chose. On délaie beaucoup...

Presse

La presse écrite grecque se fait facilement remarquer : les kiosquiers ont l'habitude de suspendre les journaux à un fil à linge et chacun vient lire les gros titres de la une. Les quotidiens nationaux sont beaucoup plus nombreux qu'en France, ce qui ne signifie pas qu'ils soient forcément beaucoup lus. La plupart des journaux grecs accordent l'essentiel de leur attention à la politique intérieure, affichant le plus souvent des opinions très partisanes, qui s'expriment par des titres incendiaires. L'actualité internationale n'y occupe qu'une très petite place. Ils paraissent même le dimanche, avec des suppléments. En Crète, les quotidiens régionaux sont évidemment davantage lus que la presse athénienne.

MUSIQUE ET DANSE

Impossible de se balader en Crète sans voir, placardées sur un mur ou sur un arbre, des affiches annonçant un concert à l'occasion d'une fête patronale. En général, on voit la photo d'un *lyraridis* (joueur de *lyra*), le plus souvent moustachu, avec, à la main, sa *lyra,* l'instrument phare de la musique crétoise. Parfois, mais c'est plus rare, c'est un joueur de *laouto* (sorte de mandoline) qui tient la vedette. Autrefois, la *lyra* était accompagnée par un tambourin, aujourd'hui c'est le *laouto* qui joue ce rôle d'accompagnement.

La musique joue un rôle important dans la culture crétoise. Pas de baptême, mariage ou *panigyri* (fête patronale) sans musique et danse.

La *lyra,* faite d'un seul morceau en bois de noyer ou de mûrier, a trois cordes, comme le rebec médiéval, et se joue avec un archet *(doxari)* en crin de cheval. Au lieu de presser les cordes, on appuie dessus avec le bout des ongles, technique assez difficile à acquérir pour un violoniste, par exemple. C'est l'instrument idéal pour l'accompagnement de la danse.

LA REINE LYRE

On estime que l'instrument phare de la musique crétoise, la lyra, remonte à la fin du XVIIe s, voire au début du XVIIIe s, et qu'elle a remplacé, en Crète, le violon de l'époque vénitienne. Pour la petite histoire, la lyra, qui avait l'avantage de ne pas être un instrument d'importation comme le violon, aurait été préférée à ce dernier pour des raisons de « nationalisme » crétois...

Parmi les chants les plus anciens, on trouve les ***rizitika,*** originaires de Crète de l'Ouest, au pied des montagnes Blanches. La tradition en remonte peut-être à l'époque byzantine. Les *rizitika* se répartissent en chansons dites « de table » (pour les banquets ou mariages) et en chansons dites « de route » (entonnées par exemple autrefois sur le chemin du convoi qui emmenait la fiancée sur le lieu du mariage). Certains chants *rizitika* sont d'inspiration guerrière (quand les étudiants de Polytechnique se sont soulevés, à Athènes, contre la junte des Colonels, en 1973, ils ont repris un *rizitiko* crétois extrêmement connu). Bien souvent, les *rizitika* expriment l'âme crétoise affrontant les épreuves de la vie.

Plus spectaculaires (du moins pour des non-Crétois) sont les ***mantinadès,*** couplets versifiés de 15 syllabes qui sont parfois l'objet de joutes oratoires, mais peuvent être aussi beaucoup plus pacifiques, quand il s'agit de sérénades.

LE SIRTAKI, UNE DANSE TRADITIONNELLE ?

Pas du tout, elle fut créée en 1964 pour le film Zorba le Grec. *Son incroyable succès fit beaucoup pour la renommée de la Grèce. Et pourtant, le film fut produit par Hollywood ; et Anthony Quinn, qui incarnait le Grec Zorba, était d'origine... mexicaine.*

La Crète est un vivier de chanteurs et de compositeurs. Mikis Théodorakis et Manos Hatzidakis sont d'origine crétoise, même s'ils ne sont pas nés sur l'île. Yiannis Markopoulos, autre grand nom de la chanson grecque, est né à Héraklion, et sa formation n'a jamais été meilleure que lorsqu'il avait à ses côtés Nikos Xylouris, d'Anogia, mort prématurément en 1980. Pendant la dictature des Colonels, les chansons de Xylouris étaient très écoutées par tous ceux qui s'opposaient à la dictature. Son frère, Antonis, connu sous le nom de Psarantonis, fait aussi une belle carrière depuis plus de 40 ans. Quant à Thanassis Skordalos (1920-1998), il a été considéré comme l'un des plus grands joueurs de *lyra.*

On trouve facilement en Crète des CD de musique crétoise, un studio d'Héraklion *(Aérakis)* ayant édité une série bon marché. Une autre série d'enregistrements historiques, datant des années 1940-1950, est également disponible. Si vous préférez le live, essayez d'être le soir là où se produisent les grands joueurs de *lyra* d'aujourd'hui, par exemple Mikhalis Aléphandinos, Vassilis Skoulas, ou encore l'Irlandais Ross Daly, venu s'installer sur l'île : *fiddle* et *lyra,* même combat ! Ross Daly a d'ailleurs ouvert, à Houdetsi au sud d'Héraklion, un atelier musical, où sa magnifique collection d'instruments anciens est exposée ; et où des séminaires avec des artistes venant de tous horizons sont organisés, du moins si l'atelier musical surmonte ses difficultés financières (pour en savoir plus, consulter ● *labyrinthmusic.gr* ● ou ● *rossdaly.gr* ●). Né en 1975, Stélios Petrakis, compositeur, luthier, chanteur et joueur d'instruments à cordes, a réalisé dans le même esprit (et à Marseille !) un très bel album, *Stin Akri tou Dounia* (L'Empreinte

Digitale, 2002). Depuis, il suit son chemin, travaillant toujours avec des artistes venant d'horizons différents, et possède son propre studio d'enregistrement à Mochlos.
Les danses crétoises sont spécifiques à l'île. Même s'il existe des ressemblances avec certaines danses d'autres régions de Grèce, la Crète a développé des danses particulières, notamment le ***pendozalis,*** dansé par les hommes, très spectaculaire, avec des sauts et des parties improvisées. Selon certains, cette danse aurait été inspirée par les insurrections à répétition contre les Turcs. Cinq pas en avant et on s'arrête : l'insurrection a été réprimée dans le sang. À nouveau cinq pas en avant pour marquer une nouvelle tentative de révolte. Et à nouveau on s'arrête... La danse ***pidikhtos*** (ou *kastrinos*) est aussi réservée aux hommes (on la danse encore beaucoup à Anogia qui, de manière générale, est un véritable conservatoire des traditions populaires), alors que la ***sousta*** se danse en couple. Plus calme, le ***syrtos,*** originaire de La Canée, dansé par les hommes et les femmes formant un cercle.

MYTHOLOGIE

La religion des Minoens est connue dans ses grandes lignes : on sait qu'ils n'élevèrent pas de temples, honorant leurs dieux dans les grottes ou sur les montagnes et les collines. On a retrouvé des traces significatives de feux sacrificiels ainsi que des figurines qui jouaient le rôle d'ex-voto. Ils révéraient une déesse Terre-Mère, un dieu des Animaux sauvages et une déesse de la Chasse, sans que l'on connaisse le nom de ces divinités qui ne faisaient probablement qu'une, la Grande Déesse. Lorsque les Mycéniens prirent le pouvoir en Crète, ils ont sans doute apporté leurs dieux ; mais les figurines de « déesses aux bras levés », typiquement minoennes (c'était peut-être des divinités tutélaires, gardiennes de la maison), qu'on voit au Musée archéologique d'Héraklion, datent de cette période et semblent donc avoir survécu au chamboulement politique et culturel. De même, des textes montrent que Dionysos, divinité hellénique, et une divinité, connue sous l'appellation de Notre Dame du Labyrinthe, ont coexisté. La culture minoenne disparaissant ensuite, le système religieux grec s'imposa.

ATTENTION, PANIQUE !

Dans l'Antiquité, Pan était la divinité qui ressemblait à un bouc. Sa violence et son agressivité étaient légendaires, notamment quand il tombait amoureux de nymphes ou de jeunes bergers. La terreur qui en résultait est à l'origine du mot « panique ».

En ce qui concerne la mythologie grecque, Zeus, en particulier, est étroitement associé à la Crète. Pour comprendre son histoire, il faut remonter un peu en arrière, jusqu'à la création du monde comme la voyaient les Grecs de l'Antiquité. Au commencement était ***Chaos,*** une sorte de vide, opaque, inorganisé, suivi de près par son contraire ***Gaïa,*** la Terre (et mère) universelle. Gaïa, toute seule comme une grande, donna naissance au flot marin, ***Pontos,*** et à ***Ouranos,*** le ciel, mais ce dernier, fils ingrat, n'arrêtait pas d'embêter sa mère : d'abord, il vivait vautré sur elle (et, étant de même dimension, ça ne laissait vraiment aucun espace de liberté à Gaïa) ; ensuite, il la couvrait dans le second sens du terme, son unique activité étant le coït... Petit problème : les enfants qu'il n'arrêtait pas de lui faire n'avaient pas la place de voir le jour ! Gaïa inspira donc à son petit dernier, ***Cronos,*** une idée décisive... et incisive : avec une serpe qu'elle lui avait fabriquée, il trancha les parties génitales de papa. Sous le coup de la douleur, Ouranos décolla un grand coup et alla se fixer tout là-haut, en lançant des imprécations sur sa descendance. Le membre tranché, lui, alla finir sa course dans la mer, où il donna naissance à ***Aphrodite.*** Ce coup de force donna un coup d'accélérateur : le Temps, jusqu'alors bloqué par Cronos, est mis en marche, et l'Histoire peut commencer.

Mais Cronos n'est pas des plus sympathique. Il a mis au pas ses frères et sœurs, Titans et Titanes, et s'il s'accouple avec ***Rhéa*** (sa sœur, au passage), ce n'est pas pour le plaisir de fonder une famille : il dévore, en effet, chacun de leurs enfants par peur d'être détrôné un jour... Rhéa cherche un stratagème pour sauver sa progéniture.

Elle part donc accoucher en Crète et confie le nouveau-né, ***Zeus,*** à des divinités, les Naïades, qui l'élèvent dans une grotte, sur le mont Dikti, les vagissements de l'enfant ne pouvant être perçus à l'extérieur. Rhéa l'installe un peu plus tard dans une seconde grotte, sur le mont Ida cette fois. Là, il lui faut s'entourer de multiples précautions : d'autres divinités, les ***Courètes,*** sont chargées de faire du bruit devant la grotte, en se livrant à des danses guerrières, en faisant cliqueter leurs armes, leurs boucliers, afin de couvrir les pleurs du petit Zeus qui commence à donner de la voix. Cronos, bien entendu, s'impatiente : Rhéa rentre donc, avec une pierre enveloppée dans les langes de l'enfant, et Cronos l'avale consciencieusement, sans se rendre compte du stratagème. L'histoire finira bien, puisque Zeus, par la suite, fera rendre gorge à son père, lui donnant, à son insu, un vomitif à avaler qui aura pour effet de lui faire recracher ses frères et sœurs... vivants ! Zeus, non sans mal, se débarrassera de son père au terme d'une longue lutte et deviendra le premier des dieux de l'Olympe.

Par la suite, Zeus n'oubliera pas la Crète : quand il enlève Europe au Liban, c'est en Crète qu'il l'emmène pour consommer son union avec elle, à Gortyne très exactement. Naîtront trois fils, Minos, Rhadamanthe et Sarpédon, les deux derniers devant s'exiler pour ne pas faire d'ombre à leur aîné.

Minos, justement : le cycle de récits sur le labyrinthe est organisé autour de ce roi légendaire dont on se demande si le nom n'était pas une sorte de terme générique utilisé pour les souverains crétois, comme pharaon en Égypte. Les récits mythologiques, là encore, ne sont pas tristes. Minos avait deux frères, et pour prouver qu'il était le plus apte à régner, il demanda aux dieux de faire sortir de mer un taureau blanc, qu'il leur sacrifierait. Le taureau blanc émergea de l'écume, et Minos décida de le garder pour lui tout seul. Pas contents du tout, les dieux décidèrent de se venger. Grâce à Aphrodite, toujours d'accord pour un mauvais coup, ***Pasiphaé,*** l'épouse de Minos, tomba amoureuse du fameux taureau blanc. Eh oui... Faut dire qu'elle était d'une famille un peu spéciale, sa sœur n'étant autre que Circé, celle qui transforma Ulysse et ses compagnons en pourceaux (cf. l'*Odyssée*) et elle était aussi la tante de Médée, qui aida Jason dans sa quête de la Toison d'or, avant de massacrer leurs enfants. Pasiphaé demanda à l'architecte ***Dédale*** de construire une vache en bois afin de s'accoupler avec la grosse bébête. L'épouse zoophile se plaçait à l'intérieur. De ces amours contre-nature naquit le ***Minotaure,*** monstre à tête de taureau mais à corps humain, ne se nourrissant que de chair humaine.

Minos, vexé (on le serait à moins !), mais devant bien reconnaître que tout cela ne serait jamais arrivé sans son terrible orgueil, obligea Dédale à construire un labyrinthe d'où l'animal ne pourrait jamais sortir.

Minos gagna une bataille contre Athènes. En guise de tribut, il exigea que 14 jeunes Athéniens (7 jeunes hommes et 7 jeunes filles) soient tous les 3 ans livrés au Minotaure. ***Thésée,*** fils du roi d'Athènes, se présenta comme volontaire. Aussitôt qu'elle le vit, ***Ariane,*** la fille de Minos et de Pasiphaé, en tomba amoureuse. Pour empêcher que Thésée ne se perdît dans le

UN ICARE DE TROP

En survolant la mer Méditerranée, Dédale recommanda à son fils de le suivre et de ne pas changer son cap. Mais, ivre de liberté, Icare s'éleva et s'approcha trop près du soleil. La cire de ses ailes se mit à fondre, entraînant sa chute fatale. Il disparut dans la mer qui, depuis, porte son nom : la mer Icarienne. La légende dit que Dédale, fou de chagrin, récupéra le corps de son fils bien-aimé et qu'il l'enterra dans l'île appelée aujourd'hui Icaria.

labyrinthe, elle lui donna une pelote de fil qu'il devait dérouler jusqu'au repaire du monstre. Thésée parvint à tuer le Minotaure et réussit à sortir du labyrinthe grâce au célèbre fil d'Ariane.

Craignant la colère de Minos, Ariane s'enfuit en bateau avec Thésée et les autres Athéniens. Au cours d'une escale à Naxos, Ariane s'endormit sur la plage, et Thésée s'en alla, l'abandonnant à son sort. Au matin, Ariane aperçut un petit point à l'horizon : c'était la voile du bateau des Athéniens. Sa déception ne dura qu'un temps, car elle fit la connaissance du play-boy du coin : un certain ***Dionysos.*** Avec ce dieu-là, on fait les choses en grand. Il emporta sa dulcinée sur l'Olympe, l'épousa et la rendit ainsi immortelle. Pendant ce temps, Minos ruminait sa colère. Courroucé par le départ d'Ariane avec Thésée, il enferma Dédale et son fils ***Icare*** dans le labyrinthe. Une seule obsession pour eux : sortir de là. Dédale fabriqua deux paires d'ailes avec des plumes récupérées. Il les fixa aux épaules avec de la cire. Les deux hommes s'évadèrent donc du labyrinthe en s'envolant.

Les choses ne tournèrent pas très bien pour Minos : cherchant à retrouver à tout prix Dédale pour se venger, il le localisa, grâce à une ruse, en Sicile, chez le roi Cocalos. À malin, malin et demi, ce n'était que pour mieux tomber dans le piège fomenté par Cocalos et Dédale : Minos mourut ébouillanté en prenant un bain, qui lui avait été proposé par hospitalité...

PERSONNAGES

– ***Sir Arthur John Evans*** *(1851-1941)* **:** fasciné par les découvertes de Schliemann, il s'attaque à l'œuvre de sa vie qu'en 1900, à Knossos. Très vite sont mises au jour de nombreuses tablettes recouvertes d'écritures inconnues, puis il sort de terre le supposé trône de Minos. Finançant ses fouilles sur ses propres deniers, puis grâce à une souscription, Evans consacre le reste de ses années d'activité professionnelle à la reconstitution du palais de Knossos (aujourd'hui en piteux état), très controversée.

En 1999, un archéologue canadien, MacGillivray, a violemment attaqué Evans. Selon lui, Evans aurait construit un mythe, celui d'une culture minoenne aryenne, civilisation parée de toutes les perfections, pacifiste. Il n'en reste pas moins que la civilisation minoenne a été « façonnée » par cet homme qui nous a imposé la vision, forcément subjective, qu'il en avait.

– ***Nikos Kazantzakis*** *(1885-1957)* **:** né dans une Crète qui faisait encore partie de l'Empire ottoman, il a connu, tout enfant, les insurrections crétoises (infructueuses) de 1889 et 1897-1899. Il fait son droit à Athènes et part ensuite à l'étranger, en Allemagne et à Paris. Cet intellectuel a connu, pendant toute son existence, un déchirement entre le corps et l'esprit. Il a cru dans l'action, en s'enthousiasmant pour la révolution russe, et ce n'est qu'une fois revenu de pas mal d'illusions, installé à Antibes, qu'il se lancera dans l'écriture romanesque, à 70 ans passés. Une demi-douzaine de romans vont le rendre célèbre (*Alexis Zorba,* bien entendu, *Les Frères ennemis, Le Christ recrucifié, La Liberté ou la Mort* mais aussi *La Dernière Tentation*). Sa dernière œuvre sera une sorte d'autobiographie spirituelle, *La Lettre au Greco,* un beau témoignage sur la vie intellectuelle d'un des grands esprits du siècle. Les amateurs ne manqueront pas le musée qui lui est consacré à Myrtia, à proximité d'Héraklion.

– ***Domenico Théotokopoulos, dit « El Greco »*** *(1541-1614)* **:** né à Fodélé ou à Candie (Héraklion), il est à Venise en 1568, où il travaille dans l'atelier du Titien. Peu après, il s'installe à Rome et il est admis dans la guilde des peintres. On le retrouve en 1577 à Tolède, la capitale intellectuelle et religieuse du royaume d'Espagne, où il passera le reste de sa vie. El Greco, comme on va l'appeler, s'impose comme un grand artiste, au style puissamment original et inimitable. La Crète ne possède que deux tableaux du Greco, visibles au Musée historique d'Héraklion. Un petit musée lui est consacré à Fodélé, à l'ouest d'Héraklion.

– ***Elefthérios Vénizélos*** *(1864-1936)* **:** Vénizélos est né à Mourniès, près de La Canée. Il est élu député dès l'âge de 23 ans, puis appelé au gouvernement autonome mis en place en 1898. Mais, en désaccord avec le prince Georges, fils du roi de Grèce, il organise en 1905 un soulèvement qui se traduit par la constitution d'un gouvernement provisoire. Vénizélos en profite pour acquérir une stature nationale : il est appelé à Athènes au poste de Premier ministre en 1910. Actif à l'intérieur (Constitution de 1911) comme à l'extérieur (les guerres balkaniques qui permettent le rattachement de la Crète à la mère patrie), il s'oppose frontalement à la monarchie en 1916 : le roi de Grèce, germanophile, le contraint à démissionner ; Vénizélos répond en établissant à Thessalonique un « triumvirat national », forçant rapidement le roi à l'exil. À l'issue de la Première Guerre mondiale, la Grèce compte tirer les marrons du feu : elle reçoit le « protectorat » de Smyrne, pour une période de 5 ans. Comme tous les politiciens grecs, Vénizélos est travaillé par la « Grande Idée » qui consiste à réunir tous les Grecs (dont le million et demi installé en Asie Mineure) dans un même pays. Mais la « Grande Idée » se transforme en grande catastrophe : les royalistes reprennent le pouvoir, et la Grèce change d'alliances, se retrouvant seule à mener ce qui apparaît comme une expédition aventureuse. Après la défaite de 1922, Vénizélos retrouve momentanément le pouvoir, notamment de 1928 à 1932. Il réussit tout de même à se maintenir et normalise les rapports gréco-turcs. Sans réelle idéologie, adulé ou haï (une dizaine de tentatives d'assassinat tout de même...), Vénizélos, malgré un bilan discutable, reste l'homme politique grec du XXe s, celui qui a œuvré pour doter la Grèce d'institutions à l'occidentale.

PLAGES

À moins d'être un archéomaniaque qui dédaigne l'élément marin, on peut supposer que vous mettrez les pieds plus d'une fois sur les plages crétoises. Normal, il n'y a pas si longtemps le slogan de l'office national de tourisme était : « La mer a un pays, la Grèce. » Difficile d'émettre un jugement général sur les plages, tellement il en existe de genres différents, de la plage de sable noir (volcanique) à la plage de sable fin en passant par les galets. Question propreté, il y a des progrès, mais, à côté des plages équipées en poubelles, combien en manquent encore cruellement ? Il n'est parfois pas inutile, sur des criques peu fréquentées, d'arriver avec son sac-poubelle et de faire le ménage...

ON VEND LES BIJOUX DE FAMILLE

Pour rembourser sa dette, l'État grec a mis en vente une centaine de plages et îlots. Techniquement, il s'agit de concessions de 50 ou 99 ans, mais cela laissera le temps aux investisseurs de faire des dégâts irréversibles, protestent les opposants pour qui c'est une braderie du patrimoine national.

Officiellement, en 2016, la quasi-totalité des eaux de baignade en Grèce étaient propres. 430 plages grecques se sont vu décerner le fameux pavillon bleu (*galazio siméo* en grec), ce qui constitue l'un des meilleurs scores en Europe, juste derrière l'Espagne et loin devant la France ! Ces plages se répartissent de manière très inégale. En Crète, 102 pavillons bleus ont été décernés en 2016 (29 dans le département de La Canée, 15 dans celui de Réthymnon, 17 dans celui d'Héraklion et 41 à l'est, dans le département du Lassithi). Liste complète sur ● *eepf.gr* ●

PLONGÉE SOUS-MARINE

Jusqu'à il y a peu de temps, la plongée avec bouteilles était autorisée en Grèce seulement sur quelques sites officiels. On craignait que des plongeurs ne découvrent des trésors archéologiques sous-marins qui seraient passés sous le nez

des autorités grecques. Aujourd'hui, on peut plonger partout, sauf sur les sites archéologiques et zones militaires, répertoriés et peu nombreux. N'essayez pas de passer outre en plongeant sur des sites interdits, au risque de vous retrouver en prison !
Si vous voulez plonger avec votre propre matériel, c'est possible mais c'est vraiment le parcours du combattant (dédouanement, demande aux autorités portuaires...). Très peu de plongeurs le font. On conseille donc de passer par un centre de plongée.

Où plonger ?

La Crète se caractérise par une eau limpide et peu de courant. Certes, on ne trouve pas en Méditerranée autant de gros poissons que dans la mer Rouge ou aux Maldives, mais il n'est pas rare d'observer ici poulpes, murènes, mérous, cigales, nudibranches, lièvres de mer, tritons et autres raies au détour d'une grotte ou d'un rocher. Sachez que la côte nord-est d'Héraklion à Mallia, à la visibilité moyenne (fonds essentiellement sablonneux et pas mal de vents), ne présente pas un très grand intérêt. Néanmoins, la majorité des spots se trouve dans le Nord. Préférez donc la côte nord-ouest. Les sites d'Agia Pelagia et de Bali présentent des fonds intéressants pour la faune et la flore et sont à l'abri des vents. Hania (La Canée) est bien protégée également et offre un bon relief de rochers et de grottes. Les centres de plongée de Réthymnon vont généralement sur la côte sud, dont la particularité est d'offrir de nombreux tombants, des grottes et quelques baies, notamment vers Plakias. Faune et flore intéressantes, néanmoins c'est en été que la vie sous-marine est la plus riche, lorsque la température est la plus élevée.

POPULATION

Les Crétois (et les Crétoises) sont, selon le dernier recensement (2011), environ 625 000. Ça n'a l'air de rien mais, en 10 ans, la population de l'île a augmenté de 64 000 habitants, soit 11,5 %, ce qui n'empêche pas que la densité de population soit inférieure à la moyenne nationale (le relief en est responsable). Dans un pays qui a un des taux de natalité les plus faibles d'Europe, c'est un chiffre étonnant. Vraiment efficace, le régime crétois ! On peut aussi penser que l'île attire d'autres Grecs ou des étrangers (dont de nombreux travailleurs agricoles) pour les perspectives qu'elle offre, ce qui se traduit par un solde positif : le chômage y est faible comparé au reste de la Grèce, le climat y est bon... Et les statistiques montrent bien que la proportion de personnes ayant atteint les 80 ans est plus élevée que dans le reste de la Grèce.

> **AKI EST CE NOM ?**
>
> *En Grèce, chaque région se caractérise par un suffixe sur les patronymes. Dans le Péloponnèse,* poulos *(« le fils de ») marque la filiation,* akos *singularise le Magne,* ellis *et* atos *les îles de Lesvos et Céphalonie, etc. Moins sympa, pour rabaisser les Crétois, les envahisseurs turcs les obligèrent à affubler leurs noms du suffixe* aki *ou* akis *(qui signifie « petit »). C'était petit de leur part !*

Les Crétois se sentent avant tout crétois, comme Kazantzakis, mais cela n'a rien à voir avec un sentiment d'hostilité ou de défiance par rapport au reste de la Grèce. La fierté d'être crétois ne se transforme pas en orgueil, et ces Grecs ont lutté tellement longtemps pour obtenir leur rattachement à la Grèce qu'il est impensable d'imaginer chez eux une once de velléité indépendantiste. Ce serait les offenser que de les en soupçonner un seul instant.
Il n'est pas non plus question de penser qu'aujourd'hui les Crétois seraient les descendants des Minoens. On parle bien d'*Étéocrétois* (les « Crétois authentiques ») qui se seraient maintenus dans certaines poches de résistance, sur les hauteurs, fuyant les envahisseurs doriens, mais leurs dernières traces se

perdent vers le IIIe s av. J.-C. La Crète a vu passer pas mal de monde (voir la rubrique « Histoire ») et, obligatoirement, différentes populations se sont mêlées. Toutefois, il existe une particularité régionale : un nom crétois se reconnaît en Grèce par le suffixe *-akis*. Mais, en cherchant bien, on trouverait certainement des noms italiens, remontant à l'occupation vénitienne, et des noms turcs (plus rares).

RELIGIONS ET CROYANCES

Il est facile de s'en rendre compte dès que l'on a mis le pied en Grèce : la religion orthodoxe est partout. Vous croisez un pope *(pappas)* en train de faire ses courses ou attablé à la terrasse d'un café, vous tombez, dans un petit village, sur une église flambant neuve (alors qu'à quelques mètres, les locaux de l'école publique font pitié...), vous voyez les passagers d'un car se signer au franchissement d'un virage. Autant de signes de l'omniprésence de l'Église, dans les faits comme dans les mentalités.

L'idée d'une séparation de l'Église et de l'État est proprement impensable en Grèce : la Constitution de 1975, révisée en 1986, a réaffirmé avec force la place de l'Église au sein de l'État. Les popes sont donc fonctionnaires de l'État, le mariage civil, tout de même institué par le Pasok en 1983, n'a pas grand succès, et quand le gouvernement, au printemps 2000, a enfin décidé, sous la pression de l'Union européenne, de supprimer la mention de la religion sur la carte d'identité, la levée de boucliers a été immédiate. Le clergé a mobilisé ses troupes (manifestations, pétitions), mais le gouvernement a tenu bon.

Le sentiment d'appartenance à une communauté orthodoxe qui dépasse les frontières a évidemment joué un rôle particulièrement fort dans la prise de position de la Grèce et dans la réaction collective des Grecs face à la crise yougoslave. On a été ouvertement proserbe en Grèce, au nom d'une solidarité orthodoxe et d'un fort sentiment antimusulman (Bosniaques et musulmans étant rapidement assimilés aux Turcs qui tenteraient ainsi une manœuvre d'encerclement de la Grèce par l'ouest).

UNE ÉGLISE FORTUNÉE

Aucun armateur grec ne dispose de la fortune de l'Église orthodoxe. On l'estime à 15 milliards d'euros, exonérée d'impôts. Elle est le plus grand propriétaire foncier du pays : terrains, forêts, immeubles... De plus, les popes étant fonctionnaires, leur salaire est réglé par l'État.

L'orthodoxie est parfois très agressive car, comme ailleurs, elle nourrit des extrémistes. Les minorités religieuses – catholiques, protestants et musulmans – souffrent de cette agressivité. En tant que touriste, même si vous venez d'un pays catholique, vous ne vous attirerez tout de même pas de remarques à ce sujet. Mais, au cas où le sujet viendrait dans une discussion, savez-vous seulement pourquoi, depuis 1054, l'Église d'Occident (catholique) et l'Église d'Orient (orthodoxe) sont en bisbille (ce qui s'appelle officiellement un schisme) ? Il y a, bien entendu, le rôle du pape (sa primauté et son infaillibilité ne sont pas reconnues par les orthodoxes) et la notion de purgatoire (les orthodoxes n'en veulent pas). Les orthodoxes considèrent, évidemment, que ce sont les catholiques qui se sont écartés du dogme. Mais il existe une kyrielle de sujets de discorde entre l'Église catholique et l'Église orthodoxe. Le pillage de Constantinople (souvenez-vous, c'était en 1204...), l'insensibilité de Rome face aux tragédies grecques (1453, prise de Constantinople par les Ottomans) et bien d'autres faits encore... Mais Jean-Paul II, en 2011, en demandant solennellement pardon pour les torts causés par le catholicisme romain aux orthodoxes, a permis de réchauffer les relations entre les deux Églises.

SAVOIR-VIVRE ET COUTUMES

Les codes culturels en Crète, ceux du moins auxquels vous aurez affaire en tant que touriste, ne sont pas très nombreux. Pour toute visite de lieux religieux (monastères, églises), il est évidemment recommandé de se vêtir décemment. Cela semble aller de soi... mais combien de monastères sont situés à proximité de la plage ? Tentant d'y aller en petite tenue ! Eh bien non, un peu de respect, que diable ! D'ailleurs, on a déjà vu des touristes se faire chapitrer parce qu'ils étaient torse nu dans un bus. Ce n'est pas systématique, mais ça doit déranger le chauffeur et la petite médaille du saint qui veille sur le bus, accrochée quelque part vers le pare-brise.

LA MORT

Pour les Grecs, elle fait partie de la vie quotidienne et n'est donc pas effrayante. Partout, sur les murs, on aperçoit des affiches bordées de noir pour annoncer des funérailles ou pour rappeler une date anniversaire de décès.

Enfin, n'oubliez pas que, dans le sud de l'Europe, pour dire non de la tête, on lève légèrement celle-ci en faisant une sorte de moue alors que pour signifier oui, on l'incline tout aussi légèrement sur le côté.

Il ne faut pas s'étonner de voir, dans certains villages, les Crétois (mâles) porter à la ceinture un pistolet. Comme en Corse, cela peut s'expliquer par l'atavisme (les Crétois ont eu à lutter pendant des siècles pour conquérir leur liberté). Dans les fêtes familiales ou publiques, on n'hésite pas à tirer des coups de feu (on a pu dire que le succès de ces festivités se jugeait au nombre de balles tirées !). Ce goût pour les armes ne signifie pas que les Crétois sont plus violents que les autres Grecs ; certes, la vendetta a existé en Crète (et existe encore de temps en temps...), mais dans des proportions limitées, surtout dans la région de Chora Sfakion.

Les valeurs communément partagées sont le *philotimo* (le sens de l'honneur associé à une certaine fierté), la *levendia* (le courage) et l'*adelphia* (la fraternité). L'hospitalité *(philoxénia)* est également une valeur importante, toujours pratiquée, surtout dans les petits villages de l'intérieur. Il paraît aussi que les Crétois n'aiment pas la critique, surtout venant d'un « étranger » à l'île...

Petite indication pas très ragoûtante mais bien utile : lorsque c'est précisé, ne jetez pas le papier toilette dans les toilettes, mais dans la poubelle prévue à cet effet. Les canalisations en Crète n'étant pas toujours très au point, elles se bouchent facilement, d'où cette précaution indispensable.

TREKKING ET RANDONNÉES

La Crète est connue pour ses nombreuses possibilités de trek, notamment grâce aux nombreuses gorges que recèlent les beaux paysages de l'île. Vous ne pourrez jamais dire que vous êtes loin du point de départ d'une rando ou d'une belle balade à pied ! Et puis la Crète, la vraie, se livre véritablement au travers de ses innombrables vallées, ravines, escarpements, gorges et grottes qui parsèment le paysage. C'est ainsi que, au cours d'une bonne marche sous le soleil, on peut passer du paysage aride d'une gorge desséchée à celui, tranquille et majestueux, d'une vallée entière d'oliveraies, ou bien déboucher soudain, avec un bonheur non dissimulé, sur un petit village côtier au bord de la mer de Libye, idéal pour piquer une petite tête... Au passage, vous traverserez des lieux chargés d'histoire et de mythologie et vous croiserez au moins une fois un temple, une église ou des ruines antiques. Bien sûr, il faut être prudent à certains endroits et puis en été, il fait chaud, très chaud, alors toutes les règles de base sont évidemment à respecter. Ceux qui voudraient se lancer dans l'aventure doivent savoir qu'une des difficultés réside dans le ravitaillement en eau et

en nourriture. Il ne faut en aucun cas partir sans une préparation logistique sérieuse (on conseille de se renseigner auprès de professionnels de la rando – voir plus bas). Plusieurs randos sont également combinables entre elles si on a la condition physique adéquate. Nous indiquons aussi au départ de certains villages des balades souvent faciles ou de petites adresses chaleureuses qui mettent à votre disposition des idées de randos, avec des plans à l'appui ! Il suffit de consommer quelque chose (mais rien ne vous empêche de passer la nuit sur place) pour remercier simplement votre hôte. Et puis un sourire ouvre toutes les portes, vous le savez. D'ailleurs, c'est à l'occasion de ces balades dans le « maquis » crétois que vous récolterez sans doute le plus de sourires et de regards étonnés. Pour beaucoup de Crétois, « touriste » signifie encore « plage et soleil » !
Les treks les plus intéressants sont à faire dans la partie ouest de l'île, plus sauvage, plus montagneuse et moins aménagée, mais on en trouve quand même dans la partie est. Le trek le plus célèbre consiste à descendre les ***gorges de Samaria,*** parmi les plus impressionnantes d'Europe. Seulement, Samaria est archibondé en été, ce qui peut en décourager plus d'un. Voilà pourquoi nous décrivons d'autres treks beaucoup moins connus. Certains sont tout aussi spectaculaires, comme les ***gorges d'Aradéna,*** qui nécessitent quelques bases de varappe. D'autres, en revanche, ne posent aucun problème particulier (***vallée des Morts*** à Kato Zakros, par exemple).
Enfin, il existe en Crète un ***chemin de grande randonnée*** qui traverse l'île d'ouest en est, balisé par un losange jaune et noir et nommé E4. Vous serez surpris de constater que l'on retombe souvent dessus ! Ce chemin de randonnée relie ***Kastelli,*** au nord-ouest, à ***Kato Zakros,*** à l'est. Cela correspond à 320 km de marche, pas toujours faciles.

Les grandes étapes du chemin de grande randonnée E4

– Kastelli-Polyrrinia-Sfinari-monastère de Chryssoskalitissa (jusque-là, le chemin suit surtout la route)-Paléochora-Lissos-Sougia.
– À Sougia, le chemin se divise en deux variantes. L'une suit la côte, l'autre remonte dans les terres pour traverser les montagnes Blanches (Lefka Ori). *Variante côtière* : Agia Rouméli-Loutro-Chora Sfakion-Frangokastello-Skaloti-Rodakino. Là, le chemin quitte la côte sud et s'oriente vers le nord, direction Moundros via Vélonado où les deux variantes se croisent. *Variante montagnarde* : Omalos-refuge de Kallergi, refuge de Chokliopoulos (connu sous le nom de Katsiveli, en principe pour les groupes)-plateau d'Askifou (d'où l'on peut quitter le chemin E4 pour descendre, par les gorges d'Imbros, vers la côte et rejoindre l'autre variante à Komitadès)-Asfendos-Kallikratis-Assi Gonia-Agyroupolis)-Vélonado.
– À partir de ce point de jonction, à nouveau deux possibilités s'offrent au randonneur : une *option nord* par Ano Valsamonéro, Arméni, Arkadi jusqu'à Anogia, en longeant les contreforts nord du Psiloritis. Ensuite, le sentier oblique au sud jusqu'au plateau de Nida. Une *option sud,* beaucoup plus montagneuse, qui fait passer par Koxaré, Spili, Gerakari, Fourfouras, puis tout près du plus haut des sommets du Psiloritis (Timios Stavros, 2 456 m), après quoi le plateau de Nida est atteint (possibilité de détours par la grotte de Kamarès et le village de Zaros).
– La seconde moitié du parcours se fait sur un tronçon unique. Après Ano Assitès, Ano Archanès et Kastelli, on entre sur le plateau du Lassithi à Psychro, avant de prendre direction sud, vers le mont Dikti. Ensuite, Prina, Thripti, Orino, Dafni, Handras, Ziros, Zakros et, dernier tronçon, la vallée des Morts jusqu'au terminus, Kato Zakros.

Équipement

Dans tous les cas, se charger au minimum :
– une ou deux gourdes d'eau par personne selon la distance à parcourir (mais compter 3 l d'eau par personne et par jour entier de marche) ;
– un chapeau ou une casquette ;

– des lunettes de soleil ;
– un pull pour les départs matinaux ;
– un peu de nourriture genre biscuits et fruits secs, très énergétiques ;
– une crème solaire ;
– des chaussures de marche (des vraies !), voire des tennis pour les petites marches, mais jamais de sandales qui font glisser ni de chaussures style Pataugas qui donnent des ampoules aux pieds ! On a vu des routards en sandales dans les gorges de Samaria revenir les pieds en sang... ;
– une bonne carte et une boussole.

Conseils de sécurité

– Ne jamais trekker dans des gorges pendant ou juste après les jours de pluie. Avec la chaleur, les falaises ont tendance à se fissurer plus rapidement, et les risques d'éboulements sont réels et fréquents.
– Ne pas surestimer sa condition physique. Ce peut être vraiment épuisant de marcher sous le soleil et sur un relief accidenté, voire glissant, pendant plusieurs heures. Les meilleures heures pour la marche sont de 5h à 9h du matin. On le répète, mais c'est important, partir avec suffisamment d'eau et quelques provisions pour se redonner de l'énergie.
– Et puis ne jamais faire un trek seul pour des raisons évidentes de sécurité (s'il vous arrivait quelque chose, que feriez-vous ?). Il est donc fortement conseillé de se faire accompagner par un professionnel (voir ci-après). Rappelons aussi qu'en Crète (comme en Grèce en général) peu de choses sont faites pour les randos : pas de gîtes d'étape répartis sur les parcours, pas beaucoup de possibilités de ravitaillement, marquage des sentiers pas toujours évident.

Adresses utiles

■ ***The Happy Walker :*** *56, odos Tobazi, Réthymnon. ☎ 28-31-05-29-20. • happywalker.nl •* Organise, d'avril à octobre, des randonnées guidées (guides expérimentés) pour des petits groupes. Voir la rubrique « Randonnées et excursions » à Réthymnon.

■ ***Strata Walking Tours :*** *basé à Kastelli. ☎ 28-22-02-42-49 (bureau). • stratatours.com •* Organise aussi des randos dans les gorges de l'ouest de l'île. Voir « Randonnées pédestres » à Kastelli.

■ ***See you soon in Crete :*** *à Vryssès, entre Hania (La Canée) et Réthymnon. ☎ 28-25-04-18-90. • seeyousoontra vel.com •*

Ouvrages et sites de référence

Nous vous recommandons un bon petit bouquin pour avoir toutes les précisions concernant balades et treks (et plus de balades encore) dans la partie ouest de la Crète : *Landscapes of Western Crete,* de Jonnie Godfrey et Elizabeth Karslake, aux éditions Sunflower, dont la 7e édition a été publiée en 2011. Une édition en français a existé mais elle n'est pas rééditée. Le site *• sunflowerbooks.co.uk •* contient des mises à jour.
On peut aussi consulter le site du Club alpin à Hania : *• eoshanion.gr •* et le site élaboré par Daniel Krupa *• crete.decouverte.free.fr •*
Anavasi publie également une carte détaillée (1/50 000), en anglais, avec courbes de dénivelée. Cartes des montagnes au 1/25 000 et au 1/30 000. Commande et liste des points de vente, notamment en France et en Belgique, sur *• anavasi.gr •*

les ROUTARDS sur la FRANCE 2017-2018

(dates de parution sur • **routard.com** •)

Découpage de la FRANCE par le ROUTARD

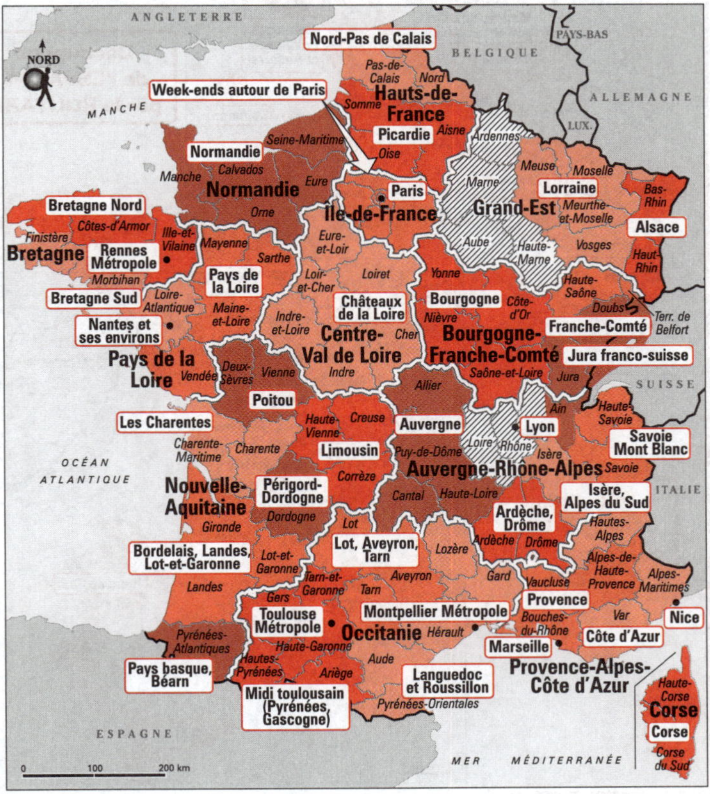

Autres guides nationaux

- Hébergements insolites en France (mars 2017)
- La Loire à Vélo
- La Vélodyssée (Roscoff-Hendaye)
- Nos meilleurs campings en France
- Nos meilleures chambres d'hôtes en France
- Nos meilleurs restos en France
- Les visites d'entreprises

Autres guides sur Paris

- Paris
- Paris balades
- Restos et bistrots de Paris
- Le Routard des amoureux à Paris
- Week-ends autour de Paris

les ROUTARDS sur l'ÉTRANGER 2017-2018

(dates de parution sur • *routard.com* •)

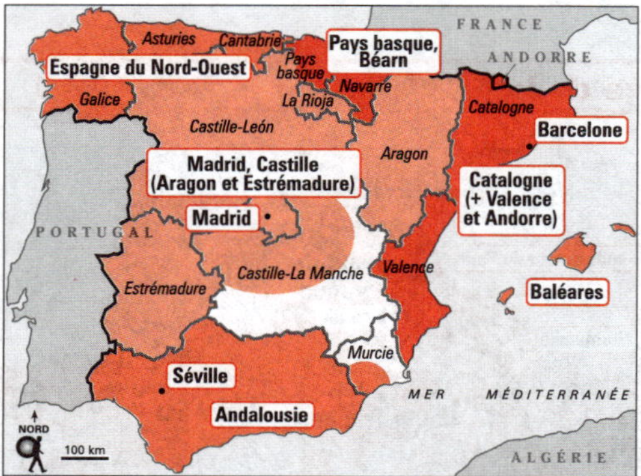

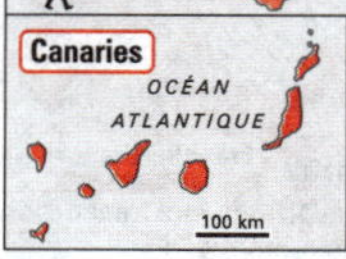

Découpage de l'ESPAGNE par le ROUTARD

Découpage de l'ITALIE par le ROUTARD

Autres pays européens

- Allemagne
- Angleterre, Pays de Galles
- Autriche
- Belgique
- Budapest, Hongrie
- Capitales baltes (avril 2017)
- Crète
- Croatie
- Danemark, Suède
- Écosse
- Finlande
- Grèce continentale
- Îles grecques et Athènes
- Irlande
- Islande
- Madère
- Malte
- Norvège
- Pologne
- Portugal
- République tchèque, Slovaquie
- Roumanie, Bulgarie
- Suisse

Villes européennes

- Amsterdam et ses environs
- Berlin
- Bruxelles
- Copenhague
- Dublin
- Lisbonne
- Londres
- Moscou
- Prague
- Saint-Pétersbourg
- Stockholm
- Vienne

les ROUTARDS sur l'ÉTRANGER 2017-2018

(dates de parution sur • *routard.com* •)

Découpage des ÉTATS-UNIS par le ROUTARD

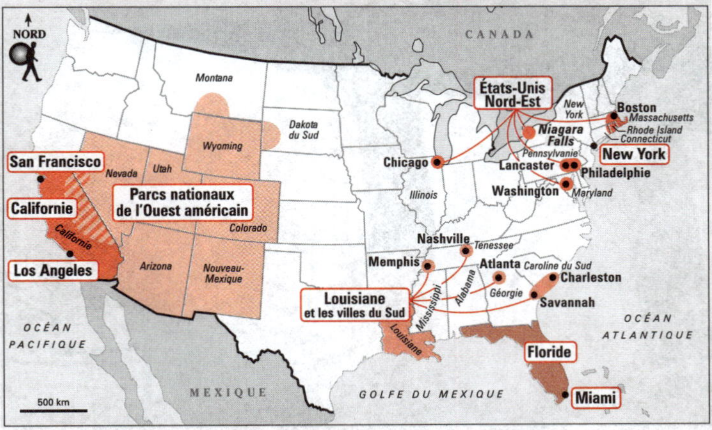

Autres pays d'Amérique

- Argentine
- Brésil
- Canada Ouest
- Chili et île de Pâques
- Costa Rica (nouveauté)
- Équateur et les îles Galápagos
- Guatemala, Yucatán et Chiapas
- Mexique
- Montréal
- Pérou, Bolivie
- Québec, Ontario et Provinces maritimes

Asie et Océanie

- Australie côte est + Red Centre
- Bali, Lombok
- Bangkok
- Birmanie (Myanmar)
- Cambodge, Laos
- Chine
- Hong-Kong, Macao, Canton
- Inde du Nord
- Inde du Sud
- Israël et Palestine
- Istanbul
- Jordanie
- Malaisie, Singapour
- Népal
- Shanghai
- Sri Lanka (Ceylan)
- Thaïlande
- Tokyo, Kyoto et environs
- Turquie
- Vietnam

Afrique

- Afrique du Sud
- Égypte
- Kenya, Tanzanie et Zanzibar
- Maroc
- Marrakech
- Sénégal
- Tunisie

Îles Caraïbes et océan Indien

- Cuba
- Guadeloupe, Saint-Martin, Saint-Barth
- Île Maurice, Rodrigues
- Madagascar
- Martinique
- République dominicaine (Saint-Domingue)
- Réunion

Guides de conversation

- Allemand
- Anglais
- Arabe du Maghreb
- Arabe du Proche-Orient
- Chinois
- Croate
- Espagnol
- Grec
- Italien
- Japonais
- Portugais
- Russe
- G'palémo (conversation par l'image)

Les Routards Express

Amsterdam, Barcelone, Berlin, Bruxelles, Budapest, Dublin, Florence, Istanbul, Lisbonne, Londres, Madrid, Marrakech, New York, Prague, Rome, Venise.

Nos coups de cœur

- Les 50 voyages à faire dans sa vie (nouveauté)
- Nos 52 week-ends dans les plus belles villes d'Europe
- France
- Monde

Espace offert par l'annonceur – Avec le soutien de l'agence ★ EURO RSCG C&O
RÉPARER LES VIES
HANDICAP
INTERNATIONAL

Nous tenons à remercier tout particulièrement Loup-Maëlle Besançon, Thierry Bessou, Gérard Bouchu, François Chauvin, Grégory Dalex, Fabrice Doumergue, Cédric Fischer, Carole Fouque, Michelle Georget, David Giason, Claude Hervé-Bazin, Emmanuel Juste, Dimitri Lefèvre, Fabrice de Lestang, Romain Meynier, Éric Milet, Pierre Mitrano, Jean-Sébastien Petitdemange et Thomas Rivallain pour leur collaboration régulière.

Emmanuelle Bauquis
Jean-Jacques Bordier-Chêne
Michèle Boucher
Sophie Cachard
Lucie Colombo
Agnès Debiage
Émilie Debur
Jérôme Denoix
Flora Descamps
Louise Desmoulins
Tovi et Ahmet Diler
Clélie Dudon
Sophie Duval
Alain Fisch
Roman Fossurier
Bérénice Glanger
Adrien et Clément Gloaguen
Marie Gustot
Bernard Hilaire
Sébastien Jauffret
Jacques Lemoine
Amélie Mikaelian
Caroline Ollion
Martine Partrat
Odile Paugam et Didier Jehanno
Émilie Pujol
Prakit Saiporn
Jean-Luc et Antigone Schilling
Caroline Vallano

Direction : Nathalie Bloch-Pujo
Contrôle de gestion : Jérôme Boulingre et Adeline Cazabat Barrere
Secrétariat : Catherine Maîtrepierre
Direction éditoriale : Catherine Julhe
Édition : Matthieu Devaux, Olga Krokhina, Gia-Quy Tran, Julie Dupré, Emmanuelle Michon, Sarah Favaron, Ludmilla Guillet, Coralie Piron, Flora Sallot, Elvire Tandjaoui, Quentin Tenneson, Clémence Toublanc et Sandra Vavdin
Préparation-lecture : Agnès Petit
Cartographie : Frédéric Clémençon et Aurélie Huot
Fabrication : Nathalie Lautout et Audrey Detournay
Relations presse France : COM'PROD, Fred Papet. ☎ 01-70-69-04-69.
● *info@comprod.fr* ●
Direction marketing : Adrien de Bizemont, Clémence de Boisfleury et Charlotte Brou
Contacts partenariats : André Magniez (EMD). ● *andremagniez@gmail.com* ●
Édition des partenariats : Élise Ernest
Informatique éditoriale : Lionel Barth
Couverture : Clément Gloaguen et Seenk
Maquette intérieure : le-bureau-des-affaires-graphiques.com, Thibault Reumaux et npeg.fr
Relations presse : Martine Levens (Belgique) et Maureen Browne (Suisse)
Régie publicitaire : Florence Brunel-Jars

INDEX GÉNÉRAL

LISTE DES CARTES ET DES PLANS

Remarque importante aux hôteliers et restaurateurs

Les enquêteurs du *Routard* travaillent dans le plus strict anonymat. Aucune réduction, aucun avantage quelconque, aucune rétribution n'est jamais demandé en contrepartie. Face aux aigrefins, la loi autorise les hôteliers et restaurateurs à porter plainte.

Avis aux lecteurs

Le Routard, ce n'est pas comme le bon vin, il vieillit mal. On ne veut pas pousser à la consommation, mais évitez de partir avec une édition ancienne. Les modifications sont souvent importantes.
Les réductions accordées à nos lecteurs ne sont jamais demandées par nos rédacteurs afin de préserver leur indépendance. Les hôteliers et restaurateurs sont sollicités par une société de mailing, totalement indépendante de la rédaction, qui reste donc libre de ses choix. De même pour les autocollants et plaques émaillées.

Les **Routards** *parlent aux* **Routards**

Faites-nous part de vos expériences, de vos découvertes, de vos tuyaux. Indiquez-nous les renseignements périmés. Aidez-nous à remettre l'ouvrage à jour. Faites profiter les autres de vos adresses nouvelles, combines géniales... On adresse un exemplaire gratuit de la prochaine édition à ceux qui nous envoient les lettres les meilleures, pour la qualité et la pertinence des informations. Quelques conseils cependant :
- Envoyez-nous votre courrier le plus tôt possible afin que l'on puisse insérer vos tuyaux sur la prochaine édition.
- N'oubliez pas de préciser l'ouvrage que vous désirez recevoir, ainsi que votre adresse postale.
- Vérifiez que vos remarques concernent l'édition en cours et notez les pages du guide concernées par vos observations.
- Quand vous indiquez des hôtels ou des restaurants, pensez à signaler leur adresse précise et, pour les grandes villes, les moyens de transport pour y aller. Si vous le pouvez, joignez la carte de visite de l'hôtel ou du resto décrit.
- N'écrivez si possible que d'un côté de la lettre (et non recto verso).
- Bien sûr, on s'arrache moins les yeux sur les lettres dactylographiées ou correctement écrites !

En tout état de cause, merci pour vos nombreuses lettres.

122, rue du Moulin-des-Prés, 75013 Paris

• *guide@routard.com* • *routard.com* •

Édité par Hachette Livre (58, rue Jean-Bleuzen, CS 70007, 92178 Vanves Cedex, France)
Photocomposé par Jouve (45770 Saran, France)
Imprimé par Lego SPA Plant Lavis (via Galileo Galilei, 11, 38015 Lavis, Italie)
Achevé d'imprimer le 17 mars 2017
Collection n° 13 - Édition n° 01
84/7799/2
I.S.B.N. 978-2-01-279934-9
Dépôt légal : mars 2017

PAPIER À BASE DE FIBRES CERTIFIÉES